上海社会科学院文学研究所青年学者研究系列　　郑崇选/主编

民间信仰

与

近代上海城市移民社会适应

携俗入乡

陈云霞　著

上海远东出版社

图书在版编目(CIP)数据

携俗入乡：民间信仰与近代上海城市移民社会适应 / 陈云霞著. —上海：上海远东出版社，2024

（上海社会科学院文学研究所青年学者研究系列/郑崇选主编）

ISBN 978-7-5476-1979-7

Ⅰ.①携… Ⅱ.①陈… Ⅲ.①信仰-民间文化-研究-上海 ②城市-移民-研究-上海 Ⅳ.①B933 ②D632.4

中国国家版本馆 CIP 数据核字(2024)第 023776 号

出 品 人　曹　建
责任编辑　陈　娟
封面设计　徐羽情

上海社会科学院文学研究所青年学者研究系列

携俗入乡：民间信仰与近代上海城市移民社会适应

郑崇选　主编　　陈云霞　著

出　版　上海远东出版社
　　　　（201101　上海市闵行区号景路 159 弄 C 座）
发　行　上海人民出版社发行中心
印　刷　上海锦佳印刷有限公司
开　本　890×1240　　1/32
印　张　15.125
插　页　1
字　数　337,000
版　次　2024 年 4 月第 1 版
印　次　2024 年 8 月第 2 次印刷
ISBN　978-7-5476-1979-7/B·33
定　价　78.00 元

序　言

　　1843 年 11 月，根据《南京条约》的规定，上海正式对外开埠。两年后的 1845 年 11 月，英国驻上海第一任领事巴富尔利用《虎门条约》第七款中有关通商口岸的协定，向上海道提出要在县城北郊的黄浦滩设置英人居留地的请求，商议与胁迫的结果不仅是上海英租界的正式设立，还有可视为租界基本法的《上海土地章程》的出台。三年后的 1848 年，基于同样的诉求，法租界与美租界也分别在县城北面和苏州河北面的虹口地区建立。

　　最初上海设立租界时，清政府本意是希望安置所有外国人，实现华洋分离，将被迫开埠带来的影响降至最小。因此，在开埠的最初几年，租界里只有少数从事商贸、传教及行医的外侨，以及那些没有将世居产业全部出售的华人村民。尽管租界内的外侨人数从 1843 年的 25 人增长到 1851 年的 265 人，但显然还不能对上海原有的城市中心——县城构成任何威胁。然而，正是 1851 年这一年，太平天国运动从广西发动，迅速横扫中国东南地区，并在 1853 年 3 月攻占南京，宣布成立新的政权，以对抗日渐腐朽的清王朝。与此同时，北中国地区因气候不稳定，灾荒不断，小规模的民众骚乱此起彼伏，甚至连当时最富庶的江南地区也处于兵荒马乱之中。

　　1853 年 9 月，上海爆发了小刀会起义。小刀会攻陷县城，杀死

1

知县。混乱之中，租界的外国侨民成立民团组织——上海义勇队（又称"万国商团"）以确保租界安全，同时小刀会也表示无意伤害外侨，上海租界从此成为上海及其周边地区民众躲避战火的安身之地。大量中国移民的进入不仅改变了租界里原有华洋分居的状况，而且对上海城市经济腾飞产生了积极的影响，并成就了上海租界持续数十年的繁华。

根据邹依仁的研究，1852—1950年整个上海地区的人口增长了9倍左右，净增长人口近500万人，而且是以租界人口的增长为主。这样快速增长的情况几乎在世界范围内都极为少有。虽然作为一个国际大都市，上海外国侨民的数量不少，但他们占总人口的比例并不高，上海大量增加的人口主要来自几乎全国各省份的移民，而以邻近上海的江浙居多。这些外来移民进入上海这样一个与他们家乡迥然不同的近代城市环境中，需要适应的不仅仅是生活习惯的改变，还有整个原有的社会关系和社会网络的变迁。因此，他们不得不利用一切资源以在一个几乎完全陌生的环境中生存，而民间信仰是他们可资利用的、最重要也是最方便的社会文化资源。

美国学者韩森在《变迁之神——南宋时期的民间信仰》一书中指出，宋代以后中国的民间信仰已逐渐形成带有明显地域色彩的区域性文化现象，而我本人关于陕西地区民间信仰的研究也证实了这一点。当陈云霞进入复旦史地所攻读博士学位时，我正在展开对上海近代城市文化景观的研究。当时的我并不满足于人们将上海视作中国接收西方文化的前沿、展示近代世界的窗口这样一个刻板印象，希望更多地呈现开埠后上海城市文化的丰富性与多样性，尤其是在遭遇西方现代文明这一强势文化时，生活在上海都市中的华人是如何处理自己的传统文化的。而解决这一问题，民间信仰正是一个极好的抓手。因为，在中国传统文化和地域社会中，民间信仰不仅起到安抚精神和心灵的作用，也往往是社会组织网络构建的基石，这从遍布全国各地山陕会馆中的关帝信仰就可以发现。正因为此，我在与云霞商议后，她慨然答应承担这样一个和她原来的研究旨趣不尽相同的题目。

事实上，在她的博士论文开题后，研究的难度远超过我们之前的预想。原因很简单，虽然上海研究在前贤学者的努力下已是论著众多、成就斐然，但对民间信仰的研究却十分少见，可资借鉴的成果并不多。但更关键的问题是，虽然近现代上海资料几乎可以用汗牛充栋来形容，可有关民间信仰的文献散见于各类不同的资料中，而少有的几部地方志大多记载的是上海本地传统的民间信仰状况，无法反映来自全国各地移民们是如何在进入上海后处理他们自己的神祇的，更难以将这些来自外乡的神祇落实在具体的上海城市空间中。然而云霞是一位十分勤勉并极有悟性的学生，她不仅将史地所资料室所有的上海资料一网打尽，而且到上海各大档案馆去收集资料。记得当时常常为她发现的每一份新资料而高兴，并对她完成博士论文的研究有了把握。资料收集固然不易，但如何切入研究却是一个十分棘手的问题，关系到整个研究的顺利与否。可喜的是，云霞首先发现了鲁班信仰与处于快速城市扩张中非常关键的上海土木建设行业之间的存在一定关联。她也正是从这一问题入手，展开了对近代上海城市中民间信仰的研究，并很快将民间信仰与行业、移民来源地之间建立了联系，顺利地完成了博士论文的写作。

在云霞博士论文写作过程中，她表现出十分突出的学习能力，这对于一位学者来讲是十分重要的品德。民间信仰研究对当时的云霞来讲，是一个十分陌生的课题。记得云霞最初将对上海民间信仰

3

统计表交到我的手中时，我发现她将一部分不属于民间信仰的道教内容也统计在内。虽然这部分统计工作耗费了她大量的心血和精力，但当听到我的意见时，她很快领会到问题所在，重新做表修改完成对上海民间信仰的统计工作。她的这种学习能力和谦逊的品德为她随后研究工作的顺利展开奠定了坚实的基础。

事实上，云霞将民间信仰置于城市快速发展中大量上海移民的历史背景下讨论，赋予了这一研究很强的学术张力。因此，她的研究不仅推动了近代上海研究和上海历史地理研究，而且也对理解在改革开放重现勃勃生机的当代上海大有裨益。

虽然本书是在她的博士论文基础上完成的，但经过她这些年的不断深耕、精研，我发现这本著作较博士论文有了很大的提高。她在系统梳理近代上海城市民间信仰时空变迁的基础上，用大量的案例详细分析了民间信仰作为媒介在外来移民建立新的社会网络中所发挥的作用，以及民间信仰在上海移民文化生活中的意义。我认为，她将民间信仰与近代上海移民社会秩序重建关联起来，以反映近代上海城市社会空间特点是极有创见的，可以让读者深切地领会传统文化在近代上海城市文化景观建构中的作用与价值。应该说，云霞的研究让我们充分认识到历史地理学研究这一学科在将地理学和历史学完善交叉融合后所激发出的令人惊叹的学术创造力。正是基于上述原因，我希望能在陈云霞博士这一出色的研究工作带动下，未来能有更多这样扎实的研究成果面世，以推动上海历史地理研究的不断进步。

张晓虹

2024 年春于浦东高桥

目　录

绪　论

一　问题缘起

1. 城市移民的社会融入问题

开埠以后，大量外省移民进入上海城市，由农民、手工业者、游民、小商贩等各行业人士组成的移民群体，构成了一个仍然传统的基层社会。这些秉承籍贯地的文化传统和社会关系的移民，如何适应正在近代化的城市社会？如何在城市文化中维续自己的家乡习俗？这些问题是理解近代上海基层社会和城市文化构建的重要切入点。城市移民的适应问题当然并不只存在于近代上海，欧洲自工业革命以降就一直存在。虽然不同阶段的社会背景不同、城市发展水平不同，但都面临类似的境遇。无论是早期的英国伦敦、法国巴黎的现代化进程，还是自20世纪80年代以后世界各地的外籍劳工问题，都牵涉移民在跨境、跨区域中的城市文化适应及对当地社会文化的影响问题。

在中国，改革开放以后农民抛荒进城的现象普遍存在，这当中既有两栖式的农民工，也有通过求职、购房等各种途径落脚城市的人，还有各大城市的"漂族"，他们所携带的文化基因与所在的城市都是不一致的。一方面骨子里怀揣着家乡的日常观念习俗，一方面又参与着千变万化的城市生活，如何在这二者之间取得平衡，城市政策制定者又如何管理，这都是城市发展过程中要处理的问题。这一过程贯穿在新时期中国 40 多年的城市发展历程中，形塑着中国城市的发展模式，也影响着移出区的经济发展和文化变迁。

在城市中，移民会伴随一定影响因素发生空间位移，从中也可以发现城市内部开发的规律和方向，甚至在当今城市更新的大潮下，这一现象仍继续存在。相对于 20 世纪 90 年代至 21 世纪前十年来说，目前上海周边各省份的乡村振兴和小城镇振兴如火如荼，开展大量的产业和优化居住环境来吸引外出务工人员回乡创业，因此，与之相对的是 20 世纪 90 年代来到上海务工的外地人员在近十年内出现了大规模的返乡置业、置产的状况。以上海"五个新城"为例，相对于上海中心城区而言，"五个新城"目前的新外来人口更加集中，其中一部分是参与新城基础建设的务工人员，另外就是无论就业机会还是房地产价格，"五个新城"未来都是人口导入的大趋势。这种情况会形成一个新的人口流动局面，也让我们重新认识上海城市人口的构成情况。而伴随"五个新城"建设出现新的外来人口集中居住、生活区，这一现象对提升城市人文性提出了新的要求，即既要尊重新城原有的本土文化，也要有适应新城产业的创新风尚，更要有作为节点城市的人文关怀精神。这样的人口流动会形成多元的文化现象，但也要注意避免新城建设中出现的"文化沙漠"问题，同时，关注新城文化的多元融合，这有利于吸引人口，加强其情感认同。

日本学者广田康生在关于鹤见区日籍移民的研究中指出，"移民是指一个动态的过程，一种文化向另一种文化进行整体流动，并往往引发一些问题。该过程给个人或群体的认同带来了某种危机，迫使重新调整自己的认同"①。对于近代上海来说，这种情况更具典型性和代表性，因为这个时期的移民不光要适应现代城市生活，更要参与文化建构。如果说城市移民适应问题是笔者关注的起点，那么以此为起点我们也能在中国最早一批现代化的城市中看到社会秩序是如何建立的。进一步来说，就是这些城市在概念、理论上的现代化是怎样走向实践的。在这个过程中，社会人群的组织化、网络、观念、文化等都是重要因素。正如芝加哥学派社会学代表人物伯吉斯在构筑其同心环理论时所说的那样，如果说 20 世纪初的芝加哥因为疯狂的城市化过程，在 40 多年的时间里从只有几千人的原木贸易站发展成一座人口近 400 万人的国际大都市，成为人类共生的场所，那么中国城市的发展也同伦敦、巴黎一样，既具有在地性也具有全球意义，而"城市人"就是我们首要研究的。

2. 民间信仰在近现代城市社会的"位置"

民间信仰自宋代以后就变为地域性的文化要素，成为组织地域社会的重要纽带。近代以来，上海作为一个现代化程度高的移民城市，民间信仰在民众生活中仍然扮演着重要角色，并有可能参与组织城市传统基层社会，帮助移民适应城市社会生活，这一点在以往的研究中未受到应有的重视。

在朱邦兴等编的《上海产业与上海职工》中，"大多数工人都是谈论迷信的，甚至相信神鬼灵魂与命运等，但是真说他们一定信

---

① ［日］广田康生：《移民和城市》，马铭译，商务印书馆，2005 年，第 81 页。

仰什么宗教倒也不是"①。工人是近代上海人口的主要构成之一，他们的日常生活渗透着关乎乡情的民间信仰，民间信仰于他们来说代表的不仅是观念，还有与之相连的乡里关系。马克斯·韦伯在其代表作《中国的宗教：儒教与道教》中指出，中国的城市之不可能走向西方的格局，是因为氏族的纽带未曾断绝。城市的住民，尤其是那些富有的人，与其氏族、祖产、祖庙所在的故乡，一直保持着关系，也因此与其家乡所有重要的祭典及人际关系都维持着。② 当然韦伯认为中国的城市神不是"团体神"，而只是聚落的守护神，并且往往是由城市官员神格化而来。但这一观点在近代上海未必尽是如此。与西方不同，中国城市中的神并不是基于祭祀团体而出现的。除了开埠之前老上海县城原有的一些例如城隍这类神灵是源于当地官员神格外，更多的是出现新的职业团体、地域群体后相应出现的神灵。而这些神灵更是跳出传统乡村氏族的祖先神信仰，将地缘因素从血缘体系中抽离出来。"地缘"本是一个较为抽象的界定，但当它被具化为社会活动、风俗、行为习惯时就可以帮助人们获得情感认同。当这种认同与共同从事的行业一致时就表现为共同追求的利益。因此，从根本上说，近代城市的民间信仰既有别于传统城市、乡村的信仰体系，又脱胎于其间，其中跳脱、创新的部分就是基于传统乡村的地缘社会关系。虽然进入城市的移民主要基于地缘形成特定群体，但家乡的血缘仍是他们的眷恋所在。因此，对他们

---

① 朱邦兴等编：《上海产业与上海职工》，远东出版社，1939年，第584页。
② ［德］马克斯·韦伯：《中国的宗教：儒教与道教》，康乐、简惠美译，上海三联书店，2020年，第43页。

来说"地缘"是对实现不了的"血缘"的缓解。正如韦伯所言："'城市'对于其大多数的居民而言，从来就不是'故乡'。"①

　　为什么会选择民间信仰这一要素？这是因为在中国传统社会，民间信仰是与自帝王至平民百姓几乎所有人关系最为密切的要素，无论是观念、社会心理还是生活习俗、社会群体，都受到信仰的限制。对民间信仰的讨论本质是对传统文化在现代城市存留问题的重新审视，当然它并不是唯一的要素。从法国学者安克强的著作《1927—1937年的上海——市政权、地方性和现代化》中就可以看到，现代化既包括市政、教育、卫生等各种制度层面，也包括民生中的柴米油盐、贫穷、难民等问题。② 在这当中，与观念相联系的文化、习俗都受民间信仰的影响，它在城市化、现代化过程中如何变迁正是城市人如何应对的体现。移民文化是上海文化的重要组成部分，而民间信仰又是移民文化的重要因素。因此，研究移民社会生活中的民间信仰，有助于理解上海城市文化特征的形成，对现代城市的治理具有重要意义。

3. 历史城市地理研究的"外部视角"

　　在以往关于上海城市历史地理的研究中，几乎都将上海作为一个独立的城市来研究，或者最多是放到江南地域文化中观察，讨论城市内部系统的运转。但是，近代开埠以后，随着西方要素的传入，上海慢慢改变以往本地县城的封闭状态，逐渐走向全球化，与

---

① ［德］马克斯·韦伯：《中国的宗教：儒教与道教》，康乐、简惠美译，上海三联书店，2020年，第143页。
② ［法］安克强：《1927—1937年的上海——市政权、地方性和现代化》，张培德、辛文锋、肖庆璋译，上海古籍出版社，2004年。

国内其他地区及世界的联系日益增多。因此，从上海之外来看上海变得十分必要。以民间信仰为例，近代上海的民间信仰大多是外地移民带入，要了解这一过程以及它对上海城市的影响就必须溯其源流，厘清这些信仰产生的背景与社会环境，探知其进入上海之后发生了哪些变化，存续下来的移民及信仰又对现代城市社会网络和生活产生了怎样的影响。唯有如此，我们才能解释眼前的许多文化、社会现象及城市空间属性。

传统观点认为，近代以来的上海城市接收了大量西方文化，是时尚、摩登社会的代表。但其实，上海作为一座移民城市，在近代完成了其文化特征的塑造，这当中也包含了移民所带来的各地传统文化。因此，这个"外部视角"不仅是过去从国际化的角度来看上海文化，还包括从内部即上海与相关的移民省份之间的关系来看。在这当中尤其以长江中下游的长三角区域省份最为突出，也就是以往研究中所说的"经济腹地"①。实际上，上海近代以来是否同样存在一个"文化上的腹地"是值得思考的。因此，将上海放入近代中国的语境中，以民间信仰来具体分析"海纳百川"的文化，也促使笔者在历史城市地理研究维度进行了深入的思考。

总的来说，本书希望达到两方面的目标。就内容而言，民间信仰和移民社会是历史文化地理和上海史研究的重要议题。经由民间信仰层面对近代上海城市外来移民在适应新的城市环境中所扮演的

---

① 戴鞍钢：《港口·城市·腹地：上海与长江流域经济关系的历史考察（1843—1937）》，上海社会科学院出版社，2019年。

角色进行分析，重新解读近代以来移民背景下上海城市基层社会的运转及其文化的形成，而此方面的工作恰恰是深化历史文化地理研究的重要内容。就研究角度而言，关注空间要素是本书的一个特殊视角。空间关系是社会关系的一种反映，信仰群体对所奉祀的神祇可能存在空间上的依赖性，并通过其组织群体社会生活、营造独特的城市社会空间，实现社会适应。以此为切入点的微观城市社会空间研究希望对历史城市地理学形成一种深入探讨。

二　学界已有研究

民间信仰与移民社会适应的关系主要体现在不同籍贯的移民进入城市后，通过各自的民间信仰来达到身份认同，并据此建立社交网络。同时，民间信仰在一定程度上还能形成特定的城市社会空间。目前学界关于这方面的研究主要体现在以下几个方面。

1. 民间信仰领域

关于民间信仰的研究主要集中在信仰的传播、与社会结构及地域社会变迁的关系等方面。

自 20 世纪二三十年代起，我国学者就开始关注民间信仰，开启了民俗学、人类学角度的调查。其中最值一提的是顾颉刚先生对北京妙峰山香会、东岳庙，广东城隍庙、天后信仰等的研究，从民俗角度研究民间信仰的历程就此拉开帷幕。① 1936 年，费孝通先生

---

① 顾颉刚：《东岳庙的七十二司》，《歌谣》1924 年周刊第 50 号；顾颉刚：《妙峰山》，国立中山大学语言历史研究所 1928 年 9 月印行，上海文艺出版社，1988 年影印；顾颉刚：《泉州的土地神》，《民国》1928 年第 2、3 期；顾颉刚：《天后》，《民俗》1929 年周刊第 41、42 合刊。

又在《江村经济》中探讨了开弦弓村的民间信仰活动，论述了灶王、刘皇等信仰在民众生活中的地位和作用。[1]

西方学界自 19 世纪末开始以民族志、人类学、社会学的视角、方法研究普通民众的信仰、宗教及与之相关的巫术活动，例如弗雷泽的《金枝》、马林诺夫斯基的《文化论》、韦伯的《宗教社会学》等。在此基础上，西方对民间的信仰研究逐渐走向文化范畴，美国芝加哥大学人类学教授罗伯特·雷德菲尔德（Robert Redfield）所著《农民社会与文化——一种考察文明的人类学方法》（英文，1956 年）一书，在划分精英阶层与"农民社群"的大小传统文化理论基础上，认为应将中国的宗教分为"平民信仰"和"士族信仰"。20 世纪 40 年代梁漱溟在《中国文化要义》中也讲到"几乎没有宗教的人生，为中国文化一大特征"，又"于圣贤仙佛各种偶像，不分彼此一律崇拜"，[2] 言下之意就是中国民间的信仰不属于宗教，是一种文化现象。1969 年，欧大年教授开始对台湾慈惠堂"拜鸾"问题进行研究，进一步突出人类学与历史学相结合的方法。[3]

受西方社会史研究和文化研究热的影响，中国学界自 20 世纪 80 年代开始转变关于中国民间信仰研究的看法，自此研究方法和学理框架、研究对象都发生了很大的变化。

赵世瑜（1992）从社会生活史角度对华北庙会以及女性信仰展开研究，分析了庙会的娱乐功能、经济功能以及女性这一特定群体

---

① 费孝通：《江村经济：中国农民的生活》，商务印书馆，2001 年。
② 梁漱溟：《中国文化要义》，学林出版社，1987 年，第 69 页。
③ ［美］焦大卫、欧大年：《飞鸾：中国民间教派面面观》，王平译，香港中文大学出版社，2005 年。

的信仰活动。① 侯杰、范丽珠从社会史角度讨论了中国民众的宗教意识，认为儒家经典文化与民众文化的脱节是中国民间宗教发达的原因，民间宗教帮助普通民众解决日常琐事的困扰，因此属于一种低次元的社会文化。② 这种文化实际上几乎与中国的民间信仰等同，"没有核心权威，没有专门的僧侣，没有言简意赅的信条，没有至高无上的礼仪，也没有要求所有人遵奉的原则"③。社会史角度展开的关于民间宗教的研究更关注"人"本身及其心理、社会行为，尤其是以农民为主体的社会底层民众，包括手工工匠、小商人、城市下层贫民，以及下级僧人等。这也是当代社会史角度研究民间信仰的可贵之处，与史学角度的研究相比，后者很难从浩如烟海却又微乎其微的历史文化典籍中分析出民众的心理发展轨迹及与社会行为的关系。

乌丙安的《中国民间信仰》被认为是当时我国第一本全面论述中国民间信仰的专著。书中对中国民间信仰进行了分类和详述，认为从民间信仰的民族性出发可以发现其历史形态具有较完整的多层次文化特点。④ 这一研究提醒我们对中国民间信仰的研究不能脱离特定的社会发展背景，具有提纲挈领的特点，民间信仰的轨迹就是文化史的缩影，同时也给中国民间信仰下了一个定义，即它是一种多元的文化形态存在，普通民众的日常生活受其支配。这奠定了整

---

① 赵世瑜：《明清华北庙会研究》，《历史研究》1992 年第 5 期。
② 侯杰、范丽珠：《中国民众宗教意识》，天津人民出版社，1994 年。
③ ［美］克里斯蒂安·侨基姆：《中国的宗教精神》，王平译，中国华侨出版公司，1991 年，第 37 页。
④ 乌丙安：《中国民间信仰》，上海人民出版社，1995 年。

个中国民间文化史的基础，因此理应成为中国文化史关注的重点。既然如此，民间信仰必然存在城乡差别、区域差别、多元差别的特点，但都又具有相容性和互不侵扰的存续特点。这本对民间信仰既高瞻远瞩又细致入微的研究收入周谷城先生主编的《中国文化史丛书》中。值得一提的是，这套书的编委中不乏社会文化史、思想文化史、文化交流史研究的大家，如刘志琴、朱维铮、李学勤、张广达等。当时中国学界对民间信仰的界定还是从文化遗产的角度来看的，这也与20世纪80年代后文化研究热的浪潮相关。事实上，本书研究的某些问题或现象一直持续到20世纪80年代，例如陶阳在乌丙安著作的序言中就讲到，在当代文化快速变迁与外来文化迅猛移入时，良莠不齐的民间信仰有的在变化、有的在消失、有的被淘汰。民间信仰本身就是一种变化中的文化心态，受制于许多社会状况，而陶序中所提到当时的变化也正是本书所研究民间信仰后一阶段的变化结果。

这些研究正是自20世纪80年代以后的30年内伴随西方社会学、人类学理论的引进，对中国民间信仰研究视野的拓展。

2000年前后，西方学者不再停留对民间信仰笼统的论述，而是关注到整个中国民间信仰的认识或者中国某个特定区域民间信仰的研究。除了继续涉及之前民间信仰与社会结构的关系外，重点关注历史时期民间信仰与官方社会控制、民间信仰与地域社会、海外华人民间信仰圈等方面。同时，由于研究对象的聚焦，研究者们也开始思考关于中国民间信仰的定义，并出现了"民间信仰""民间宗教""土神""弥散性宗教"等种种称谓。不同视角的不同定义不仅有利于研究对象的精准界定，更多的是帮助、引导我们思考民间信仰应该置于何种研究框架之下，以更好地讨论其生成机制、影响因素及在社会、文化中的位置。

韩森（1999）认为，自宋代始官方将可能利于自身的民间神灵纳入祀典。韩书瑞（2000）在论述明清以来北京的宗教场所及社群活动时，描述京城祠庙与城市政治文化在空间上的联系，由宗教视角展现京城的城市生活和社会组织活动。《中华帝国晚期的城市》一书涉及我国台湾地区街坊社会中的民间信仰"分香"现象和基层社会组织。① 杨庆堃（2007）认为，民间信仰是一种分散化的宗教，与制度性宗教形成对比。② 滨岛敦峻（2008）认为，民间信仰具有强烈的地域性，从而成为"土神"，并且帮助江南农村社会衍生出一种共同性。③ 王斯福（2009）在其著作《帝国的隐喻：中国民间宗教》中将民间信仰直接等同于民间宗教。④ 武雅士试图以一个农民的视角呈现民间信仰仪式中所体现出的超自然界，但实际上是官场图景的详尽描述，有助于了解当时的官僚政治。⑤

对海外华人民间信仰的研究，在 20 世纪末是嵌入华人的社会史研究的，颜清湟（1991）将信仰与方言置于同等地位去讨论海外华人

---

① ［美］施坚雅主编：《中华帝国晚期的城市》，叶光庭等译，中华书局，2000 年，第774—780 页。

② 杨庆堃：《中国社会中的宗教：宗教的现代社会功能与其历史因素之研究》，范丽珠译，上海人民出版社，2007 年。

③ ［日］滨岛敦峻：《明清江南农村社会与民间信仰》，朱海滨译，厦门大学出版社，2008 年。

④ ［美］王斯福：《帝国的隐喻：中国民间宗教》，赵旭东译，江苏人民出版社，2009 年。

⑤ ［美］武雅士主编：《中国社会中的宗教与仪式》，彭泽安、邵铁峰译，江苏人民出版社，2014 年。

社会的社会结构及其职能,信仰帮助华人的宗亲结构在海外稳固。①
受 2000 年前后民间信仰研究中关注社会结构的影响以及文化自信
的提倡,2018 年度国家社科基金重大项目"中国民间信仰海外传播
图谱与功能研究"中出版有《缅甸华人寺庙与民间信仰》《印度尼
西亚华人民间信仰研究》。② 海外华人民间信仰研究是民间信仰研
究中的一个重要支脉,由于涉及移民的社会结构与网络,这些研究
更注重民间信仰以人为载体的传播及其在移民社会的作用。

2000 年以后,中国学者对民间信仰的关注主要有人类学者、历
史学者、社会学者、地理学者等。

由于民间信仰自身的区域性特征,经常会从区域角度入手进而
形成个案研究,这也正是历史地理学研究的特点之一。民间信仰属
于历史文化范畴,张伟然在湖南、湖北历史文化地理研究中将民间
信仰作为衡量区域文化的指标之一。③ 张晓虹在陕西文化地理研究
中对陕西民间信仰的差异、杨泗将军信仰、太白山信仰、金龙四大
王信仰等进行了专门研究,尤其关注到区域差异以及信仰与自然环
境之间的关系。④ 此外,林拓对福建、张俊峰对山西、李智君对甘
肃、朱海滨对浙江、陶明选对徽州、彭维斌对东南一带民间信仰的

---

① [澳] 颜清湟:《新马华人社会史》,粟明鲜、梁瑞平、陆宇生、蒋刚译,中国华侨
出版公司,1991 年。
② [缅甸] 杜温:《缅甸华人寺庙与民间信仰》,中国社会科学出版社,2021 年;
③ 张伟然:《湖南历史文化地理研究》,复旦大学出版社,1995 年;《湖北历史文化地
理研究》,湖北教育出版社,2000 年。
④ 张晓虹、张伟然:《太白山信仰与关中气候——感应与行为地理学的考察》,《自然
科学史研究》2000 年第 3 期;张晓虹:《文化区域的分异与整合——陕西历史文化
地理研究》,上海书店出版社,2004 年。

研究都是极具代表性的。① 这些研究聚焦于特定区域内的民间信仰体系、内部差异及形成机制。

科大卫、郑振满、陈春声、刘志伟等华南学者（2003）是较早关注民间信仰与地域社会变迁问题的学者，主要从民间信仰与礼仪角度研究中国文化的大一统。②

王健（2010）在研究明清以来江南苏松地区民间信仰时，将民间信仰视作一种制度化宗教的过渡状态。③ 李向平（2010）认为要理解中国的宗教和信仰必须先弄清中国的社会关系及结构。冯贤亮（2010）关注民间信仰与近世江南农村社会共同性的形成，以及民间信仰在社会结构中的作用。

尽管本书研究的对象是城市的民间信仰，但鉴于民间信仰与宗教在组织社会生活等方面发挥的功能相似，因此，宗教人文地理的相关研究成果对本书也有借鉴作用。国外宗教地理学界的研究自20世纪末以来受到新文化地理学的影响，讨论的议题趋于多样化，

---

① 林拓：《体系化与分散化：明清福建民间信仰沿海与内陆的分异形态》，《历史地理》第17辑，上海人民出版社，2001年；朱海滨：《浙江地方神信仰的区域差异》，《历史地理》第17辑，上海人民出版社，2001年；张俊峰：《明清时期山西民间信仰的地域分布与差异性分析》，《近代中国社会与民间文化——首届中国近代社会史国际学术研讨会论文集》，2005年；朱海滨：《祭祀政策与民间信仰变迁：近世浙江民间信仰研究》，复旦大学出版社，2008年；陶明选：《明清以来徽州民间信仰研究》，复旦大学博士学位论文，2007年；彭维斌：《中国东南民间信仰的土著性》，厦门大学出版社，2010年。

② David Faure, *Emperor and Ancestor: State and Lineage in South China*, Standford：Standford University Press, 2007；郑振满、陈春声：《民间信仰与社会空间》，福建人民出版社，2003年。

③ 王健：《多元视野下民间信仰与国家权力的互动：以明清江南为中心》，上海辞书出版社，2019年。

宗教的分布与扩散、宗教文化区和宗教景观均得以重视。其中，城市内的信仰空间也成为他们讨论的一个热点。这一思潮促使国内地理学者开始对近代以来城市内的宗教景观开展相关研究，这类研究主要集中在广东、广西等地，多采用新文化地理学的研究方法，利用文献记载将宗教景观复原至地图上，从而探讨其分布特征及相关影响机制。① 这些研究成果无论是在理论上还是方法上都有所进步，是国外近年来新文化地理思潮在中国研究领域的实践结果。

在这些研究中，值得一提的是，2010 年以后，伴随全球化和地方化的讨论，近代江南发展史与现代化成为民间信仰研究的一个大背景。同时，由于江南在中国现代化过程中的特殊地位，以民间信仰为切入点来探究江南乃至近代中国发展的研究愈发显得重要和前卫，其中李天纲的《金泽：江南民间祭祀探源》与赵世瑜的《猛将还乡：洞庭东山的新江南史》是重量级研究成果。前者将信仰放至中西会通背景下的江南祭祀的源头以及当中的现代性、都市化问题上，后者则讨论江南从离散社会到整合社会的发展历程中信仰的力量，以及在此过程中永恒的现代化问题。②

总体来说，对于民间信仰的研究似乎经历了一个视角从大到小

---

① 朱竑、薛熙明：《城市宗教景观的空间布局及演化——以 1842 年以来的广州基督教堂为例》，《人文地理》2009 年第 1 期，第 48—52 页；李凡、司徒尚纪：《清至民国时期基督教在佛山传播的空间透析——以教堂景观为视角》，《热带地理》2009 年第 5 期，第 500—506 页；张芸、王彬、朱竑：《外来宗教在口岸城市的空间分布及扩散特征——以福州市基督教教堂为例》，《地理科学进展》2011 年第 8 期，第 1065—1072 页。

② 李天纲：《金泽：江南民间祭祀探源》，生活·读书·新知三联书店，2017 年；赵世瑜：《猛将还乡：洞庭东山的新江南史》，社会科学文献出版社，2022 年。

再到大的过程，即由文化视角的社会学、人类学讨论到具体民间信仰个案的研究，再到将民间信仰放置于全球化、现代化、都市化的背景中考量的历程，系统性地看待局部与整体的关系。

2. 移民社会网络和身份认同方面

对移民社会网络构建的研究主要来自社会学领域，其中跨境移民是研究的主流。移民的社会适应通过建立同乡组织、校友会等各种团体、组织来实现，具体是通过语言、文化习俗。西方学者认为，移民是基于家庭、社区等关系的社会网络，因此强调群体在移民适应中的作用。日本学者广田康生（2005）以秘鲁日裔同乡会的冲鹤会馆为例，发现越境移民"异质共存"的现象，认为他们不仅表现为一种精神性的结构，还在空间上向一个地区靠拢。① 身份认同是与移民网络相关的问题，决定人的价值取向和行为，从而影响移民参与何种社会组织及是否适应城市生活。对城市中不同移民群体的身份认同进行研究，以美国大城市中意大利、中国等国移民社区为代表。美国社会学家威廉·富特·怀特于 1936—1940 年间对波士顿东区一个被称为"科纳维尔"的意大利人贫民区进行研究，通过"参与行动"研究法分析了诺顿帮的身份认同、形成、内部结构、活动方式以及他们与周围社会的关系。②《街角社会：一个意大利人贫民区的社会结构》作为芝加哥学派社会学研究代表作之一，在 R. E. 帕克（Robert Park）、E. W. 伯吉斯（Ernest Burgess）等人的影响下，该书继续对都市人文区位、邻里关系、人口、种族、犯

---

① ［日］广田康生：《移民和城市》，马铭译，商务印书馆，2005 年。
② ［美］威廉·富特·怀特：《街角社会：一个意大利人贫民区的社会结构》，黄育馥译，商务印书馆，2009 年。

罪、贫民窟等问题进行研究，甚至在出版 50 年后还因其中探讨的城市问题而备受关注。

中国的跨省份移民在 20 世纪八九十年代以后愈发显著，快速的城市化使得大城市以其巨大的向心力吸引了大量劳动力，但这些移民并不像近代初期的移民会最终落脚于城市那样，而是来回两栖式地往返于城市和家乡之间。一方面面临城市管理、文化适应；另一方面也出现了许多前所未有、不可思议的社会问题。要解决这些城市问题、解释这些社会现象，对城市人群的研究则必不可少。因此，新世纪以来的相关研究也欣欣然，并开始关注其地缘关系和文化习俗要素。罗威廉（2005）在对 19 世纪汉口商业组织和社会以及城市冲突的研究中，重点考察了行会、会馆在地方社会生活中的正式与非正式作用。①

关于中国城市中人群身份认同的研究，在施坚雅主编的《中华帝国晚期的城市》第三编中有涉及，其中《导言：清代中国的城市社会结构》《清代前期的行会》《城市的社会管理》等文章论述了帝国晚期城市行会、同乡会在城市社会管理中的作用，虽不是专以身份认同为研究对象和目的，但也有涉。总体来看，行会、同乡会被认作城市特定群体身份认同和联系的有效、常见网络枢纽。

关于从身份认同角度探究近代上海的华人移民社区（地域社群）研究，裴宜理（2001）、小浜正子（2003）、顾德曼（2004）、韩起澜（2004）、宋钻友（2007）等对上海外省移民的籍贯身份认

---

① ［美］罗威廉：《汉口：一个中国城市的商业和社会（1796—1889）》，鲁西奇译，中国人民大学出版社，2005 年。

同都有关注，分别从地缘关系、职业关系等角度研究了上海基层的社会组织。这些研究表明，在移民占主导地位的上海，因政府控制力较弱，在社会、经济和都市文化等领域，同乡组织扮演了极为重要的角色。① 法国学者白吉尔的研究也表明，对于企业来说，同乡会、会馆等同乡组织具有相当强的凝聚力。在人事安排方面，同乡关系有利于增强雇员与老板之间的忠诚度，并使远离家乡的职员不会因为其他企业的引诱而离开。英美烟公司买办郑伯昭的永泰和烟行，在上海本行和长江下游的一些分行共雇佣 200 多名职员，都是他从广东招募来的同乡。②

2010 年以后，中国学者对自 20 世纪 80 年代以来形成的城市"移民"现实问题进行了研究，关于特殊区域的城市移民、城市中的特殊职业人群等的认同以及城市区域的文化意象，尤其是社会学者和人文地理学者在这方面的研究较为突出。③ 项飙对北京"浙江村"20 年的状况与中国社会同时期的变迁进行研究，深入剖析了城市中的地缘社会关系。④ 针对同一对象，张鹏研究了人口流动所

---

① ［美］裴宜理：《上海罢工：中国工人政治研究》，刘平译，江苏人民出版社，2001 年；［美］顾德曼：《家乡、城市和国家：上海的地缘网络和认同（1853—1937）》，宋钻友、周育民译，上海古籍出版社，2004 年；［日］小浜正子：《近代上海的公共性与国家》，葛涛译，上海古籍出版社 2003 年；［美］韩起澜：《苏北人在上海，1850—1980》，卢明华译，上海古籍出版社，2004 年；宋钻友：《广东人在上海：1843—1949 年》，上海人民出版社，2007 年。
② ［法］白吉尔：《上海史：走向现代之路》，王菊、赵念国译，上海社会科学院出版社，2005 年。
③ 刘苏：《上海市嘉定区拾荒者地方认同研究——人文主义地理学的视角》，西南师范大学出版社，2016 年。
④ 项飙：《跨越边界的社区：北京"浙江村"的生活史》，生活·读书·新知三联书店，2000 年。

引发的空间、社会关系重构以及跨区域联系网络的建立，从琐碎的日常及持续的变迁中去理解当代中国社会。①

无论是历史时期的移民网络认同研究还是当代现实城市中的移民问题，都是自工业革命以来世界范围内一直存在的问题，但随着全球化和地方化讨论的深入以及城市管理的逐步精细化，这一问题愈加受到重视。这当中涉及的不仅是不同地域文化冲突的问题，还牵涉乡村与城市的冲突及融合问题，当然马克思、恩格斯、韦伯、涂尔干对这一话题早就有所论述，至芝加哥学派和空间生产理论始终都是讨论的重点。② 当前城市与乡村的发展关系又到了一个新的阶段，由此带来的文化迁移、生活方式冲突、遗产存留等都是促使我们继续深入思考的原因。

在这当中还有关于城市空间的讨论，20世纪30年代，芝加哥学派使用社会生态学方法，探讨居住的迁移过程。20世纪80年代，国内学者利用因子生态分析方法、绘制城市意象地图法、问卷调查和统计分析方法、系统分析方法、行为分析方法进行个案研究。赵世瑜、周尚意（2001）从人口密度、商业空间、居住空间、社会生活等方面探讨了明清北京城市社会空间结构。妹尾达彦和辛德勇（2007）以传奇小说为基础解读了唐代长安的城市社会空间结构。

总的来说，虽然关于民间信仰和移民社会的研究成果已相当丰富，但对城市范围内的民间信仰研究的重视明显不足，尤其是将它

---

① ［美］张鹂：《城市里的陌生人：中国流动人口的空间、权力与社会网络的重构》，袁长庚译，江苏人民出版社，2019年。
② ［英］彼得·桑德斯：《社会理论与城市问题》，郭秋来译，江苏凤凰教育出版社，2018年。

与城市基层传统社会组织联系起来放在近代化背景下考量更是欠缺的。移民进入上海时带入了其籍贯地的民间信仰，并按照传统的地域社会组织方式来生活，这当中民间信仰是一个重要的纽带。本书着重研究移民如何凭借民间信仰这一传统文化形式来适应城市社会生活，复原以民间信仰为中心形成的移民社会网络，并在此基础上分析城市社会空间，探索近代城市转型中民间信仰在组织基层社会和构建城市文化中的作用。

三 资料叙述及研究视角

1. 资料概括与处理

在传统中国，民间信仰时常被斥为"淫祠"，一统志、地方志、正史中几乎没有关于民间信仰的记载。但在近代上海，由于私建庙宇的大量出现并希望得到认可，加之佛道民间化等，许多民间信仰的祠庙也纳入政府发布的寺庙管理规则之内。因此，民国时期的寺庙调查是本书创作的主体资料。

光绪二十四年（1898），清政府推行新政，废科举、兴学校，并主张实施"庙产兴学"。① 1913 年 6 月，北洋政府内务部颁布《寺产管理暂行规则》，后又于 1915 年 10 月和 1921 年 5 月分别颁布《管理寺庙条例》和《修正管理寺庙条例》。② 国民政府成立以后，从信仰和社会团体两个方面对寺观进行管理，基本沿袭了北洋政府的宗教管理政策。民国十七年（1928）政府颁布了《寺庙登记条

---

① 朱寿朋编：《光绪朝东华录》（四），中华书局，1958 年，第 4126 页。
② 《政府公报》民国二年六月二十三日第四零六号，核对《寺院管理暂行规则》；《国民政府公报》，民国十年五月二十日第七十六号。

例》，对寺庙的财产进行调查，紧接着公布了"神祠存废标准"，以整顿民间的迷信庙堂。① 民国十八年（1929）政府在全国颁布《寺庙管理条例》，该年秋修改为《监督寺庙条例》。② 民国十九年（1930）政府向全国公布了《佛教保护令》，宣布任何机关、团体不得侵犯佛寺及僧侣财产。③ 上海市社会局响应南京国民政府宗教政策曾于 1930 年对上海淫祠邪祀进行的统计调查，并分 1927—1934 年、1945—1948 年两个阶段对上海的寺庙宫观进行登记。对寺庙的第一次调查是在 1927—1934 年间，④ 调查的内容包括：寺庙的名称、地址、类别、建立年代、出资方、现有资产及管理方式，其中部分祠庙附有沿革情况说明。

第二次社会局登记是在 1945—1948 年间。1945 年 11 月上海市社会局颁布施行《上海市社会局宗教团体及寺院登记规则》，内容主要包括：

> 第一条　凡在本市区内有关宗教性质之组织或团体，不论
> 　　释、道、耶、回及其他教派之一切公建募建或私家独建之坛
> 　　庙、寺院、庵观、教堂、教会等均应遵照本规定向本局登记。

---

① 吴经熊编：《中华民国六法理由·判解汇编》，会文堂新记书局，1935 年，第 273—275 页；中国第二历史档案馆：《中华民国史档案资料汇编》［第五辑第一编 文化（一）］，江苏古籍出版社，第 498 页。
② 《上海特别市政府教育局转发内政部〈寺庙登记条例〉》，卷宗号：R48-1-165-1；中国第二历史档案馆编：《寺庙管理条例》（1929 年），《中华民国史档案资料汇编》［第五辑第一编 文化（二）］，江苏古籍出版社，第 1017—1019 页。
③ 《上海宗教志》编纂委员会编：《上海宗教志》，上海社会科学院出版社，2001 年，第 607—608 页。
④ 《上海市社会局关于各寺庙庵堂申请登记》，卷宗号：Q6-18-353。

第二条　申请登记程序，先向本局领填登记申请表一式三份，一份存局，一份转呈市政府，一份转警察局备查。

第三条　登记申请书经本局审定后，由本局发给登记证书。如查与事实不符得令原申请人据实更正。

第四条　凡坛庙、寺院、庵观、教堂、教会等之主持人及重要职员，如有变更或增减时，应随时申请登记。①

此次登记与第一次有所不同，1920 年代祠庙调查时"庙产兴学"仍在进行，而 1945 年的调查则是在保护庙产的前提下进行。1946 年 6 月上海市政府实施《上海市奉转保护庙产及僧众自由的训令》："……查人民有信仰宗教之自由，其财产非依法律不得查封或没收。"② 1947 年 11 月上海市的一切宗教事务移归民政局管理，1946 年在社会局登记的寺庙重新在民政局登记、谈话，并与寺庙情况进行实地核对。③

这两次社会局寺庙调查均是南京国民政府在全国范围内进行的，内容基本都包括：名称、地址、建立年代、管理人及籍贯、资产及管理状况、登记时间及部分碑文。尽管两次调查的背景稍有不同，但都对当时的寺庙宫观进行了如实的统计。统计的寺庙包括佛、道两教的寺观以及民间信仰的祠庙。就上海市而言，同治《上

---

① 《上海市社会局宗教团体及寺院登记规则》（1945 年 11 月），上海市档案馆，卷宗号：Q6-12-224-18。

② 《上海市奉转保护庙产及僧众自由的训令》（1946 年 6 月），上海市档案馆，卷宗号：Q6-10-475。

③ 《上海市民政局四科有关祠庙登记事项》（1948 年 2 月），上海市档案馆，卷宗号：Q119-5-112。

海县志》修于同治十一年（1872），以它所记载的祠庙情况为基数，再结合两次调查资料，基本可以复原开埠以后上海城市的祠庙情况。而 20 世纪 20 年代的祠庙统计可以反映民国建立以后的祠庙景观情况，20 世纪 40 年代的统计资料则反映抗战以来上海的民间信仰景观变迁后的情况。结合同治《上海县志》、民国《上海县续志》及《申报》对祠庙调查的登记情况，将两组社会局调查数据资料进行对比研究，就可以得出开埠以来上海城市民间信仰的情况。

本书所收集的社会局寺庙调查资料，分别为 20 世纪 20 年代 53 条、20 世纪 40 年代 228 条，并对其进行了如下处理。首先将两份档案中属于民间信仰的祠庙区分出，对建立时间进行考证后，将开埠以前建立的祠庙归入 A 类，开埠后建立的则归入 B 类，无法确定建立的则归入 C 类。对于其中建立时间不明确的祠庙，为了便于地图信息展示，在地图上对这类祠庙采取模糊处理的方法，即选取祠庙建立集中的时段如 1850—1870 年代代替。如此，根据两次调查的档案资料，从时间上可以将上海城市的祠庙分为三类：开埠以前建立的为 A 类、开埠后建立的为 B 类、不明时间建立的为 C 类。

为了更客观地了解开埠后上海城市祠庙变化情况，将这些祠庙建立时间按照每十五年为一个阶段进行分析。发现开埠以后上海城市的祠庙数量始终处于增长的状态，其增长幅度大抵可以分为四个层次：增长数量最多的为 1912—1927 年间，近 50 座；其次是 1856—1870 年、1871—1885 年、1928—1937 年、1938—1947 年四个时间段，为 30 座左右；再次是 1886—1911 年间；最后是增长数量最少的是开埠前后的 1840—1855 年，为 10 座以下。

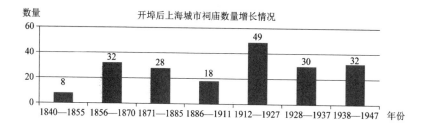

因此,可以说在1885年前后上海城市民间信仰的祠庙数量和种类变化较大。同时,光绪年间开始的"庙产兴学"对传统民间信仰祠庙造成严重损失。鉴于这种增长趋势受到重大历史事件和官方政策的影响,因此在复原时空分布时将分为1843—1885年、1886—1911年、1912—1936年、1937—1948年四个阶段进行,并以地图形式展现。这一处理方式的目的是考察上海在开埠以后祠庙的数量增长过程与空间分布的变迁。

本书第一章在复原某一时段内祠庙的整体布局上,采用的底图是2000年上海市道路交通测绘图,目的是让读者清楚祠庙现今所处的位置。而在后文分析具体某一区域祠庙的分布情况时,底图采用的是当时的老地图,参考其中同一时期的道路、建筑物等进行定位,目的在于从中发现祠庙与其他相关建置的关系,以厘清当时祠庙分布的原因及相关影响因子。

2. 空间分异角度

近代上海"三界四方"的政治格局导致公共租界、法租界、上海县城、闸北的社会状况、城市化水平、宗教政策等各不相同,移民的数量、来源、身份、职业也不尽相同,由此形成不同的民间信仰局面。因此，有别于其他城市的研究，对上海的研究必须在空间分异的视角下讨论，做到有分有总，即既要具体考虑各个区域的情况，又要将其作为一个整体放在近代化背景下进行探究。这一思路并不仅限于"三界四方"的研究，从城市史和城市化的研究角度来说，也具有很大的意义。新中国以后，尤其是改革开放以后，中国城市的发展如雨后春笋，无论是人口规模、空间范围还是经济体量，都大幅度增长，这些新增的建成区域在空间上和文化上与旧的城区往往是割裂的，实际上形成两个不同阶段的城市体，合并管理会带来许多社会问题。尤其是改革开放以后城市新区的建设，以上海浦东新区为例，近代以来浦东为浦西提供劳动力，与浦西的租界、县城形成不同的文化体。在浦东开发开放之后，二者在文化上依旧没有完全融合。正如 1999 年唐振常在谈到上海史研究时指出："百年以还，（上海）是三界四方并存，浦东浦西分割，虽同处一城，实相割裂，这些割裂之块应该是一个个的专题，须分别论列，而不宜亦不能笼而统之，混而合之叙述。分块论列，能见其深。合而观之，乃成上海这个现代化大城市的全局。① 这段话也指出了上海史研究中存在的一个弊端，即忽视上海不同城区间的差异，简单地把上海作为一个整体来研究，把千差万别的外来人口、不同信仰、不同籍贯、近代城市化发展模式和路径简约化和平均化。同时，他也提出上海史研究应采用"区域式的分块法"，先对近代上海相对独立的不同类型的城区进行研究，作分析的工作，在此基础

---

① 转引自苏智良：《城区史研究的路径与方法——以上海城区研究为例》，《史学理论研究》2006 年第 4 期。

上进行综合研究，以获得对近代上海城市客观、科学的认识，推定上海史研究进一步深入发展。但事实上，这是改革开放以来中国许多城市研究都面临和要考虑的问题。

基于此，本书在分析移民社会适应与民间信仰的关系时尽量采用分区域讨论的方法。尤其是涉及移民借助民间信仰完成社会适应、塑造城市社会空间、达成空间认同等问题时，这一过程本身也是城市空间、区域发展的过程。从民间信仰角度解读城市基层社会和城市文化构建是本书的切入点，通过空间相关性的分析，希望能够发现历史文化地理中文化要素与文化主体间的依存关系。

四　概念界定与本书结构

1. 何为民间信仰和移民

乌丙安认为，传统的寺庙宫观之外，数以亿计的信仰者是以家族、宗亲、村寨乡里为根基的。[①] 所以，从这个角度来说，近代上海城市的民间信仰研究就更有意义，因为它是寺庙宫观与家族、宗族、乡里的结合，二者出现相向而行并逐渐趋同的趋势。

在以上学术综述中，民间信仰分别被称为"土神""民间宗教""民间的信仰""弥散性宗教""民间信仰"等，这些主要从研究对象所处地域社会、仪式经典、信众及与官方的关系等方面得出。本书研究对象是近代上海城市民间信仰与基层移民社会间的关系，民间信仰是指佛、道等制度性宗教以外的民众信仰，并非由佛、道宗教界专门机构建立及管理的祠庙，它对神祇的系统归属没有明确规

[①] 乌丙安：《中国民间信仰》，上海人民出版社，1995 年。

定，没有明文教义，信众主要基于实用需求，因而表现较混杂。这种信仰的特色也是近代以来上海城市的特色之一，多是基层的信仰（与北京就有所不同）。

移民作为在不同地区、区域之间迁移活动的人口的总称，时常被赋予现代性，认为主体一般具有能动性、目的性。在本书的研究中，移民特指近代国内其他省份进入上海的流动人口，他们是现代上海乃至当代上海的人口构成，由暂居过渡到定居，对上海城市发展具有深刻影响。

2. 研究框架

本书的重点是复原以民间信仰为纽带构建的城市移民社会网络，并在此基础上塑造城市社会空间。将民间信仰分布情况与移民社会活动范围进行空间比对分析，形成较为直观的图示，以揭示民间信仰在移民社会适应中所发挥的组织城市基层社会作用。

第一章主要复原开埠之后的几次移民浪潮下上海城市的民间信仰在时空分布、神祇种类、经营方式上的变化。根据 20 世纪三四十年代社会局寺庙调查档案及方志资料统计的数量波动，对每个阶段民间信仰数量和种类来源进行分析。发现民间信仰在开埠后出现了大量的租屋设庙现象，神祇归属及性质也发生了相应变化，将其与寺庙宫观的住持、僧员籍贯对比分析，进而得出这些外来信仰的来源、进入上海后的分布情况及原因。同时，一些来自农村的民间信仰，在进入上海这个现代化城市以后，为了适应新的移民社会环境的需求，其功能和组织形式必然发生转变。

第二章重建以民间信仰为媒介所构建的移民社会网络。移民作为上海城市基层社会的重要部分，进入上海新的城市环境后，并通过乡缘关系、业缘关系、入帮派等形式立足下来。而这三种组织往往都是凭借某种民间信仰神灵这一纽带结合起来的，他们信仰同一行业神、地域神、帮派神，组织相关的祭拜、神像游行等社会活动，建立有组织的社交关系网络。在这当中，医药神是各地移民中较为典型的神祇形象，对刚进入陌生环境的移民来说，治病救人是民间神祇的重要功能，常常转化为可以依赖乡情的乡土神。在此基础上，可探讨移民团体利用乡土神建立起的恋乡情结，进而转化为民族情结、国家情结的问题。

第三章分析移民城市文化生活中的民间信仰。移民带入上海的民间信仰除了依赖祠庙这一形式，还凭借民间戏曲、民间传说、民间故事、生活习俗等形式在上海存续和传播。此外，移民也通过这些具有家乡味道的文化形式来满足自身适应陌生环境的需要，在此基础上可考察包涵民间信仰的地域文化在身份认同中的作用，例如江淮戏在上海落脚的过程中就少不了民间信仰的角色，江北人在上海的都天大帝迎神赛会都天会既是奉神也是民众的游乐，甚至某些带有民间信仰色彩的习俗（如旅沪粤人的"打地气"）成为了特定移民的身份标识，在城市化的过程中也不断出现反映新城市生活的民间信仰传说和习俗。

第四章讨论了民间信仰参与建构城市社会空间的问题。社会空间作为人类活动和功能组织在城市地域上的空间投影，可以反映移民空间利用背后的社会关系。通过移民活动空间、商业布局、营生地点和民间祠庙分布及信仰神像游行范围的空间复原，由此讨论民间信仰参与塑造城市社会空间的过程，以及移民对这一空间产生的情感认同。此外，民间信仰祠庙还因吸引人群助力区域城市化，并为城市区域中心赋予特殊的人文意象。

第五章讨论民间信仰在上海文化构建中的地位。民间信仰在近代化的背景下为了存续并帮助移民适应陌生环境，从而进行了主动的调适以组织城市基层社会逐渐融入现代城市社会，并参与构建了上海城市文化，成为当代城市文化的特色。如湖南籍移民进入上海带来其地方神——瞿真人，由原来的旱涝保收、治愈疫病转变为进入上海后凝聚和管理湖南籍移民的组织，直至 20 世纪 80 年代重建后成为上海城市的一大文化特色。民间信仰帮助移民社会适应的过程也是信仰市民化的过程，不仅包括信仰向习俗、日常观念为内容的基层文化转变，也包括具有乡村特质的民间信仰都市化的过程。在这个过程中，民间信仰逐渐成为城市文化景观，并走进旅游指南，也有像黄道婆信仰一样——成为提炼城市精神价值的资源。

第一章

近代上海城市民间信仰的时空分异与嬗变

1948 年 6 月《申报》刊登文章《庙之种种》，对当时上海民间庙宇进行了归纳。它们大部分属于民间信仰，在风雨飘摇的晚清、民国呈现各种奇异的形态。

有神无庙——本市马霍路口之二石翁仲，本在跑马厅内，后西人筑屋，移之为点缀品，不意善男信女，纷往焚香膜拜，且上□额，奉之为神，然神无一椽之庇，是可谓有神无庙。

有庙有神——南京路之虹庙，即保安司徒庙也，每逢岁首，青楼中人往往天未明竞烧头香，以卜利市，曩年吴友如□宝，已绘图以志风俗，盖具有悠久历史矣。本市有庙有神者，指不胜屈，虹庙其代表之一也。

有庙无神——沪南制造局路有花神庙，供十二花神，花树业中人，所以馨香俎豆焉。前岁庙之正屋，忽告焚如，所谓十二花神，无不焦头烂额，乃逐去之，不留迹。

无庙无神——南门内本有一福田庵，巨刹也，香火素盛，

不料住持某忽为多金所动，乃以庙屋□之于人，神像送往他
处，于是不仅无庙，且无神矣。

老庙老神——上海城隍庙，供奉先哲秦景容，始于元代至
元廿九年，惟地址在今淡井庙，至明永乐年间，由邑宰张守约
迁至城内，盖将三国东吴孙皓所建之霍光行祠改建，其年代之
久远可知。今则不论妇孺，咸以老城隍庙呼之，此老庙老
神也。

新庙新神——自抗战军兴，城内外断绝交通，托庇于外人
租界者欲进香城隍庙，太感不便，于是投机者于淡水路别关新
城隍庙，塑□筑庙，居然面目一新，遂有新城隍庙之号，此则
新庙新神也。①

移民进入、城市化、战争、官方政策等都影响着近代上海城市
民间信仰的种类和分布，其中开埠以后社会变化是影响民间信仰观
念改变的根本原因。开埠早期，上海沿袭了明清以降的信仰格局，
但小刀会起义和城市化对土地的争夺导致传统民间信仰祠庙陷于危
境，或消亡，或进行合祀、附祀于其他祠庙。移民大量进入上海，
尤其是民国以后，租界不仅是避难的港湾，还是人们（包括希望通
过开设庙宇从事信仰生意的人）淘金逐利的场所，新庙新神如雨后
春笋般涌现，一些旧有的民间信仰祠庙在名称、神灵种类、地点、
经营人、神祇功能等方面都发生了转变。

---

① 《庙之种种》，《申报》1948 年 6 月 20 日第 8 版。

第一节　晚清暴力、流动下的民间信仰格局转型

上海地处吴地，深受江南文化浸染，至开埠以后，"信鬼神、好淫祀"之习俗也得以延续。《吴郡志》记载唐代时江南地区"毁淫祠千七百所，吴中仅置太伯、伍胥、季札三祠"①；南宋因积贫积弱"转而向神祇求助"②；至明代，松江府仍有"信鬼好祀，至今为然，而乡落为甚，疾病专事祷祈，有破产伤生而不悔者"，并且引用旧志称："习俗奢靡，淫神以祈福，侫佛以避祸"。③朱元璋称帝以后，对社会各个阶层奉祀的神灵有明确规定，普通百姓主要有对祖先、灶神以及对农业丰收的祈求。④迨至清雍正以后，俗神信仰在民间流行起来。上海开埠之前，据嘉庆《松江府志》记载，上海地区的民间信仰以官方允许的基层祭祀为主，属于比较封闭的信仰圈，很少受外界的干扰。从修建和维护的形式来看，以地方官员和当地的乡绅为主，同时反映了当时中央和地方在基层信仰中的关系，即以城隍、先农、火神、厉坛这类主要服务于地方管理的传统信仰。由于传统方志撰写有固定的体例，对民间信仰的记载十分有限，也与本书要探讨的民间信仰有本质区别，因此可在对比中看出开埠以后上海及周边区域在信仰方面所发生的变化，尤其是正

---

① 范成大：《吴郡志》卷二，江苏古籍出版社，1986年。
② ［美］韩森：《变迁之神：南宋时期的民间宗教》，包伟民译，浙江人民出版社，1999年，第25页。
③ 正德《松江府志》卷四《风俗》。
④ 俞汝楫：《礼部志稿》卷八十四《神祀备考·禁淫祠》；亦见《明太祖实录》卷五十三。

史、地方志中不允许记载的信仰种类。

开埠后上海的城市化区域主要集中在原上海县城以及高昌乡下辖的二十三保、二十五保、二十七保。通过对同治《上海县志》及嘉庆《松江府志》的梳理可以发现，它承袭了明清以来江南地区县城的信仰格局，主要有佛道俗神、祖先崇拜、英雄崇拜、城隍等。

一 开埠初期上海城市民间信仰的变化 (1843—1885)

开埠甫始，上海城市民间信仰开始发生变化，出现消亡、移祀、改祀、增祀、新建的情况。这种状况发生改变是在小刀会起义和太平天国运动以后。同时，租界较为宽松的环境为民间信仰提供了温床。许多外来移民在上海赁屋建立各种寺观，其中包括许多以营利为目的的诓骗行为。当时的《申报》就记载有人在上海城市开设佛店，私下购买一尊神像即可告知民众有如何如何神力，以吸引信众来投放香火钱。他们往往借助于外地某某名山禅院，在租界中开设下院或者分院。① 虽然当时官方将其定义为"有庙而非庙者"，但在普通民众当中还是具有相当强的吸引力。

根据成书于1872年同治《上海县志》可大致复原该时段的民间信仰祠庙情况，共记载86座。同时，利用成书于1883年的光绪《松江府续志》中关于上海县城及周边区域的祠庙记载，可以补充6座民间信仰祠庙。最后，再梳理民国时期的《上海县续志》和上海市社会局的寺庙登记情况，其中包括这一时段内新增和消亡、移祀的民间信仰祠庙13座（表1-1）。

---

① 《佛店宜禁说》，《申报》1885年7月31日第1版。

表 1-1   1843—1885 年间上海城市祠庙消亡统计

名　称	建立时间	祭祀对象或性质	消亡原因
东海神坛	洪武十六年（1383）	私祀	毁于兵
邑厉坛	洪武三年（1370）	私祀	西人租去
观音阁	嘉靖年间	观音	咸丰十年毁于兵
潮音庵	嘉靖年间	私祀	咸丰三年遭寇毁
三昧庵	乾隆三十一年（1736）	私祀	咸丰初毁于兵
施相公庙	不明	施相公	咸丰十年贼毁
水神阁	不明	水神	不明
乔将军祠	天启间	乔将军	不明
潘方伯祠	万历间	潘允端	不明
铎庵	康熙元年前	私祀	不明
南圣妃宫	不明	天后	不明
五显庙	不明	私祀	不明
孝思庵	北宋	私祀	不明

这一时期，西人纷纷在上海承租土地从事地产经营，同时受小刀会起义和太平天国运动的影响，祠庙格局出现较大变动。从统计表格来看，咸丰三年（1853）和咸丰十年（1860）两年尤为严重。当然，在这些祠庙中，如东海神坛、施相公庙和天妃信仰等在上海有多处，所以未造成毁灭性的打击。但战争环境和资本主义入侵后，这些祠庙经常被迫迁至别处，有的神祇进入实力较为雄厚的寺观合祀或者附祀，有的筹资新建。这种城市区域内的移动改变了明清以来民间信仰的空间分布原态，发生这些情况的主要有 16 座祠庙（如表 1-2）。

表 1-2 1843—1885 年间上海城市民间信仰祠庙移祀、改祀情况

名称	奉祀对象	废弃时间、原因	移祀、改祀情况
武帝庙	关羽	同治元年	移建西门内旧海防厅署基
迎禧庵	财神	西人租占	迁祀新闸王家巷鱼篮观音堂
江境庙	观音	不明	移建小马桥之右
临江阁	伏魔神像	同治三年售予西人	移供于大佛厂
延真观	三茅君	咸丰三年兵毁后被租占	移建北门内，改祀长人司神像
晏公庙	平浪侯晏公	咸丰十年兵毁后被租占	迁祀于承恩桥西社稷神坛右
高昌司庙	高昌司君	屯兵	先后移祀立雪庵、海音庵
长人司殿	春申君	不明	移祀穿心街
新江司殿	新江司君	不明	附祀于天后宫
财神殿	财神	咸丰三年乱毁	同治初改祀新江司君
吉公祠	祀江苏巡抚	咸丰三年毁于兵	咸丰八年移至县治东学宫
天后宫	天后	咸丰三年兵毁后被租占	就本地商船会馆拜祀
文昌宫	文昌君	咸丰三年兵毁后被租占	附祀于南园蕊珠宫文昌殿
文昌帝君先代祠	文昌君	咸丰五年毁于兵	附祀于南园蕊珠宫
关帝庙	关公	毁于兵	移建于西门内海防厅署废基
关帝庙后殿	祀帝曾祖光	咸丰十一年为西人占用	移建小东门察院基

资料来源：同治《上海县志》

　　总的来看，因战争或西人租占而移祀的现象并没有对开埠以后上海城市的民间信仰种类产生大的影响。其中延真观和财神殿在重

建后分别改祀长人司君和新江司君，而原来奉祀的财神仍然存在于其他财神殿，只有延真观之前奉祀三茅君在这一时期消亡。这些民间信仰祠庙在遭兵乱和租占后选择迁建新庙或附祀于其他祠庙，而这一选择也并非随意为之。从其迁建和附祀的对象来看，主要是一些佛道寺观、影响力较大的民间信仰祠庙和被废弃的政府等公共机构。例如武帝庙、关帝庙、吉公祠分别迁建于旧海防厅署基、学宫，而临江阁、高昌司庙、文昌宫分别附祀于佛道的大佛厂、立雪庵、蕊珠宫，新江司殿则附祀于天后宫。这一现象主要是因为开埠以后租界城市化进程的开展，致使许多力量较为薄弱的民间信仰祠庙被占用，而佛道寺观则免于这种命运。因此，民间信仰为了能够存续下去而选择附祀于佛道寺观，以期得到保护。在已消亡和移祀的祠庙中，多是在明清时期就已建立成已存在的传统祠庙，其分布状况复原地图如图1-1所示。

可以发现，因战争破坏消亡和移祀、改祀的民间信仰祠庙均位于上海县城的四个城门内外以及县治附近，这里是传统民间祠庙分布的密集区，但这一时期租界内的情况却有所不同。

> 1869年12月1日，四川路和江西路之间的华人村庄，董事会发现为了加宽其中的一条马路而拆除某些房屋要工部局支付的赔偿费很大。决定目前不再对此事采取进一步的行动。①

租界内因原有祠庙数量较少，加上华人村庄中涉及的祠庙拆除

---

① 《工部局董事会会议录》（第三册），上海古籍出版社，2001年，第631页。

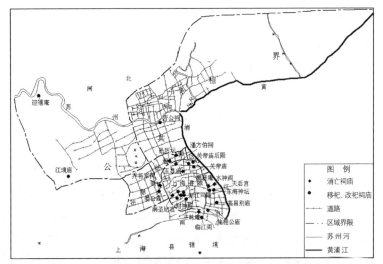

图 1-1　1843—1885 年间上海城市消亡、移祀、改祀民间信仰祠庙

注：以 2000 年上海城市交通图为底图，参考绘制

费用高，工部局和公董局在城市建设中也没有对其进行大规模改建，因此祠庙消亡的现象并不严重。

在上文统计的 32 座消亡和移祀祠庙中，明确记载的有 14 座为战争所毁，且时间多集中在咸丰三年（1853）、四年（1854）、五年（1855）、十年（1860）。咸丰三年（1853），小刀会在上海起义，并迅速占领上海县城。不断壮大的小刀会向上海四郊发展，并占领了宝山、南汇、川沙、青浦等周边县城。至咸丰四年（1854），法国舰队向小刀会宣战。1855 年，法军和清政府配合与小刀会展开激战，并用炮火争夺上海县城的城墙。这次战役主要集中在上海县城及其周边，尤其是城墙内外。

至咸丰十年（1860）7 月，太平天国军队攻占松江府城，逼近上海，英法军队分别组织防守东北和西南四座城门，并于同年 8 月进至上海县城西门，双方在此进行激烈战斗。同治元年（1862），太平军发动了第二、第三次对上海的进攻。太平军对上海县城及其周边的民间信仰祠庙造成的损毁，一方面有军事进攻的原因；另一方面是因太平天国不允许奉佛敬神，反对偶像崇拜。根据上文统计，期间明确记载因此消亡的祠庙包括：晏公庙、立雪庵、观音阁、大佛厂、文昌宫。除此之外，1843—1862 年间另有 12 座祠庙因战争消亡，无法确定具体年份。

1843—1885 年间上海祠庙的消亡集中在前半段，主要是因为开埠和战争。1843 年开埠以后，海外移民陆续进入上海，他们眼中的上海充满了投资机遇。在这样的背景下，上海的房地产业迅猛发展，旅沪的外国商人通过多种途径购买和占有土地。[①] 祠庙作为公共资产，成为被租用、占有的首要选择。这种情况在同治年间的《上海县志》以及工部局、公董局的档案资料中多有记载。如上海县城的先农坛，建于雍正四年（1726），原本位于县城北门外。开埠之后，由于这一区域成为法租界，先农坛被法国人占用。同治《上海县志》记载："今其地为西人租去，咸丰十一年（1861）知县刘郇膏移建小南门外陆家浜南。"而南门外的立雪庵始建于宋代，也在咸丰十年（1860）"屯驻西兵"，以致庙宇销毁。这种情况在开埠之始较为常见，祠庙或为外国商人直接租赁，或毁于兵荒后地块为西人占有。晏公庙位于上海县城西门外周泾，"咸丰十年燬于兵，

---

① 牟振宇：《从苇荻渔歌到东方巴黎：近代上海法租界城市化空间过程研究》，上海书店出版社，2012 年。

庙地复为西人租去，僧观慈迁建于承恩桥西社稷神坛之右"。关于这一事实，公共租界的工部局会议记录和法租界的公董局档案都有相关记载。租界建立之后，关于租界内原本存在的祠庙归属问题，中国政府与租界曾达成一致，即天后宫、虹庙等属于上海县管辖，而其他庙宇却没有明确的规定。[①] 因此，在开埠之后被租赁或占用的祠庙均位于租界内。

除了消亡、移祀、改祀、附祀的情况外，1843—1885 年间上海城市还出现了一些新的民间信仰祠庙。将同治《上海县志》和20 世纪 20 年代、40 年代上海社会局对祠庙调查的资料综合起来，统计出 1843—1885 年间新建立的祠庙数量（如表 1-3 所示）。

表 1-3　1843—1885 年间上海城市祠庙增建情况

名称	建立时间	地点	奉祀对象
猛将堂	咸丰八年（1858）	虹安镇	刘猛将军
文昌宫	同治元年（1862）	引翔港镇	文昌君
天后行宫	同治二年（1863）	引翔码头	天后、三官大帝
观音庙	道光二十七年（1847）	吴淞三十九图陈家宅	观音
袁公祠	咸丰五年（1855）	在陈公祠左	祀殉节知县赠知府衔袁祖德
陈公祠	道光末年（1850）	在淘沙场	祀陈化成，两庑附祀殉节典史杨庆恩及阵亡军士
吉公祠	同治八年（1869）	初在新闸大王庙西偏	祀江苏巡抚谥勇烈吉尔杭阿衲

[①] 《上海市租界章程》，《民国史料丛刊》（第 824 册附录），大象出版社，2009 年。

（续表）

名称	建立时间	地点	奉祀对象
吴公祠	光绪二年（1876）	在西门内学宫东	祀苏松太巡道署江苏布政使吴煦
刘公祠	光绪五年（1879）	在吴公祠东	祀前上海县知县刘郇膏
愍忠祠	光绪五年（1879）	在刘公祠后楼	祀江浙海运局在海溺死各官绅蒯光烈等
总祠	同治九年（1870）	在旧学宫基节孝祠左	祀咸丰年起本籍阵亡官弁兵勇
鲁班阁	咸丰八年（1858）	里虹口	鲁班先师
观音寺	咸丰年间	虬江路 1495 号	观音
猛将堂	咸丰三年（1853）	翔殷路洪东宅一号	刘猛将军
莲座庵	咸丰年间	南市高昌庙路 161 号	供观音、关帝、地母、八字菩萨
三星堂	咸丰年间	南市丽园后路 37 号	纪念关帝、猛将、三官
陆家观音堂	咸丰年间	中正路 244 号	观音
观音堂	光绪六年（1880）	中山路陆家宅第 15 号	观音
观音阁	光绪八年（1882）	引翔港马玉山路赵家宅	观音
太阳禅寺	光绪五年（1879）	闸北大统路 627 号	药师佛、丰都帝、关圣帝、城隍爷、十殿王、土地公婆、太上老君、太阳佛、雷祖佛、六十甲子、三官佛、斗天娘娘、蛇王爷、周苍帝、孟婆娘娘、眼光娘娘、白无常、豆神王、童子佛
财神殿	咸丰年间	建国东路 455 弄	财神

（续表）

名称	建立时间	地点	奉祀对象
庙三官殿	咸丰年间	沪西梵里渡路124号	关帝等
国恩寺	光绪元年（1875）	普安路239号	奉水陆画像、十王轴画、鬼王轴画
高昌司庙	光绪六年（1880）	南市大南门外复善堂街	高昌司君
老高昌庙	同治五年（1866）	制造局路749号	高昌司君
分水庙	光绪间	临平路一号	不详
送子庵	同治九年（1870）	北福建路20弄9号	送子观音
观音庵	光绪间	南市林荫路133号	送子观音
天后宫	光绪六年（1880）	河南北路3号	天后圣母像、观音佛像、地母神像、顺风耳神像、千里眼神像
延真观	道光二十三年（1843）	老北门内	长人司君
白云观	同治五年（1866）	西门方斜路	雷祖、东岳经、灶经
刘山长祠	光绪七年（1881）	上海县城内	祀山长广东学政詹事府左春坊左中允兴化刘熙

　　1843—1885年增加的民间信仰祠庙及供奉民间信仰神祇的祠庙共32座，其中修建于道光年间的有道光二十三年（1843）的延真观、道光二十七年（1847）的观音庙、道光末年的陈公祠；咸丰年间有10座；同治年间7座；光绪年间12座。道光年间出现的3座祠庙中，延真观实际上是移建，只有陈公祠是新的祭祀种类，祀陈化成、杨庆恩及阵亡军士。陈化成于道光二十年（1840）调任江南

提督，鸦片战争爆发以后，陈化成开始着手吴淞炮台的防御，保卫长江水道。1842 年吴淞之战爆发，陈化成牺牲。因此，在道光末年出现了奉祀陈化成的祠庙。

直至 1855 年之后，新建祠庙数量及种类才有所增加。在咸丰、同治、光绪年间出现的 29 座祠庙中有 7 座是祭祀在太平天国运动、小刀会战乱中牺牲的将领及官员，可以看出英雄崇拜成为这一阶段民间信仰繁盛的一个原因。中国自古就有崇拜圣人、英雄的民间信仰传统，并且在儒家思想的指导下以建祠立庙为标志，这一阶段上海城市民间信仰中英雄崇拜的繁盛则是不仅出于他们在战事中的英勇精神。

除了英雄崇拜传统对民间信仰种类的影响外，上海城市传统的民间信仰在这一时期也开始发生变化。伴随开埠的深入，不同籍贯来源的移民携带的地域性使得民间信仰开始出现按籍贯区分的特征，例如在这一阶段新建的里虹口鲁班庙和河南北路天后宫是由粤籍移民建立。他们以自身籍贯为条件建立民间信仰祠庙，并且对信众身份做了严格的规定。又如位于吴淞区的观音庙，由旅沪粤人捐资购地建筑，而在运行方式上也由旅沪粤人公举委员管理，用以纪念往哲。[①] 开埠以后，民间信仰在地域籍贯、行业上的这一区别，实际上使其自身具有更强的社会指示意义。

在战争摧毁和移民进入的情况下，各个祠庙所奉祀的对象也开始出现杂乱现象，例如，莲座庵应属于佛教庵堂，其中却供奉关帝、地母，三星堂则同时奉祀关帝、猛将、三官。太阳神寺、天后

---

① 《上海社会局 20 世纪 40 年代祠庙调查档案》，上海市档案馆，卷宗号：Q6-10-57。

宫、国恩寺、白云观也有同样的情况。关于混祀的问题，下文再详细论述。

在以上统计中，笔者将观音崇拜也计入其中，期间共建观音祠庙、寺观7座。观音崇拜已经不再是纯粹的佛教信仰，而是慢慢演变成民间信仰，并开启了近代上海佛道神灵向民间信仰转化的大门。

总的来说，1843—1885年间新增加的祠庙因为英雄信仰的繁盛而丰富了这一时期民间信仰的种类，而其他方面的变化都是因上海城市传统民间信仰在战争、移民等社会背景下出现的转变。与本研究相关的尤其是这一时段内伴随移民进入，民间信仰开始按信仰群体出现籍贯区分。

从空间位置上看，新增加的祠庙开始向租界范围内扩散。在太平天国运动和小刀会战乱中兴起的英雄信仰祠庙除了吉公祠之外，其他均分布在上海县城内官署密集的西南部，而其他一些新增祠庙则较为均匀地分布在公共租界北部和南市区。这期间，祠庙的变化主要是在1853年、1863年两个时间节点之后。从1863—1872年间上海城市新建祠庙的分布复原来看，新增的7座祠庙有5座分布在南市；而1873—1882年间新增的28座祠庙，其中6座位于上海县城内，11座位于南市，租界地区在这一时期新增祠庙为9座，主要分布在公共租界北区。与1873年之前相比，租界内祠庙增加的原因在于1868年起工部局开始决议租界以内允许收留中国贫民。

1868年2月10日，租界内收留中国贫民的住房已经开放。它已做了大量的好事。这样做的目的有两个：第一，可清除街上的乞丐；第二，向真正需要帮助的穷人提供食宿。[1]

虽然这一决议没有立即生效，但之后一段时间内进入租界的移民增多，1873—1882 年间新建祠庙数量也随之增加。

对 1843—1885 年间上海城市民间信仰的空间复原，只能依靠截取其中一年作为时间断面来表现。同样，以同治《上海县志》记载为基数，补充进 1867—1885 年间增加的祠庙数量。同时，因方志对祠庙的记载往往因循旧志，新老两志之间时间段内盈亏的祠庙没有落实记载，因此，在复原过程中需要去除开埠以后消亡的祠庙。此外，遇重建或移祀的情况，要选择变化后的地点，以其所供奉的神祇内容为取舍标准。期间一些标明新建的祠庙实际上在是之前已经存在的祠庙基础上改建而成，在名称和地点上都有很深的渊源，因此这种情况不能视作新建祠庙。例如分水庙，同治《上海县志》中记载其位于"虹口南北分流处"[2]，上海社会局的调查档案中记载，分水庙新建于 1875 年，位于临平路一号，[3] 但二者实为一处。再如观音堂，一处为中山路陆家宅第 15 号，另一处名称为陆家观音堂，地点在中正路 244 号。类似于这种不同资料的不同记载但经考证实为一处的，在复原时只取一处。[4] 这些变化和定位困难的原因就在于移建和重建，虽然名称不变，但往往祠庙性质已经变更。

① 《工部局董事会会议录》（第三册），上海古籍出版社，2001 年，第 631 页。
② 同治《上海县志》卷十，《中国地方志集成》，上海书店出版社。
③ 《上海市社会局关于分水庙注册登记文件》，上海市档案馆，卷宗号：Q6-10-108。
④ 《上海市社会局关于陆家观音堂注册登记等文件》，上海市档案馆，卷宗号：Q6-10-167。

根据民国《上海县续志》及社会局的两次调查，1867—1885 年间上海城市民间信仰祠庙共 86 座，新增加的民间信仰祠庙有 3 座。将光绪《松江府志》中不重复的 6 条资料补充进去，即 1843—1885 年间上海城市民间信仰祠庙最大数量为 95 座，分布如图 1-2。

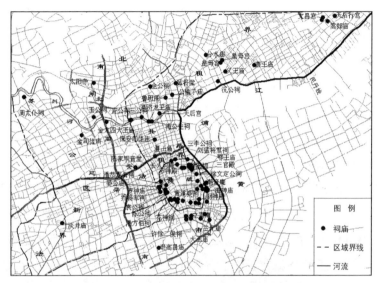

图 1-2　1843—1885 年间上海城市祠庙分布情况
注：该图以 2000 年上海城市道路交通为底图绘制

根据上图所示和该时段内祠庙数据库的统计，1843—1885 年间祠庙的分布特征可归结为以下三种类型：块状、散点、带状。

祠庙分布的块状分布，主要是指祠庙围绕以某一点为中心的周边区域分布，这一类区域集中在人口流动比较大的地段，例如上海县城的北门、小南门、大南门、西门、小东门、大东门内外区域。此外，还有以城隍庙、县署、学宫等建置为中心的区域，以及以虹口港和引翔港为中心的区域。以上这些祠庙多位于上海县城的二十五保以及二十三保以内。

民间信仰祠庙散点分布，是指文献记载祠庙分布时没有指出周边标志性建置，同时从复原地图上看也是呈分散状态，这些祠庙主要分布在闸北地区以及公共租界西部区域。

上海区域自古以来就是河网密布，带状分布特征是指祠庙位于沿河流等线状自然实体分布，例如苏州河、虹口港、杨树浦等。从地图上来看，苏州河沿岸分布有 11 处祠庙。但实际上，位于河流、浜浦沿线的祠庙数量不止于地图上所展示的。因为开埠以后上海经历了大规模的城市建设，尤其是在租界地区，填浜筑路使大量河浜变为城市道路。也就是说，上图所展示的许多祠庙原本是位于河浜沿线的。例如最初位于英租界的保安司徒庙，文献记载其地理位置是这样的："原名矴沟庙，在北门外矴沟浦上"①，而矴沟浦也就是后来的南京东路，矴沟庙即保安司徒庙（虹庙）。再如位于延安东路的陆家观音堂、北宫寺、夏王庙等，文献记载位于中正路 244 号和界浜，而中正路 244 号也就是位于现在的延安东路，是由界浜填筑而成。

其中位于公共租界南区的祠庙有 6 座，公共租界北区和东区有 21 座，法租界以内为 6 座，闸北 2 座，上海县城及南市为 60 座。在每个区域内部的祠庙分布上，公共租界内的祠庙主要分布在苏州河两岸、界浜以北、虹镇以及引翔港镇。苏州河两岸有周太仆祠、金司徒庙、金龙四大王庙、海公生祠、吉公祠、三公祠、通济龙王

① 同治《上海县志》卷十，《中国地方志集成》，上海书店出版社。

庙、天后宫、送子庵。界浜以北有陆家观音堂、夏王庙。虹镇不仅是商业、人口集中的地方，也是虹口港所在地，这里有全公祠、鲁班阁、公输子庙及猛将堂。与虹口港几乎相连的区域——提篮桥，分布有分水庙、义王庙、沉公祠、萧王庙及两座皇母宫。①

法租界内祠庙则分布在县城的西门外，这里是开埠之前二十五保祠庙的分布密集区，开埠后祠庙在空间位置上隶属于法租界。除西门外，法界内的祠庙还多分布在与县城、南市交接的二十七保一图、二图、五图等区域，这里不仅是受县城影响祠庙分布的传统密集区，也是早期法租界人口集中且进行城市建设较早的区域。县城内及南市的祠庙主要分布在南门外、东门外以及以城隍庙、县治为中心的城市区域。与租界不同的是，县城及南市的祠庙种类除了相同的庙、堂、宫之外，还分布着许多祠，例如花神祠、周万二公祠、三李公祠、许徐二侯祠、仁寿祠、陆文裕公祠、潘恭定公祠、徐文定公祠、蒋参议祠、范烈妇祠，主要祭祀明清以来的先贤以及节孝榜样。

总的来说，开埠伊始的 1843—1885 年间，上海城市的祠庙因为战争等因素遭到损毁，西人通过直接租占方式导致传统祠庙消亡或迁移。同时，进入上海的移民数量增多，无论是来自国外还是国内其他省份，他们都对上海城市的祠庙数量增减产生了影响。国内移民则是将其籍贯地的民间信仰带进上海并新建祠庙，或者在上海按照其地域籍贯来对祠庙进行划分。但是因为这种进程具有相对的滞后性，在此影响下消亡和新建的祠庙变化幅度没有战争的影响大，而是表现得缓慢且持续。因此，1843—1885 年间上海城市祠庙

---

① 《上海市社会局关于皇母宫注册登记文件》，上海市档案馆，卷宗号：Q6-10-182。

的布局基本沿袭了旧有的传统。

二　晚清上海城市的民间信仰格局（1886—1911）

至 1885 年，租界当局开始"严禁佛店"，同时清政府也推行"庙产兴学"，上海城市民间信仰存续的环境发生变化。另外，1911 年以后北洋政府和国民政府先后颁布了多部宗教寺观管理条例，同时伴随旅沪移民浪潮的高涨，新建民间信仰祠庙也在 1911 年以后增多。因此，可以将 1886—1911 年作为一个独立的时期来分析。

民国《上海县续志》修纂于民国七年（1918），对 1886—1911 年间上海城区的祠庙存废情况有所记载。结合 20 世纪 20 年代和 40 年代上海市社会局对祠庙的调查档案数据，可以去除 1912—1918 年间消亡的祠庙。

1886—1911 年民间信仰祠庙的增长情况如表 1-4 所示。

表 1-4　1886—1911 年间上海城市新增民间信仰情况

名称	建立时间	地点	奉祀对象
应公祠	光绪十七年（1891）	在黄道婆祠西偏	祀前苏松太道应宝时
余公祠	光绪二十九年（1903）	在学宫东北	祀前苏松太道余联沅
瞿真人庙	光绪十七年（1891）	在南市十五图	祀瞿真人
老君庙	光绪二十四年（1899）	在制造局左	太上老君
黄婆庵	光绪年间	在虹口镇南	黄道婆
新三官堂	光绪年间	在虹口华记路南	三官大帝
吉祥寺	光绪二十五年（1899）	七浦路 204 号	奉祀善才

（续表）

名称	建立时间	地点	奉祀对象
华阳道院	光绪年间	小南门外仓湾北	三茅君
东华道院	光绪年间	虹口港	武圣和金将军
杨忠惠侯祠	光绪年间	闸北苏州河畔	杨忠惠侯
安澜道院	光绪年间	小南门外商船会馆右	天后

与开埠后的第一阶段相比，1886—1911 年间增建的民间信仰祠庙数量不多，为 11 座。其中，新出现的民间信仰种类包括对瞿真人、杨忠惠侯、苏松太道应宝时、余联沅的奉祀，前者是湖南旅沪移民在上海城市地域认同性质的信仰，后两者则是对先贤的崇拜。在增建的其他几座祠庙中所奉祀的神灵在上海并不是新的种类，只是原有信仰种类在空间分布上的扩散，包括太上老君、黄道婆、三官大帝、善才。例如，上海的黄道婆信仰最初是在松江的乌泥泾，后又添建于县城内，至光绪间在虹口镇又新建一座黄婆庵。从神祇的体系归属上来说，太上老君、三官大帝被归入道教，而善才也应属于佛教范畴。但这一时期建立的祠庙均是将这些神祇单独奉祀于一个祠庙内，没有相关的道教、佛教神灵配祀，因此可以将其归入民间信仰的范畴。而这种扩散是与特定人群的活动存在一定联系的，例如老君庙。

老君庙夙由机器局各工匠奉香火，某日俗传老君寿诞，工匠集资演戏。[1]

---

[1] 《申报》1891 年 4 月 8 日第 2 版。

由此可见，对老君庙祭祀是属于机器局工匠的行业活动。

这一时期建立的祠庙多在光绪后期，即光绪十七年（1891）之后，宣统年间未见新祠庙及信仰种类的记录。就分布地点来说，虹口、闸北附近出现的祠庙最多，其次是南市和上海县城。县城由于是传统祠庙的密集分布区，奉祀先贤的应公祠和余公祠选择在此落脚。瞿真人庙是湖南人在上海建立的湖南地域性的民间信仰，因此位于南市湖南会馆湖南人集中的瞿真人路。至于新三官堂、黄婆庵、吉祥寺，则位于移民分布较多的虹口、闸北区域。

除以上所列增建的祠庙外，这一时期还出现了许多无法辨别性质的祠庙，例如三圣庵、西池庵、竹林庵、真如庵、观音庵等。在民国《上海县续志》和社会局的调查资料中没有关于奉祀神祇的详细说明，暂作佛庵处理，在此不列入民间信仰范畴。

同上文，在对1886—1911年上海城市民间信仰祠庙消亡情况进行统计时纳入了部分佛道寺观，原因在于它们并非完全奉祀佛道神灵，而是掺有其他民间信仰神祇，或者是将某一佛道神祇如观音单独列祀于其中。1886—1911年间消亡的祠庙共为12座，如表1-5所示。

表1-5　1886—1911年间上海城市民间信仰祠庙消亡情况

名称	消亡时间	原因	地点
邑厉坛	宣统元年（1909）	官绅公议变价充改良监狱费	西门外社稷坛旧基
文庙	光绪十八年（1892）	毁于火	斗姥阁西南
文昌阁	光绪三十一年（1905）	邑绅王丰镐等改为飞虹义务小学堂	在老闸北

（续表）

名称	消亡时间	原因	地点
风神庙	光绪三十二年（1906）	邑人顾祥和葛尚远等设立东区第一小学校	龙王庙后
黄道婆祠	光绪三十年（1904）	祠由书院管理，书院改建学校	县治西南半段泾李氏园之右
吉公祠	光绪三十二年（1906）	改为敬业学堂	吴松新闸金龙四大王庙西偏
真武庙	光绪三十二年（1906）	北城沦智小学堂迁此	北城振武台上
紫霞阁	光绪三十二年（1906）	设蓬莱两等小学堂，次年移并普同学堂，光绪三十四年改设蓬莱女学堂	在县署西南
一粟庵	光绪三十二年（1906）	改庵为上海县劝学所	在县署西南
小天竺	光绪二十七年（1901）	设中西启蒙学堂	在县署西
利济侯庙	光绪三十一年（1905）	中城利济社置救火具于台下	在西门内虹桥
文星阁	光绪二十二年（1894）	借设三林书院，二十八年改三林学堂	县城内

从祠庙的消亡时间来看，大多集中在光绪末年，即1892—1906这十几年间。其萎缩的原因主要有"庙产兴学"时改建为学校、公共设施或机构等。光绪二十四年（1898），清廷推行新政，废科举、兴学校，因困于财力不足，遂提出"庙产兴学"。湖广总督张之洞上《劝学篇》，主张将寺观之产改作办学。[①] 这一主张得到光绪皇帝支持，并昭告："民间祠庙，其有不在祀典者，即著由地方官晓

---

① 张之洞：《劝学篇》，中华书局，1991年。

谕民间，一律改为学堂，以节糜费而隆教育。"① 应官方重大政策的调整，当时被改作公学的寺观大多选择在上海县城以内，种类上基本选择传统的祠庙，如文星阁、风神庙等，以及建立时间较为久远的黄道婆祠、吉公祠。

1886—1911 年间上海城市民间信仰祠庙除了在数量分布上有所变化外，另一个重要的变化就是许多民间信仰祠庙的职能和管理模式发生转变。中国传统的祠庙都是用来供奉、祭祀，由僧道或私家所有并管理。然而近代以后，随着各种社会群体和移民组织的壮大，民间信仰祠庙的职能开始朝着多样化的方向发展，这种转变促使祠庙的资产所属和管理模式发生变化。文献明确记载 1886—1911 年间上海城市发生职能转变的民间信仰祠庙包括火神庙、周万二公祠、水神阁、鲁班殿、药王庙等。

药王庙作为传统的民间信仰祠庙，几乎每个传统中国城市都有其庙宇建置。其于 1893 年开始设立施医局。

> 上海虽弹丸地，然人烟辐辏，每至夏令易生疾疫。……定于今日起在沪城药王庙设立施医局，凡贫病相连者自可同登仁寿。②

药王庙设立施药局后，就不再作为纯粹供奉药王的场所，而是整个上海药业公所所在。作为公所所在，药王庙必定成为药业同仁

① 朱寿朋编：《光绪朝东华录》（四），中华书局，1958 年，第 4126 页。
② 《设局施医》，《申报》1893 年 6 月 14 日第 2 版。

所聚集的地方，药业所举办的公共活动也都在药王庙内进行。

> 本埠城内外药业饮片同行，循例于前昨等日在沪城药局弄药王庙演戏酬神，自晨至暮，观者异常拥挤，一区三分所马署员饬派长警莅庙弹压，故无肇衅情事。①

> 本埠药店饮片同业如蔡同德、冯存仁、姜衍泽、童涵春等各店，定于夏历四月二十二日始，由甬服来名剧在沪城药局赤药王庙演戏酬神。是日起，每日轮流，演至五月初旬止。业由喻义堂药业公所函致一区三分署魏署员，请届时加派长警到庙照料。②

实际上，根据这两则报道可以知道，药王已经成为药业公会的行业保护神，而演戏酬神也是中国民间信仰的典型特征。不仅如此，既然作为行业神，药王庙也成为药业伙友集会的场所。

> 药王庙之会议，沪市全体药业伙友五千余人，于前昨两日陆续到城内药局路药王庙内齐集。自前日下午三时许罢工，直抵晚间陆续赶到药王庙者有二千余人，当推举代表范允畏、柳虞卿、过鹤九等负责维持交涉，全体伙友深夜未散，均麇集药王庙中大殿楼上下及阶砌等处，鹄立通宵。③

---

① 《药业演戏酬药王》，《申报》1922 年 5 月 22 日第 16 版。
② 《药业演剧酬神》，《申报》1924 年 5 月 23 日第 16 版。
③ 《药业伙友罢工之第二日》，《申报》1926 年 5 月 25 日第 13 版。

罢工是近代城市工人抒发集体意志的主要形式，此一事件显然反映了药王庙在近代城市社会中的转变，即成为特定行业群体集中的公共空间。与药王庙的转变相似的还有鲁班殿，关于这一点将在后文做更为详尽的论述。

成书于1918年的民国《上海县续志》与该时段距离最近，补充了社会局寺庙调查中的资料，寺庙共有47座，分别是法租界3座、上海县城和南市30座、公共租界12座、闸北2座。

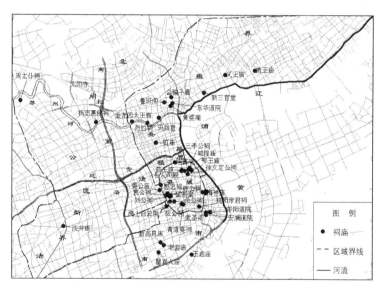

图1-3　1886—1911年间上海城市祠庙分布状况
注：以2000年上海城市交通道路图为底图绘制

从复原的分布图和数据库来看，早期的块状、散点、带状布局已经部分瓦解。以上海县城北门、大南门、小南门、西门、小东门、大东门为中心的块状分布逐渐松散，整个县城的民间信仰祠庙数量减少至 30 座。原来大、小南门外的祠庙分布与南市连成一片，在这段时间内也发生萎缩，并进行了更替。例如大王庙、立雪庵、三元庙、财神庙更替为安澜道院、华阳道院、武圣阁等，而这也是移民进一步进入上海城市后给民间信仰祠庙带来的影响。其中安澜道院位于小南门外商船会馆右，创建者为沙船商，隶属于商船会馆，它所奉祀的对象是天后。① 华阳道院在小南门外仓湾北，虽然从名称上看属于道教，但实际上就是之前自江北迁移至上海的三茅宫，奉祀三茅君。②

同时，南市本身的祠庙向西南方向扩散，如王启庙、老君庙和瞿真人庙。③ 上文已经提到，老君庙是机器制造局工匠奉祀的对象，并且集资演戏。它和瞿真人庙在空间位置上都位于江南机器制造总局附近，二者都与旅沪的湖南人有密切关联。江南机器制造总局是洋务运动时设立的军事生产机构，也是江南机器制造总局早期厂房中在近代最早的新式工厂之一，亦是后来江南造船厂的前身。它由曾国藩规划，后由李鸿章、张之洞负责，其中所雇的工人大部分是依据地缘、熟人关系进入的，移民已经开始影响民间信仰的状况。

不仅如此，瞿真人庙、老君庙所在区域也是上海湖南会馆义冢所在的区域。④ 前文已经讲过瞿真人庙是湖南人在上海建立的地域性民间信仰祠庙，从这里可以看出，瞿真人庙和老君庙的选址并非

---

① 民国《上海县续志》卷十二，《中国地方志集成》，上海书店出版社。
② 民国《上海县续志》卷十二，《中国地方志集成》，上海书店出版社。
③ 《上海市社会局关于王启庙注册登记等文件》，上海市档案馆，卷宗号：Q6-10-92。
④ 《义冢上发见尸身》，《申报》1912 年 5 月 31 日第 7 版。

随意为之，而是选择了与旅沪湘籍人关系密切的会馆义冢和江南制造总局相近的地段。

尽管如此，老君庙和瞿真人庙的命运却截然不同。由于沪甬嘉铁路的修建，老君庙所在区域被收购。

> 沪嘉路线头段路地自沪军营至老君庙，价分三等，上等三百元、中等二百元、下等一百元，于前月十五日开购，以本月初五日为限。早经移县，出示晓谕。凡各业主所有地亩，应即到所验据书契领价。坟墓、房屋一律照章迁让。第二段自老君庙至梅家弄。……已择定初八日行开工礼二十一日起实行开工。①

这一收购令发出后，老君庙并没有立即被征收。因此，在1908年上海道又以老君庙败坏社会风气为由，予以发封，发布了《沪道批饬发封庙宇》。

> 老君庙僧人元达祥寿与妇人韩彩银等在庙叙赌已纪昨报，兹经高昌庙巡局委员李锡年禀知沪道，当奉批示云：僧人元达祥寿招留妇女入庙抹牌，大为风俗之害，自应从严惩究，以儆效尤。老君庙应予发封，变价拨充龙门学校及推广南市警察经费之用。②

---

① 《苏路第一二段购地之等则》，《申报》1907年1月27日第3版。

② 《沪道批饬发封庙宇》，《申报》1908年5月5日第18版。

此后，老君庙被改为医院。在此过程中，制造局工人由于信奉老君庙而参与抵制征收活动。[①]

具体到某一区域来说，上海县城和闸北区域增加几处人物信仰，有县城的应公祠、余公祠和闸北的杨忠惠侯祠。杨忠惠侯根据清代文献记载为南宋时两淮抚使，在处理边事中亡；至宋理宗时被敕封为"护国忠惠侯"，但不知何种原因在当时从事渔业的人当中有很多信众。[②] 也因此，闸北杨忠惠侯祠的选址为苏州河的北岸。

1886—1911 年间祠庙布局发生的另一个变化在公共租界北区和东区，在此之前，这里的虹口港、虹镇、提篮桥及引翔港镇都是民间信仰祠庙密集分布的区域。但至 1886 年以后，引翔港镇和提篮桥区域的祠庙消亡，虹口港区域也只剩下粤籍鲁班阁、宁绍公输子庙、黄婆庵、东华道院 4 座，其中东华道院最初奉祀武圣，后增祀金将军。[③]

这一时期的民间信仰受"庙产兴学"政策的影响较大，尤其是上海县城和南市范围较为传统的祠庙，被迫改为学校或者公共建置。鉴于这一点，此时的许多民间信仰祠庙开始向佛道两教转化，在名称上不再保留民间信仰祠庙的特征。例如位于西门外法租界的海上白云观，从名称上看属于道教性质，但事实上它所奉祀的对象是雷祖；[④] 再如安澜道院、华阳道院及东华道院，奉祀的对象分别是天后、三茅君、武圣和金将军，但是从祠庙的名称上看都属于道

---

① 《老君庙准改医院》，《申报》1908 年 6 月 8 日第 19 版。
② 沈学渊：《桂留山房诗集》卷六，道光二十四年郁松年刻本。
③ 民国《上海县续志》卷十二，《中国地方志集成》，上海书店出版社。
④ 民国《上海县续志》卷十二，《中国地方志集成》，上海书店出版社。

教范畴。可见，宗教政策的变更会直接影响民间信仰与佛道两教的关系变化。

第二节　移民浪潮下县城与租界民间信仰的格局转换

辛亥革命以后，废除了历代封建王朝对宗教的管理制度，在法律上承认并保护各种宗教，宗教团体也开始列入社会团体范畴。民国十六年（1927）南京国民政府成立，上海市的宗教工作由国民党上海市党部和上海市社会局管理。[①] 这段时期出台了一系列的宗教管理政策，由于开埠后民间兴起私人建庙的风气，加上社会团体与信仰的关联更加紧密，当时的政策一改以往对信仰内容严格限制的做法。这种规定在一定程度上为移民建庙和信仰的多元化提供了宽松的环境，在统计口径上以往一些私建庙宇和有神无庙的情况都被纳入其中。伴随抗战的爆发，上海周边省份的移民更是蜂拥至上海，这一阶段民间信仰在数量、分布及种类上愈加繁荣。

一　民国初期神祇种类和空间状况（1912—1927）

1913 年袁世凯颁发《寺院管理暂行规则》，也是后来民国时期其他寺观管理条例的基础。《寺院管理暂行规则》的主要内容包括：

本规则所称寺院，以供奉神像，见于各宗教之经典者为

---

① 《上海宗教志》编纂委员会编：《上海宗教志》，上海社科院出版社，2001 年，第602 页。

限。寺院神像设置多数时，以正殿主位之神像为断；

寺院财产管理，由其住持主之；

住持之继任，各暂依其习惯行之；

寺刹要置主持，住持管理寺刹所有一切财产，负责推行寺务及执行法要，并为寺刹之代表；

一家或一姓独力建立之寺院，其管理及财产处分权，依其习惯行之。①

这一规定实际上是承认当时已经存在的民间信仰乱象，对寺观的祭祀神像没有严格规定，对建庙更没有固定的标准。或者可以说，这种寺院管理条例更多的是针对民间自主修建的寺观，无论佛道教派都一律称为"寺院"。这种自主修建的寺院会引发相关社会问题，其中财产纠葛、不动产买卖是最受关注的问题，而传统宗教信仰中神灵的派系归属、信仰教义的内容之争都已不是当时官方和寺院所关心的重点。例如住持之继任一般依据习惯来施行，而事实上，开埠以后的上海城市寺观住持的继任大多是从同乡之便，即选择与住持相同籍贯的人员。这一习惯是被当时官方和民众普遍认可。

1926 年 5 月，徐世昌颁布《修正管理寺庙条例》，其中规定：

习惯上现由僧道住守之神庙（例如未经归并或改设之从前习惯上奉祀各庙）和其他关于宗教各寺庙均属于条例规范内；

其私家独立建设，不愿以寺庙论者，不适用本条例；

---

① 《政府公报》民国二年六月二十三日第四零六号，核对《寺院管理暂行规则》。

寺庙财产，由住持管理之。寺庙住持之传继从其习惯，但非中华民国人民，不得继承之。①

《修正管理寺庙条例》对寺庙的类型进行了规定，扩展了当时"寺庙"的范围。习惯上由僧道住守的寺庙以及习惯奉祀的各种庙宇都属于该条例管理范围，"不得废止或解散"。它并非依据所奉神灵的类型，而是只要"愿以寺庙论者"即可。

在这样的寺庙管理条例下，民国《上海县续志》记载当时民间信仰祠庙有47座，此外，上海市社会局登记档案中建于此时段的祠庙有15座。通过《申报》在1929年刊登的祠庙调查情况以及1930年上海特别市政府检送的《淫祠存废标准》补充1912—1927年间的民间信仰祠庙为37座。这99座民间信仰祠庙中34座位于县城、16座位于南市、8座在法租界、24座在公共租界、17座在闸北。由于民间信仰祠庙的隐秘性和祭拜的随意性，实际存在的祠庙可能远不止这些。

这一时段与之前相比较，上海县城和南市的民间信仰祠庙有所减少，反之公共租界、法租界和闸北的数量有所增长。新增的祠庙大部分是移民建立，且位于租界内，这就对原有的上海城市民间信仰空间分布产生了一定的稀释作用，原本上海县城与南市分布大量的传统祠庙被取代。新建的36座祠庙中，极乐寺、岳林寺和香林禅寺属于佛教寺庙，但都是移民所建且奉祀民间信仰神祇，因此也归入讨论范围。新兴的包公、华佗、三太太、避瘟大帝、金老爷、大仙、胡

① 《国民政府公报》，民国十年五月二十日第七十六号。

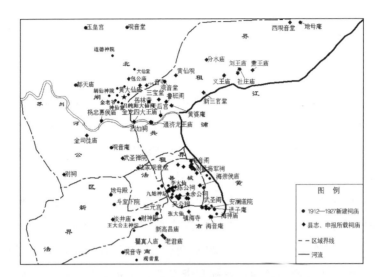

图 1-4　1912—1927 年间上海城市民间信仰祠庙分布
注：以 2000 年上海城市交通道路图为底图绘制

仙、李大仙、张大仙、九姑、王大公主等神祇，一些原本隐秘在民间的信仰逐渐浮现，主要原因是移民刺激下民间信仰的繁荣，同时也因为社会局统计口径的扩大。除此之外，一些传统的神灵在空间上也有所拓展，修建了新的祠庙，例如药王、济公、地母等。

表 1-6　1912—1927 年间上海城市新增民间信仰情况

名称	地点	建立时间	所祀神灵、备注
都天庙	闸北大洋桥东首中兴路	1914	供奉避瘟都天大帝，灵佑沪北民众
观音阁	观音阁路 24 号	1915	奉观音
观音堂	柳营路东八字桥 22 号	1917	观音天王、八字菩萨、玄天上帝

（续表）

名称	地点	建立时间	所祀神灵、备注
观音庵	英租界新闸大通路斯文里	1919	赁屋奉观音
观音堂	虬江口赵家宅	1919	捐资奉观音
地母庵	引翔乡胡家木桥交通路	1922	奉地母娘娘
玉皇宫	闸北童家浜	1924	家庙，奉玉皇大帝
三元宫	肇周路张家宅6号	1925	动产归看庙人保管，不动产归庙主保管
地母殿	法界宝昌路金神父路口	1925	增祀济公、星宿
观音堂	薛家浜路88号	1927	管理人山东籍
观音寺	斜土路1081号	1926	奉观音
社庄庙	华德路	1919	雷祖、华佗、三太太
斗室下院	香山路	1921	奉观音
岳林寺	海宁路822号	1919	奉地母娘娘、灵山佛，住持十三岁到奉化岳林寺出家，赁屋
极乐寺	闸北永兴路小菜场西首五区	1918	增祀药王、岳武穆及二将，创始人于1902年来沪
土地庙	南市钧玉弄	1927	土地公
安乐禅寺	斜徐路26号	1924	观音
观音堂	日晖东路115号	1926	观音
吕纯阳大仙祠	车站路	1927	吕纯阳
观音祠	半淞园路久安里	1922	观音
财神殿	西栅栏外	1924	财神
玉皇大帝祠	江边码头	1925	玉皇大帝
永庆禅寺	唐家湾路64号	1925	雷祖、观音

（续表）

名称	地点	建立时间	所祀神灵、备注
王大公主神坛	大吉路 24 号	1927	王大公主
九姑神坛	学宫街 31 号	1925	九姑
张大仙	中华 357 号	1918	张大仙
李大仙	少年路	1925	李大仙
胡仙神院	大统路永祥里	1922	胡仙
香林禅寺	邢家宅路 247 弄	1924	不详
道德神院	共和路和兴里	1920	不详
神仙堂	宝昌路 115 号	1922	不详
金老爷	宝源路 104 号	1915	金老爷
大仙堂	横浜路 175 弄	1926	不详
观音堂	长春路	1916	观音
土地堂	邢家宅路	1921	土地爷
玉佛庵	邢家宅路	1926	不详

资料来源：上海市社会局 20 世纪寺庙调查档案、上海特别市政府《淫祠邪祀调查表》

　　从分区情况来看，闸北共有 14 座祠庙，分别是都天庙、极乐寺、包公庙、观音寺、玉皇宫、香林禅寺、玉佛庵、观音堂、土地堂、金老爷、神仙堂、道德神院、胡仙神院、吕纯阳大仙祠。闸北区域是外来难民集中分布的区域，这些祠庙几乎都位于淞沪铁路一线。

　　淞沪铁路的前身是吴淞铁路，即吴淞码头至上海。1898 年，淞沪铁路再度通车，所设的 9 个车站中均位于闸北与宝山区域，为闸北移民的导入提供了一定的便利。沪上竹枝词《咏火轮车》就这样

图 1-5　1912—1927 年间闸北祠庙情况

注：参考《上海特别市区域图》（1927 年版）绘制

形容当时的情形："轮随铁路与周旋，飞往吴淞客亦仙。他省不知机器巧，艳传陆地可行船。"① 《申报》还特意刊发了一篇题为《民乐火车开行》的报道，言上海市民争相乘坐火车，沿途乡民亦是喜滋滋地观看火车经过："或有老妇扶杖而张口延望者，或有少年荷锄而痴立者，或有弱女子观之而喜笑者，未有一人不面带喜色也。"② 淞沪铁路因与吴淞码头相接，许多难民经由水路抵达后转乘此路线，例如都天庙就是奉祀江苏镇扬地区流行的都天大帝信仰。

---

①　顾炳权编：《上海洋场竹枝词》，上海书店出版社，1996 年，第 115 页。

②　《民乐火车开行》，《申报》1876 年 7 月 10 日第 1 版。

公共租界内祠庙的情况伴随着城市建设和移民流动也发生变化，空间分布上由苏州河以南的集中区向公共租界北区扩散。新增的祠庙选址倾向于原本就人口密集的虹镇、杨树浦和引翔港，主要包括地母殿、大仙堂、社庄庙、黄仙观、岳林寺、观音堂、三宝堂、黄婆庵等。这几个区域在开埠以后集中了许多劳动密集型产业的工厂，因此，纱厂工人、码头工人等较多。而虹镇很早便是旅沪广东移民的聚居区，这里不仅有广东人建立的鲁班庙（又称公输子庙），还有三元宫。文献记载三元宫为粤人所建，在虹口武昌路，为粤人瞻礼神像之所。①

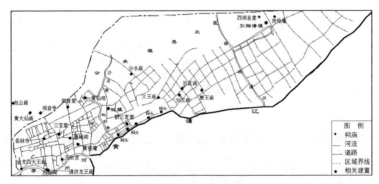

图 1-6　1912—1927 年间公共租界北区祠庙情况
注：参考《上海特别市区域图》（1927 年版）绘制

此时公共租界南区祠庙变动不大，仍然是一些旧有祠庙，苏州河沿岸纱厂工人及其他水上流民都选择附近的金司徒庙和苏州河北岸的祠庙如金龙四大王庙奉祀。金龙四大王庙位于老闸南塊，与新

---

① 《陈设会景》，《申报》1893 年 8 月 7 日第 3 版。

闸大王庙相对，后者建于清嘉庆时，在新闸桥西北的成都路。两个庙宇供奉的都是金龙四大王，当时的民众认为新闸大王庙较金龙四大王庙更新，庙貌美轮美奂，盖旧庙移建而成。新闸大王庙东庑本为救生局，后改为庙，旁边是码头，所以民间就有"大王庙即官码头"① 的说法，不仅每年有乡民举行迎神赛会，还有"卖盐婆、拣湖丝阿姐种种怪象"②。

尽管金龙四大王不是上海本土信仰，但其庙宇从现有文献来看却无法证明是移民所建。可以肯定的是这个位于苏州河沿岸、有着特殊功能的神灵对某些特定的移民群体产生了很大的吸引力，"卖盐婆、拣湖丝阿姐种种怪象"也是当时上海特有的。1937 年的《大公报》记载 20 年前这座大王庙确是一个热闹的所在。

> 那时内河来的米船，都停靠在附近的苏州河旁，于是船帮、米商都以这庙为集中地。正殿上供的金龙四大王，就是行船的最崇敬的神像。
>
> 对着正殿，是一座戏台。从前每年的正月十六和九月十六是他们船米帮所组织的永义会首演戏酬神的日子。之后，永义会首扩大，加入的除附近的商人外，还有工部局巡捕房和卫生处的职员，所以演戏日期也有增加。规定的是每年正月十六和九月十六是商帮，十七船米帮，十八工部局职员。……每年一到会期，庙里老是挤得人山人海，像乡下的庙会一样，附近的

---

① 《大王庙》，《大公报》1937 年 4 月 5 日第 13 版。
② 《大王庙》，《大公报》1937 年 4 月 5 日第 13 版。

商市也给带起不少。

关于永义会首，他们都传说曾有过很神奇的事。据说每次会期，演戏宴席等费用很大，每个轮值人需负担好几十元。一次轮到了某甲，恰因手头不便，期前他就回乡告贷，费了很多周折，等钱到手，已是值会的前晚了。这时他急得无可奈何，预备竭力赶程，当他正走得气急喘喘，筋疲力乏的时候，忽在河下发现了一只小船。上前招呼，知是同路的，就附搭上去。这晚他在船上，周转反侧，计算路程，终以为不能如期赶到了。但一到天亮，却发觉船已经停靠在苏州河旁。后来进庙祭香，见正殿上有一尊神像，很是面善，而在他上面悬着一只小船，水还一滴滴的往下在淌，这时他才知道昨晚上是搭的这只船。①

可见，即使是开埠前就已存在的上海本地民间信仰祠庙，在移民进入后也沾染了当时新的社会习气。金龙四大王庙由于地处苏州河畔，成为当时米商、船帮的集散地。上海周边的镇江、苏州、常州等地都是江南地区稻麦、杂粮的主要产地，1949年以前，常州粮行、米店、面粉号和杂粮行林立，每年粮食吞吐量500余万石，大多是运往上海的。这些商帮将自己的行业、生活日常与庙内神灵联系在一起，群居性地生活在苏州河沿岸。信仰空间、生活空间、娱乐空间高度重合，也决定着庙宇的兴衰。由于人口集中，

---

① 《大王庙》，《大公报》（上海）1937年4月5日第13版。

"八·一三"事变之前还形成"大王庙露天皮革业市场"，远近闻名。①

由于法租界东部城市化起步早，人口较多，1912—1927年法租界新增加的祠庙为王大公主神坛、永庆禅寺、地母殿、斗室下院、三元宫、财神殿。而上海县城一改此前传统信仰的状态，增添了如李大仙、张大仙、九姑神坛、玉皇大帝祠这类庙宇。从信仰名称上看，信众还是集中于疾病救治的需求上。设庙也更随意，甚至许多信仰没有固定的庙宇，即以摊贩形式收取费用，给予治疗"仙方"。

除了神坛类，当时一般民间开设的寺院都会提供"仙方"，也正因此广受欢迎。这类民间信仰寺院多分布在华界，久之便成乱象，以致1928年上海特别市政府卫生局开始以影响市民健康卫生为由进行查处、取缔。

> 查本市内各寺院多备有仙方、签筒，其仙方多系江湖医生造成，不合医道者甚多。……值此党国维新、卫生行政发展之时，此种贻害病人之仙方，当然在取缔之列。②

对民间信仰仅出于卫生系统的考虑也是促使新建民间信仰寺庙增长的原因。他们往往选择主祀一些民间较为熟悉、能接受的神灵种类，一方面为了营利，另一方面为了入沪避难，这就决定了所奉祀的神灵大都会迎合信众。比如这一时段内新建祠庙中观音寺

① 《大王庙露天皮革业》，《新闻报》1945年8月13日第2版。
② 《市卫生局检查学生眼齿，取缔寺院仙方等》，《新闻报》1928年10月4日第24版。

2座、观音庵1座、观音堂2座，虽然从名称上看都是佛教俗神，但当中供奉的除观音外还有五花八门的民间神。最重要的是这些庙宇的建立者来自镇江、扬州、湖北、山东等地。人们还借用传统的祠庙名称建立新庙，这种祠庙从名称上几乎分辨不出是本地还是外来，但当中所祭拜的神灵却千差万别。比如，上海地区传统的地母殿主要祭拜对象是地母娘娘，而1925年出现的地母殿则在奉祀队伍中添设了星宿、济公两位。倘若放到传统的方志资料中，这两个地母殿几乎是无法分辨的，社会局的调查资料中显示这个庙宇住持来自江苏泰州兴化，在法租界租赁地皮修建此庙。调查资料显示，位于闸北的都天庙、岳林寺和极乐寺，都是移民在上海建立新庙的典型，佛寺的名称并没有改变它们民间信仰的倾向，极乐寺的住持就是在上海租地建寺，承先师遗志。[①] 与极乐寺不同的是，一些周边省份的僧人保留原来驻锡地的寺观名称，在上海成立下院或者分院，希望在信仰系统上能够承接原籍地。

在社会局对寺庙进行登记的同时，由于许多民间寺观宗教性质淡薄，更多的是涉及基层民众的管理，民政局也开始对当时的寺观进行谈话、登记。其中就提到岳林寺当时的住持僧人可富承认其所任职的庵（岳林寺）在信仰体系上属于浙江奉化当地岳林寺在上海的下院，其庵所在的三上三下房屋也是租赁而来。同时，该寺住持大多数情况下也是在奉化的寺庙中，很少来上海，而是将上海下院的管理工作委托给僧人雪照代管。[②] 与民政局谈话资料对照的是，

---

① 《具呈僧人极乐寺住持善明》，上海市档案馆，卷宗号：Q6-18-353。
② 《上海市民政局四科关于祠庙登记发证事项的文件》，上海市档案馆，卷宗号：Q119-5-122。

社会局在登记时提示上海的岳林寺建立时间是 1918 年，寺庙的住持是浙江黄岩人氏，在其少年时期至浙江奉化的岳林寺剃度。所以，作为浙江奉化岳林寺的移植，上海新建的岳林寺名称、信仰体系等都与其住持及创办人的籍贯和履历相关，而这一情况直接决定他们会将自己籍贯所在地或者曾经供职过的某一祠庙、地域的神祇带到上海，新建祠庙来奉祀。

这类寺庙维续信仰体系的初衷并不能完全实现，通常会兼顾原籍地和上海两处的信仰需求，因而打破了原来仅仅奉祀佛道神灵的习惯，增设许多新的民间信仰神灵。这类祠庙目的不是简单的营利，而是与祠庙创建者或住持的履历相关。其目的是为了延续其在他处祠庙任职的生涯、单纯的传播信仰或者为了抚慰避难者，因此，它在上海所奉祀的神祇会受制于创建者或住持的经验。例如浙江与上海两处岳林寺都供奉的灵山佛在浙江地区较为流行，此外，上海的岳林寺还增加了地母娘娘。从神祇的来源来看，岳林寺所奉灵山佛在浙江较多，而这也恰恰符合了上海岳林寺作为浙江奉化岳林寺下院的身份。

这些祠庙多分布在公共租界、法租界和闸北地区，与 1911 年之后上海的形势有关，辛亥革命以后，象征着传统皇权的城墙和管理中枢上海道台都随之坍塌，在这种情况下租界和上海县城之间的物理隔阂和心理隔阂都没有之前那样明显了。①

---

① 《百年来的上海演变》，《民国史料丛刊》（第 695 册），大象出版社，2009 年，第107 页。

二 寺庙登记政策下的传统民间信仰格局瓦解（1928—1936）

国民政府成立以后就展开了废除神祠邪祀的活动，1928 年发出《呈请取缔寺庙药笺迷信活动函》，并认为寺庙中求药抽笺属于迷信行为，不应该存在于青天白日、科学昌明之际，应该予以严禁。① 在此情况下，针对当时上海市严重的赁屋祖庙现象，上海市政府查处了道院、同善社、悟善社等佛道寺观，因为它们也属于民间迷信团体。② 与此同时，国民政府也力图取缔经营迷信物品的相关行业，③ 但是由于从业、信众人数之多，最终流于形式。

1928 年 9 月国民政府公布实施《寺庙登记条例》，要求"凡为僧道住持或居住之一切公建、募建或私建之坛、庙、寺、院、庵、观，都要进行人口、不动产、法物三项登记"④。1928 年 12 月 24 日，上海特别市发布公告规定"未注册祠庙将收回公管"，敦促上海寺观进行登记，并规定荒废寺庙由地方自治团体管理。⑤

1929 年 1 月新的《寺庙管理条例》出台，规定：

---

① 中国第二历史档案馆编：《中华民国史档案资料汇编》［第五辑第一编 文化（一）］，江苏古籍出版社，第 490—491 页。

② 中国第二历史档案馆编：《中华民国史档案资料汇编》［第五辑第一编 文化（一）］，江苏古籍出版社，第 491—492 页。

③ 中国第二历史档案馆编：《中华民国史档案资料汇编》［第五辑第一编 文化（一）］，江苏古籍出版社，第 493 页。

④ 吴经熊编：《中华民国六法理由·判解汇编》，会文堂新记书局，1935 年 11 月版，第 273—275 页。

⑤ 《上海特别市政府教育局转发内政部〈寺庙登记条例〉》，卷宗号：R48-1-165-1。

寺庙僧道有破坏清规、违反党治及妨碍善良风俗者，核准后命令废止或解散；

寺庙财产应照现行税则，一体投税；

无僧道住持者应由政府集合地方公共团体，组织保管庙产。①

《寺庙管理条例》生效不久就被 1930 年 1 月推出的《监督寺庙条例》所取代。事实上，《监督寺庙条例》部分继承了《寺庙管理条例》的内容，并在此基础上作了一些变更，即政府机关和地方公共团体管理的寺观不包括在该《监督寺庙条例》的范围，也就是说，新条例只针对那些不符合政府存废标准的祠庙，即当时大量的私人建庙。② 此后，国民政府又颁发《神祠存废标准》，对一些传统的民间信仰进行了规定。

第一为先哲类。包括对于民族发展确有功勋者；对于学术有所发明者；对于国家社会人民有捍卫御辱者；忠烈孝义。③

这些可以存续的先哲类的祠庙包括：

---

① 中国第二历史档案馆编：《寺庙管理条例》(1929 年)，《中华民国史档案资料汇编》[第五辑第一编 文化（二）]，江苏古籍出版社，第 1017—1019 页。
② 中国第二历史档案馆编：《寺庙管理条例》(1929 年)，《中华民国史档案资料汇编》[第五辑第一编 文化（二）]，江苏古籍出版社，第 1028—1029 页。
③ 中国第二历史档案馆编：《中华民国史档案资料汇编》[第五辑第一编 文化（一）]，江苏古籍出版社，第 498 页。

伏羲氏、神农、黄帝、嫘祖、仓颉、后稷、大禹、孔子、孟子、公输般、岳飞、关羽。①

《神祠存废标准》认为这里所列举的 12 人，符合对于先哲的界定标准，各处如有以上祠庙，应当一律保存。

《神祠存废标准》的第二类为宗教类祠庙，其中元始天尊、三官、天师、王灵官、吕祖等道教附会的道教神灵一律取缔，同时那些世俗所崇拜的佛教神灵如观音、弥勒、地藏等，由于"不能通晓佛理，遵奉佛旨"，也属于流俗的信仰。②

《神祠存废标准》中第三类为古神类神祠，第四类神祠归为淫祠，其中规定：

日神、月神、火神、魁星、文昌、五岳四渎、东岳大帝、中岳、海神、龙王、城隍、土地、八蜡、灶神、风神、雷祖、电母都应当予以废除；

第四类包括张仙、送子娘娘、财神、二郎、齐天大圣庙、瘟神、痘神、玄坛、时迁庙、宋江庙、狐仙庙都要进行取缔。③

《神祠存废标准》中规定的各类神祠不仅包括中国不同朝代被

---

① 中国第二历史档案馆编：《中华民国史档案资料汇编》[第五辑第一编 文化（一）]，江苏古籍出版社，第 498—499 页。

② 中国第二历史档案馆编：《中华民国史档案资料汇编》[第五辑第一编 文化（一）]，江苏古籍出版社，第 499—500 页。

③ 中国第二历史档案馆编：《中华民国史档案资料汇编》[第五辑第一编 文化（一）]，江苏古籍出版社，第 501—505 页。

认定的民间信仰，也包括许多佛教和道教的俗神，这也在一定程度
上说明当时上海这类私建祠庙十分普遍，已经与民间信仰性质相同
了。当然，由于《神祠存废标准》中许多存废内容自相矛盾及民间信
仰的传承惯性，在当时的上海无法完全执行。但通过后来 1930 年内
政部请通令各省（市）政府查禁幼年剃度呈与行政院批，可以发现
政府已经认识到民间信仰祠庙一度繁荣的症结是社会积贫积弱，难
民流离失所。①

　　民国二十年（1931），上海特别市颁行《上海市赁屋祠庙取缔
办法》，规定凡是赁屋为寺的小寺、小庙应予公告发布之日起一个
月内一律赴公安局登记，一经登记，不准迁移。② 但是由于这类小
寺、小庙多位于租界内，租界当局对此办法袖手旁观，不予配合，
以致难以执行。民国二十五年（1936）民国政府停止施行《寺庙登
记条例》，推出了新的《寺庙登记规则》。上海市社会局也转发了这
一文件，并予以实施。③ 上海特别市社会局据此制订了《祠庙登记
暂行规定》，规定"无论僧、尼、道士、女冠、香火之庙宇、寺观、
庵堂，无论公有、私有，或赁屋者，均应遵照本规则向社会局申请
登记"。"登记申请书经社会局审查核准，即填发登记证书予以保
护"。还规定"凡经登记之祠庙，如有窝藏盗匪，违背法令，招摇
货种，不守清规事情，一经查明，立予封闭，并依法究办"。该规

① 中国第二历史档案馆编：《中华民国史档案资料汇编》［第五辑第一编 文化（一）］，
　　江苏古籍出版社，第 436—437 页。内政部致行政院秘书处公函，中国第二历史档
　　案馆编：《中华民国史档案资料汇编》［第五辑第一编 文化（一）］，江苏古籍出版
　　社，第 436—437 页。
② 《上海市赁屋祠庙取缔办法》，上海市档案馆，卷宗号：R1-17-275。
③ 《上海社会局宗教团体及寺院登记规则》，上海市档案馆，卷宗号：Q6-12-224-18。

则执行不久，因抗日战争爆发，上海沦陷，而无法继续执行下去。

结合上海市社会局寺庙登记档案、1929 年 5 月 19—20 日《申报》刊登的此次调查的部分祠庙以及 1930 年《淫祠邪祀调查表》所登记的祠庙，研究区域内共有 72 处民间信仰祠庙。

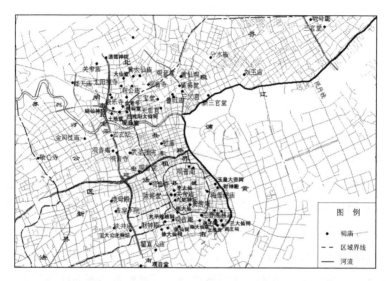

图 1-7　1928—1936 年间上海城市祠庙分布情况

注：以 2000 年上海城市交通道路图为底图绘制

这一时期公共租界东区、北区的祠庙分布主要集中在两个地段，即以虹镇为中心和沿虹口港一线的区域、以引翔镇为中心的引翔港。其中以虹镇为中心的区域因与虹口港一线空间位置较近而连成一片，形成祠庙的分布密集区，这里主要有三宝堂、天后宫、三义宫、猛将堂、观音堂、鲁班庙、黄仙观、新三官堂、分水庙、地母庵。可以确定的是虹镇及虹口港一线的祠庙在 1928—1936 年间多是在有建庙历史的地方重建而成，以及由资本较为雄厚的地方群体建立，前者如分水庙，后者如天后宫、鲁班庙、黄仙观、新三官堂等都是由旅沪粤人所建。20 世纪初，工部局在淞沪铁路以东地区先后修建了现在的四川北路、多伦路、山阴路、溧阳路等，除此之外还添设了虹口公园等，形成了与闸北以淞沪铁路为界不同特征的居住区，以旅沪广东人和日本侨民为主。

　　1928—1936 年间闸北主要有太阳禅寺、都天庙、极乐寺、关帝庙、包公庙、净土禅院、观音寺、黄大仙庙等，其分布局面仍然以淞沪铁路一线较密集。

图 1-8　1928—1936 年间闸北祠庙分布情况

注：参考《1932 年最新上海地图》绘制

　　"一·二八"事变，淞沪铁路两侧是两方对峙和发生激烈争夺的地带，战后不少地方无法恢复，演变为贫民窟。城市空间的变换导致地价走低，这里又成为移民尤其是难民的集聚区，广东墓地、湖州会馆、会馆路、保安堂等一系列建置都说明了这一点，尤其是淞沪铁路上海北站在重建以后更是成为难民进入上海的第一站。例如位于闸北的昆卢寺，据社会局调查昆卢寺住持时的访谈资料得知，该寺是清朝初年建于江北高邮县下属六总三里上村郭家庄的村庙，本名为如来庵。但由于这个地方地处五坝，屡次遭受水患，人们难以维持生计，于民国十年（1921）迁至上海。登记时昆卢寺的住持是十一岁时就在高邮如来庵剃度出家的。① 因此，可以说上海对于这些江北移民来说就是救命稻草，民间信仰的寺庙也同样如此。当时上海的曲艺《闸北逃难》唱段的内容就反映了这一情况。

> （南无阿弥陀 哎）自从（末）一月廿八打上海，（南啊 无哎）作孽（呀）老百姓，苦头吃仔交交关。（南啊 无哎）顶顶苦恼要算闸北火车站……南啊 无哎，宝山路（站名）下去叫天通庵（站名）。②

可见，"一·二八"事变直接导致了入沪移民在以淞沪铁路沿线的闸北落脚。

公共租界西区和南区这一时段内新增祠庙中以敬心寺比较典型，该寺建于1930年，祭祀的对象有药师、五方菩萨、翟公真人、

---

① 上海市社会局祠庙调查档案：《上海县昆卢寺登记总册》，上海市档案馆，卷宗号：Q6-18-354-20。
② 《中国曲艺音乐集成》（上海卷 下），中国 ISBN 中心出版，1997 年，第 976、1026 页《闸北逃难》唱段。

福德财神。在 20 世纪 40 年代的社会局调查中，该寺的住持及僧人全部都是湖南衡阳人，瞿真人是湖南人在上海的乡土神信仰，这在后文会详细论述。因此，可以判断敬心寺也是湖南人在上海建立的地域性祠庙。① 在公共租界老的英租界区域几乎没有祠庙，这里道路网密集，有英美领事馆、工部局、跑马场以及众多洋行，地价高昂，因此对租屋建庙来说不是理想的选择。而跑马场以西地区虽然是祠庙分布的次密集区，但同时也是葡、意、日等众多领事馆及张园、愚园、哈同花园、麦边花园等政治、公共设施所在，因此对祠庙的分布形成了地价上的压迫。这一时期该区域也有许多命名为佛教寺院的民间信仰寺庙，包括海会禅寺（住持为盐城人）、报国寺（住持为泰县人）、玉佛寺上中下院、清凉禅寺（原为光绪三十三年常州清凉禅寺）、永庆禅寺（私建，住持为盐城人）、莲华庵、华严寺（自建，住持为江都人）、卧佛寺下院（住持为泰县人）、泰山北宫寺下院（民国二十四年由山东迁至上海闸北虬江路，住持为山东高密籍），几乎都是外来移民任住持或直接由外地迁入。这些祠庙主要分布在公共租界西区苏州河南岸，这里是纱厂面粉厂、棉纺织厂等密集区。这些私建的佛教寺院与之前有所不同，大概是因为多条寺庙登记管理条例的出现，促使它们由民间信仰趋于"规范化"，并向佛教转化。

与公共租界南区一样，法租界佛道寺观也相对繁荣。在新建的寺观中，涤虑道堂始建于 1932 年，其祖山在四川南充，分堂遍川东、鄂西，本堂由宜昌分堂分沪。而建于 1934 年的弥勒寺则是始

---

① 《上海市社会局关于敬心寺注册登记等文件》，上海市档案馆，卷宗号：Q6-10-67。

创在南市斜土路，毁于炮火而迁建。①

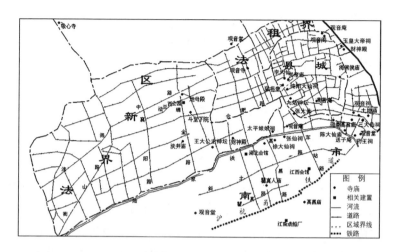

图1-9　1928—1936年间法租界、上海县城及南市祠庙分布情况

注：参考《1932年最新上海地图》绘制

　　1928—1936年间上海县城和南市的祠庙分布变化较大，此前多分布在上海县城东、南、西、北各城门处，以城隍庙为中心的老城区以及南市的局门路、斜土路、制造局路一线。而1928年以后，这种布局完全瓦解。根据《上海市赁屋祠庙取缔办法》，上海市内的租地、租屋祠庙在民国二十一年（1932）至民国二十二年（1933）间分期取缔。

　　第一期　民国二十一年三月底；

---

① 《上海市社会局祠庙调查档案》，上海市档案馆，卷宗号：Q6-10-30。

第二期　民国二十一年九月底；

第三期　民国二十二年三月底；

第四期　民国二十二年九月底。①

《上海市赁屋祠庙取缔办法》贯彻期间也正是在 1928—1936 年间，外来移民租屋、租地建立祠庙的形势走向低谷。同时《淫祠邪祀调查表》中所调查的民间祠庙在 1930 年后也多数被取缔、废除。当然这种政策的影响由于行政管理权力的分割导致其范围仅仅限于上海县城和南市区域内。

在神祇种类上这一阶段出现了新的福德财神、五方菩萨、陈大仙、徐大仙、张大仙、太平娘娘。福德财神掌管的职务包括守护乡里、宅邸、坟墓等以及庇育大地、农作、植物的生长，被认为是土地财神。上海在 1891 年就已经有了福德财神的信仰，只是文献中没有记载其祠庙。

伴随国民政府相继颁布寺庙登记管理条例以及战争爆发，上海城市民间信仰出现了新的现象，即许多祠庙奉祀经典，例如百正经、北斗经、朝真斗科、老君经、炼度经、三圣经、明圣经等道家经典以及一些祠庙创办者自编的经典。这一情况当然不仅出现在新建祠庙中，一些旧的祠庙在遭遇战争、地产买卖被迫迁移时往往都无法携带其法物和神像，而经书则更便于搬离。尤其是"一・二八"事变以后，民间信仰受社会形势影响更深。例如在 1928 年以前就已经建立的天真佛堂、海会寺，分别从沪太路、法云里迁至梅

---

① 《上海市赁屋祠庙取缔办法》，上海市档案馆，卷宗号：R1-17-275。

园路、丽园路，均是"因'一·二八'战事毁"。① 《申报》在描述
"一·二八"事变的影响时讲道：

> 倘若把问题由和尚世界引到"凡人世界"来，那便更加明
> 白了。"一·二八"以前的住在闸北的同胞，有许多一定是自
> 以为与国际政治无关系的，因而也是不管国际问题的，但
> "一·二八"事件一爆发，日本的大炮却毁去了他们的房屋和
> 全部财产，不管他们内心是否愿意，都不得不去作难民。②

受移民分布影响，民间信仰祠庙传统的县城区逐渐分散，并且
在种类上出现了大仙祠、神坛之类，它们流传于信众口耳相传之
间。同时，闸北地区民间信仰祠庙更加集中，出现了与苏北人群相
关的祠庙，如太阳寺、昆卢寺、都天庙。

三　移民涌入与租界民间信仰繁荣（1937—1948）

抗战全面爆发是上海民间信仰变迁的重要分水岭。随着进入上
海的移民的数量急剧增加，许多新的祠庙随之兴建。就城市内部来
看，尤其是1937年底至1941年底的"孤岛时期"，许多移民栖身
租界以求避难。

> 因"七七事变"后，庸讵知羽士修真之地，竟辟作难胞诎

---

① 《上海市社会局祠庙调查档案》，上海市档案馆，卷宗号：Q6-10-56、Q6-10-159。
② 《不由你不管》，《申报》1935年4月7日第23版。

命之场，影响所及维持艰难。是故紫东道人实出于不得已，遂
翩然来沪，图开设分院之缘起也。其始寄迹于西摩路底，本随
方设教之原，怀济世度人之心，无如地处偏隅，善信之来往者
不便。①

全面抗战期间，位于杭州玉皇山的福星观开始收容难民，住持
紫东道人决定至上海租地开设分院，类似这样的情况似乎已成为当
时各地民间祠庙自救和寻求出路的一种方式。在上海租地新建的祠
庙又成为他们收容来沪难民的新场所，民间祠庙的社会责任和社会
参与也达到前所未有的程度。

> 查本市冬令救济会业已成立，即将举办难民收容事宜，各
> 该区如有可资收容难民之祠堂、庙宇，应分别将地点、名称可
> 以收容人数详查具报，以便转函冬令救济会。②

1947 年，上海市民政局与社会局对可资收容难民的祠堂庙宇
地点、名称及可以收容人数进行过详细调查。可能也正是这个原
因，移民往往一进入上海就自觉地与民间信仰祠庙取得密切联系。
因此，民间信仰也更趋向于将发展信众的目标放在移民群体中，迎
合他们在城市生活中对信仰的极大依赖。

---

① 《募建杭州玉皇山福星观上海分院疏》，上海市档案馆，卷宗号：Q119-5-121。
② 《上海市民政局与各区分所社会局等有关单位关于调查可资收容难民祠庙及调查苏
　北来沪难民和难民救济等事的往来文书》，上海市档案馆，卷宗号：Q119-2-566。

此时，在宗教政策上，国民政府继续进行寺庙登记管理。租界一方面倡导严禁影响市容的佛店；另一方面对属于中国的祠庙及会馆给予一定的保护，如法租界。1932—1943年间，法公董局对法界中国寺观进行统计，发文决定予以经济贴补，这其中就包括许多民间信仰的祠庙，如淡井庙、地母庵、陈金庙等。由于会馆多奉祀神灵，潮州会馆、四明公所等也得到了相应的经济补贴。①

除了发放补助金，法界内祠庙在1932—1943年间还可申请免除捐税。

> 总办大人台鉴，敬启者所说，在康悌路卫家巷财神殿庙，向已枯庙，近来实因滩废不开，将要仆下。吾同人兴不忍之心，业议募化起捐，重修改装，教一尼姑在内点香照顾，并无田地、出资香客，不故当地亦无远乡而来。前有二捐在募化内提出，现后此地捐实无处可以出资，恳求大人以念慈悲之心，庇如烧香吸素，功德无量，定要恳求大人议论免此捐者，吾同人感恩不尽。②

对于多数依靠佛事的民间祠庙来说，免捐和发放补贴提供了很好的生存环境。这一阶段上海城市新建立的寺观、祠庙共37座，其中

---

① 法租界公董局档案：*Nature des dossiers et documents*，上海市档案馆，卷宗号：U38-1-213。

② 法租界公董局档案：《上海法租界公董局关于寺庙等申请补助金事宜的文件》，上海市档案馆，卷宗号：U38-1-214。

名称为民间信仰的祠庙有 6 座。① 除此之外，在《老上海百业指南》中发现，这一时期新出现的民间信仰祠庙 7 座，即这一时期上海城市新建的民间信仰祠庙为 13 座，大部分都位于租界内（表 1-7 所示）。②

表 1-7 1937—1948 年新建民间信仰祠庙情况

名　　称	地　　点	所奉神祇	备　　注
大圣庙	忆定盘路	唐代僧伽国师	本庙自南通狼山来，住持江苏南通籍
三茅宫	威海卫路 270 号	雷祖	来自江苏句容
大圣寺	虹口菜市街 73 号	关帝	住持江苏南通籍
东山庙	南市西林横路 53 号	奉东山娘娘	住持早年信佛道，变卖祖产在南市租空地
大圣关帝庙	中正西路徐家宅弄底 61 号	关帝	住持四川籍
地母圣殿	杨树浦许昌路 700 弄 1 号	地母娘娘	住持江苏高邮籍
复兴寺	大沽路 104 号	药王	住持湖南衡阳籍
河海庙	提篮桥	不详	无
庙三官殿	公共租界西区	三官大帝	无
三官殿	公共租界西区	三官大帝	无
刘王庙	极司非而路金家巷	刘鋆、刘猛将军	无
盛公祠	公共租界西区	岭西道盛万年	无
王大仙庙	公共租界西区	王大仙	无

资料来源：上海社会局 1940 年代寺庙调查档案；《老上海百业指南》第 37-46、57-110 图，卷宗号：Q6-10-208、Q6-10-63、Q6-10-100、Q6-10-40、Q6-10-205

---

① 《上海社会局 1940 年代寺庙调查档案》，上海市档案馆，卷宗号：Q6-10-1-231。
② 承载：《老上海百业指南》第 37-46、57-110 图，上海社会科学院出版社，2004 年。

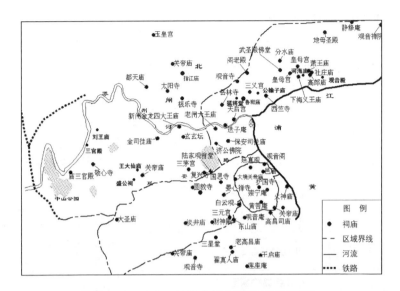

图 1-10　1937—1948 年间上海城市祠庙情况
注：以 2000 年上海城市道路交通图为底图绘制

1945—1948 年上海市社会局第二次寺庙调查祠庙总数为 229 座，其中在本书研究范围内的有 62 座，另外《老上海百业指南》中可见的未重复部分有 14 座。

与上一阶段的 40 座相较，除了少数新建祠庙外，大多为旧有祠庙的重建。总的看来，此阶段祠庙的分布密集区主要在南市与原法租界交接地带、原界浜（即延安路）沿线、苏州河沿线、淞沪铁路沿线、中山公园以北的苏州河以东区域以及虹口港区域。

1937—1948 年间原公共租界北区的祠庙主要分布在苏州河以北、溧阳路以西的区域以及虹口港附近。前者主要有岳林寺、送子庵、天后宫，后者有黄仙观、三元宫、鲁班阁、公输子庙、猛将

图 1-11　1937—1948 年间原公共租界北区祠庙分布
注：参考《上海市全图》（1948 年版）、《老上海百业指南》第 37-46 图绘制

堂、观音寺、三义宫以及虹口港上游的阁老殿。苏州河一线一直是民间祠庙分布较多的区域，其中送子庵和天后宫都是开埠早期就出现的，而岳林寺则建于民国以后，虽然从名称上属于佛教寺庙，但其中供奉的除了创建住持自浙江灵山带来的灵山佛之外，还奉祀民间信仰的神祇。虹口港是港口、码头的所在地，又距离虹镇近，因此人口相对集中。此外，这里也是传统祠庙密集分布的区域，主要是对黄大仙、鲁班、猛将、观音、天官、地官、水官等民间神灵的奉祀。对鲁班的信仰则是按地域、籍贯分成粤籍和宁、绍籍两类，并且成为划分地域人群活动的重要依据。

该区域内另一个祠庙集中区就是提篮桥区域，有河海庙、观音殿、皇宫宫庙、皇母宫、武圣殿佛堂、分水庙、下海义王庙、萧王庙、社庄庙、高郎庙。其中萧王庙、下海义王庙、社庄庙、高郎庙在社会局的调查中都显示是地方庙或者为祖遗田单，而萧王庙和义王庙在同治《上海县志》中就有记载。① 这一时期，该区域沿黄浦江一线是码头的密集分布区，因此，人口众多，进而吸引着许多旧有祠庙的重建。引翔港和杨树浦码头在 1937—1948 年间已经不再是祠庙密集分布区，只有观音禅院和地母圣殿两座祠庙，因为这一时期该区域原来分布密集的木栈几乎全部消失，信众的消失导致祠庙进入萧条期。

再来看 1937—1948 年间的闸北区域的祠庙分布情况（如图 1-12），这一时期主要有都天庙、关帝庙 2 座、太阳寺、极乐寺、观音庵、

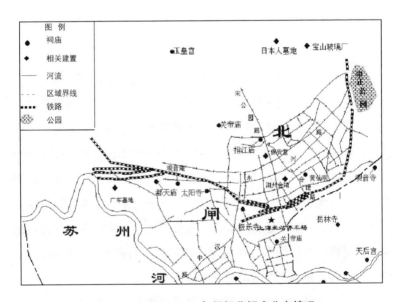

图 1-12　1937—1948 年间闸北祠庙分布情况

注：参考《上海市全图》（1948 年版）、《老上海百业指南》第 53-56 图绘制

---

① 同治《上海县志》卷十，《中国地方志集成》，上海书店出版社；《上海市社会局下海义王庙注册登记等文件》，卷宗号：Q6-10-93。

黄仙观、指江庙，集中在沿淞沪铁路一线。其中除了新出现的观音庵、关帝庙、指江庙外，其他祠庙在 1928—1936 年间就已存在。不同的是这些祠庙虽然分布在淞沪铁路沿线，但多是沿袭旧有习惯，原来淞沪铁路对人口的吸引力已经减弱，尤其是在"一·二八"事变中外来难民对淞沪铁路一线的依赖此时已经不存在。而淞沪抗战中，闸北作为受灾严重的区域，淞沪铁路北端在 1928—1936 年间的包公庙所在的会文路区域原有天通庵、法华庵、观音寺等佛教寺庙在这一时期内已经消失，包公庙也随之消亡。

期间发生的另一个变化就是，原来位于虹江路的黄大仙庙改名为黄仙观。同样是供奉神祇黄大仙，但名称由民间信仰的"庙"改为道教的"观"。可见，这一时期民间信仰仍然受宗教政策的影响，祠庙为了存续而向佛道两教靠拢。具体的做法主要包括：在民间信仰的祠庙中增祀佛道神灵；将民间信仰的神灵纳入佛道的神仙体系；将祠庙名称改为某某寺或某某观。

图 1-13　1937—1948 年间原公共租界南区及其西界至中山公园区域祠庙分布
注：参考《上海市全图》（1948 年版）、《老上海百业指南》第 57-110 图绘制

1937—1948 年间原公共租界南区的祠庙分布情况较之前有很大的变化。首先，在总量上，由原来的 8 座增至 16 座，包括庙三官殿、敬心寺、三官殿、刘王庙、盛公祠、王大仙庙、关帝庙、金司徒庙、新闸金龙四大王庙、老闸大王庙、济公佛院、玄玄坛、陆家观音堂、三茅宫、复兴寺、虹庙，主要分布在原英租界和安边路、西康路以西两个区域。原英租界区域在 1937 年前有众多洋行与外国机构，因此地价昂贵，但"七七"事变以后，尤其是 1945 年以后，许多包括民间信仰祠庙在内的佛道寺观在此落脚。从内容上来看，它们大多是在旧有祠庙基础上重建，或者是假以佛道寺观的名义奉祀民间神灵。例如复兴寺，建于民国三十六年（1947），位于大沽路 104 号，供奉对象为药王。

安边路、西康路所在区域是 1928—1936 年间的祠庙密集区之一，位于原公共租界南区的西北角，在 1937 年之前是沙厂、面粉厂、棉纺厂等劳动密集型产业的集中地段。光绪二十五年（1899）公共租界扩展至小沙渡路（今西康路），渡口南岸形成居民点，亦称小沙渡。因中外资本家纷纷在渡口南岸一带占地建造厂房，20 世纪 20—30 年代，这里已经成为沪西主要的工业区和工人聚居区之一。渡西为药水弄，也是上海著名的棚户区。光绪三十三年（1907）英商美查公司将制造三酸的江苏药水厂迁到此得名，大批从江苏、安徽等地逃荒的农民在此谋生，形成密集的棚户区，因此也聚集了大量的祠庙。至 1937 年以后，该密集区向西南移动，形成了沿苏州河向南狭长的祠庙分布区，主要有庙三官殿、敬心寺、刘王庙。根据《老上海百业指南》该区域的记载复原，苏州河以东形成了以中纺第一厂为核心的棉纺织集中区，不仅有大量的厂房、仓库，也包括棉纺织、仓储工人的宿舍区（如图 1-13）。当然，除了民间信仰祠庙外，这一区域在 1937—1945 年间增建了许多佛道寺观，均建于民国二十年至三十年前后，并多为私建或外地祠庙迁建。例如：

> 福业寺：住持僧渭轩面称本寺原系海盐之公庙，毁于（民国）26 年至抗战，今来本市仅租屋三上三下，除自用外，有敌伪时来住之房客四五家。①

因此，可以看出，这一区域的民间信仰祠庙也是与抗战后进入上海的移民相关。同时，在 1945 年之前中山公园为极司菲而公园，名称的转变表明公园由排他性的领域转变为公共活动空间，可以吸引更多的群体，致使这一时期区域内的祠庙数量也多于 1937 年之前。

另外，以静安寺为中心的区域分布有关帝庙、盛公祠、王大仙庙，尽管文献中没有记载后两者所奉祀的具体对象，但可以确定均属于民间信仰范畴。这一区域以静安寺为中心，形成了成熟的城市区域，人口集中。王大仙庙是苏北人建立的祠庙，以治病救人著称。《申报》多次记载信众前往该庙祭拜、看病。"云南路福昌里十七号余阿菊（苏北人，四十八岁），悬牌王大仙老爷治病。"② 而在这几座祠庙周边分布着维扬大剧院，是典型的旅沪苏北人的集聚

---

① 《上海市民政局四科关于祠庙登记发证事项的文件》，上海市档案馆，卷宗号：Q119-5-122。

② 《活动五位终止大仙》，《申报》1847 年 12 月 12 日第 4 版。

中心。

在原法租界范围内，1937—1948 年间共有 8 座祠庙，包括大圣庙、淡井庙、财神庙、三元宫、白云观、晏心禅寺、国恩寺、东山庙。从祠庙的整体空间布局来看，与 1937 年之前没有太大的变动，主要还是分布在原法租界内城市建设开展较早的东部区域。

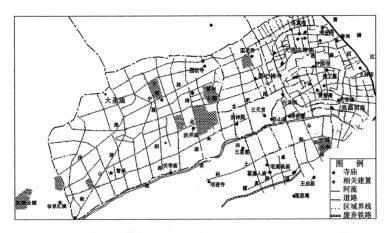

图 1-14　1937—1948 年间原法租界、上海县城、南市祠庙分布

注：参考《上海市全图》（1948 年版）绘制

在该区域新出现的祠庙中，与其他区域一样分为两种，即建立时间较早但中途消亡后重建和 1937 年以后新建的。例如位于普安路 239 号的国恩寺初建于光绪元年（1875），至 20 世纪 40 年代社会局调查时显示的资料是"原为福莲庵，私人筹款新建"，不仅悬挂佛教的水陆画像和十王轴画，同时也有民间信仰的鬼王钟馗轴画。晏心禅寺的情况也是如此，原为晏公庙，"国朝咸丰十年（1860）燬于兵，庙地复为西人租去，僧观慈迁建于承恩桥西社稷神坛之右"①。重建的晏心禅寺仍然奉祀晏公，地点仍在西门附近的西门路。也就是说，这些祠庙多是在开埠以后某个时段存在的，因抗战或其他原因消亡后，至 1937 年后重建。总的来说，这些祠庙都是私人兴建。这一时期新建的祠庙只有位于忆定盘路（江苏路）曹家堰的大圣庙和位于西林横路 53 号的东山庙。

1937—1948 年间原上海县城和南市的祠庙变化较大，其分布形成了松散的局面，全部为旧有祠庙重建或存留。

总的来说，1937—1948 年间上海城市的祠庙随移民数量而增加，并且多是在旧有祠庙的基础上重建而成，它们或者沿袭旧名称，或者改变名称，但在空间布局上都没有大的改动。除此之外，原有的民间信仰祠庙在这一时期改变名称或者开始形成混祀。例如晏公庙改为晏心禅寺、黄大仙庙改为黄仙观、福莲庵改为国恩寺等，但其实质仍在奉祀民间信仰神祇。从这里可以看出，原有的民间信仰祠庙在这一阶段倾向于改成佛道寺观的名称。

1937—1948 年间神祇的种类变化不大，并非完全是 1937—1948 年间新出现的，如药王、黄大仙、晏公等。而 1937—1948 年间又出现新的祠庙供奉这些神祇和经典，这表明这些信仰自开埠后出现在上海后，至 1937 年后得到进一步的传播和扩散。例如位于西林横路 53 号的东山庙，建于民国二十九年（1940），住持为浙江宁海籍，从其沿革上来看明显是自浙江迁建，供奉的对象为东山娘娘，这一信仰在开埠以前的上海不存在，但事实上，东山庙除了东山娘娘外，还奉祀黄仙观的黄大仙。上海城市对黄大仙的信仰出现

---

① 同治《上海县志》卷十，《中国地方志集成》，上海书店出版社。

于 1912 年以后，其祠庙有闸北和虹口两处。至 20 世纪 40 年代新建的东山庙中也开始奉祀黄大仙，并且有广泛的信众基础，这说明黄大仙信仰在这段时间内在上海城市内得到传播。

除了已有信仰种类的传播外，还有出现了新的神祇种类，如东山庙的东山娘娘和大圣庙的唐代僧伽国师。关于东山娘娘信仰，没有详尽的文献记载。大圣庙位于忆定盘路（江苏路）曹家堰，在社会局的调查中，大圣庙兴建于民国二十六年（1937），供奉唐代僧伽国师法像，"本庙自南通狼山来，募建，无不动产，佛事为生"。① 事实上大圣庙早在 1927 年之前就已经存在，只是没有文献确定其建立年代。1927 年 6 月 24 日的《申报》中记载：

> 鲁意师摩洋行始创自同治十三年，即英一千八百七十四年。准于初一日下午二点半钟在本栈拍卖美册第一千四百二十六号道契地皮一方计四亩五分八厘坐落廿三保四，五图黎字圩土名虹沙宅即虹镇大圣庙南首，各买客欲知详细者请至本行问询。鲁意师摩洋行启。②

可见，1927 年虹镇的大圣庙区域因为公共租界开展城市化而被拍卖。在此之后，大圣庙形同虚设，直到 1933 年江苏南通同乡会将该庙收回管理。

---

① 《上海市社会局寺庙调查档案》，上海市档案馆，卷宗号：Q6-10-100。
② 《礼拜三拍卖 奉临时法院谕》，《申报》1927 年 6 月 24 日第 8 版。

　　南通旅沪同乡会昨假老靶子路中国医学院，举行本届会员大会并改选执监委员。……虹镇地方存有南通大圣庙，久已无人管理，应由本会收回管理案，议决组织庙产委员会。①

从这里可以看出，正因为大圣庙是旅沪的南通人建立，才得以在颓塌之后再被南通同乡会收回管理，也因此成为南通同乡"敦乡谊"的一个媒介。于是，为了旅沪南通同乡更方便地进香，在江苏路又重建大圣庙。

　　查大圣庙原在南通狼山，历史悠久。云甫为便利南通同乡进香起见，爰于忆定盘路曹家堰另建大圣庙一座，特登报招标承造。②

这里所建的大圣庙就是上海市社会局在 20 世纪 40 年代调查时所登记的。由此可见，旧有信仰在这一阶段得到传播，新的信仰种类也随着移民的活动而进入并稳定。此外，公共租界西区的王大仙、盛公等都是这一阶段内新出现的信仰类型。

1912—1948 年间是中国社会发生重大变革的时期，新旧观念激烈碰撞，普通民众的日常生活也受到严重影响。城市的民间信仰作为囊括了社会万象的景观，在当时开始兼具传统与革新两个方面。尤其是民国以后，随着周边省份越来越多的移民进入上海，城市的

①　《南通同乡会改选记》，《申报》1933 年 4 月 24 日第 10 版。
②　《吴云甫为建造大圣庙招标启事》，《申报》1941 年 9 月 14 日第 5 版。

民间信仰不仅体现了不同时期的观念和文化，还包含了不同地域特色，甚至蕴含了城市和乡村两种文化模式。官方和民众对民间信仰的态度不断变化，宗教与民间信仰由于存续环境的变化而相互转化。

第三节　民间信仰风气与租屋设庙盛行

19 世纪末 20 世纪初，伴随上海人口的增多，土地资源日益紧张，房租也随之高涨。一方面，许多经营场所开始由购地转为租屋，租房市场十分紧俏；另一方面，民间祠庙在势弱的情况下，地产逐渐被变卖，进入市场流通，之后再去租房。正是在百业难以支撑高房租的情况下，上海城市的民间信仰祠庙却逆势大规模地进行租屋设庙，并开启了市场化的经营模式。

开埠以后，大量外省移民进入上海，其中宗教人士也将原籍地的寺庙移植到这里，部分移民为了谋生、营利也在上海临时建立寺庙，从事民间信仰服务活动，这便形成了庞大的宗教需求和供给市场。但伴随城市化的开展，土地需求增加，老寺庙的土地产权不断丢失，新建寺庙只有通过租赁房屋、土地维持经营。

一　佛店与移民异地建庙

《南游记》是一部清代南方游记，1929 年上海世界书局以同书名出版了一部寓言小说，作者陈霭麓以唐三藏师徒四人南游上海为内容，讲述他们在上海的经历。其中一段讲到观音要求孙悟空给唐僧安排住处时说，"上海地方到处有斋可化，有庙可宿"。这正是开埠以后上海庙宇林立的写照。尤其是民国以后，为躲避家乡的天灾人祸到上海谋求生路的江苏、浙江等地的移民，随意塑造一尊神像，搭建一个庙观，便可收取香火，无论是开设者还是供奉者都有利可图。在这些庙宇当中也有许多外地的僧人开设的，所在寺观被破坏之后希望在上海重建，于是，他们自己定义的"下院"或者"分院"纷纷建立。

在社会局的调查中所见到最早因天灾移建于上海的祠庙是位于闸北的昆卢寺和虹口的万寿寺。前者在上海建于1865年，调查时的住持来自江苏泰县，陈述该寺建于清朝早期的江苏高邮。由于水患被破坏，在共和兴路苏北人聚居的惠康里得以重建。万寿寺则是位于虹口区域的太平桥，最初建于江苏兴化，但该地也是常年饱受水患，无以维持生计，于1875年在上海重建。同样，其创始人和在上海的继任住持都是来自江苏兴化。①

因此，在这些上海新建的外来庙观中，既有宗教人士重建，也有许多世俗人士为了赚取香火而开设。但二者都几乎没有资金，他们往往从家乡携带了几尊神像或几本经文，更多的是在上海寻找一个"商店"随意塑造一个神像。所以，在没有能力购置地产的情况下，这些庙观都倾向于租赁房屋，采取市场化的经营方式，这种祠庙在当时被称为"佛店"。也正是因为佛店的建立极其简便，大量的非宗教人士都开始租赁房屋，开设各色神灵信仰的庙观，这促使开埠以后的上海城市的民间信仰状况趋于市场化。这一以营利为目

---

① 《上海市社会局寺庙调查档案》，上海市档案馆，卷宗号：Q6-18-357-26、Q6-18-355-53。

标的风气，让本来就复杂的城市民间信仰更加混乱。佛店是对这类
信仰性质最准确的描述，大部分租屋设庙都是如此。租界中由于租
屋较为自由，这类情况最多，当时的《万国公报》就记载了上海五
方杂处下必然导致良莠不齐的社会状况。

> 近有不肖之徒假充僧道尼姑，在于租界赁屋，装塑佛像，
> 诵经礼签，号称佛店，借以敛钱。①

虽然这其中也有少数外来宗教人士租屋建的庙观，但由于二者
在性质和营利上很难区别，因此当局通常是一视同仁。上海特别市
公安局曾有明确禁令，凡是"只有住持，而无宗教上之建筑物者"
都属于租屋设庙的佛店，应当禁止开设。② 但实际上，在租屋设庙
和佛店之间已经很难通过某个指标来识别，例如位于闸北的极
乐寺。

> 光绪二十八年（1902）朝山来沪，挂单于南市留云
> 寺。……闭关三载，欲思买地建修。民国七年（1918）出关后
> 依然无力举办，乃以嗣法手续借租美界七浦路鸿兴里极乐寺，
> 斯时先法师已在闸北永兴里租地八分，亦欲建寺。③

---

① 《严禁开设佛店启示》，《万国公报》1878 年第 487 期，第 11—12 页。
② 《上海市公安局布告租屋设庙者限年底闭歇》，《威音》1930 年第 6 期。
③ 上海社会局档案：《极乐寺为呈请登记向社会局报送的有关材料》（1927 年），上海
市档案馆，卷宗号：Q6-18-353-105。

该寺庙是由来自四川的僧人所建，1902 年，法师初至上海时先在南市留云寺挂单。至 1918 年，希望购买地基重建极乐寺的想法都没有实现。在寺庙调查档案中，这位法师第一次租地为 15 年，从南市转至美租界鸿兴里，至 1927 年登记时已经在闸北永兴里租用了八分地用来建寺。但不久闸北就遭遇了战乱，直至 1946 年寺庙登记时极乐寺仍然租用两幢房屋，名下没有不动产，终日依靠为人诵经念佛维持僧员的生活。① 因此，在基本生活没有保障的情况下，许多原本属于宗教性质的寺观也倾向于民间信仰的管理模式，最明显的就是他们通过提升本庙神灵的影响力来赚取香火。

1931 年，《龙报》在记述租屋设庙将要迎来末日时讲到新庙建立也并非不可，但上海却有所不同，此种现象太过普遍，租屋设庙的现象到处都有，仿佛是商人新开设的店铺一般，并认为这种以营利目的的庙宇已经背离了宗教僧道的本质。他们通常与世俗没有空间和心理距离，租赁几层阁楼的房屋，扮演类似二房东的角色，将楼上多余房屋转租给普通人，仅楼下靠近马路的一间用作客堂供奉神像、放置案几；庙观的命名大都随意选择，观音庵、菩提庵等这种常见的民间庙宇名称均可；佛事和解签是其主要营利途径，香资收入相当可观。② 这都刺激人们纷纷效仿设庙，甚至一些著名的古刹也投身于此。江苏常州的隆兴寺在 1937 年之后，其住持就认为英雄若要寻用武之地必须易地重建，于是打算在沪上开设隆兴寺上

---

① 上海社会局：《上海市社会局关于极乐寺注册登记等文件》（1946 年），上海市档案馆，卷宗号：Q6-10-65。

② 《租屋设庙之末日来临》，《龙报》1931 年 4 月 24 日第 2 版。

海分寺，最后租用了南京大戏院对面的素菜馆房屋。①

　　实际上，专门佛店的大部分发起组建人不是佛、道、民间信仰的从业者，而是纯粹谋利者的行为结果。20 世纪 40 年代的《中国商报》曾记载，当时的商业化、资本化是大势所趋，原本与资本利益没有关联的事业等都开始了商业化的运作模式。"孤岛自四乡烽火以来，人口激增，各项商业，无不畸形发展，在从前营业清淡甚至亏本累累的，现在都已赚出有余，其中应运而生的新兴事业，也很不少。经营学校，就是新事业的一种，校长老板们只要算盘精明，手段厉害，莫不获利倍增。学校而成商店化，因之给舆论界冠上了一个'学店'的头衔。但是办理学校事业的老板们，并不以此为耻，依然你骂你的，他赚他的，只要有钞票到手，其他一切都可以不问。"

　　继"学店"而后，孤岛上又发现了佛店。佛店这名词，听来似乎还很陌生，深挖佛店的历史，便相当悠久了。原本上海的许多庵庙完全是营业性质的，整个寺院专供一般有钱人开吊、设奠、念经、做法事之用，和旅馆酒肆没有多大区别。鉴于旅馆酒肆大多只肯接办喜庆事件，而佛店在"超度众生"的幌子下，尽量包办着虚无缥缈的佛事，自有许多善男信女，乐于趋就，这买卖本轻利重，润益很可观。但是在平常时期，他们的营业收入，与其他商店一般，虽不亏本，可也没多大盈余。1937 年"八·一三"事变，真是平地一声雷，佛店老板们一齐交了鸿运，店里的营业蒸蒸日上。原因是岛上人口既盛，死亡率也随之增加。普通阶级辈，都要念经开

① 《常州隆兴寺僧上海开佛店》，《力报》1937 年 10 月 27 日第 2 版。

吊，摆一个场面。这个场面，无疑的都摆到佛店里去了，而且孤岛上暗无天日，发国难财的很多，既然发了财，手头自然宽松，平时在佛事方面只可支出一百二百的，这时花上五百一千，也都满不在乎。这自然让经营佛店的大受其惠，一个个都盆满钵满，变了面团团的富翁。①

减租运动是租屋设庙繁荣的一个助力。在战争期间虽然有大量的外来人口涌入租界，但实际上，在1932年"一·二八"淞沪抗战以后，租界的人口经历了一个锐减的过程。战争确实导致许多民众不能继续居住在上海而返乡。居民数量锐减，以致出现"空屋日多"的局面。根据1934—1935年公共租界的统计：1934年有人居住的房屋中，西式7 742套，中式77 102套，而空置的房屋西式为1 271套，中式4 946套；至1935年，西式居住的房屋增长至7 880套，而中式居住房屋则减少至74 952套，中式空屋更是增长到了6 967套。根据这一统计，以百分比来计算，住房与空房的比例1934年中式每十六幢房子就有一空屋，1935年则是每十二幢有一空屋，这一比例是相当高的。

紧随房屋空置出现的另一种情况是，正在租售的房屋因经济萧条导致承租人无法忍受。面对高房租、高地价的社会现状，上海曾成立了"减租委员会"。该委员会的主旨是帮助各行各业与屋主协调减免房租，尤其是在抗战全面爆发前后，相对于开埠初期百业疲软，"减租运动"更是如火如荼。当时的法租界、公共租界、上海县城和闸北等区域都曾掀起过"减租运动"，有的是通过房客之间

① 《佛店》，《中国商报》1940年11月26日。

推举代表与房主协商，有的则是通过自己所在的组织或房客联合会。

> 法新租界辣斐德路马浪路普庆慈安两里房屋，为普爱堂房产，由中国营业公司经租保管。于民国十八年曾加租一次，几经房客请求金神父面允暂加四厘。五年后再视情形酌加，不谓神父甫于今夏回国，该公司于本月即发通告与各租户，内称：于此一年一月份起，加租三成。两里房客咸以值此国难方殷，百业凋敝，碍难增加负担，已组织两里房客会议致函该公司，要求取消加租云。①

协商对象有租界里的外商、神父等，也有外国人委托经租保管的"中国营业公司"，也有那些很早就旅沪的周边省份民众。

> 闸北新疆路及长兴里等房客，近因市面不景气，百业萧条，空屋日多，无人问讯，始感原来房租不胜负担。乃推徐鸿乡、李蔚南、曹锦堂等为代表，向业主及经租之中国营业公司请求减租。旋由该公司经租部睦澄庵君从中调解，卒聚业主允许，自本年一月份起减去一成半，按照原来房租八五折收租。该里全本房客莫不感激业主之体恤。②

①《普庆慈安两里加租反响》，《申报》1931年12月24日第15版；《瑞康里减租运动》，《申报》1935年4月12日第10版；《公平路泰安坊减租解决》，《申报》1935年11月1日第13版。
②《新疆路房屋减租》，《申报》1936年4月30日第14版。

在这样的房屋高空置率情况下，民间信仰祠庙更是寻找到了有利的生存环境，凭借随身携带的佛像，甚至一本经书、一张画像就可以租屋立庙成寺。当局对减租的支持让租屋的祠庙有了宽松的环境，正如这段文献中记载的"凡收容难民的"也一律免租，而民间祠庙最大的社会性就体现在当时收容难民上。

> 本市沪西市民昨开各里代表会议……经全体议决：一、通告房客来会登记，二房客三房客同等办理；二、呈请当局体恤市民受损浩大，明令减租；三、凡团体学校或私人房屋收容难民及曾受日兵占据，或经炮火炸弹毁坏者，一律免租；四、函房产公会转告各房东，在战事期内房客拖欠房租不得故意威吓勒迁。①

因此，低成本、减房租、可营利这些条件都为民间信仰祠庙的繁荣提供了条件，上海的租屋设庙遂成风气。

二 市场化的信仰供给与庙产管理

20 世纪下半叶，宗教研究领域以罗德尼·斯达克为代表的学者基于亚当·斯密"宗教活动是理性的"这一认识，提出了"宗教市场论"，关注信仰生活中的"需求-供给"关系，即将有所祈求的信徒作为需求方，而能满足需求的宗教则是供给方。该理论认为，人们加入宗教或接受一种信仰，都是他们从自身偏好出发并权衡其

---

① 《各界减免房租运动》，《申报》1932 年 3 月 28 日第 1 版。

成本和收益的结果。当代宗教变化的主要根源取决于宗教产品的供给者，而不是消费者。第一，如果宗教形势完全受市场驱动，没有外在管制，必将导致宗教的多元化和竞争；第二，在宗教自由竞争的前提下，为了赢得信众，宗教必定竭力奉献符合社会需要的宗教产品，最终形成宗教超市。①

以"理性选择"的思路分析近代上海民间信仰的租屋建庙现象是完全适用的，近代上海民间信仰大多基于实用主义原则，只要认为是对其生活有利的神灵就可以信仰。这一现象正是宗教市场理论所认为的——信仰选择是从自身偏好且权衡利益出发的。清末政府对民间信仰最大的一次干预就是"庙产兴学"，但是这一政策对上海的影响大多集中在县城以内。而租界开辟早期确实如罗德尼·斯达克宗教理论的假设一样，宗教形势在没有"外在的管制"或外在管制并不得力的情况下，会呈现出多元化和激烈竞争的局面。正是这样，租屋建庙逐渐兴盛，近代上海的民间信仰生活也日益丰富起来。

但是宗教市场理论过分强调宗教局面由供给决定，对宗教需求重视不足。作为供给端，除了受宗教政策的影响，宗教局面还受信仰需求方的反作用。这也是罗德尼·斯达克的观点，在宗教自由竞争的前提下，为了赢得信众，供给方本身必定会开发、提供符合社会需要的宗教产品，这正是近代上海城市民间信仰与移民之间的互动关系。

---

① ［美］罗德尼·斯达克、罗杰尔·芬克：《信仰的法则——解释宗教之人的方面》，杨凤岗译，中国人民大学出版社，2004年，第237页。

开埠以后，进入上海的大量外省移民，主要是来自各行业的商人、农民、手工业者、无业者等，构成了一个仍然传统的城市基层社会。移民作为上海城市基层社会的重要部分，进入新的城市环境后，通过乡缘关系、业缘关系、入帮派等形式立足下来。而这三种组织往往都是凭借某种宗教神灵这一纽带组成的，他们信仰同一行业神、地域神、帮派神，组织相关的祭拜、神像游行等社会活动。可见，近代上海城市存在巨大的信仰需求市场，这正是中国民众信仰的一个典型特征，也是基于实用主义的理性原则的选择。另一方面，这些祠庙因移民进入上海，形成与乡村信仰很大的不同点，即面临城市化带来的租金压力，会通过提供更多的信仰产品来谋求存续。为了迎合信仰需求市场，通过租赁房屋设立的寺庙往往巧立名目以获取更多资金，并对供给市场形成了巨大影响。这是城市民间信仰市场繁荣的根本原因，也是租屋设庙的原因所在。

> 佛店者，系外来流僧租屋一所，将门面之墙垩以黄色，大书某寺下院，并南无阿弥陀佛，或称某某道院等字样。屋中陈设木偶数尊集，三五不僧不道之辈，亦为暮鼓晨钟喃喃念█。巧立观音会、运船会等名目，沿门发帖，哄动妇女入店烧香或诱拜为师父。①

对于租屋寺庙组建来说，其流程就是租赁房屋后按照寺庙的外观进行装饰，摆设木偶制作的神像，依靠诵经、设置一些庙会等项

———

① 《租界将禁妇女烧香啜茗著推广应禁事宜说》，《申报》1888 年 3 月 15 日第 1 版。

目营利，而对寺庙的佛道性质并没有定位，因此出现了似庙非庙的现象。

> 见有庙而非庙者悉行驱逐……窃谓妇女无知拜佛烧香本非素习，有僧道以为之招引，又有佛婆老妪以为之导其先路，于是一倡百和，纷至沓来。①

> 租界之中每有云游僧侣赁屋数椽，供奉土木偶，悬匾于门涂赭于壁，谓之佛店。……赁屋以当精篮腥秽之场，设饵以钓香火也。考之内典，亦无佛店之名胜水名山，不少丛林方丈然缁流所居，则称寺羽士所居，则称观优婆夷所居，则称庵穷乡僻坏小筑数楹，夕呗晨钟净持梵业则概称之曰庙，从未有以店称者。②

租屋设庙的营利性质甚至使这一行为明目张胆地形成一个市场并形成了一套经营规则。1908 年，公共租界六马路及福州路胡家宅一带之佛店僧人就诵经所收取的经费进行集议、罢工，以增加收益，实现了与近代上海其他行业相同的行会经营方式。

> 向章每诵经一部给钱二百八十文，前日由僧人白直遍发知单，联合北市各庙僧，霸持停诵经讖，聚集僧人百余名在六马

---

① 《佛店宜禁说》，《申报》1885 年 7 月 31 日第 1 版。
② 《论佛店》，《申报》1891 年 5 月 29 日第 1 版。

路玉壶春茶馆集议，拟每经一部收钱三百六十文。①

吸引香火是租屋寺庙另一个主要经济来源。正是因为庞大的需求市场，这类寺庙为吸引香火而淡化信仰内容，根据信众的需要随意增加或更改寺庙内供奉的神灵，一定程度上刺激了租屋建庙的繁荣。就宗教设施来说，它们没有传统寺庙的经典，最主要的目的是通过赚取香火资金，所以俗称佛店。

正是因为这样，信仰供给方满足信众的心理需求就变得十分重要。为了维续香火，租屋寺庙往往采取扩大供奉对象的办法，如南京东路的虹庙，虹庙当家道士生怕生意被人抢去，便将庙堂重新扩充，在正殿上供上观音；后来又怕别人另设新庙，于是干脆把玄天上帝、关老爷、纯阳祖师、六十星宿、紫薇大帝、天后圣母、文武财神、地藏王、二郎神、城隍等各色神佛一起堆在庙里，好似一间百货店，货色繁多，应有尽有，省的别人来抢生意。②

从这个角度来看，斯达克的宗教市场理论显然没有重视信仰需求方对供给方的反作用，而这正是宗教可以运用市场供求关系来分析的最合理的一面。市场的供求关系是指供给与需求之间相互联系、相互制约的关系。这种相互制约在宗教领域不仅表现在供给端提供何种信仰种类来决定人们的信仰生活，更表现在公众需要什么样的信仰，供给端就能提供什么信仰，更有甚者可以造

---

① 《佛店罢市》，《新闻报》1908 年 8 月 15 日第 18 版。
② 《南京路上保安司徒庙（虹庙）害人不浅 群众要求加以撤销》，上海市档案馆，卷宗号：B257-1-4586。

神。班克斯顿（Banston）就认为，供应学派只考虑产品来源，而没有考虑人们对不同的产品会做怎样的选择。况且，如果宗教经济模型只关注宗教产品之"供应方"，那么信仰者个体则会变成宗教产品消极、被动的接受者。[①] 这就很难审视信仰者个体如何做出选择，也同时偏离了理性选择理论的中心目标——解释个体行动和决定如何产生社会结果。[②] 尽管学界对斯达克的宗教市场理论的前提进行了种种讨论，但不容忽视的是，宗教活动里供给和需求之间的互动关系是构成市场的不可缺少的要素。面对近代上海民间信仰祠庙艰难的生存环境，为何还有大量的租屋设庙现象，最主要的原因还是庞大的移民信仰需求市场，这决定了会有更多的人参与到供给层面。

租屋所设之庙作为宗教供给端正是遵循了宗教市场理论，为了满足信众的需求、赚取香火，采取了不同于中国传统的寺庙经营模式。从明清上海方志资料记载来看，宗教设施的修建、维护者主要为政府、地方官员、乡绅等，而这一模式也是中国宗教传统的经营管理模式，田地、房屋是其不动产的主要形式。[③] 但是近代上海城市的租屋设庙由于没有固定资产和不动产，大多是移民进入上海后

---

① Bankston Ⅲ, "Carl L. rationality, choice and the religious economy: individual and collective rationality in supply and demand," *Review of religious research*, 2003. 45 (2), pp. 155—171.

② Bankston Ⅲ, "Carl L. rationality, choice and the religious economy: individual and collective rationality in supply and demand," *Review of religious research*, 2003. 45 (2), pp. 155—171.

③ 王健：《多元视野下民间信仰与国家权力的互动：以明清江南为中心》，上海辞书出版社，2019 年。

临时组建的，其经营管理方式与传统的寺庙存在很大的区别，即租屋设庙采取了类似于私人资产经理人管理模式。

从1947年上海市民政局登记的祠庙人员谈话记录中可以看出，移民在沪租屋祠庙住持的继承往往是家族制的，或者是同乡的师徒关系传承模式。三星堂的住持在民政局登记时说道："本人忙于经商，不常在庙，雇老妪阿英为看庙人。"因此，可以想见，这些私人租建的寺庙其实是一种经营模式，没有固定的资产，靠香客捐献营利。

> 三义宫，住持人任开贵面称：本人回扬州多日……本庙系先父任兆奎与结义弟兄十人所创，供奉关帝，现由本人独力经管。
>
> 永庆寺，住持称：本寺系常州永庆寺下院，基金金元一千元，系本人自祖寺带来。①

> 岳林寺，僧可富面称：本庵系奉化岳林寺下院，庵址为三上三下租屋，本人常在奉化本寺，甚少在沪。委托高明寺住持僧雪照代管庵事。②

从这些案例来看，一般租屋寺庙都是外省僧人或非宗教人士，

---

① 民政局档案：《上海市民政局四科关于祠庙登记发证事项的文件》，上海市档案馆，卷宗号：Q119-5-122。
② 社会局档案：《上海市社会局关于岳林寺注册登记等文件》，上海市档案馆，卷宗号：Q6-10-38。

将微薄的资金带到上海，或独自看管，或委托他们经营。而这类寺庙的被委托人和财产的继承人，甚至住持，通常都是相同的籍贯。在这种模式下，家族继承、同乡师徒关系继承住持才能比较可靠地保证资产不外流。正是基于信仰市场的"供给-需求"关系，近代上海租赁房屋所建立的寺庙更加注重香火的兴旺程度，通过这一杠杆来实现供求的互动机制，也由此决定了租屋设庙的资产及日常经营管理模式。

租屋设庙只是近代以后上海城市民间信仰出现的现象，表现为经营方式和资产管理方式的变化，但其中的根源还是在于资本对传统社会观念的冲击，无论是租屋设庙还是佛店，都已经建立了近代的雇佣关系和资本市场循环，正如《中国商报》的记载。

> 佛店老板们既然大发其财，怎禁得旁观的不起眼红，于是也都合财纠夥，肩了"佛"的牌子，经营"佛店"。据一般统计，孤岛上新增的小型佛店至少在一百家以上，创办小型佛店并不需要多大资本，只要租一幢三间两厢房的石库门房子，已可应付，（目今房屋价贵，一笔顶费，确很客观。）再置办桌椅若干，以便施主们办斋之用，其他一切设备，都可从简，念经的和尚更不必养在店里，它正和码头小工一般，可以随时叫雇。至于"店"题何名及内供何佛，切可随便，因为"为营利而奉佛"，并不是"为信佛而奉佛"。

佛店的生意一半固需信众自己上门，另一半还需店方派员在外面巧事兜揽。若干佛店里，都雇有营业专员，专向大户人家招徕生意。

佛店的老板们，固然腰缠万贯，但是店里的伙计——僧侣们，依然满面菜色，这正如其他商店一般，老板们纵然发了大财，伙计们且仍是非常清苦。[1] 美以美会出版编写的《破除迷信全书》中就讲到民间信仰的佛教神灵祠庙多会切合时势潮流，民国十一年（1922）五月，上海一位有名的仰西大和尚有一次为发起"极乐世界有限公司"事宴请报界，为之鼓舞进行。细察他的章程宣言，不过效颦上海的游戏场，且以为该游戏场不足，而另求一个足赏心悦目、陶情冶性的极乐世界。有限公司的招股办法，至于营业项目则设有极乐寺，还有各名山的异宝，如五台山的转轮、藏康山的六时莲漏、温州头陀寺的念佛自敲法，此外则有金石琴棋书画室、凌空楼阁、七宝莲池，旁又设有天堂路、地狱门等，其余又素菜馆、转演佛教的戏园等等。试看佛了所规划的极乐世界要在最重时事的上海转而提倡虚妄。[2]

租屋设庙受到移民分布、宗教政策和地价的影响，这一现象多发生在公共租界苏州河以南的西部和法租界中部。租屋设庙作为信仰供给端，促进了近代上海民间信仰的繁荣，但另一方面稳定的信仰需求市场也具有反作用，刺激供给端朝多元化方向发展，采取市场化的经营方式，催生出丰富的信仰产品。信仰变化取决于供给与需求的双向互动，而这当中移民既扮演供给的角色又是需求的一方。

---

[1] 《佛店》，《中国商报》1940 年 11 月 26 日。
[2] 李干忱编：《破除迷信全书》，美以美会全国书报部出版，1924 年，第 258 页。

第四节　是乡籍，亦是庙籍

恩格斯在《反杜林论》中指出："一切宗教都不过是支配着人们日常生活的外部力量在人们头脑中的幻想的反映，在这种反映中，人间的力量采取了超人间力量的形式"。[①] 作为与宗教信仰对应的民间信仰，在近代上海城市民间信仰的嬗变过程中，移民的力量起到了关键作用，许多祠庙由于建立者或住持籍贯而带有浓郁的地缘色彩。

一　住持籍贯与祠庙来源

前文已对开埠以后每个阶段新的神祇进入上海以及消亡的神祇种类进行了梳理，但是这并不能反映开埠后上海民间信仰的整个面貌及与移民间的关系。因为除了神灵之外，与移民关系更密切的是祠庙，不同祠庙会供奉相同的神灵，但却归属不同移民群体和信仰体系。因此，要了解移民与民间信仰的关系，还应深入分析祠庙。

开埠后进入上海的移民浪潮大致有三个时间节点，即小刀会起义和太平天国占据江浙一带时期、辛亥革命前后、抗战爆发，期间各地的自然灾害、战争等都促使流民走进上海。早在 1907 年上海乡土志的编纂者就发现外地人已经远远超过了当时的本地人，[②] 邹

---

① ［德］恩格斯：《反杜林论》，《马克思恩格斯选集》（第 3 卷），人民出版社，1972 年，第 354 页。
② 李维清：《上海乡土志》，《上海滩与上海人丛书》，上海古籍出版社，1989 年，第 108 页。

依仁在关于近代上海人口变迁的研究中认为，在 1885 年，移民约占上海总人口的 85%，[①] 这当中苏北人是一个庞大且典型的群体。

位于黄淮平原的苏北地区是淮河水患的最大受害区，也是这一地区积贫积弱的主要原因。尤其是在清末和民国初年，河道淤积、水利失修，频繁的水患迫使人们离开故土至沪上谋取生计。1911 年、1912 年和 1931 年的洪水又迫使更多的人离开苏北入沪谋生。其中 1931 年的洪水泛滥最为严重，淹没了 6 100 多万亩耕地，将近 4 万个家庭面临饥饿。苏北各地的贫困民众，纷纷举家逃荒，沿京杭大运河南下，涌向沪上。[②] 据当时政府估计，约有 78 045 名苏北难民来到上海。[③] 全面抗战时期，上海周边的江苏、浙江、安徽、江西等省份民众，纷纷逃至上海。至 1942 年，"公共租界人口从 1936 年的 1 180 969 人增加至 1 585 673 人，法租界人口从 477 629 人增至 854 380 人"[④]。"八·一三"淞沪抗战一开始，大批移民便涌入租界，租界的人口也从 170 万人徒增至 300 万人。[⑤]

这些移民一般没有固定资产，原为农民或小手工业者，到上海之后也大多无业或从事体力劳动，也有从商。1937 年涌入上海的

---

① 邹依仁：《旧上海人口变迁研究》，上海人民出版社，1980 年，第 112—113 页。

② 《1931 年间中国洪灾损失》，《中国经济学刊》1932 年第 10 卷第 4 期，第 343—344 页。

③ 上海工部局：《1931 年度报告和 1932 年度预算》，Kelly & Walsh，1932 年，第 155—156 页；转引自［美］韩起澜：《苏北人在上海，1950—1980》，卢明华译，上海古籍出版社，第 39 页。

④ 上海地方志网站，《区域人口》，http：//www. sh-tong. gov. cn/node2/node2245/node63852/node63857/in-dex. html。

⑤ 陶菊隐：《孤岛见闻——抗战时期的上海》，上海人民出版社，1979 年，第 4 页。

7.5 万名难民中，来自苏北的约占总数的 1/3，是最大的单股人流。①
在进入上海的苏北难民中，根据当时的统计，总数为 46 278 人，其
中大约有 50％的人之前都是农民，15％为工人。②

在上文所述租屋设庙的风气下，一些庙宇招聘专门的住持来经
营，甚至一些住持不是僧、道也可以担任。住持由此开始成为一个
专门的职业，许多社会人士对此趋之若鹜，并且经常成为舆论的焦
点。据 1896 年 12 月的《字林沪报》记载，即使是大家普遍认为有
影响力的传统邑庙，其住持的任免也与其他民间信仰祠庙一样，看
似十分随意。由于邑庙住持羽士曹蕴梅不守清规而被革逐，其前任
羽士曹建华得到消息，之后多方人士都前往邑庙谋取住持职位。③

我们不可能准确知道每座寺庙来自何处，但在这两次调查中都
保留了寺庙住持的家乡籍贯或曾在何处寺庙出家，而且常常又与在
上海的寺庙创始人经历相同。尽管社会局对上海城市民间信仰寺庙
调查在统计每个僧人方面并不十分详尽，但作为随机抽取的总样本
数据，通过考察僧人的构成，可以得出比较客观的结论。④

将调查数据中记录的 20 世纪 20 年代和 30 年代的所有僧侣的
出身按省份和地区进行分类（如图 1-15，表 1-8），可以发现，在
20 世纪二三十年代上海城市民间信仰祠堂的僧人构成中，江苏籍

① 上海战区难民临时救济委员会：《上海战区难民临时工作报告书》，1932 年，第
17—18 页。
② 上海市社会局苏北难民救济会议上海办事处档案：《上海苏北难民救济报告》（1946
年），上海市档案馆，卷宗号 Q6-9-225。
③ 《钻充住持》，《字林沪报》1896 年 12 月 24 日第 3 版。
④ 这部分统计数据、分析资料均来自《上海市社会局 20 世纪 20—30、40 年代对寺庙
的调查》，上海市档案馆藏，卷宗号：Q6-10、Q6-18。

占据首位,将近 50%。这些寺庙的住持僧人通常会从原来的驻锡地
或者家乡招徕僧徒,或者在上海招收同籍贯的僧人,浙江和上海周
边的松江、嘉定由于移民众多,僧人数量上也偏多,仅次于江苏
省。这表明与江苏移民有关的民间祠庙占比最大,也说明祠庙的性
质取决于住持。

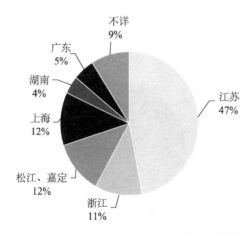

图 1-15 20 世纪 20—30 年代上海城市民间信仰祠庙僧员籍贯构成

表 1-8 20 世纪 20—30 年代上海城市寺庙江苏籍贯僧员数量构成

籍贯	人数	籍贯	人数	籍贯	人数
兴化	5	盐城	2	镇江	1
海州	1	阜宁	1	扬州	17
灌云	1	泰县	11	南京	4
江都	4	东台	13	南通	1
通州	2	泰州	1	吴县	3
天长	2	宝应	1	徐州	1

在来自江苏省的僧员当中又存在特定的区域来源，大多数来自
江北，主要有兴化、盐城、泰县、东台、江都、扬州等地。来自江
南的一共只有八人，主要是苏州的吴县和南京、镇江。

在20世纪40年代寺庙调查中也发现了类似的现象，就是这一时
期寺庙的住持来源以江苏籍贯的最多。这也印证了上文所说的僧员大
部分来自江苏的现象，二者是吻合的。发生变化的是，这时来自浙江
省和湖北省的寺庙住持数量增加，浦东的川沙也出现在统计表中。

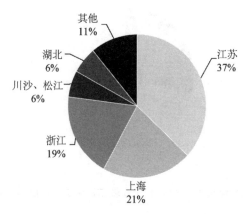

图 1-16　20世纪40年代上海城市寺庙住持籍贯构成

自民国二十六年（1937）十一月间南市、闸北沦陷，战事西移
后，其在租界以内之染织厂首先复工，迨二十七年下半年复工者已
达一百三十余家。由南市、闸北迁至租界开工者，计有华丰、华阳
等二十余家。战乱致使南市和闸北的工厂纷纷迁往租界，除此之
外，租界还出现了许多新建的工厂，这些都改变了上海城市的移民
和民间信仰祠庙的分布格局。最重要的是，此时许多外地的工厂也
迁往上海，移民浪潮更加猛烈。

由外埠迁至上海开工者，则有常熟之茂成、辛丰豫二家，江阴之华澄、万源、仁裕、慎源、义慎、勤生等六家，无锡之维新、中国三新、丽华等三家，常州之正丰、民华、益民、大东、久和、久成、阜康、志成、宝丰、冠华等十家。统计新旧各厂及迁沪各厂所有之织机共约二万台，染机共约二百台左右。①

不同的是，此时来自江苏省的寺庙住持，江南与江北几乎相差无几了。尤其是无锡、常州、南京、苏州的人增多，这也从侧面反映了在进入上海的移民中，原来主要因苏北天灾人祸形成的浪潮得以缓解，而江南区域内的人口流动加大，主要是一些以发达手工业著称的城镇与以大工业为代表的上海之间的人口流动。

表 1-9　20 世纪 40 年代上海城市民间信仰祠庙江苏籍贯住持数量来源

籍贯	人数	籍贯	人数	籍贯	人数
江苏	4	盐城	7	镇江	5
泰州	2	阜宁	2	扬州	14
淮安	2	泰县	3	南京	8
江阴	1	东台	4	南通	10
无锡	6	如皋	4	吴县	1
常州	3	宝应	2	苏州	5

除了统计僧员和住持的籍贯，两次调查中经常出现某某寺观住持和僧尼都来自同一个地方的情况，例如万寿庵的住持尼姑法号则

---

① 单岩基：《上海染织业概况》，出版机构不详，1943 年，第 21—22 页。

法，登记时年龄为 33 岁，1907 年剃度出家，家乡在江苏海门；较住持年龄稍小的两名小尼分别是 21 岁和 16 岁，先后于 1919 年和 1925 年剃度出家，而她们同样来自江苏海门。万寿寺的创始人是江苏兴化人，其住持也是兴化人。①

从社会局两次寺庙调查中的僧员和住持籍贯的分析来看，江苏、浙江等周边省份移民建立的祠庙是寺庙的主要组成部分。在江苏籍贯的来源中，经历了以苏北为主到苏北、苏南并重的两个阶段，而这种形势与两个阶段进入上海的移民构成相关。

住持和僧人的出身在一定程度上决定了寺庙的性质和归属，尤其是住持拥有寺庙的经营权和资产管理权，自然也有权决定寺庙中供奉什么样的神灵。因此，通过对创始人、住持和僧人的来源分析，可以大致了解上海新的民间信仰祠庙从何而来，以及开埠后的民间神灵体系受到的影响。

二 会馆庙宇中的僧、俗之争到庙、神分离

《大公报》中的文章《鬼的季节开始，上海滩上的打醮热》讲述了上海民间祠庙里和尚、道士的忙碌。

> 废历的七月又快要到来了，一到七月，鬼的季节是开始了。在上海这都市之中，鬼的季节一到，那便有一次打醮的热闹，每一条街市，每一条弄堂，都要打一次醮的。不信，你看这几天每一所住宅的门口，又贴着黄纸条，上面印着"太平公

---

① 《社会局寺庙调查》，上海市档案馆，卷宗号：Q6-10、Q6-18。

蘸""孟兰胜会""捐洋×元×角"的字条。到了七月，每条马
路每条弄堂自有一班游手好闲的人发起打蘸，拿了一册黄簿
子，张公馆捐五元，李公馆捐十元，挨户去捐钱，钱捐到了便
捡定一个日子喊一班和尚或道士来打一次蘸。结果捐到多少，
用去多少。……打蘸的一天，捐钱的人家，每一家的门口挂满
了长锭、白纸、五色纸糊成的纸人，弄堂口挂些纸扎的灯彩。
说是打了一天蘸，可以使全弄堂消减灾病。到了晚上，和尚或
道士还要放焰口，在每家门口兜一圈子，信鬼的人家还要虔诚
地吃一天素……打一次蘸，和尚要比道士便宜得多，七八个和
尚一天只要十块钱就够了，可是道士呢，非要三十元不可。可
规模大的那就费钱了，譬如有的马路上打一次大规模的公蘸，
有高跷、台角，种种和迎神赛会一样的玩意，在街市上巡行，
这样的一次蘸，当然非几百元不可呢。我们只要看到上海滩
上，每一条马路上有不少"阁下院""寺下院""庵""寺"，里
面住的多半是和尚，这班和尚平时虽然人家死了人会请他们去
念经诵懺，但最忙的确实在七月这鬼的节日，每一个和尚都忙
的不可开交。①

　　民间私人开庙俨然已成为一门生意，1944 年《力报》记载《佛
门内讧，两股东争夺黄大仙》，说到一个出资办佛堂的宁波人徐沈
氏，五十一岁，住梧州路英明坊十七号，是个佛婆，黄大仙是她的

---

① 《鬼的季节开始，上海滩上的打蘸热》，《大公报》（上海版）1936 年 8 月 7 日第
13 版。

职业护符。一个也是办佛堂的发起人，叫董庆权，民国三十年时董庆权和徐沈氏的丈夫徐杏结交了朋友，于是就常常在徐家走动。董、徐二人都有意思要办一个佛堂。……徐沈氏私底下有积蓄，她把一些贵重的饰物变卖了，又到虹口梧州路找到了房子，一面再请来佛像（黄大仙），而且徐沈氏把所有的红木家具也搬了进去，一面算佛堂一面就是自己的住宅。之后两个合伙人之间在庙产分割上产生利益冲突。①

由于祠庙住持有利可图，对住持位置的争夺成为近代上海城市的一道奇观，报纸反复报道某某祠庙"住持得人""住持占庙""住持倒卖庙产""不守清规""游僧占住持之位"等时事。对民间信仰祠庙的把持权不仅成为人们争夺住持的原因，也引发了僧俗之争。僧人、道士走进法院、进行诉讼的情况十分普遍，这应该是中国几千年历史中都未曾出现过的情形。僧俗就庙产及经营权的争夺原因之一就是移民创建大量祠庙、迁移祠庙而无力掌管，另一个原因便是移民希望通过开设祠庙营利，结果导致民间信仰走向世俗化。

寿圣庵是浙江湖州旅沪同乡所建，但因地产归属及改祀问题历经多年诉讼。寿圣庵住持僧是由湖州同乡共同雇佣，按月发放薪金。在庙产管理上，寿圣庵住持僧谛松将该庵的地产道契一向托付给施主杨信之保管，杨去世之后由其子奎侯保管。在国民政府颁布《寺庙登记条例》后，杨奎侯不愿交出道契，僧谛松开始向法院起诉。在案件审理中，杨奎侯提出已经将道契交由湖州同乡会下设湖社管理。而原告谛松则认为该庙为募建，至于湖社名义在法律上对

---

① 《佛门内讧，两股东争夺黄大仙》，《力报》1944年10月26日第4版。

该庙是没有确定责任的。① 寿圣庵的问题是开埠以后大部分移民建庙的普遍问题，即民间信仰祠庙的归属问题，这也决定着祠庙中供奉何种神祇。

1929 年起，《湖州月刊》刊登湖州同乡多次开会讨论寿圣庵的安置问题，曾提出在湖州会馆内择定房屋安置寿圣庵的神像。② 在几轮诉讼之后，寿圣庵的问题转化为庙僧与湖州同乡所建湖社之间的争夺。湖社希望将该庵改建为前沪军都督陈其美的纪念堂，临时法院也给予了判决同意。但住持僧谛松不服判决，率领全体庵僧执香赴临时法院请愿游行，并书写横幅"湖州同乡 势力浩大 和尚无抵抗"等字样，由三位僧人右手执香，左手执旗带领。报纸当时就报道这种和尚请愿团在租界尚属创见。③ 很快寿圣庵被迁至武定路，所有僧徒由湖社代为租赁武定路武定坊房屋一所，暂行居住，并许诺待新屋落成再寻找适当位置作为新的庵址。④

寿圣庵自 19 世纪 80 年代开始取消佛店时就已被勒令禁止的活动，但是由于庙董力保而存留下来。⑤ 在被湖社收回之前，除了普通的香火外，相关民众遇有追悼、冥寿、公所开会等事宜都是在寿圣庵举行。寿圣庵改成英士纪念堂之后，倡导革命先烈精神，湖社成为同乡聚集的地方。因此，寿圣庵是湖州同乡会的私产，但祠庙住持僧和同乡会之间产生了冲突。为此，湖州同乡专门成立了一个

---

① 《寿圣庵登记问题》，《新闻报》1928 年 11 月 25 日第 4 版。
② 《湖州月刊》1929 年第 3 卷第 10 号，第 100—101 页。
③ 《寿圣庵众僧请愿》，《新闻报》1930 年 3 月 25 日第 4 版。
④ 《寿圣庵房屋封闭》，《新闻报》1930 年 4 月 23 日第 16 版。
⑤ 《佛力无边》，《申报》1895 年 9 月 23 日第 3 版。

"处理寿圣庵特聘委员会"（简称"处寿会"），1929 年 7 月，湖州会馆董事召集同乡大会，决定在湖州会馆内择定房屋，迁入、安置寿圣庵佛像。[①]

这是一个非常有意思的现象，湖州同乡会对神像和寿圣庵庙宇的态度及处理方式是不同的。面对两方争端，同乡会要求住持迁出，不再把持寺庙，但并非一定要用英士纪念堂代替佛像信仰，实际上同乡会并不能完全舍弃佛像，因此最后决定在湖州会馆中保留佛像。而对寿圣庵住持来说，其诉求更大程度可能是为了庙产，因此在他诉讼、游行之后接受了湖社的建议，迁往武定路。实际上就是湖社为住持、僧人们提供了临时的住处，而佛像由湖州会馆保存，由此出现了祠庙、僧员、神像分离的现象。从寿圣庵的例子来看，住持和僧员们并没有坚持神像所代表的信仰，相反同乡会对神像体现出依赖和不舍，但许多祠庙的实际运营又是由住持操作的。同乡会为雇佣而来的住持、僧员们订立庵规，但却遭遇僧员抵触。[②]

由此可以判断，民间信仰本身的归属和祠庙的归属是分离的，移民与信仰的联系更紧。究其原因，在湖州同乡的记述就说到寿圣庵是旅沪湖人的家庵，其住用之房屋为湖旅沪同乡诸先进所集资购置，与<u>丛林寺院不同。庵之主体是俗而非僧，房屋基地是公产而非庙产</u>，不独我社员知之，即我同乡亦类能言之。[③]"家庵"，顾名思

---

① 《第六届处理寿圣庵委员会第二次联席会议》，《湖州月刊》1930 年第 3 卷第 10 号，第 101 页。

② 《叙述本社接管寿圣庵后之经过情形》，《湖社第六届社员大会特刊》，湖社出版部，1930 年，第 47 页。

③ 《叙述本社接管寿圣庵后之经过情形》，《湖社第六届社员大会特刊》，湖社出版部，1930 年，第 47 页。

义，就是具有家族性质的祠庙。因此，以寿圣庵为代表的一类祠庙也是近代上海民间信仰中不同于其他建立的下院、分院祠庙，后者的住持、僧员与信仰的关系更为密切。

在处理寿圣庵庙宇和神像的态度中，湖社同乡成员也表明了立场，《湖州月刊》专门刊载了《理想中今后之寿圣庵》，认为有人不赞成湖社建社所于寿圣庵旧址，有人不赞成湖社让寿圣庵迁回，前者属于旧派，后者为新派。而湖社则需做到不偏不倚，只有邀请道行深透之名僧住持寿圣庵，寿圣庵才能有光于湖州同乡。如果杂以商业行为，同普通佛店一样，那旅沪的湖州同乡又为何要对寿圣庵钟情于此。① 湖社同乡对民间祠庙信仰的态度是基于信仰角度，一定程度上说，不仅纠正了同乡关于乡土神的信仰轨道，让会馆的乡土神与租屋设庙的民间信仰区别开来，也维持了近代上海民间信仰的移民特色。

三　佛、道神祇与民间信仰的转化

通过前文的论述可知，近代上海民间信仰祠庙主要有外地祠庙在上海建立的分院下院、移民为谋生所开设的佛店、同乡或同业所奉祀的乡土神或行业神等，但无论哪种往往都将祠庙托付于专门的僧人打理，或为赢取更多信众的香火而改变神灵体系。同时，同乡或同业对神灵的依赖是基于生存、生活方面的，神灵的功能被认为是全面的，因此，此时的民间信仰神灵出现了与佛道宗教相互转化并且混祀的现象。

---

① 《理想中今后之寿圣庵》，《湖州月刊》1930 年第 4 卷第 3 号，第 16—17 页。

自开埠以来，佛道神灵在民间信仰祠庙中的供奉成为一种重要的现象，尤其是民国时期以后，这反映了民间信仰与佛道两教关系的转变。这种变化可以从三个主要方面来解释。首先，中国民间信仰具有实用主义原则特征，人们倾向膜拜那些能解决实际问题的神灵，因此这些神灵在民间拥有繁盛的香火。其次，祭祀政策上的松动也起到了一定作用。"国之大事在祀与戎"，几千年来，中国的帝王政治和封建传统不仅规定了哪些神灵可供祭拜，还严格规定了官员和民众可以膜拜的神灵范围。然而，民国时期以后，这种观念逐渐淡化，许多神灵具备多重功能，只要有需求，就可以供奉。此外，佛道两教自身的变迁也是其进入民间信仰祠庙的原因之一。佛道两教在漫长的发展过程中与中国传统政治密切相关，并具有严格的组织结构。然而，在民国时期以后，佛道两教开始朝民间化方向发展。特别是在开埠后的上海，外来人口将家乡的佛道寺庙引入上海，引发了兴建寺庙的浪潮，其中包括因战争遭破坏的外地寺庙的下院、别院等。上海城市中的佛、道寺庙在开埠后已不再完全是佛道性质，甚至许多寺庙仅出于营利目的而建立，它们与普通民众的生活更加紧密地融合。基于这些情况，佛道神灵开始被供奉在民间信仰的祠庙中，有时甚至直接转变为民间信仰的神灵。如观音是典型的佛教神灵，但近代以来，它已逐渐转变为民间信仰对象，不再仅限于佛教寺庙供奉。

太阳寺，又称为庙，坐落在大统路 627 号，始建于光绪年间，主要祭祀的对象有药师佛、丰都帝、关圣帝、城隍爷、土地公婆、太阳佛、太阴佛、雷祖佛、六十甲子、三官佛、斗天娘娘、蛇王爷、周苍帝、孟婆娘娘、眼光娘娘、白无常、豆神王和童子佛。① 太阳寺尽管名义上归为佛教寺庙，但它祭祀的对象大多属于民间信仰的神灵，并具有典型的民间信仰特征，即神祇种类繁杂。此外，太阳寺还供奉佛教的阿弥陀佛、释迦佛、观世音、弥勒佛、朱天佛和四金刚，以及道教的东岳帝、太上老君、李纯阳和玄天帝。它展示了典型的民间信仰与佛道两教混合祭祀的现象。原本位于上海县的天后宫在小东门外，遭破坏后于光绪六年（1880）在河南北路 3 号重新建造。重建后的天后宫除了供奉天后圣母像外，还增加了地母神像、顺风耳神像、千里眼神像以及佛教的观音佛像。虽然天后宫的重建是由住持道士发起，但集资方是江浙闽粤四省船帮善士。为了满足出资方和信众的实际需求，必须增加许多新的神灵。② 东山庙位于南市西林横路 53 号，建于民国二十九年（1940），供奉东山娘娘和关帝，属于民间信仰的范畴。然而，住持实际上信奉佛教和道教，该庙的运作方式包括举办法事、代斋主礼忏等。③

佛道神灵进入民间信仰祠庙的现象是多种多样的，其中虹庙是一个比较典型的例子。自开埠以后，虹庙开始供奉观音大士、弥勒等佛教神灵，并因供奉求子观音而形成了一个独特的信仰群体——妓女。据 20 世纪 40 年代社会局的调查，虹庙的管理人是道士，供奉的神灵还包括三官大帝等，政府也将其定位为道教。然而，据庙中老职工的访谈，虹庙被比喻为一家百货店，为了维持"生意"，

---

① 《上海市社会局关于太阳寺注册登记等文件》，上海市档案馆，卷宗号：Q6-10-73。
② 《上海市社会局关于天后宫注册登记等文件》，上海市档案馆，卷宗号：Q6-10-180。
③ 《上海市社会局关于东山庙注册登记等文件》，上海市档案馆，卷宗号：Q6-10-102。

民间信仰和佛道神灵应有尽有。①

通过对开埠后佛道神灵进入民间信仰祠庙情况的分析,可以发现一类是为了满足信众需求而引入更多的佛道神灵,另一类是为了使原本的民间信仰祠庙获得合法地位而引入佛道神灵。无论哪种情况,都导致了开埠后特别是民国时期民间信仰祠庙的祭祀内容趋于杂乱。从进入民间信仰祠庙的佛道神灵的种类来看,主要包括弥勒、观音和地藏。在中国民间的佛道崇奉活动中,这几类神灵最贴近人们的生活需求。弥勒佛是佛教中的未来之佛,主管未来世界。观音有很多种类,但在进入民间信仰祠庙时,求子观音最为普遍。地藏是佛教神灵系统中负责人死后世界的存在,因此拥有许多信众。特别是在民国以后,弥勒、观音和地藏几乎成为民间信仰的主要神灵。它们不仅被供奉在许多民间信仰祠庙中,还建立了许多新的祠庙。例如,根据 20 世纪 40 年代社会局的调查数据,上海有14 处观音堂,人们对观音的崇拜已经从正规的佛教寺庙转移到了民间街头的普通祠庙,同时,观音的雕像也出现在各类民间信仰祠庙中。

鱼篮观音堂首次出现在同治《上海县志》中。鱼篮观音是佛教三十三观音之一,形象为脚踏鳌背,手提竹篮或鱼篮的民间少妇,又被称为马郎妇观音。在中国的传统祭拜信仰中,对鱼篮观音的崇奉并没有地域限制。然而,到了近代上海,鱼篮观音堂于 1872 年开始在文献中被提及,出现了特殊的祭拜群体,并逐渐转化为民间

---

① 《南京路上保安司徒庙(虹庙)害人不浅 群众要求加以撤销》,上海市档案馆,卷宗号:B257-1-4586。

信仰。《申报》中有潮州和福建两帮商人祭拜鱼篮圣母习俗的记载。

> 潮州、福建两帮商人，每届秋初向有鱼篮圣母之会。鱼篮
> 圣母者，不知为何神。而若辈皆虔奉之。今岁，潮帮定于七月
> 二十六日为始，建帮二十九日为始，各建醮三日，并召梨园子
> 弟清歌妙舞，以娱神听，举国若狂，甚无谓也。①

实际上，在上海的潮州和福建商帮将鱼篮观音视为天后的一种
形象，并称其为"圣母"。尽管没有详细的文献记载关于上海鱼篮
观音堂的建立情况，但从《申报》的报道中可以推断，这种供奉与
上海的潮州和福建社群有密切的联系。然而，在进入上海后，鱼篮
观音又出现了另一种解释。

> 有"立观音""坐观音""纱服观音""骑象观音""如意观
> 音""睁目观音""杨枝洒水观音""善才观音""长剑观音"
> 等。我最爱看"眠观音"和"鱼篮观音"。睡眠看的观音闭目
> 垂眉地欹在山石上，更觉美丽，顶上的圆光几乎变成花园的月
> 洞门，罩住她的全身。鱼篮观音则斜欹着身子，左手■裳，右
> 手提篮，篮内一尾活泼鲜跳的鱼，仿佛在演昆曲"随舟"。②

潮州和福建商帮主要从事海上贸易，对他们来说平安出海至关

① 《之罘近事》，《申报》1899 年 9 月 11 日第 2 版。
② 《见观音变相》，《申报》1947 年 9 月 24 日第 9 版。

重要，因此，他们将鱼篮观音视为"鱼篮圣母"，因为她手持鱼篮的形象与水密切相关。引文中提到鱼篮观音的形象类似在苏州地区演唱昆曲《随舟》的样子，昆曲是苏州地方戏，这意味着在进入上海后，鱼篮观音被赋予了上海的地方特色。然而，无论是"鱼篮圣母"还是"演昆曲《随舟》"，都与水密切相关。可见，鱼篮观音在开埠后的上海已经从佛教神灵逐渐转化为具有地方信仰特色的民间信仰，融入了人们的日常生活。

在近代上海城市的民间歌谣中，观音与其他民间神灵一样进入了人们的日常生活。例如出现的一些歌谣《跳财神》《十拜观音经》《九拜观音》等，并在公共租界区域内流传。[①] 移民在这一转变过程中起着重要的作用，当他们在上海建立外地寺观的下院或将家乡的祠庙引入上海时，常常选择较为常见的神灵，以便信众接受。例如，位于法租界宝昌路金神父路口的地母殿以及位于闸北的极乐寺和斗室下院，都是苏北人在民国时期建立的，尽管它们在登记时分别属于民间信仰、佛教和道教，但都供奉观音。[②] 不论哪种祠庙或寺观，资金筹集和运作方式的变化都会引发庙方为迎合信众的需求而增加供奉的神灵。与民间信仰下的佛道寺观相比，佛道神灵进入民间信仰祠庙的情况在空间分布上更加均匀，而不是密集分布在上海县城和城门周围。

除了佛道神灵混祀民间信仰祠庙的情况外，还存在民间信仰神祇进入佛道寺观的现象。特别是在民国年间实施寺庙登记政策以

---

① 《中国歌谣集成》（上海卷），中国 ISBN 中心出版，第 368 页。
② 《上海社会局 20 年代寺庙调查档案》，上海市档案馆，卷宗号：Q6-18-353-74、Q6-18-353-105、Q6-18-354-143。

后，一些民间信仰祠庙为了在政策和社会现实的压力下求得生存，不得不放弃原有的祠庙身份，直接进入佛道寺观，并与之合祀，或将原本的民间信仰神祇纳入佛道神灵系统中，以获取合法性。这种情况下的民间信仰附祀和合祀，是指在佛道寺观中供奉民间信仰神祇的情况，寺观的名称保持不变，民间信仰只是作为附属存在，原本的信徒定期前往佛道寺观祭拜民间信仰神祇。自开埠以来，部分民间信仰遭受了战争、城市化建设引发的摧毁和占用，之后又经历了"庙产兴学"和《神祠存废标准》等宗教政策的调控。此外，由于地产升值导致多数寺庙无法独占一片空间，不得不与其他神祇共享一处庙宇，从而产生了附祀和合祀的现象。例如，位于肇嘉路695号的护国禅院，建于道光十二年（1832），从名称上看属于佛教，但根据调查资料显示，它的前身是关帝庙，但供奉的神灵既有佛教性质，又有民间信仰的关帝。类似情况还有位于虹口西安路78号的西竺寺，原为老三官堂改建而成。① 开埠初期的附祀现象并不多见，主要分布在上海县城范围内和城门周围。到20世纪20年代社会局进行调查时，两处附祀的祠庙均位于闸北区域。20世纪20年代末，国民政府颁布了一系列宗教政策，包括《神祠存废标准》，加之抗战爆发，到20世纪40年代社会局进行寺庙调查时，民间信仰附祀和合祀的现象明显增加了。

民间信仰附祀佛道寺观和佛道神灵进入民间信仰祠庙是近代以后城市移民、城市建设、宗教政策等多重社会因素共同作用的结

---

① 《上海市社会局关于护国禅院注册登记等文件》，上海市档案馆，卷宗号：Q6-10-12。

果。同时，这种文化现象并非孤立存在，它与其他文化现象、社会状况和国家政策都有关系，也体现了时间上的延续性。这种现象不仅带来了民间信仰与佛道神灵的混祀，也导致民间信仰自身的变化。在 20 世纪 20 年代和 40 年代的寺庙调查中，许多民间信仰祠庙的管理人员是道士或僧尼，其经济来源除了日常的香火之外，主要依靠举办佛事活动。正是这种功利性的活动导致了其世俗化，因此在社会局的调查中，无论是寺庙、道观还是祠庙，维持生存的方式几乎都是佛事活动。简化仪式为世俗化提供了前提条件。也就是说，民间信仰的祭祀习俗已经受到佛道两教的影响，不再局限于游行等形式。对于供奉神祇所属体系宽松性的规定也说明了中国传统民间信仰的特点，即功利性。

总的来说，开埠以后上海城市的民间信仰时空分布发生了重大变化，改变了上海县城所保留的传统中国行政中心祠庙格局，尤其是原本位于四周城门附近的祠庙被破坏。取而代之的是，租界由于土地资源相对充足，租地、租房市场繁荣，同时伴随因抗战爆发大量移民进入租界，出现了民间信仰祠庙猛增的局面。此外，由于租屋设庙的随意性和利益诱惑，佛店逐渐成为民间信仰祠庙的主要形式，它们采用聘用职业住持和僧人方式的维持运营，在信仰系统和神祇的归属上逐渐走向模糊，民间信仰与佛道教寺观之间相互转化，甚至许多宗教祠庙转变为民间信仰。这种信仰体系和资产管理的私人化模式，促使其建立者更倾向于选择家乡的神灵和同乡僧员，也致使民间信仰祠庙开始具有籍贯属性，为帮助移民的社会适应奠定了一定的基础。

第二章

民间信仰媒介与移民社会网络

上海移民的社会结构与其籍贯地有着紧密联系，特定群体大多来自同一地域，甚至是同一宗族，因此他们的社会网络与籍贯地有着千丝万缕的联系。以近代上海最为典型的移民群体——苏北人为例，他们大多数处于社会底层，常常来自同一村庄，有着严密的社会关系和结构。

1935 年，发行于上海的《论语》杂志刊登了一篇专文，描写了当时江北农村的旅行丐团。

> 丐团的组织是有定例的。在组织之先，须推举一个老成望重的首领主持一切，以每一农村的村民组成一两个集团，视其人数的多少而定。每一个集团约自数十人至二百余人之间。丐团的出发不嫌人多，所以农村里的男妇老幼均须加入。……因为丐律想来就很严明，所谓"法重心骇，威尊命贱"即此之谓。……旅行丐团既到了富庶的江南之后，每经过一个村镇或城邑便都停留。……至于那些首当其冲的江南城乡，每年秋冬

之交便有一批一批的旅行丐团光临。①

由于土地贫瘠，习俗相传，便有这种"旅行丐团"组织，年年如此。

丐团首领在旅行飞蝗（丐团的俗称）的期间中，他有独断的绝对权力，他可以决定全团的行动，支配全团的行动，支配全团内外的事务。在他属下还有一个账房管理着收入的资财。

在出发旅行期间，团员中除了疾病或亡故外，一律不准离团他往或是单独行动。藉以保持秩序的完整，其严格殊不下于军律。但在班师回乡途中，团员才可以任意去留。因为丐团中的若干贫农，目睹江南城乡的富丽繁荣，与赤贫的江北故乡有霄壤之别。都以为在江南做乞丐，也胜似江北的富翁。往往自动退出，从此滞留江南做乞丐……

此辈滞留江南为丐的江北贫农实行淘金主义，夜间便睡在公祠、破庙等处……等到数年后再回故乡去时，虽未必腰缠万贯，但已算小康阶级，可以引起贫穷同乡的艳羡了。那些滞留江南的同乡，都认为是有作为有进取的人，那些无所牵挂的农家，便决然引去了那无可留恋的故乡，也不等到旅行丐团出发的季候，他们已全家南迁，先往投靠于江南各地的旧同乡们。请他们任领导之职，渐渐地再行繁衍开拓，找出新路。……自孩童以至成人，或出卖劳力，或从事乞讨，绝对没有一个是吃

---

① 《江北农村的旅行丐团》，《论语》1935 年第 73 期，第 50 页。

闲饭的。因此创业能力很大，不久居然可以自立门户，乐不思蜀了。……尽管教育和文化在这里（江北）找不到，但旧礼教观念却深入人心。①

实际上这些丐民原本大多是农民，由于家乡同宗同族，即使在滞留江南淘金之后也常常维持着旧礼教观念，其中最为深刻的便是乡情。

第一节　民间信仰与同业移民网络的组建

黑格尔在《法哲学》中分析了自由的三个领域，其中同业公会是工厂主、手工业者或商人的自愿联合，他们怀着一个明显的意图——促进活动在经济体的一个特定部门的那些人的权利和福利，确保那个部门里一个人的劳动不会破坏另一个人的劳动——而联合在一起。黑格尔认为，内在于伦理自由概念的第三个义务因而就是一个同业公会的成员身份。由于同业公会是真正伦理自由的具体体现，因而它们必定是既建立在其成员关心其他成员的福利这个态度之上，又会促进这个态度。② 因此，在一个真正的同业公会中，其成员会放弃以牺牲竞争者为代价来最大化个人财富的欲求，他们

---

① 《江北农村的旅行丐团》，《论语》1935 年第 73 期，第 50—53 页。
② ［英］斯蒂芬·霍尔盖特：《黑格尔导论：自由、真理与历史》，丁三东译，商务印书馆，2013 年，第 325 页。

会受到鼓励，从而倾向于大家一起工作。① 黑格尔明确指出，要阻止富人中间贱民心理的发展，以及一个贫困的贱民阶层的相应出现，这个集体精神（esprit de corps）非常重要。黑格尔意识到，18 世纪晚期、19 世纪早期的精神强烈地反对同业公会，追求不受约束的商业自由，即"越放任，越自由"。他认识到同业公会和行会在这个时期的英国基本上已经消亡了。同业公会不是人们真正关心他人自由和福利的唯一手段，国家成员身份也会达成这一结果，这部分是通过形成一种"政治情绪"或普遍公民的感觉达成的。宗教——尤其是基督教——也会使我们对我们的人类同伴充满爱。不过，在同业公会中产生的伦理意识与贫困问题有着更直接的关联，因为它使我们意识到，我们不仅作为公民或上帝的造物而负有责任，还作为工厂主、商人、工匠而负有伦理的责任。因而，同业公会的成员身份使我们能够在日常世俗的活动中对邻人展示我们的爱。② 更具体地，它通过使我们发现我们与特定人群——我们与这些人参与了一个共同的活动或职业——有着共同的目标，赋予了我们一种共同的公民身份感。个体认识到他们生活在一个更大的国家甚至人类圈子里。③ 这一点当然非常重要，不过，在黑格尔看来，同样重要的是，通过享有同业公会的成员身份，个体也认识到，他

---

① ［英］斯蒂芬·霍尔盖特：《黑格尔导论：自由、真理与历史》，丁三东译，商务印书馆，2013 年，第 325—326 页。

② ［英］斯蒂芬·霍尔盖特：《黑格尔导论：自由、真理与历史》，丁三东译，商务印书馆，2013 年，第 327 页。

③ ［英］斯蒂芬·霍尔盖特：《黑格尔导论：自由、真理与历史》，丁三东译，商务印书馆，2013 年，第 325 页。

们自己是生活在"（那些）大圈子中的小圈子"里的。[1] 他们拥有共同的生活、工作习性，而习性则是构成"场域"的核心内容之一。

公所、会馆及公行都是中国传统的工商团体组织，因侧重点不同皆直接或间接影响着普通民众。中国农村有"工帮制度"。工帮的组织有两种：一种是手工帮，如俗称的湖北帮、扬州帮等，乃以区域辨别工人；另一种是农工帮，如中国各地的乡村工帮。乡村工帮又分两类：一类是营业的工帮，他们通常满十人即可组织，有头目，通常在庙宇中预备食宿，集散工人；另一类是合作式的工帮，通常以一村为单位，由族长为首齐集祠堂。[2] 这些工帮组织虽然没有完全保留至近代城市，但是以"地域""信仰"为核心的组织形式仍然存在于进入城市的移民当中。

近代上海的行业氛围既有公会带来的公民身份认同，也有类似于信仰身份带来的认同。它由传统的家族式传承转变为职业化的竞争路线，一方面是因吸收了近代西方在工业革命以后的工厂经营模式，由工场转变为工厂；另一方面，这些行业的从业者大多是从外地来到上海，他们更容易抱团形成一个同行业的组织，参与市场。为了规范市场经营，提高竞争力，他们往往求助于神灵，为同行设立行业神。行业神在中国古代早已有之，相较而言，近代上海的行业信仰增添行业之外的功能，往往行业神也成为他们在城市生活的

---

① ［英］斯蒂芬·霍尔盖特：《黑格尔导论：自由、真理与历史》，丁三东译，商务印书馆，2013年，第327页。
② 何德明编著，吴泽霖校订：《中国劳工问题》，商务印书馆，1938年，第84页。

情感寄托，设置也逐渐变得随意。

一　城市求职

在近代上海的城市小说中，大部分故事的开头都有一个从乡下或周边小镇前来上海的陌生人，他们或投靠亲戚，或寻找营生的职业。但无论哪种，几乎都是借助同乡关系。因此，同一个地方的人来到上海往往倾向于从事同一种职业，例如广东旅沪同乡会就下设工艺传习所。20世纪30年代发行于上海的《无锡旅刊》，是以在上海的无锡人为主要读者，当中既记载了无锡同乡、同业移民的情况，也呈现了这样一个重要的事实：在上海的无锡人往往成团队地从事一两个相同的行业，他们又同属于一个同乡会管辖。1933年的一期就刊登了一条《本会宴请本市打铁同业同乡领袖记事》，内容如下。

> 本月三十日上午十二时备有功德林素筵，宴请本市打铁同业领袖。查打铁一业，锡人（占）大多数，且其领袖多属同乡，特先宴请，以聊感情，并讨论征求办法。[1]

可见，上海打铁业的大部分从业者是来自无锡，他们最初来到城市，几乎都是依靠同乡的介绍、照顾才得以落脚。这样就使得在上海的同业关系中同时渗透着浓浓的同乡地缘要素。在无锡旅沪同

---

[1]　《记事：本会宴请本市打铁同业同乡领袖记事》，《无锡旅刊》1933年第161期，第20页。

乡会发现许多同乡会员由于避免缴纳会费等原因而导致同乡会员减少时，同乡理事会长荣宗敬给打铁同业领袖发出通函，也有人建议按照各业推举领袖来征求意见。[①] 也就是说，在同乡这个层面，移民们往往与同业者联系更为紧密。如果要组织这些移民，让他们按时按量缴费，参与活动，通过同业来组织实际上是更有效的。

事实也证明，在旅沪移民的社会网络中，确实是同业公会从属于同乡会。1931年，无锡旅沪移民所组成的货船同业公会就曾请求附属至无锡旅沪同乡会之下。[②] 浦东同乡会也下设建筑会所，宁波旅沪同乡会下设西式木器工党同业团等。这些同业团体联络同业，改良工艺，但实际上已经远远超过行业事宜。例如宁波西式木器工党同业团还负责个人的善后事宜，甚至嫁娶事宜也要从同业团中支取赞助一部分喜庆捐。[③] 同乡会针对同业团的新学徒不收取每月的月捐，而是三年满师之后才补充缴纳。这在一定程度上为刚进入上海的同乡移民提供了很好的适应环境。

除此之外，这些同业团体还为移民提供失业保障。正因如此，它明显超越了一个同业团体所具备的社会功能，与移民之间形成一种基层的管理、保障机制。例如上海的人力车夫大多是江北移民，因此，江北同乡会就针对此举办救济人力车夫的活动。

---

① 《公布：分致打铁同业领袖通函（七月二十六日）》，《无锡旅刊》1933年第161期，第2—3页。

② 《公布：无锡旅沪同乡会召集联席会议通函》，《无锡旅刊》1931年第147期，第2页。

③ 《宁波旅沪同乡会报告 西式木器工党同业团暂定章程》，《新闻报》1912年10月29日第10版。

> 本市失业人力车夫，自经江北各旅沪同乡会组织联合办事
> 处，开始举办登记以来，忽已三日，昨据该办事处发表，三日
> 内失业车夫登记人数已达三千四百余人，并悉本市人力车业同
> 业公会。以此举与车商确有切肤关系，故特通告各车商，予以
> 尽力协助。①

近代上海人力车夫几乎全部来自江北移民，形成了人力车业的
同业公会，并为他们提供了一定的职业保障。但是江北的人力车业
同业公会与前面所说的无锡打铁业、宁波建筑业等又有所不同。由
于江北是一个比较宽泛的地域概念，包括江北、安徽、长江以北的
许多地区，从事人力车夫的人数很多，而这些地方的移民在上海都
分别有自己的同乡会。因此，人力车业同业公会不可能从属于某一
个同乡会。在这种情况下，人力车夫分别向其籍贯所在的旅沪同乡
会申请，"特组织联合办事处……分别向当局代为请命，要求予以
相当救经，俾维生活"。联合办事处是基于同乡、同业的交叉群体
组建而成，给予职业上的救助，并作为一个全新的社会团体参与社
会活动，与官方进行沟通。

同业会与同乡会的关系最终取决于是否能帮助移民解决工作上
的问题，二者都与这个城市发生关联，但移民个体却几乎没有。在
工作有着落之后，同业会一直在移民与城市之间扮演着中介的作
用，同业会代表着移民个人参与城市互动。移民进入同业组织以
后，不仅能解决工作、生活中的难题，还将自己的价值观念、社会

---

① 《江北同乡会举办 救济车夫登记踊跃》，《民报》1936 年 2 月 25 日第 8 版。

意志、政治诉求等付诸于同业团体中。1937 年，由于公共租界工部局对各行业加征捐税引发社会不满，100 多个行业的人进行联合抵制。但实际上，在集合这些社会意见时是以同乡的同业团体为单位的，报道称广东、浦东、宁波、宝山、诸暨、潮州、山东、四川、绍兴、河北、□县、徽宁、常州、上虞、南通、镇海、太仓、嘉定、江苏、松江、浙江、扬州八邑、江宁、高邮、义乌、宁海、崇明、海门、常熟、嵊县、靖江、福建、龙岩等 60 余旅沪同乡会，所涉及的 100 多个日常的行业人员发表联合宣言。① 可见，近代上海城市的同业组织几乎都是设立在同乡组织之下，即使是以职业区分的社会群体地缘因素也发挥了重要的作用，奉祀共同的神灵。

1939 年，朱邦兴等编写的《上海产业与上海职工》记述了当时丝织业工人找工作的情况，丝织工人的流动性很大，往往一年功夫会更换好几家工厂。但对丝织工人来说，找工作是比较容易的。一个有点儿社会关系的熟练工人几乎只要半天就能成功，因为他们都是"彼此介绍工作的，大都没有什么保证麻烦的手续。只要有缺额，讲讲面子就可以"② 。而上海的丝织工人主要是来自浙东和杭湖苏州的。

伴随同业组织的发展和社会控制的加强，除了移民自愿加入同业组织之外，至 20 世纪 30 年代，市商会等政府机构也督促和劝导从业人员加入公会，并日渐规范同业公会的管理。

---

① 《百余同业公会 联合宣言反对增捐》，《新闻报》1937 年 4 月 5 日第 8 版。
② 朱邦兴等编：《上海产业与上海职工》，远东出版社，1939 年，第 131 页。

> 市商会昨通函各同业公会云，本月二十日案，据本市各业
> 同业公会、维护行规委员会函称：案奉十二月十三日临时代表
> 大会决议，函市商会转呈社会局：凡同业必须加入同业公会、
> 同业公会必须加入商会等语。……通告各同业公会，劝导同业
> 入会在案。①

在这一氛围下，几乎大部分的外来移民都会被收入同业组织之
下。可以肯定的是，移民无论是进入上海寻找工作还是立足后基于
同业公会的职业圈，都几乎是建立在同乡关系网络的基础上。正如
当时榻车业，以此为生的工匠全市大约有数百人，大都来自宁波和
江北一带。这些移民几乎都是从十二三岁就从家乡出门习业至十八
九岁，师满以后升为伙计。积蓄较好的就可以自己开店做老板，只
需要一两百元购置一些器具、木材即可，然后再循环地从自己的家
乡招收学徒，一般的店铺都是师徒店。与其他行业不同的是榻车业
没有行业公会，因此，他们没有属于自己的祭神场所。但是这并没
有影响移民从事同业并共同祭拜同业神的习俗，"（榻车业）每年正
月初五到城隍庙鲁班殿去喝杯茶，同时见面大家谈谈《山海
经》"②。行业神灵之于早期的城市工人来说就是精神核心。

近代上海的同业公会正印证了黑格尔关于"市民社会"的论
述，他们需要联合起来，组成固定的网络，他们有一定的权利，当
然更有伦理和职业"道德"约束。这种伦理不仅来自同根的乡土情

---

① 《劝导同业加入公》，《申报》1930 年 12 月 28 日第 14 版。
② 《榻车业》，《职业生活》1939 年第 26 期，第 469 页。

结，也来自从事同一行业所滋生的行业精神。因此，他们之间最重要的是需要一种精神上的依托，即"集体精神"。

二　寻找同业神的风气

作为中国最早开始近代化的城市，开埠以后的上海社会状况发生巨变，引发了各种新的社会现象，并且彼此之间相互关联。城市新事物的出现促使新的业态繁荣，从而带动相关的从业人群数量增加，出现了中国近代城市发展史上前所未有的百业繁荣之态。一方面，这是社会分工精细化的结果；另一方面也与城市人口增加带来的需求增加相关，一些传统行业也因新的组织方式而更趋繁荣。1934 年，上海市商会召开各牙行联席会议，有鸡鸭行业、药材业、地货业、猪行业、树柴行业、柴炭行业、糖业、鲜鱼业、海味杂货业、水果地货行业、杂柴业、豆米行业、木业、粱烧酒行业、砖灰行业、花行业等 20 余行业代表参加。[①] 当时的报纸就形容饮食上的"新行业"是"各马路面包摊林立，贩夫走卒，湖丝阿姐，也都弃粢饭大饼不吃，改吃土司牛奶了"[②]，还出现了专门的戒烟行业[③]。

《图画日报》在 1909 年就报道了一篇《十二弟兄之行业》的文章。

> 上海东乡有田舍翁某，家小康生子十二人，均成丁苦乏相当行业。一日翁小病，召集诸子至榻前，谓老大曰：上海生意

---

① 《市商会昨召各牙行业 续开二次联席会议》，《申报》1934 年 10 月 17 日第 11 版。
② 《新行业》，《海星》（上海）1946 年第 24 期。
③ 《及时行业》，《万花筒》1946 年第 6 期。

虽多，靠得住者极少，惟行医最妥，大子业医。业医必须与药店连手，二子开药店，三子开寿器店，四子开寿衣冥器店，五子业土作，六子业道士，七子业杠棺材之杠夫，八子管理殡舍，九子业堪舆，十子业葬工，十一子业地贩，十二子业掘坟匠人。①

该刊物还设有专栏《三百六十行》，连载当时上海出现的各种新行业，有抽酒酿、摇碗、穿扶梯、做影戏、卖野人头、卖哈哈笑、做班鼓、装火柴匣、收有字纸等两三百种行业类型。②

除了传统行业之外，伴随工厂和机器的扩散，许多新的职业不断出现。职业教育、职业培训遍及城市，相应的职业指导、职业广告都应运而生，开始与西方城市慢慢接轨。据 1922 年《新教育》杂志中华职业教育社的统计，"职业学校之增加，凡七百十九校。查教育部七年度全国实业学校一览，仅列五百三十一校，殆增五分之二。调查不无遗漏，彼此所同，而就统计以观进步，不可谓不速"③。1935 年，上海职业指导所出版《中华职业教育社上海职业指导所一览》。

总的来说，精细分工与行业繁荣是走向近代化的必经之路，也是世界历史中其他大城市同样出现的。在此基础上形成的同业公会就是起源于最原始的行业互助，英国中世纪的行会便是从最初的行业协会以及纯粹的慈善或宗教性质的组织中发展起来，至后来的同

---

① 《十二弟兄之行业》，《图画日报》1909 年第 36 期。
② 《图画日报》1909 年第 175 期、第 186 期、第 190 期等，第 11 页。
③ 《民国十年之职业教育》，《新教育》1922 年 1 月 10 日第 16 版。

业公会，都在城市生活中扮演着重要的角色。13世纪的伦敦各行会开始关注其成员的精神和社会福祉，定下规矩为逝者做弥撒、定期去教堂做礼拜。来伦敦的商人，往往会惊讶于城里供工匠祈祷的讲堂数量之多。

极为相似的是，在此过程中，上海行业的繁荣也与中国传统社会的伦理和信仰逻辑密不可分。职业人一方面依赖于新出现的现代社会组织，另一方面也求助于传统的行业和职业神信仰。

同业神，又称"行业神"。上文讲到部分参与工作的移民通过同业组织与城市进行沟通，但移民个体与同业组织之间是靠什么来维系和连接的呢？民间信仰就是一个很好的介质。同业组织的人员有着共同的行业愿望，即行业兴盛，因此往往求助于共同的行业神灵。

行业神古已有之，15世纪晚期英国伦敦的鱼贩公会（the Fishmongers' Company）就有人鱼守护神。不同的是，近代上海的行业神设置较为随意，那些本来没有行业神传统的领域也跟风寻找行业神。另一方面，由于上文所讲的同业、同乡组织之间的从属、重合关系，一些同业组织会选取同乡们共同认可的神灵，这样更容易在情感上产生共鸣。1937年《大公报》的一篇报道就很好地描述了近代上海的这一现象：中国社会凡百行行业均有祖师，而伶界所奉之祖师，名曰"老郎神"，或曰"实即李三郎，盖唐明皇作梨园，故即奉以为祖师耳"。是说也。殊无能证实者，且后进伶工，亦第知随先辈而叩拜于祖师之前。究竟祖师为谁氏？则瞠然莫之知也。此亦不独伶界为然，试问举国所供奉以求发财之财神，究为谁氏？有何考据？……尽管不可考，尽管祀之拜之而无效，然而逐年财神日之接财神者如故也。此之谓习惯，故各行业之供奉祖师，亦只一种习惯而已。① 寻找并供奉行业祖先的风气在近代上海蔓延到各行各业。尤其是在 1912 年以后，伴随着社会分工越来越细，行业种类越来越多，无论是水木业、戏曲等传统的行业，还是乞丐、妓女、小偷、印刷业、理发业、丹青业、玉石业、篦业等新兴的小众行业群体，都逐渐确立了自己行业的祖师，并加以祭拜。这些行业在确立行业神时往往选择大家公认的某位神灵，或者久远时期对行业有特殊贡献的、真实存在过的人，或者是某一方面跟行业有类似特性的人。对于后两者往往将其神化，并进行祭祀。这也是近代上海行业神的特色所在，即将行业祖师和行业神混为一谈。

祖师即神灵，因为"祖师"这个词本身就带有浓厚宗教信仰色彩，泛指学术流派、宗教派别以及各行各业的创始人，或是对一行业的形成作出重大贡献的人。此外，在中国民间宗教和道教信仰中的神仙都称被为祖师。因此，上海众行业寻找祖师的过程实际上就是一个打造行业神的过程。很难想象，乞丐这样的群体也开始走向职业化，《点石斋画报》刊登了一副乞丐的拜祖师画。当然乞丐的祖师信仰除了作为行业神，还具有帮派的意味，这一点后文会详细论述。

1940 年记载申曲老祖翼宿星君诞辰纪念，徐家汇陈泾庙里申曲的艺人少长咸集。记者就对当时上海城市各行各业的祖师崇拜进行了梳理。

---

① 《或曰（九）》，《大公报》（上海版）1937 年 2 月 21 日。

治木工者祀鲁班，造酒者祀杜康，造茗者祀陆羽，盗者祀盗跖，入狱者祀皋陶，屠者祀张飞樊哙，造菜蔬者祀蔡伯喈。后辈追念前型，不忘开山祖师的创业艰难。①

胡怀琛（1886—1938）初寓上海南市，后在上海屡次迁徙，1932 年被聘为上海市通志馆编纂，著有《上海外记》。据胡考证：

木瓦业公输子，笔业蒙恬，纸业蔡伦，酒业杜康，成衣业轩辕皇帝，■厨业灶君，妓女业管仲，戏业唐明皇，书印刷业文昌公，丹青业吴道子，刻字业王维，书法业何曹参，相面业麻衣仙，煤窑盆碗缸业老君，鞋业孙膑，剃头业罗祖，砚业子路，玉石业白衣神，针业刘海，箍业绿仙女，染业枝葛仙，皮业白头儿佛，银业欧歧佛，扎彩业■道子，秤业胡鼎真人，烧窑业郭公，丸药业神农，铁业毡采老祖，仆役业钟三郎，旅业关羽，木业杨四将军，建筑业张班鲁班，茶业陆羽，铁业玄坛，说书业崔仲达、柳敬亭，京戏业老郎神。②

当然，胡所考证的并不代表当时上海城市的这些行业都按此供奉，例如妓女行业就因供奉谁为行业神而争执不下，铁业也有供奉老君的。

以上都反映出当时行业信仰蔚然成风及随意的乱象。有意思的

---

① 《各业祖师》，《申曲画报》1940 年第 126 期，第 1 页。
② 《各业祖师》，《申曲画报》1940 年第 126 期，第 1 页。

是，胡怀琛作为当时上海通志馆的编纂已开始考证这些行业祖师，可见这一社会风气也引起了当时学者们的注意。更有甚者，底层群众为了确立稳固的行业神也期待一些说话有分量的人来帮忙考证，向社会公布，而使得所信仰的行业神更具有说服力和凝聚力。1948年《小日报》记载：最近有人对考证黄牛党祖师甚勤，或谓系小南京，其实并非此人，万年之后若出了顾颉刚之流的考古家，说不定会考出。① 这段话读起来甚是好笑，但也说明当时行业祖师崇拜的盛行。究其发起人，很明显各行各业的从事者是最为积极的，因为关系到切身利益。而这些人大部分是来自上海之外的移民，他们一般为农民、手工业者或无业者，需要利用神灵的力量来凝聚整个行业。实际上这种风气不仅在移民群体中产生影响，甚至当时上海的印度警察也流行迎神。

1893年《新闻报》报道了一个有意思的话题，在上海任职的印度警察购地、建庙、迎神。"留沪各捕房印捕在宝山县境老靶子路购地建造神庙一所，现已告竣，各印人已禀准公共捕房总巡，定本月十二日迎神，遍行租界，然后入庙。"② 这是上海行业民间信仰的一个特殊片段，但也说明了民间信仰于近代城市的行业凝聚力来说十分重要。

三 迎神入会及祭神活动

在盛行设立行业神的社会风气下，各个同业组织通过这种方式

---

① 《祖师》，《小日报》1948年3月9日第3版。
② 《定期迎神入庙》，《新闻报》1893年4月3日第18版。

来凝聚同业人员，尤其是由外地来此谋生的移民。他们将确立的神像有仪式感地迎入同业组织，通常是同业公会，并进行祭拜。在迎入神像之前一般会筹资准备仪仗等，但由于同业公会与同乡会一样，往往没有固定的大殿和办公场所，是一个半实半虚的组织，与会馆不同。因此，其神像经常是先进行特定线路的游行，然后放置在有实体的会馆，更多的是放置在商业性质营业的店中。

1908年《时报》中的《迎神》记载：初九日为重阳佳节，适值洋货同业新会馆落成，迎神像至新会馆。[1] 光从商店接回神像这一过程就很复杂，与后文要重点论述的迎神赛会几乎一样吸引眼球。

这些神像通常是行业祖师，也可能是基于同乡信仰的乡土神。这就导致即使是同在上海的同一个行业群体，只要他们来自不同地区就可能祭祀不同的行业神或者同一神灵的不同派系。以水木业为例，开埠之前上海本地的水木业工人信仰鲁班，在上海县城的硝皮弄建有鲁班殿。但是伴随浙江宁波籍、广东籍等外地水木业工人进入上海，同样是鲁班信仰和水木业工人，就自然按照籍贯区分各自的鲁班殿（鲁班庙，或称公输子庙）。此外，他们根据自己营业和居住的地方划分了不同的神像游行区域。鲁班信仰在水木业、棕榈、搭棚等相关行业盛行，但是有意思的是，部分水木业、木业同业组织却不以鲁班为信仰，而是选择天后等神灵。众所周知，天后是福建等东南沿海地区居民的保护神，尤其是与航海有关的行业，通常以之为行业神。以天后为木业神灵原因在于这些同业者都来自

---

[1] 《迎神》，《时报》1908年10月3日。

福建等地，以地域乡土神为行业神更具凝聚力。

1946 年，上海木业界的《同业的里程碑》就讲到入会拜神是一件极具仪式感的活动，或者可以说就是一个仪式。在此之前，一般同业的会馆或公会中都会修建供奉神像的地方，经济实力雄厚的一般有专门的殿宇，配置戏台，实力一般的则是直接在同业会馆中奉祀。木商会馆就是其中实力较强的，修建了极其气派的大殿。

> 走进会馆后的第一件事是向大殿上的天后圣母行礼致敬。天后的神位设在神龛内，神龛的制作金碧辉煌，也是一座具体而微的神殿，前锦绣帏，神位踞龛内，仰之弥高，瞻之弥远。龛前的供桌上陈设缤纷。再加香烟缭绕，烛火闪灿。到会的人在神前敬礼。①

如此看来，隶属于同业组织的人进入大殿后需要庄严、肃穆的行礼，这个仪式具有很强的约束感。而参加的人员也意识到这一仪式已经脱离了传统的封建迷信，最重要的是凝聚同业力量的积极意义。

> 我们同业间，对于本业设"天后圣母"的神座而加以礼拜这件事，自然不无问题。……我们认为木商会馆的存在，还是有它的意义的：一、象征协力同心。木商会馆的殿宇与戏台构筑精巧，极庙堂之美，气魄雄伟。……单从所需的钱财来看，

① 《同业的里程碑》，《木业界》1946 年第 6 卷，第 123 页。

非同业的推诚合作不办。二、象征志在四方。

在木业面对市场拓展、基础建设，以及战争对行业创伤时，同业认为这座天后大殿给了同行极大的激励，让彼此铭记先贤在经营上的卓越业绩。而"天后神像端坐在会馆里，作为当年木业航运事业的象征。巍峨的会馆，则有助于其自树尊严"。在传统的天后信仰中，人们希望她能保佑远航船只抵御自然灾害。但此时的同业会馆也认为，天后几乎不再需要这样的功能，最重要的是"神像所象征的'协力同心'和'志在四方'"的意义。

当然，他们也会对神灵本身进行重新阐释，扩充天后原有的社会功能。因为，从大众理解的角度来看，木业和天后并没有非常密切的关系。

木商会馆所供天后神，相传是执掌航海之神，木业规模的发展，便有自营航运的需要。战前的英商祥泰木行便有船头房，自有轮船两艘行驶天津汉口以外，还经理太平洋轮船公司的中美间航运。目前若干温州同业也自备机帆船，经常自运板木来沪。目前福州板木来沪，同业都要仰赖轮船公司，一年来的事实表现，做闽庄交易的同业，其生杀之权也就操在轮船公司手中，但近百年来以迄十年以前的数十年间，木业固拥有数十艘专运木植的帆船，行驶附件和武汉，迄至今日，一由于时代进步的淘汰作用，二由于抗战八年间的灾难，已经无一幸存，仅当年奉祀至今的天后神还端坐会馆里，作为当年木业航运事业的象征。如果遇前往木商会馆参谒的机会，希望同业能因此而鼓起四方之志。①

这里解释到木业的发展要仰仗轮船海运，尽管如此，从文献可以看出从事这一行业的福建人不在少数，而天后是福建沿海海民的保护神。这一功能对于在沪的外来移民来说具有十分重要的现实意义。

当然，此时的上海本地人从业较多的行业也同样拥立行业神。

> 农历正月十一日为本年度第一次沪剧祖师圣诞纪念日，沪剧会方面，因积极兴建会所，是以暂行节约，不举行宴会。昨日上海各男女同志，均纷临南市，城隍庙祖师殿焚香叩首，以示礼敬。会中雇清音一堂，沪剧各艺员，多数到庙。②

不同的是，在移民居多的同业组织中，一旦某位神灵被确认为行业神，其功能就会远远突破既定的行业护佑功能，成为多功能的神。例如，宁波籍的水木业工人信仰鲁班，他们建立自己的鲁班庙，与上海本地工人、广东籍工人相区别。宁波籍的木器同业兼具行业以外的群体组织功能，因此，遇有相关的活动便会邀请自己的鲁班神参与其中。③ 甚至，同业的移民遇到个人工作之外的事情都要求助于他们的行业神。1895 年《申报》就刊载了一剂经验良方，

---

① 《同业的里程碑》，《木业界》1946 年 6 卷，第 123 页。
② 《祖师圣诞》，《沪剧周刊》1948 年第 102 期。
③ 《宁波旅沪同乡会报告 西式木器工党同业团暂定章程》，《新闻报》1912 年 10 月 29 日第 10 版。

在服用时是要搭配"丝业会馆神符姜汤"喝下的，再搭配艾蓬、烧酒、木瓜三样煎水统身洗手足。①

正是这些日常的祭神、崇神行为让同业移民紧紧围绕同业组织活动，进而开展其他的社会活动。例如宁波旅沪西式木器同业，他们以宁波籍鲁班信仰为核心，形成一个严密的同业社会网络。正如其章程中写到的，怎样成为学徒，怎样缴纳入业捐，同业之间有固定的"喜庆捐"作为团体的公共活动资金。

> 《宁波旅沪同乡会报告 西式木器工党同业团暂定章程》：第一条，定名，本会为西式木器工党同业全体组织而成，定名曰西式木器工党同业团；第二条，宗旨，本团为联络同业，改良工艺，并筹同业个人善后事宜，务使公私均有裨益为宗旨；第三条，资格，凡在沪同业均可入团；第四条，会资，（甲）按月捐同业入团各作场、作头、伙计及店铺之作头一律按月每人纳费洋三角，（乙）学徒未满三年以上者概不收费，满师后须缴纳，（丙）入业捐，非西式木匠新入同业者须缴入业捐洋五元方可入团各作工作⋯⋯喜庆捐，本团女有嫁娶等事须助洋四元。②

而同业组织又归于同乡会，帮助移民慢慢适应城市生活。

从这个角度来说，民间信仰并不只是促使移民适应城市生活。

---

① 《病螺痧经验良方》，《申报》1895 年 7 月 31 日第 4 版。
② 《宁波旅沪同乡会报告 西式木器工党同业团暂定章程》，《新闻报》1912 年 10 月 29 日第 10 版。

同业的移民有着共同的信仰，这种信仰渗透到生活的各方面，逐渐成为他们的生活习俗和伦理标准，形成一个比较独立的"文化场域"。因此，与其说他们适应城市生活，不如说他们在城市中建立自己的社交圈，相对独立于城市，与外界的沟通其实是通过这个团体去完成的。

第二节　同乡组织与城市乡土神

"一方水土养一方人"，通常是指相同的人文、地理环境中成长的人拥有同样的文化传统和习俗，而民间信仰就是文化传统和习俗中的一个重要因素。同乡常常是移民进入上海接触到的第一个城市社会群体，除了同业公会，他们有的还会参加同乡会。同乡会以乡缘把移民汇聚在一起，实力较强的同乡会配置有实体的同乡会馆，在会馆中奉祀相关的神灵。由于宗教政策、社会状况等变化，近代城市中的佛道寺观及民间信仰祠庙数量变化非常大，而另一个重要现象就是社会组织中供奉的神在不断增加。伴随近代社会团体、组织的发展和多样化，社会团体、组织奉神的现象在近代城市社会尤为显著。由于这些团体、组织发挥着重要的社会功能，同时也因数量巨大而引起城市治理者和宗教管理者的注意，有时甚至被纳入民间宗教信仰的范围。在国民政府对各城市宗教寺、观进行统一登记的同时，南京市也对会馆的祠堂寺庙进行了全面的调查，数量庞大的祠堂寺庙都纳入了寺观登记中。① 其中，同乡会馆供奉的

---

① 《南京市人民自卫指导委员会年刊》1933 年卷，第 175—187 页。

乡土神是移民城市生活的重要组成。

即使少部分没有加入同乡组织的移民，在生活上也不得不依赖于同乡，尤其保持着对类似于家乡村社土地庙的祭拜。在苦力为主的棚户居民中，直到 20 世纪 40 年代后期仍保留着乡民所特有的文化习俗。在沪西的星加坡路棚户区，居民仍以"义悟堂"（土地庙）为聚会场所。即使在后来反抗"地头蛇"欺压时，他们仍然习惯聚集在"义悟堂"磕头烧香盟誓。他们在组成灾民生存抗议游行时，则每人手持燃香，祭神游行。①

一 移民与城市的连接——同乡组织

同乡会之所以能够消解移民与城市之间的隔阂，主要在于提供了一个较为独立的、"排他性"的社交网络，其宗旨就是"联络感情，增进群居兴趣"。近代上海的移民中江浙闽粤四省尤多，他们建立的同乡组织往往以行政区划级别为界限，从某省同乡会到某县，甚至因移民人数多而设有许多县级以下的同乡组织。财力雄厚的同乡会馆还定期印刷、出版专门的刊物，以供同乡了解国家、上海、家乡的各种大小时事。其中，泉漳会馆是福建泉州和漳州的会馆联盟，馆址位于上海南市区外咸瓜街九十号，定期刊发《泉漳特刊》。1946 年修订的《上海泉漳会馆章程》详细说明了这一同乡组织设立的目的是"联络同乡感情、共谋生产事业之发展，团结互爱精神、巩固生命财产之安全为宗旨"。总的来说，就是在新的城市，他们是一个有组织的集体，要共同发展、维护生命财产的安全。具

---

① 转引自苏智良主编：《上海城区史》（下），学林出版社，2011 年，第 774 页。

体事务包括：

  1. 保护旅沪同乡业务上之权益及顾及全同乡之生命财产；2. 设立泉漳学校，培养同乡人才，促进泉漳文化，并指导同乡子弟来沪求学；3. 设立泉漳医院施救旅沪同乡之贫病及施舍医药；4. 设立泉漳恤济院，酌情施济旅沪同乡之孤寡贫穷老弱无能及施济同乡流落者之返乡路费；5. 设立泉漳书报社，搜集与乡人有关系之书报以供众览；6. 设立泉漳公墓及殡舍；7. 调查各种实业精详计划分别汇编介绍同乡集资兴办。①

  实际上，这一组织似乎是介于传统乡村社会宗族、家族结构关系与现代工业社会组织自治的一种中间状态，其人群是基于乡村社会的地域、血亲关系，社会救助层面又是现代的管理体系。无论怎样，在主观意识上，他们是有意要建立一种地域文化团体。"培养同乡人才，促进泉漳文化"是其中的重要环节。他们促进的"泉漳文化"，对于传统乡村社会来说，信仰、习俗就是最核心的部分。而在此基础上，会馆搜集与"乡人有关系之书报"，这一点可谓是决定了每个移民能看到怎样的世界、接触到怎样的群体。同乡团体就是一个中间状态存在，连接着个人与城市。

  早在 1925 年，江西兴国旅沪同乡会在大夏大学召开成立大会，由于兴国县下属赣州，同乡相对较少，到会者男女会员 20 余人。记者尤其强调他们"开会时纯用该县土话，非局外人所能知"。除

---

① 《上海泉漳会馆章程》，《泉漳特刊》1946 年第 6 卷，第 2—3 页。

通过章程选定职员外，更为重要的是议决轮回通信办法，以谋共同精神联络及发行年刊，介绍新潮于家乡。时有过沪同乡数人在座亦赞成此，踊跃认捐。简章内有数则颇为新颖，与平常会章不同。①方言是文化、情感、身份认同的重要指标，它与地方民间信仰一样会让移民在情感上产生共鸣和依赖。这些都是建立在同乡组织的基础上，凡兴国旅沪各界，无论男女老幼，有正常职业者，皆可入会，没有身份门槛。根据其设立宗旨，旨在"联络感情，不谈任何主义"，也就是说他们设定的框架中联络的"感情"仅限于谈谈乡谊，培养共同的、具有家乡特质的爱好，来共同维护集体的凝聚力。但事实上"不谈主义"的预期很快被打破，同乡的"感情"会在凝聚力达到一定阶段而得到升华，及至爱国。这一点会在后文详细论述。

旅沪同乡会将所有在上海的同乡通过一些共通性、共识性的社会活动组织在一起，他们讲同样的方言，信仰共同的神灵，拥有类似的生活习俗。因此，同乡会组织的社会活动响应度很高。与此同时，会馆也在一定程度上起着推动作用，由于会馆一般由经济实力较强的同乡商人、商号组成，其在组织社会活动时经济基础及在同乡中的影响力都会更好，常常会在经济上资助同乡会。而许多地方的移民在上海都是既有同乡会，又有会馆，正如 20 世纪 30 年代潮州会馆与同乡会被认为是"异命同魂之两团体"。

　　潮州会馆，为旅沪潮人之总集团久矣，乃前年旅沪潮人忽

① 《各同乡会消息》，《申报》1925 年 12 月 30 日第 14 版。

又有潮州同乡会之组织。自是而后，旅沪潮人遂有两集团之并立。……盖潮州会馆之构成，直接系以各县会馆为骨干，间接则以各县商号为根基，此种社团之体制最宜于公共产业之保管，而以持重稳健之方式，作为维护地方公益事业之中枢。潮州同乡会乃依据现代新团体之体制而组织，以会员为基础，机构敏活，适于直接参加各种社会事业之活动。而为推进地方一切改革运动之枢机。……此新旧两团体之于旅沪潮人，有如车之两轮，鸟之两翼。[1]

有了这两种组织、团体，无论是在沪的商业运营还是普通移民的社会生活，都被网罗在这二者当中。

二 迎神以"敦乡谊"

同乡会和会馆通过方言、民间信仰等文化要素来"吸引"在沪移民。以闽籍商人为例，旧泉漳两属的人为多。其中，泉漳会馆最初是在南市外咸瓜街，分前后两殿，前殿供天后，后殿供关帝，在前殿部分另有一所戏台，两廊绕着看楼，供同乡来此娱乐，南侧的敦叙堂专供议事用。从它供立神像看来，却又类似庙宇，会馆之带有极浓厚的迷信色彩，可以说是它的一个特色。会馆除了固有的主旨外，又供立神像，显然是因为他们认为一种事业的成功除了人力外，是尚须仰赖另一种神力，方能没有阻碍。[2] 具体而言，泉漳会

---

① 《异命同魂之两团体》，《旅外岭东周报》1933 年第 1 卷第 23 期，第 2—4 页。
② 《泉漳会馆的创建》，《泉漳特刊》1946 年 6 月期，第 6—11 页。

馆供奉其乡土神"天后",尽管与某些其他地方所奉神祇一样,但在派系上他们自主地认定是属于自己特殊的"泉漳天后",这是同乡会馆团体中至高无上的精神价值和逻辑前提。

《泉漳会馆兴修碑记》记载:

> 夫上属泉漳会馆,吾闽中邑人所创建也,邑者三龙溪、同安、海澄也,会馆者,集邑人而立公所也。会馆而有庙,有庙而春秋祭祀遵行典礼者。盖生逢国家升平之日设关招商,遐迩毕至,吾邑人旅寄异地而居市,贸易帆海生涯皆仰赖天后尊神显庇,俾使时时往来利益舟顺而人安也。且吾邑人聚首一堂。而情本枌榆,爱如手足,更仰赖关圣尊神佑,俾使家家通达义理,心一而力同也。此所为前宫后殿与会馆二而一也,合庙堂于会馆也。然则会馆贵创而尤贵修乎……神宇神像以及庙中器用在须加整肃,乃既有者修之,未有者补之。吾邑人集议倡兴众捐踊跃以私资继公资……天后合关帝在前文中已讲为何供奉。又泉漳别墅里供奉观音另一碑文里说是"以护幽魂,而资普济",因为别墅里寄柩,有义冢,而观音是大慈大悲救苦救难普渡众生的。[1]

在移民生活的方方面面都依赖于同乡会馆的同时,这段材料给出了移民和团体之间的关联,也是他们心理上的归属。针对福建人经常从事海上贸易,会馆中供奉天后,来保护移民们在外地(上

---

[1] 《泉漳会馆兴修碑记》,《泉漳特刊》1948 年第 4 卷,第 13—14 页。

海）舟顺人安；针对不同家族、共同乡谊的同乡，会馆中供奉关公，以示枌榆情分、义理之同；针对在上海的身后事，会馆另奉观音，"护幽魂，资普济"。所以，作为同乡组织中的精神价值系统，一个人要在陌生的城市中生存，无论是谋取生计、社会交往，还是大多数人都关心的生后灵魂所归，均能从会馆供奉的神祇中找到自己所需的精神价值。

在这一价值取向认同下，会馆或同乡组织会专门组织极具仪式感的迎神入庙活动。这当中充满了主观的"赋能"色彩。第一，同样是天后，迎哪里的神、哪个天后是有区别的；第二，迎神本身就是个复杂的程序，如何操作；第三，迎神所需的所有物资来自何处；等等。这些都是在不断强化中建构起信仰者对自己乡籍神灵的认识和认同。

福建的商人和一些广东移民同样认为天后是他们的保护神，由于都企盼自己的神灵能够维护本乡籍同乡的利益，独一无二，也就希望各自的乡土神与他乡不同，并"据为己有"。因此，在旅沪粤人和旅沪闽人的信众之间还存在着争夺"天后"的事实。1929 年《申报》记载有闽妇和粤妇的相关争执。

> 两中年妇，一操粤音，一操闽音。闽妇曰：孰不知赫赫天后为吾闽林氏产乎。粤妇则坚谓天后梁氏妇而金氏女，为粤中望族，且节孝可风也。以此互夺。
>
> 初犹侃侃，继且断断。旁一老者傻言曰，勿争，吾闻在闽而享祀者为天妃，林氏在粤实天后。闽妇大怒曰：苍苍者天，岂亦如世之禁多妻而自多妾者，且即有之，又安知非后在闽而

妃属粤耶。争辩良久，调停之老者亦怒而去。且行且语日痴哉
两妇。乃为天后争地盘。①

　　对信仰神灵来源和身世传说的争辩说明了不同籍贯的人们对乡
土神的认可以及独特性的认定。

　　同时，两者在迎神上也有所差别。例如，沪南日晖港新修建了
广潮会馆，所有置办的仪仗等物品都是从广东采购。

　　　　拟定十八日迓天后圣母入庙，一切仪仗灯彩预向粤省办
　　来。昨经广潮两帮发传单，邀众会议，迎神上座游赛各街
　　之事。②

　　　　预将神像安于南市新码头潮惠会馆，定明晨九点钟升像自
　　新马路往北，进大码头大街，向外咸瓜街一直朝北，过陆家石
　　桥，走洋行街，由外滩转入英租界保安司徒庙，然后返，南自
　　西门至斜桥入新会馆。③

　　首次迎神入座，会抬神像沿街游行，附近信仰的民众都得以瞻
仰，然后进入会馆供奉。这在后文的日常迎神赛会中会进行论述，
但是第一次迎神尤为重要，因为这是向信众和非信众宣讲其所信仰
的神灵来自哪个派系的，信仰的人大致有哪些、居住在何处。

_____

① 《夺天后之奇谈》，《申报》1929年5月26日第21版。
② 《会议迎神》，《新闻报》1905年7月8日第10版。
③ 《迎神路由》，《新闻报》1905年7月19日第10版。

会馆和同乡会以乡缘组织为核心，相对于行业公会或公所（同业会馆）来说，尽管后者也经常以乡土神为行业神信仰，但是在神祇的来源上就显得比较随意，不会太重视神祇的系统与脉络。一般情况下只要能保佑行业兴盛，哪里的神都是一样的。福州路上的许多商户是福建籍，其中一部分公所并不是在天后信仰发达的闽粤地区请神，而是到距离上海百余公里外的杭州湾北岸乍浦小镇去迎请。

> 福州路各商之懋迁于沪上者向有公所之设，近复集资以为扩充之举，因于英租界四马路西购屋一所，特赴乍浦天后宫恭迎香火到沪，于重九日排集仪仗，鼓吹并用，洋枪队游历四马路宝善街等处而入公所。[①]

正如前文所论述，与以往不同，近代上海城市的民间信仰许多是在同乡会、同业公会、会馆这样的社会组织和团体中供奉的。而这些团体往往带有地域社会性质，他们会将传统的乡缘、宗族、氏族观念及架构带入其中，所以乡村社会的一些祭拜习惯也一并进入。1897 年《新闻报》关于旅沪金陵人信仰之神的来源记述，清晰呈现了庙宇、神祇之于移民、同乡组织的重要性，以及他们之间的关联。

> 金陵人之寄籍周浦者（属上海浦东），每逢十月初二日向

---

① 《公所迎神》，《字林沪报》1886 年 10 月 8 日第 5 版。

有茅山会之举。宴请羽士诵经■讖，惟因素无庙宇，故将神像供设吴姓机坊。近由该帮人集资购得民房一所以作金陵会馆，拟将神像移并于内。即于是日神诞之期迎入，现由各会首雇赁灯彩，并邀楼阁多座，届期一体随神迎赛。如得天公作美，红男绿女之联袂往观者当有一番热闹焉。①

周浦现属于上海浦东，尽管在当时还不属于上海城区，但也正因这批旅沪金陵人经济实力欠佳才偏居一隅，并迟迟不能建庙。旅沪金陵人居住在浦东，由于籍贯地距离镇江茅山较近，信仰也受其影响，一直保有茅山会的民间习俗。但因一直无实力建置庙宇，才将神像供设于"吴姓机坊"。这是一个非常有意思的现象，将原本公共性的信仰置于带有家族性质的同姓人工坊中，本身就显示了这一信仰在这批旅沪金陵人当中具有家族性质，只是将家族观念及架构换了一个空间。而同样是这批人集资购置民房建立金陵会馆，并移神像入内。

> 会馆是旧时属于商人们的一种团体，但从它供立神像看来，却又类似于庙宇，会馆之带有极浓厚的迷信色彩，可以说是它的一个特色。会馆除了它的固有的主旨外，又复供立神像，显然是因为他们认为一种事业的成功除了人力外，是尚须仰赖另一种神力。②

① 《会馆迎神》，《新闻报》1897年10月29日第3版。
② 《泉漳会馆的创建》，《泉漳特刊》1946年6月期，第2—3页。

可以看出，近代团体组织供奉神灵的盛行和增多，其实质是一种有乡村家族和氏族组织观念的团体向现代团体组织的一种过渡，而这一过渡是借助民间信仰的价值影响力来组织人群的。这就使得传统的乡缘结构在一定阶段内仍存在于城市。在此基础上，中国传统的民间信仰受其影响，格局基于此又借此逐渐突破。因此，民间信仰既是同乡家族走向城市同乡组织的连接，也是同乡组织凝聚力的保证。

当然，同乡组织的这种包罗也让许多组织或人群借其名行事。

> 南车站后面张家宅（坛基地）江西会馆内，前日（三日）忽有江西人十八名到该会馆栖宿。该会馆账房王姓以来历不明拒不收纳。乃此一行人即勃然大怒，谓江西人不能居江西会馆吗，坚入居留。会馆中人暗窥探其行为，则至晚间此一行人竟在内摆设神案，宰杀鸡牲并焚香画符念咒，演习其妖术。会馆中人知为红枪会中之支派，此种符术系属神拳，产于江西湖广一带。以际此谣风甚炽，恐系来沪扰乱治安者，乃立即电话报告公安局。[1]

此种活动之所以被认为扰乱治安就在于其属于迷信行为，而近代上海同乡之间的祀神和奉神大多时候是被官方认可的。

三 基于民间信仰开展的社会活动

对旅沪移民来说，做到求有所应、思有所往，就是他们在城市

---

[1] 《江西会馆中之怪剧》，《申报》1928 年 10 月 5 日第 15 版。

中崇高的精神依托。围绕这一精神逻辑，开展各式各样的社会、文化活动，例如恳亲会、观剧、迎神赛会等。

会馆、同乡会组织为每位神灵设定神诞日，以奉神祭祀为由召集同乡，雇佣戏班演出，这是最常见的庆祝活动。"昨为天后诞辰，南市潮惠会馆暨法界潮州会馆均雇京班演戏三日，以伸诚敬。"[1]同样是天后，不同的同乡团体活动也不尽相同，泉漳会馆则是在馆内欢宴，举办各种欢庆活动。

> 每逢岁时祭祀，是必召集同乡在馆内欢宴。清明因有扫墓之举，就在别墅举行会宴。最盛大的集会是逢天后诞日，那日在馆内演戏，大家一边吃酒，一边看戏，一连三天之久。（后来因曾发生门殴事件，才停止演戏。）[2]

这样看来很明显，移民与会馆之间是以祭神为纽带的。而至于何种神灵，似乎已经超出了我们起初的预期。它并不局限于某个地域的乡土神，而是以乡土神为核心的其他实用的神灵体系。

在同乡组织的观剧欢庆活动中，除了"神诞"这一本身就维护乡谊的主题，所演的戏剧也往往具有此种功能。同乡组织选演的戏曲经常是其籍贯地的特色剧种，地方戏曲具有很高的文化认同性，因为它不但是用特定的方言演唱，还掺杂着浓厚的地域文化的性格，甚至还包括许多地方传说、故事。因此，与其说城市中神祇为

---

① 《神诞演戏》，《申报》1887 年 10 月 24 日第 3 版。
② 《泉漳会馆的全盛期》，《泉漳特刊》1946 年 6 月期，第 6—11 页。

移民们所崇拜、信仰，不如从另一个方面说神祇也是移民所"娱乐"的对象。在中国传统的民间信仰文化中，戏台是不可少的，庙宇通常是与戏台建筑联系在一起。泉漳会馆前殿供天后，是主神，后殿供奉关公，有一殿供的是观音。在前殿部分，另有一所戏台，"两廊绕着看楼，那是给同乡们来此娱乐的"①。

除了娱乐，戏曲也是一种具有社会教育和情感连结功能的活动。民国时期的戏曲改革中有这样一种观点——戏剧是一种比什么方法都有效的社会教育。

> 戏剧绝不仅是一种娱乐，是一种很切要的社会教育，而且比什么教育的方法都好，因为他有故事，有歌舞，有音乐，能引人入胜。观众在不知不觉中，便会被他潜移默化了。
>
> 国人许多不良的习惯，尤其是关于迷信一类的，我们简直可以说，完全由于一部分神鬼的戏剧所造成。
>
> 劝诱人、警戒人的方法尽多，何必一定要出神出鬼，无论那一天在那一个剧场中，我们不可以看见拿扫帚、戴鬼脸的土地爷，把髯口倒挂在脑袋上的赤发鬼，驾着云彩灯站在桌上的众仙童，以及……吗？这是多么可笑可悲的事。
>
> 在积极方面，应当使戏剧克尽其指导社会之责，在消极方面，也应当不使之导观众于歧途。②

---

① 《泉漳会馆的创建》，《泉漳特刊》1946 年 6 月期，第 2—3 页。
② 《戏剧专刊：破除迷信的基础》，《北洋画报》1932 年第 18 卷第 856 期，第 2 页。

传统的地方戏曲中包含着许多地方民间信仰的内容，对于社会改革来说，其中也确实渗透着迷信成分，但从同乡的认同感来说，这些是他们共同熟知的内容。

除了欢宴、观剧，恳亲会是当时同乡组织的另一项带有现代性质的社会活动。

> 上海江西会馆昨开恳亲大会……大意以江西旅沪同乡会为数甚多，平日绝少聚谈机会。今日能聚各界于一堂，殊堪欣幸。
>
> 次谈江西省政府此次改组，我赣旅沪同乡应负监督使命。因为过去的江西受尽云南军的蹂躏，人民甚觉痛苦云云。
>
> 次由涂仲宣述及公安一区一分所占驻会馆逾期十个月，不履行借约，应请同乡讨论该所既不迁出，则江西旅沪公学开办无期，对于教育一层亦请大家论……最后议决对于桑梓利弊。①

这种恳亲大会在近代上海城市非常流行，同乡会馆的恳亲大会是以讨论家乡和在上海的生活、事业等为主题，这些内容都是能够引起同乡情感共鸣的话题。江西会馆位于沪南小普陀桥，当中供奉有许真人之像。② 1932 年 8 月百余名江西难民至沪，同乡会积极接洽伙食。

---

① 《江西会馆恳亲会志》，《申报》1929 年 9 月 17 日第 16 版。
② 《看戏闹事》，《申报》1882 年 9 月 16 日第 3 版。

系赣南瑞金石城籍为该县共匪窜扰，由粤逃难至沪，因此地举目无亲、生活维艰，江西省城尚有亲属可投，奈无川资，当由该同乡会常务委员史岳门君、商得招商局江裕轮胡业务主任允予免费装运赴浔转省、俾难民得有生路。[1]

正是这种乡谊让他们彼此互助互利，热心同乡之间的公益善举。

四 会馆、同乡会组织架构与特刊的社会意义

会馆既是同乡聚集的地方，也是大家奉祀乡土神的地方，那么会馆是如何围绕乡土神来组织同乡的呢？

以福建旅沪泉漳会馆为例，凡旧泉漳两属如同安、南安等地之旅沪同乡所设立的行号、商号，均有加入该会馆的会员资格。[2] 历年来，泉漳会馆建置有广阔的土地和许多宏敞魁伟古色古香的建筑物，还有大片的义山，这些不仅是寄居异乡的同乡们共有的福利，而且是其精神的寄托和情感的维系。此诸物质所给予乡人的慰藉更高超千百万倍之上。此外，还兴办学校，供旅外乡人子弟，便于教养。[3] 这一精神慰藉的载体便是会馆中的神灵。具体来说，泉漳会馆通过兴办学校、医院等措施救助和吸纳了大批同乡。其最先开办的是泉漳公学，时间是 1907 年，供同乡子弟来此修业，后改名为

---

[1] 《江西难民又遭送一批》，《申报》1932 年 8 月 14 日第 15 版。

[2] 《录本会馆为征求新会员及举办旅沪同乡登记广告》，《泉漳特刊》1946 年 6 月期，第 29 页。

[3] 《泉漳会馆过去的创造及今后的努力》，《泉漳会刊》1948 年 4 月期，第 7 页。

泉漳小学。

> 还有一所施救贫病的医院，这所医院就叫做泉漳医院，位于南市毛家弄，只为同乡义务诊病。……对于同乡之为鳏寡孤独贫苦无依有救济金的发给，有上列情形之一的经会员保举后，就可逐月向会馆领取一笔规定的救济金，数额自三元至十元不等，须视情形而定。而有的是终身发给，有的是定有年限，那是以他们有没有子女，子女须至何时方能自立为标准，对于同乡流落在上海的，经调查属实后，即给予相当的川资，遣送他们回乡。①

这些活动虽然带有很强的社会公益性质，但是作为同乡会或者会馆，其组织架构已完全采纳现代管理方式。例如当时广州隆都的旅沪同乡为了联络乡谊，组织隆都旅沪同乡会。

> 在武昌路仁德里五五七号设立筹备处，选次开会。于十月十号成立即投票选举，当场选出职员六十五名。旋于昨日覆选，得票最多者为刘电生当选为正会长，吴子垣、余慰彬二人当选为副会长，高咏骙、缪贯一二人当选为司库，高升严等当选为庶务干事。②

---

① 《泉漳会馆的全盛期》，《泉漳特刊》1946 年第 6 卷，第 6—11 页。
② 《各同乡会消息》，《申报》1925 年 10 月 24 日第 12 版。

同乡会的干事通过正规的选举产生，与现今一些事业单位的管理框架相似。闽南旅沪同乡会专门设有"文化股"，其中文化股办理同乡会宣传游艺及其他关于文化一切事项；调查股办理一切应行调查各事旅沪同乡状况闽南桑梓情形以及其他临时发生事件；交际股办理对内对外一切交际事宜，对于同乡或闽南籍侨胞来沪有需本会引导者均由该股负责。[①] 潮州旅沪同乡会在横向设有娱乐委员会、介绍股、交际股等机构外，还在纵向上设有监察委员会、执行委员会等上级机构。[②]

而这种看似十分现代的社会架构却是以乡土神祭拜为核心来组织的。近代团体组织供奉神灵的盛行和增多，实质是一种有乡村家族和氏族组织观念的团体向现代团体组织的一种过渡。

基于这种框架，同乡会和同乡会馆有时合二为一，其出版的专刊或年刊具有宣传和统一的作用。除了祭祀本乡的神祇外，还宣传很多地方上的先贤和哲人。例如，在1934年《广东旅沪同乡年刊》第2卷第3期中就刊登"广东乡先哲遗像"，并附有众多先哲的事迹和史传，其中一位就是明海忠介公讳瑞，即海瑞。不管海瑞是何处人，将其作为家乡先哲纪念也说明了同乡会《年刊》的价值取向和在同乡群体中的作用。与此相联系的是，近代上海城市也有海瑞祠的奉祀及坊间流传的关于海瑞的传说。

除此之外，一些底层移民没有固定职业，他们也同样需要同乡和神灵的帮助。在这类人中最典型的当属来自江北的妇女，他们靠

---

① 《闽南旅沪同乡会章程》，《闽南旅沪同乡会年刊》1933年第1期，第71—73页。

② 《潮州旅沪同乡会组织系统图》，《潮州旅沪同乡会特刊》1932年第2期，第105页。

着手头零工营生。1936 年，《特写》杂志对来自江北的上海妇女有专文的叙述。由于没有受过教育，她们虽然来到上海，但"摩天大楼的洋房，以及马路上行走如飞的汽车好像并不是为江北人所建造"。另一方面，在上海大多数的下层阶级中，江北人却拥有很大的势力，几乎所有辛苦的工作都被其承包，马路上触目皆是的黄包车由江北人操作，各码头做搬运工作的工人也几乎都是江北人。男性是一天到晚劳苦地出卖力气，而妇女一般是帮着做一点手工业补贴家用。

　　她们整天都有工作做，挑着一只篮装着针线一类东西，就荡到澡堂面前的阶沿石上，一屁股坐将下来，一会儿就叙拢了三五个妇女，接着就开起一个临时的妇女协进会来，讨论的题目不外是"他妈的，这几天生意真正不好，昨天一天只做了二双袜底，真倒霉，还有一条裤子是揩油……"

　　这样胡扯了一层，澡堂里同乡会里的擦背扦脚也就拿出了几件衣服来给她们打补，口渴了就很不客气地直冲进去讨口茶喝，擦背扦脚也很表示欢迎而乐于给予。在澡堂门口的工作完了，她们就换一个方向到寺院庙宇的山门口，等着和尚的袈裟有没有要补一个袖口，再有僧鞋也是否要修理。而且庙里的香火多半是盐城、扬州一带的土产，说起话来如异乡遇故知般，很觉得投机。逢到庙里有斋戒的话，素菜素面有时还得讨一回光，又是好吃，又不花钱。等到走过三街六巷，一半是溜达街头的景色，一半却是逛到小车的集合场所，等候一笔小车夫的补丁生意。①

除此之外，江北妇女还有一种营生就是早晨提着篮子在街头卖些小玩意儿，"拿一点烂泥会做出花花绿绿的财神泥阿福等""在每一条弄堂里江北妇女靠着小买卖走得比行路人的数量还要多"。可见，无论是独自外出找零活还是寻求施舍，都不是靠一己之力完成的，而是借助同乡和同乡庙宇的帮助。

五 行业神与乡土神混杂

由于进入上海的同乡经常从事同一职业，因此，他们也会将行业神当作乡土神，在组建行业组织的同时，也联络乡谊。同时，当对行业的诉求涉及生计时，也会求助于乡土神，久而久之，乡土神也与某些行业兴衰建立联系。其中，最为典型的案例就是上海城市的天后信仰。

天后信仰早在宋代经济重心南移后就传入上海，传统的天后信仰一般为在海上作业的船民的信仰，是这个行业的保护神，天后信仰主要分布在闽粤地区。上海开埠之初，尤其是太平天国运动的影响及小刀会起义，到上海的福建、广东人增多。在这种情况下，天后信仰在旅沪的闽粤籍人士，尤其是从业人数众多的航运业中信众极多，此时对天后神迹的记载大多集中在保护漕运、安澜利运等。伴随其他行业人口的增多，天后信仰逐渐被供奉在福建和广东的会馆中。

① 《江北妇女在上海》，《特写》1936年第5期，第33—34页。

王韬在《淞隐漫录》中就讲到小东门外的天后宫。"三月二十三为天后诞辰……东门一带为尤盛。闽粤富商，无不殚其财力以奉神。"① 而"闽粤大商，多在东关外。……闽粤会馆六七所，类多宏敞壮丽"②。王韬的这部短篇文言小说集刻印于光绪初年（1875），反映了开埠以后上海县城东门区域闽粤富商信奉天后的状况。对于天后为何成为旅沪福建人的护佑神，在1832年《兴修泉漳会馆碑》中有具体说明。

> 夫上属泉漳会馆，吾闽中邑人所创建也。……会馆而有庙，有庙而春秋祭祀，遵行典礼者，盖生逢国家升平之日，设关招商，遐迩毕至。吾邑人旅寄异地，而居市贸易，帆海生涯，皆仰赖天后尊神显庇，俾使时时往来利益，舟顺而人安也。且吾邑人聚首一堂，而情本枌榆，爱如手足，更仰赖关圣尊神灵佑，俾使家家通达义理，心一而力同也。此所为前宫后殿与会馆二而一也，合庙堂于会馆也。然则会馆贵创，而尤贵修乎！③

开埠之前，泉漳人已经在上海开始了往来，而这些贸易又以海上为主，因此，天后成为其尊奉的神灵。因为早期旅沪的泉漳人以此为生，天后信仰也就成为其乡土神。在这种情况下，为了维护会馆和乡谊，天后庙堂被合并入会馆。

此外，旅沪的其他广东人、福建人也陆续重修其会馆，以强化

① 王韬：《淞隐漫录》，人民文学出版社，1983年，第13页。
② 王韬：《淞隐漫录》，人民文学出版社，1983年，第8页。
③ 《兴修泉漳会馆碑》，《上海碑刻资料选辑》，上海人民出版社，1980年，第235页。

乡谊，促进其贸易发展。同治五年（1866），原来的潮州会馆不再单一存在，合并成为潮惠会馆。

> 吾郡距沪四千里，其航海而懋迁于是者，我朝阳及海阳、澄海、饶平、揭阳、普宁、丰顺、惠来凡八邑。溯始来至今日，百有余年矣。……嘉庆年间，于洋行街捐厘公建潮州八邑会馆，奉天妃祀焉。以迓神庥，以敦梓好。①

从《潮惠会馆众商捐金碑》中来看，捐赠款物的商户为普通商户，而船商在其中并没有特殊位置，甚至没有字面上的记载。当时福建的建汀会馆碑文记载："向例每逢圣诞演剧称觞；会馆供奉圣母殿庭厅；各同乡逢节到馆拈香。"这就说明开埠以后，上海城市内信奉天后的群体由开埠前以船商为主体转变为开埠后以闽、粤同乡为主体，并陆续建立以天后为主神的会馆。在组织形式上也是专门规定了通过供奉天后神像、演剧游行、同乡到馆拈香等方式来增进乡谊。

伴随着乡土神在城市移民心目中地位的确立和提升，其作用逐渐突破了原来某种单一的功能，并逐渐成为全能的神灵，例如旅沪湖南人奉祀的瞿真人。此外，同一同乡组织可能不只一种乡土神，例如旅沪粤民除了信奉天后，还有黄大仙。但总的来说，移民组织形成了以乡土神为核心的地域乡民组织，他们有着共同的精神纽带，并以此组织各种社会活动。

神灵体系的庞杂是中国民间信仰自古就有的特点，但通过对近

---

① 《创建潮惠会馆碑》，《上海碑刻资料选辑》，上海人民出版社，1980年，第325页。

代上海城市民间信仰的研究，可以发现原有的民间信仰在步入近代以后或者新民间信仰进入上海后出现了两种转向，即神灵的功能变化和祠庙中配祀其他神灵来强化主祀神灵的功能，而地域神和行业神的混杂则属于前者。这种相互渗透、混杂归根结底是由移民在上海的状况决定的。

明清以降，商帮就显示出了极强的地域性特征，以地域性商业神为核心的神祇信仰又对地域性商帮的形成与发展有重要的推动作用。商帮所奉祀的神灵在进入上海城市后，面对行业竞争会产生地域保护。同时，近代移民进入上海的方式大多是通过同乡关系介绍，他们往往在行业选择上也存在从众现象。这就使得来自同一地域的移民从事同一行业，为行业神和地域神的混杂提供了基础。当然，并不是上海城市的所有行业神、地域神都有这样的倾向，例如药王信仰，虽属于传统的行业信仰，但是在开埠以后并没有出现地域上的划分迹象。总的看来，这与从事该行业人员的来源有关。

实用性是民间信仰的另一个重要特征，也是导致民间信仰庞杂的原因之一。信众会根据自己的需要来选择所需的神灵祭拜。当特定地域的人群在上海城市需要一个精神信仰中心作为维系时，那么他们原来所奉祀的民间信仰就会成为首要选择。这一情况在工人运动中表现得非常明显。罗·威廉（William Rowe）和裴宜理（Elizabeth J. Perry）在对汉口和上海的研究中都有相关的论述。[①] 在对近代汉口城市进行

---

① ［美］裴宜理：《上海罢工：中国工人政治研究》，刘平译，江苏人民出版社，2001 年；［美］罗威廉：《汉口：一个中国城市的商业和社会（1796—1889）》，鲁西奇译，中国人民大学出版社，2005 年。

详细研究后，罗威廉指出，"行会是社会经济生活中最重要的因素"①。而在近代上海城市的研究中，裴宜理也证实了该点，她认为："在建立同乡行会（公所）和招收技术工人之间存在着密切的联系。"② 关于这一点，中国近代行会、会馆的相关研究已经硕果累累，并一致认为行业信仰是行会既有的传统。正如笔者关于鲁班庙和天后宫研究所述的那样，上海城市的水木工人按照籍贯分为粤籍、宁绍、上海等派别，他们在招收工人时也会尽量选择与自己籍贯相同的人员，并因此奉祀不同的鲁班庙。具体到其他行业也是如此，即每个行业都有自己的管理行会。在技术工人的招收上，地缘因素凸显了很重要的作用。而在每个行会或公所中经常供奉自己行业的鼻祖或护佑神灵，配有戏台、庙宇等。金属加工业奉祀老君、纺织业奉祀黄道婆、水木业奉祀鲁班。《上海碑刻资料选辑》收入了许多关于会馆、行会的碑刻，其中也记录了上海的会馆所具有的相同特征。③ 正如《浙绍公所肇兴中秋会碑》所记载的那样：

> 邵郡商绅在上海地方贸易，立有铺户，计在久长。犹虑樯帆来往，无总会之局，于是就近本城北门内，置得隙地一处。当即具呈纳粮，建立公所。一则以敦乡谊，一则以辑同帮。惟

---

① 〔美〕裴宜理：《上海罢工：中国工人政治研究》，刘平译，江苏人民出版社，2001年，第252页。
② 〔美〕裴宜理：《上海罢工：中国工人政治研究》，刘平译，江苏人民出版社，2001年，第40页。
③ 《上海碑刻资料选辑》第三部分《会馆公所类》，上海人民出版社，1984年。

生理之兴隆，全仗神灵之默佑。①

当一个行会内人员大多是按照地缘因素集合起来的时候，行业信仰往往也会打上地缘因素的烙印，并最终与地域信仰糅合在一起。

总的来说，在大量移民进入上海城市后，同乡关系很可能成为这些移民适应城市环境的重要渠道之一。他们通过同乡寻找谋生出路，从而选择从事同一行业。在这种情况下，地缘的区分导致了职业上的分化，并在特定的行业中形成独立的社交网络和地域社会。在此基础上，行业神和地域神的身份混杂在一起，成为他们区别于其他社会群体的重要标识。

第三节　"拜老头子"与移民帮派信仰

帮会是近代中国一种常见的社会势力，尤其是在近代上海城市工人群体十分壮大的背景下，帮会力量曾一度强大。过去的研究大多是从政治史角度展开，很少从文化和社会的角度去考量。关于近代上海帮会发展的原因，学者们的观点不一。苏智良和忻平认为，近代上海的过分城市化是上海帮会迅速发展及工人加入帮会的主要原因。随着移民涌入城市，他们传统的血缘纽带解体，在生存危机

---

① 《浙绍公所肇兴中秋会碑》，《上海碑刻资料选辑》，上海人民出版社，1984 年，第210 页。

下会寻求帮会协助。[①] 也有学者认为，20 世纪 20—30 年代经济低迷、失业率增加的社会环境，导致工人不得不加入帮会。[②] 这些内部、外部的原因都可解释帮会强大的发展历程，具体来看就需要讨论帮会在移民的生活中所扮演的角色。

一 "拜老头子"

近代上海入帮会还有另一种说法——"拜老头子"，在 1939 年朱邦兴等编著的《上海产业与上海职工》中，记载了当时上海的许多产业工人的生活。其中，车夫和纱厂工人两个群体十分之九信仰佛教，但为环境所迫，这两个产业的许多工人会"拜老头子"，甚至在车夫行业达到 90%。[③]

> 中国的帮会组织在小沙渡发展得十分强大，纺织工人中男工十之八九都参加帮派组织，拜老头子、信仰关公。女工则拜佛烧香。纺织工人中盛行以籍贯结帮，拜兄弟、姐妹等，少则几人，多则几十人、上百人都有，讲究义气为重。在纱厂有"苏北帮""湖北帮""安徽帮"等。[④]

[①]　苏智良、陈丽霏：《近代上海黑社会研究》，浙江人民出版社，1991 年，第 13—23 页；忻平：《现代化进程中国的社会边缘化现象——透视 20 世纪二三十年代上海青帮等组织》，《史学月刊》2002 年第 10 期。

[②]　朱学范：《上海工人运动和青帮等组织二三事》，《中国人民政治协商会议上海市委员会文史资料工作委员会：旧上海的青帮等组织》，上海人民出版社，1986 年，第 2 页。

[③]　朱邦兴等编：《上海产业与上海职工》，远东出版社，1939 年，第 598 页。

[④]　谭抗美主编：《上海纺织工人运动史》，中共党史出版社，1991 年，第 53 页。

小沙渡地区就是苏州河沿岸纱厂的密集分布区。1933 年的《社会新闻》记载：

> 在上海，特别是现在的上海，"漂亮"朋友差不多没有不拜"老头子"的。拜老头子，上海人谁都知道是"入帮"。……不论何色何等人物，假使要在上海兜得如意，要想在上海大得其法，都只有攒到帮里去，投在一个老头子门下。①

帮会在上海具有强大的社会势力，要想安稳立足，必定要投其门下。此时上海的帮会来源于传统的祖师信仰。以最大的青帮来看，可以说已经遍及全国，在上海因黄金荣、杜月笙、张啸林三大老板的声势，并因租界以及其他种种关系，势力更加突出。关于青帮的历史，相传开始是翁、潘、钱三人在杭州布道建庵，把团结漕运水手作为目标，成为一种宗教性的团体，所以全帮分为三堂：翁佑堂、潘安堂、钱保堂，并上奉"罗祖"为全帮的祖师。青帮从清朝乾隆时代开始流传，一代传授一代，"如家族族谱然已经有二百余年的历史"。祖师就是帮派内至高无上的神，入帮与入同乡会、会馆一样需焚香祭祀。香堂上拜祖，称为"参祖"。小香堂奉祀四海龙王、天地君亲及翁、钱、潘三位祖师爷，大香堂供奉有达摩等佛祖。青帮信奉罗教，但在清政府的严格取缔政策下采取"香火船"的模式进行，具有强烈的民间信仰色彩。

以近代洪门为例，洪门起源于明末清初的反清复明组织，由天

---

① 《拜老头子》，《社会新闻》1933 年第 2 卷第 15 期，第 199 页。

地会、三合会、哥老会等演化而来。新成员入门仪式，叫作"开香堂"，一定要上过香，才算正式入门。新加入的成员较多时，其礼节繁杂，费时很久。"小香堂"较为简单，适合少数人举行。清朝时，洪门因被认定为反清秘密组织，所以开香堂活动大多在郊外的庙宇内秘密举行。辛亥革命后帮会可以公开，但开香堂仍未当众举行。国民党统治时期，因政府表面上禁止帮会活动，于是采用一般性社团组织形式，开香堂也以半公开形式举行。

大香堂布置，有称为"红花亭"的，正中设关帝位，上悬"忠义堂"匾额，中间设置供桌三层，上层设羊角哀、左伯桃二人位，中层设梁山宋江位，下层设始祖、五宗、前五祖、中五祖、后五祖、五义、男女军师和先圣贤哲等位，各用红纸或黄纸书写。

上海的洪门由于各地移民的籍贯区别又分成若干派别，这也是帮会发展至近代，尤其是在上海的一个特色。致公堂原本是海外华侨中的洪门团体，并在上海旧海格路自建五祖祠一所。

近现代帮会，不论是洪门、青帮还是其他会党，除了汲取自己必需的儒家伦理观外，也援引释道的教义为自己涂上民间信仰的色彩。佛教的如来、观音菩萨和道教的皇天上帝、元始天尊、道德老君，这些神祇都是帮会膜拜的信仰偶像。如天地会的《八仙歌》：

> 钟离宝扇自摇摇，李拐葫芦万里烧，张果老人如古道，采和一手把篮，摇洞宾背起空中剑，湘子横吹一玉箫，国舅曹公双玉版，仙姑如意企浮桥。①

---

① 萧一山：《近代秘密社会史料》（卷4），文海出版社有限公司，1971年，第5页。

漂泊异乡、无依无靠的游民加入帮会的目的就是依靠帮会内的"兄弟",特别是在他们危难之时得到帮助,如衣食住行、精神孤独、受人欺负、遭到政府官吏的追捕等。要将游民聚集起来,传统社会的神灵无疑是最好的选择。

二 帮派移民的组织形式和信仰

中国传统农业社会的特征是以宗族、血缘为基本单元的社会结构,亲情、乡情是人们联系的桥梁。因帮会早期是以农民和小手工业者为发展对象的,这种模式几乎完全复制了家族和宗族的结构。移民常常身无恒业,家无恒产,生活不稳定。正如毛泽东在1926年的《中国社会各阶级的分析》和1939年的《中国革命和中国共产党》中所指出的:"还有数量不小的游民无产者,为失却了土地的农民和失了工作机会的手工业工人。他们是人类生活中最不安定者。他们在各地都有秘密组织,如闽粤的'三合会',湘鄂黔蜀的'哥老会',皖豫鲁等省的'大刀会',直隶及东三省的'在理会',上海等处的'青帮'等,由于这批人是人类生活中最不安定者,所失所傍,或投入山堂,或自成帮伙。"[①] 帮会按照传统宗族、家族的身份排列,以上下父子、平辈兄弟这样的关系来编织帮会的关系网络。上下以青帮的辈分制为主,青帮成员依其帮中的辈分大小定其位次高低,其辈分原据罗教的字派排列。[②]

近代上海的帮会已经不仅限于农民和小手工业者群体,在海

---

① 毛泽东:《毛泽东选集》(第一卷第1篇)《中国社会各阶级的分析》(1925年12月1日),人民出版社,1991年。

② 周育民、邵雍:《中国帮会史》,上海人民出版社,1993年,第35页。

关、银行、电车等收入稍好的行业工人中，也盛行拉帮结派之风。以上海普通劳动群众为主的帮会底层会员来看，20 世纪 30 年代上海纱厂中男工 70%～80% 加入了青帮、红帮，拜老头子①，人力车夫行业 90% 加入了青帮②，上海码头工人加入帮会的比例也高达70%～80%③，更有甚者，路边的乞讨者也纷纷加入帮派。

以上海青帮侠谊社来说，其组织架构中社会底层群众占很大的比例，很明显已经不再主要以流氓、流民为主。

表 2-1　侠谊社上海分社情况表

分社	规模	负责人情况	社员职业
邑庙办事处	196 人	办事处主任为皮鞋业同业公会秘书	区域内工商界职员
南市办事处	300 人	码头会计	蔴油业、豆腐业、码头工人
虹口办事处	376 人	第四区装卸业理事	第四区装卸业工人居多
中区办事处	146 人	副主任商业中华职业工会秘书	工人 42 位，商人 65 位，学界 11 位
榆林办事处	200 人	主任吴锦章	以鱼市场和恒丰纱厂职工居多
沪东办事处	170 人	主任李学文	以纺织厂工人居多
沪西办事处	893 人	主任严子良	翻砂、纺织、猪鬃业职工，四区造船厂工人居多
浦东办事处	300 人	码头稽查	

从各分社的社员职业和身份来看，他们大多是同一行业的，甚至许多行业的从业者可能是同一地区的同乡。这与帮会的宣传策略

① 朱邦兴等编：《上海产业与上海职工》，远东出版社，1939 年，第 108 页。
② 朱邦兴等编：《上海产业与上海职工》，远东出版社，1939 年，第 598 页。
③ 胡训珉、贺建：《上海帮会简史》，上海人民出版社，1991 年，第 134 页。

有关，他们注意在工人等下层劳动人民中发展社员，并承诺"可以解决社会问题、生活问题、职业问题、家庭问题"①。因此，侠谊社在劳工界发展很快，"在工人群中确颇为活跃，以码头工人、纺织工人为主"②。

这对进入上海城市的移民来说无疑多了一重身份方面的保障，实际上也并不影响他们加入同乡会和同业等组织。或者，更多时候他们正是通过同乡会馆、同业组织的联络才加入帮会。

> 南车站后面江西会馆于本月三日夜，有江西工匠等十八人，在该处开设红帮香堂，设筵拜老头子，事为市公安局侦悉，饬派保安第二队前往一并拘获。③

在同乡会、会馆下发展帮会会员更有利于管理，他们在习俗、处事方式、利益上也比较一致。因此，若同一行业的同乡人数足够，便可以独立开设一个香堂。不同的是，这些入帮会的同乡和同业，除了在同乡会馆和同业公会中祭拜乡土神和行业神外，还要祭拜帮会中的神灵。

> 在上海，拜老头子虽已成为风气，但拜老头子的人，无非图谋种种意外的便利，再具体地分拆起来，不外后之数种。……第一，图谋发财。在上海，入了帮，靠了老头子的牌头，与同参

---

① 《上海警察局普陀分局关于侠谊社文件》，上海市档案馆，卷宗号：Q144-2-12。
② 《社会局派员视察侠谊社报告》，上海市档案馆，卷宗号：Q-32-2。
③ 《拜老头子吃官司》，《新闻报》1928年10月7日。

兄弟的势力，彼此扶助，即可为所欲为。……不过，归在这一类的，辈分都不甚高，至其在社会的地位与职业，尤极繁杂。从剃头、修脚，而擦背洗衣，而茶房出店，而车夫马夫，可谓无所不有。而且如各大小旅店饭店菜社的茶房出店等，擦汗不多无一个不是辗转托人，以求拜到一个老头子为荣的。另还有一些女工女什么之类，也有不少投在帮里，所以在上海，又有所谓白相人嫂嫂，便是指此类人的。第二类以图掩护自己，对老头子平时无须多大联络，只须逢年过节，诞日喜事恭送礼金而已。①

正是这样，近代上海城市许多帮会都会采用"师徒传承"这一发展模式。当然，从入帮人的角度来说，无非两种目的：一是通过这种"师承关系"获得职业方面的保障；二是通过送送礼金来保护人身安全。事实上，后者更可能是最主要的目的。在 1929 年的《申报》上连载了包天笑的小说，当中就讲到一个叫小狮子的人被打伤的情形。

虽然是打伤了，在他们帮里却总算是有功之将。他没有钱请医生治疗，当由他的老头子负担，老头子也不见得肯自掏腰包，还是由那个赌台上负担。②

---

① 《拜老头子》，《社会新闻》1933 年第 2 卷第 15 期，第 199 页。
② 包天笑：《心上温馨（八）》第六回，《申报》1929 年 12 月 10 日第 11 版。

虽然帮会"老头子"为小狮子解决了医疗费用，但在和同乡的聊天中他开始担心疗伤期间的吃用，最后只能靠与同乡共同租房经营点心店来解决问题。因此，对于移民来说，同乡网络和帮会网络都是他们来到上海后所必需的。

第四节　各地医药神的出现及转型

中国传统民间信仰中有对药神的信仰，上古传说中的炎帝神农氏就是典型的药神。相传他出生的时候有一道白光，旁边的人都迷目不得睁，产母也吓了一跳。不一会白光过去，但见小儿已经下地。大家争先地上前去看，原来这小儿的肚皮是水晶的。后来神农氏长大，果然绝顶聪明。他看见同胞因种种疾病，受尽痛苦，于是自己尝尽百草，寻求医治办法，后被世人奉为"药王菩萨"。另一方面，传统底层民众都会将身体的疾病与神灵联系起来，求助于神灵信仰。这种信仰在近代上海因移民籍贯的不同而有所变化，原本不具备药王特性的神灵被赋予治病救人的功能，逐渐产生多位药王神。

一　仙人治病的神通与归属

"仙人治病""佛法治病"是近代上海街头一个奇特的场景，尤其在较为底层的民众当中，蔚为壮观。当然这种情形的主要原因是发达的民间信仰和民智未开，甚至佛法治病成为当时上海一些民间信仰寺庙的营利事业。各寺庙每日在马路上大发传单，宣传得天花乱坠。与租屋设庙一样，他们随意租用房屋，放置一尊泥菩萨就可变成挣钱的营生。

> 上海城厢内外以及租界之中乡镇等处尝见有等人家门首高
> 贴某仙人字样，或曰某氏问仙，盖即苏俗看香头之类，此等事
> 女流最多，即所传女巫是也，街头巷口租屋一两椽安置神像于
> 其间，或称后游府城隍或称纯阳老祖或称茅山真君，或称三老
> 大人或称金龙四大王，或称昭天侯，或称杨老爷，或称三老
> 爷，或称伏虎神等类……奉公将此辈驱逐净尽地方则安静矣，
> 百姓则受益……租界之中凡事皆从西例，而此等事亦属西例所
> 不容，不知何以复听期流毒殃民，至于此种说者谓西例不塑佛
> 像，不拜木偶，而租界之中广开佛店于大街小巷者指不胜屈其
> 间，作恶之处较之女巫不甚悬殊，巡捕房亦从不过问，任其招
> 摇惑众。①

与传统巫术不同，这些"治病神灵"往往挂靠在某一街头的民
间小庙中，神灵种类五花八门，但这并不妨碍其信众多少。因为一
般设有此种功能的小庙会有专门的"中介"来促成病人与庙宇之间
的联系，这些人往往是彼此相熟的同乡或邻居，开设庙宇的人也大
多是来自外地的底层民众。

> 鉴于本月一日南市康衢路天王大仙庙内江湖医生周文德、
> 苗世友两人假名"天王大仙"为人治病，乱投药石，致人于

---

① 《论妄称仙人治病之恶》，《新闻报》1894 年 1 月 1 日第 1 版。

死，特令知各分局长对类似此种情形之医生应一律取缔。……老闸分局出动侦察，先后拘获男女五人，一并带局扣押。五人重计：1. 六合路五十八号，扬州人邢大姐，自称"黎山老母"弟子，用香灰为人治病，每日可卖出香灰三百余包；2. 广西路裕德里第一家，苏州人王阿巧，假言信奉苏州"洞庭山君主"，用"仙方"为人治病；3. 云南路福昌里十七号，山北人余阿菊，假名"王大仙"，亦用仙方医病；4. 云南路育仁里十号，苏州人李阿狗，以"上方山三老爷"为名，用香灰为人治病；5. 云南路福州路口，有华？和尚以"朱大天君"为招牌，亦用香灰为人医病。[1]

从籍贯来看，此次扣押的"医生"基本都来自上海周边省份，虽然不能弄清他们所奉神灵的来源，但通过个别可以看出大体与其家乡渊源密切，如苏州人奉"洞庭山君主"。正是因为生活的贫困、陌生的社会环境以及有限的认知水平，治病也促使民间信仰祠庙的繁荣，甚至当时医药行业会在所谓的"药王圣诞"日于各大报纸上刊登许多药品、膏方折扣甩卖的广告，以吸引顾客，其理由就是大家都能接受的"药王诞辰"。

神灵治病的一般方法是在神庙中取得若干香灰服用，这一习俗甚至在现今中国的农村地区依然存在。当然，要想痊愈，拜神是必不可少的。

---

[1] 《仙家浩劫 香灰仙方为人治病 天君老母五名被拘》，《新闻报》1947 年 12 月 12 日第 4 版。

最近流传于上海中下阶层，又屡载于小报章的仙人治病一事，可以作为最佳的证明，其事如下：仙人治病的地点在卢家湾空地，求医的群众是老少男女，仙人医病的方法是一杯清水，内病一服，外病一抹，都是不药而愈。后来病人多了，不及每人喝水抹水。遂使列队顶礼，虔心拜神之后，用水洒在病人们头上，亦能收效，百病痊愈。①

对神灵的虔诚信奉促使他们无条件地信任，但也经常带来生命危险。由于小庙与规模较大的寺庙、中介人之间的利益勾结，导致一系列的争端、社会问题和安全问题。1928 年和 1929 年，国民政府分别发布政令宣布取消寺庙庵堂神方治病的决定。

查各地庙宇，常有施给仙丹药签神方乩方治病等事。在昔民智未启，迷信神权，以为此种丹方系由仙佛所赐，视为一种治病良剂，以致每岁枉死者不可数计。现值科学昌明、文化日进，自不应再有此种迷信情事，亟应严行禁绝，以杜害源而重民命。除分别咨令外，相应咨请贵政府查照，转饬所属，将各地庙宇中施给仙丹、药签、神方、扶乩、开方等一律禁止。②

与国民政府先后颁布的几次关于寺庙的宗教政策时间一致，分

---

① 《神仙本是凡人做 揭穿"仙人治病"之谜》，《七日谈》1946 年第 28 期，第 7—8 页。
② 《严禁寺庙庵堂神方治病布告》，《市政月刊》1929 年 2 月 2 日第 2 卷第 5 号；《取缔神方治病》，《申报》1928 年 8 月 28 日第 15 版。

别于 1928—1929 年和 1946 年集中颁布严禁布告。①

有意思的是，这种禁令虽然在表面上遏制了一些规模较小的庙宇和"香灰治病"的行为，但并未禁止所有的会馆神灵和拜神求医。会馆神灵之所以成为众多移民求医的最佳途径，是因为会馆本身也提供一些医疗服务，规模大的会馆会开设专门的地区医院，例如，上海北市的钱业会馆一直供奉有先董祠，② 移建南市以后，除了先董祠还增建"养病所"，以供加入会馆的同乡来治病。

> 于是复造北市会馆统焉（南市），楹角焕赫，首妥神灵，昭其敬也，慎其后先董祠，祀耆旧巨子之有成劳于斯业者，以报功也。后养疗院，徒旅疾病，猝无所归，医于斯、药于斯，以惠众也。它若职司所居、庥福所在……馆之外营构列屋，用给赁户，岁赋其赁所入，凡同业之倦休者。③

钱业公会专门发布《沪北钱业会馆附设临时养病所暂行简章》，聘请医士三人到所担任医务，每日再由同业二人驻所照料。凡就医的人需携带入会同业字条或名片到所诊视。而养病所所有的临时照料人员均为参与会馆的商号成员。最重要的是，祭拜会馆内的先董祠也成为治病的一个重要环节。

会馆里的乡土神与医疗资源联系在一起，加之上文所述移民对

---

① 《查禁符咒治病 市公安局之布告》，《申报》1946 年 7 月 7 日第 12 版。
② 《重建钱业先董祠祀》，《钱业月报》1947 年第 18 卷第 4 期，第 125—126 页。
③ 《上海北市钱业会馆碑记》，《钱业月报》1947 年第 18 卷第 4 期，第 125—126 页。

乡土神心理上的依赖，久而久之，这些神灵成为人们"求医问佛"的主要对象。在这一认识基础上，许多外来的民间神灵和祠庙原有的功能被改变，逐渐转化成专门的"医药神灵"。横向来看，在上海，苏北人的都天大帝、广东人的黄大仙、湖南人的瞿真人都是为了生活在上海的移民医病强体，虽然后来发生转变，但最开始确是如此。这就说明这些移民进入上海之初，异乡漂泊最担心身体有恙、不幸染疫。因此，这些具有很强地方性的神灵就显得尤为重要。很容易想象，即使在当代，也还有很多人只相信当地的名医，认为他们无所不能。在这一观念下，这些地方的名医神很轻易便成为上海移民的保护神，最终成为他们在异乡的全能保护神。

二 广东人的黄大仙

黄大仙亦称赤松黄大仙，本为中国东南沿海地区区域性的神灵，后被道教信众所崇奉。黄大仙俗名皇初平，其传说始于浙江金华、兰溪一带，最早见于晋代葛洪《神仙传》所记载的皇初平"叱石成羊"之神迹。

> 皇初平者，兰溪人也。年十五而使牧羊，有道士见其良谨，使将至金华山石室中四十余年，忽然不复念家。其兄初起，入山索初平，历年不能得见。后在市中，有道士善卜，乃问之曰："吾有弟名初平，因令牧羊失之，今四十余年，不知生死所在，愿道君为占之。"道士曰："金华山中有一牧羊儿，姓皇名初平，是卿弟非耶？"初起闻之，惊喜，即随道士去寻求，果得相见，兄弟悲喜。因问弟曰："羊皆何在？"初平曰：

"羊近在山东。"初起往视，了不见羊，但见白石无数，还谓初平曰："山东无羊也。"初平曰："羊在耳，但兄自不见之。"初平便乃俱往看之，乃叱曰："羊起!"于是白石皆变为羊，数万头。初起曰："弟独得神通如此，吾可学否?"初平曰："唯好道，便得耳。"①

从葛洪的记载来看，黄大仙应有兄弟二人。经过后世的不断补充，黄大仙的出身来历、家族谱系等内容已经十分完备。在南宋成书的《金华赤松山志》中详细记载了后人建祠奉祀的经过。② 金华有赤松观，据说为黄大仙的祖庙，但对于黄大仙其人，人们说法各异，有人认为他是葛洪的弟子，又称"黄野人"。"洪既仙去，留丹于罗浮山柱石之间。野人得一粒服之，为地行仙。"③ 黄大仙的传说主要有皇初平、赤松子和黄野人等，但与"治病"功用并不相关，而是"求福、求子、求财、求药"等复合型功能。目前对其崇拜比较盛行的主要在香港、澳门等地，功能也是如此。

但是在近代上海，黄大仙信仰却经历了一个由多功能到药神，再到多功能的一个变迁过程。

上海城市关于黄大仙的信仰出现在 1912 年以后，祠庙主要有闸北和虹口两处，最初为黄大仙庙，后改称为黄仙观。近代上海虹

---

① 葛洪：《神仙传》，《钦定四库全书 子部十四 道家类》，乾隆四十一年刻本；另参见张君房：《云笈七签 纪传部 神仙传》，华夏出版社，1996 年，第 671 页。

② 倪守约：《金华赤松山志》，《正统道藏》（第 11 册），上海书店影印本，1988 年，第 70 页。

③ 王圻、王思义辑：《三才图会》，《人物卷十一》，万历三十五年刻后印本，第 3046 页。

口地区是广东人集中的区域，因此也分布着许多广东特有的宗教和民间信仰种类，黄大仙庙就在这里，黄大仙甚至成为旅沪广东人的形象代言人。1908 年，旅沪粤商为广东赈灾捐款也是以黄大仙的名义进行，可见黄大仙是旅沪粤人与家乡的情感纽带。①

1913 年，虹口黄大仙祠从广东聘请道士来上海做住持，实际上，这一做法是将虹口黄大仙祠作为广东罗浮冲虚古观分院。上海的黄大仙祠沿用广东总院的习俗，将八月十三日定为黄大仙诞辰，吸引信众踊跃进香。

> 虹口虬江桥黄大仙祠董事张明芝、邓志阳同众商议聘请广东罗浮山道士何崇龄经理庙务照管香火，永为住持，特此声明。②

> 本黄大仙观由罗浮冲虚古观分院经已数十年来并无分支在外。③

1928 年，《申报》记载，黄大仙庙由于资金困难一直处于出资租赁的状态。1934 年，因香火极盛，黄大仙庙筹建新观，并进行神像开光典礼。由于旅沪粤商名流的赞助，黄大仙庙"大醮七昼夜，

---

① 《励沪粤商劝捐广东水灾筹赈所第五次报告（续）》，《申报》1908 年 7 月 19 日。
② 《黄大仙庙董（张明芝邓志阳等公启）本》，《申报》1913 年 3 月 20 日；《香客注意》，《申报》1913 年 7 月 16 日。
③ 《黄大仙观声明》，《申报》1935 年 8 月 21 日。

为本观善信植福延寿"①。

> 虹口海伦路黄大仙真像，原在广东花地，由陈峰信士护送
> 来申，并由粤侨名流陈炳谦先生发起赞助，自购地基，建观于
> 虹口海能路，历有年所。现以时局关系迁往宁波路顾家弄照常
> 供奉，闻所做各项功德经资极廉，且于月之十五日举行菩萨陞
> （升）座开光典礼，各界善信之前往参神祈祷者，络绎于道，
> 香火之盛无殊往昔。该观历年赠医送药，且陈住持自制各种应
> 验药散，送赠病者，人皆称道，洵一慈善之观宇也。②

广东人陈炳谦是上海祥茂洋行的买办，也是闸北商会会长（闸
北商会由他垫款筹建）。由他捐资赞助的黄大仙庙保持每年给民众
赠医送药的习惯，因此，在旅沪粤人中建立了很强的信任感。

至20世纪40年代，新建的东山庙中也开始奉祀黄大仙，并有
广泛的信众基础，这说明黄大仙信仰在这段时间内的上海城市传播
广泛。位于西林横路53号的东山庙，建于民国二十九年（1940），
其主要供奉的对象除了东山娘娘，还有黄大仙，主要功能是医病救
人，当时的报纸中有相关记载。

> 鸣谢黄大仙护坛吴董氏，谨启者敝内人施蒋英素常身体虚
> 弱，患有经痛症剧发时腹痛如绞……经中西医治毫不见效，病

---

① 《申报》1928年8月27日；《开光通告》，《申报》1935年5月4日。
② 《黄大仙开光》，《上海报》1938年4月18日第4版。

至危险嗣得亲戚介绍于法租界茄勒路志成坊二十一号东山堂黄
大仙神医，虔诚祈祷，敬求诊治，不数日痊愈。鄙人乃心感黄
大仙神灵应显并护坛吴董氏上坛四载济人之危不下千万。①

敝人朱炳生，因小儿曾患足疾，数月不能行走。在沪中西
名医诊治服药无效后，得亲友介绍至南市肇周路泰安坊弄内东
山庙，有黄大仙仙师。有求必应，能治百病。鄙人即往乞求诊
治，自开始诊治不用汤药，则日见日好。不数十日该脚果见痊
愈，已能走路，脱离苦海。②

至 1949 年，《申报》记载了多起类似的鸣谢案例，对象都是东
山庙的黄大仙。正是因为黄大仙治病救人灵验，至 20 世纪 40 年
代，上海又有多处私自供奉黄大仙的祠庙，由此引发的争夺香火、
收益问题也日益增多。③

三　湖南籍的瞿真人信仰

瞿真人信仰是近代上海湖南籍移民的特色信仰，它起源于清代
初年的湖南，于近代传至上海。目前，瞿真人在上海仍有供奉信
众，且影响较大，因此也受到民俗学、社会学学者的关注。

据成书于清嘉庆十五年（1810）的《长沙县志》记载：

---

① 《声明》，《申报》1943 年 4 月 4 日。
② 《鸣谢》，《申报》1945 年 2 月 25 日。
③ 《佛门内讧，两股东争夺黄大仙》，《力报》1944 年 10 月 26 日第 4 版。

> 瞿真人，名浍苓，万历时人，年七岁出家古华山寺，后修
> 真集云山。国朝顺治八年（1651）七月十三日集薪白沙河边沐
> 浴，举火端坐诵经，风雷大作，须臾身化。是年八月肖像于集
> 云山寺祀之，每遇旱年祈祷辄应。①

这一仙释传说距成书不满两百年，万历时修真至清初羽化得
道。此后，其肖像在集云山被奉祀，主要功能表现为传统农业社会
神灵的特点——旱年祈雨。至光绪年间，随着湖南人走向外地，瞿
真人信仰也逐渐走出长沙。在上海市社会局 20 世纪 20 年代的第一
次寺庙调查中，保留了《敕封溥护昭应真人碑》的碑文，该碑文讲
述了瞿真人走出湖南的过程，其中提到瞿真人有保佑百姓免受旱
涝、疾病的功能。这一点与《长沙县志》的记载稍有差别，但对于
传统社会来说，旱涝保收和免除疾病就是最为迫切的需求。在瞿真
人走出湖南以后，这两种功能有所改变，如碑文记载：

> 同治六年（1867），闽防告紧，饬恪靖各营赴援，航海甫
> 半，妖风大作，文襄公潜心祷于神，波顿平。援师得以东渡，
> 大捷。请于朝加封昭应真人，遂祠遍行省。②

1866 年，左宗棠主持创办福建福州船政局，次年闽防紧张。作
为湖南人的左宗棠在地方神瞿真人前诚心祷告才化解危机。因此，

---

① 嘉庆《长沙县志》，《仙释》卷，嘉庆十五年刊，二十二年增补本。
② 上海市社会局档案：《敕封溥护昭应真人碑》，上海市档案馆，卷宗号：Q6-10-103。

他向清廷请求敕封其家乡神瞿真人为"溥护真人",促使瞿真人信仰扩散。1886 年《申报》又记载了《闽浙总督杨奏请加给瞿真人封号疏》,其中提到 1886 年左宗棠首次倡导集资在福州南郊建瞿真人庙,酬谢神祇。而在此之前,同治四年(1865)、六年(1867)都分别有湖南巡抚等多人请求敕封瞿真人,主要原因在于这些官员都提及瞿真人在军情中屡立战功,应当敕封、建庙答谢,[①] 但是,这当中都未涉及瞿真人信仰进入上海的神迹。

实际上,出生于湖南长沙府的左宗棠,在 1852 年太平天国运动中太平军进攻长沙守城有功后,就逐渐成为湘军的重要人物。左宗棠的祷神行为对瞿真人在湘军中的传播无疑起了推动作用,并伴随太平天国运动与湘军所到之处而进入上海。1851 年太平天国首先在广西爆发,随后两湖地区受到影响,许多湖南人沿着长江水道进入上海。1862 年太平军围攻上海县城,湘军在与天平军的对抗中也为瞿真人在上海的落脚创造了时机。

《敕封溥护昭应真人碑》记述了光绪十五年(1889)来到上海的湘军群体供奉瞿真人以求福祉、免灾、避疾的事迹,并因病情痊愈而相继奉祀。与最初瞿真人羽化得道时旱涝保收的功能已大不相同,[②] 但尽管如此,此时的瞿真人信仰并没有固定的庙宇,而是与其他普通寺庙一样租屋设庙。

伴随旅沪湖南人增多,乡情对庙宇的需求也随之增强。根据《统计表中之上海》和《上海市年鉴》的数据,1885—1936 年公共

---

① 《闽浙总督杨奏请加给瞿真人封号疏》,《申报》1886 年 1 月 7 日第 9 版。
② 上海市社会局档案:《敕封溥护昭应真人碑》,上海市档案馆,卷宗号:Q6-10-103。

租界和华界的湖南人口数量情况大致如表 2-2、表 2-3 所示。

表 2-2　1885—1930 年上海公共租界内湖南籍移民数量统计情况

年份（年）	人数（人）	年份（年）	人数（人）
1885	15	1910	680
1890	142	1915	2 798
1895	212	1920	2 944
1900	378	1925	7 049
1905	1 266	1930	4 978

注：① 自 1885 年起，公共租界才对人口作分省籍的调查，凡在洋行西人屋舍与工厂工作者，在村庄小屋及船上者都未分省，未被列入表格；
② 资料来源：《统计表中之上海》43 表、《上海市年鉴》

表 2-3　1929—1936 年鉴上海华界湖南籍移民统计情况

年份（年）	人数（人）	年份（年）	人数（人）
1929	5 282	1933	10 810
1930	8 200	1934	11 401
1931	9 414	1935	12 276
1932	9 256	1936	15 882

资料来源：《统计表中之上海》《上海市年鉴》

可以看出，湖南人进入租界主要是在辛亥革命以后，因为民国之前入沪的国内移民大多居住在华界，没有进行精确的统计。但 1929—1936 年间华界的统计并非一日之成。同样是《敕封溥护昭应真人碑》中记载光绪十九年（1893）旅沪湖南商人在同人中募集资金，于县城西门外购置地产建立庙宇。

栋宇辉煌，升神像入，结众生欢喜之缘，奉百代馨香之祀。住持僧一人，其契约交湖南会馆绅董输管，今将众姓芳名捐款勒碑于左。①

　　这篇碑文由当时的长沙知县撰写，此时的瞿真人信仰已经完全褪去最初旱涝保收的功能。此外，湖南人在上海建立的其他民间寺庙中也开始供奉瞿真人，1930 年建立的敬心寺即是如此。②

　　从左宗棠在闽边防务中祷神，到旅沪湘军的祷疾、颓祉，都是外地的湖南人对乡土信仰的传承与依赖。在上海的瞿真人庙建立以后，瞿真人成为旅沪湖南人的乡土保护神。该庙自建立以来，就成为旅沪湘籍人的首选落脚点。

　　　　安置湘省来沪难民。湘省因遭兵灾，男女老幼难民结队来沪，于前日抵埠，大小计有四百二十五人。因无安插之所，昨由上海县沈知事派警送请同仁辅元堂代为安置。由该党查得沪西瞿真人庙及湖南会馆房屋较大足可安置。立送往该二处住宿，并将口粮、日用各物一并备送。③

　　　　湘人避难沪上者已达七千人之多，因长沙虽幸告安全，而湘东湘北各县及长沙乡镇共匪潜伏，时常暴动，仍不敢回省。……由近从岳阳逃来难民报告后，全场声泪俱下。④

---

① 上海市社会局档案：《敕封溥护昭应真人碑》，上海市档案馆，卷宗号：Q6-10-103。
② 《社会局祠庙调查资料》，上海市档案馆，卷宗号：Q6-10-103。
③ 《安置湘省来沪难民》，《申报》1921 年 11 月 9 日第 19 版。
④ 《申报》1930 年 10 月 21 日第 10 版。

瞿真人庙作为移民的避难所，求医问药是他们最迫切的需求，当然，这一点与湖南会馆在瞿真人庙发放药品有关。对移民来说，"治病救命"是神灵的基本功能，也是永远不会过时、丢弃的。而现在上海白云观中供奉的瞿公真人，其前身就是湖南人的瞿真人庙中的神像，目前在市民中还是主要作为医药神存在。瞿真人从最初的"旱涝保收"功能到向外传播过程中的"指点军情"功能，再到旅沪湖南同乡会中的"敦乡谊""治病救人"功能，最后转化为湖南人的药王神。

第五节　由乡到国：乡土神与民族情结培育

上文讲到传统的同乡组织都是以凝聚乡谊为目的，但在近代民族危亡时刻，同乡会正是利用乡谊的优势，催发了旅沪乡民的爱国情结和民族情怀，而这当中乡土神就成为一个重要的纽带。各地移民在进入上海的同时将家乡神带至上海，伴随城市生活和社会状况的巨变，乡土神在城市里的功能也发生变化。除了帮助移民在精神上适应城市生活，还具有强有力的凝聚力，并在此基础上开展一系列保卫民族、抵御外辱的救亡运动，改变了原来同乡会"只顾乡谊，不谈政治"的状况，对近代民族、国家情结的建构起到一定的推动作用。

中国较为正式的同乡组织在明清时期即已出现，传统的同乡会作用都是以凝聚乡谊为主要目的，他们重乡土情结，帮助身在外地的同乡解决困难，城市的乡土神尤其能够起到帮助同乡适应城市社会生活的作用。与近代不同，此时的同乡会以乡土神为核心，是一

个几乎包罗所有的同乡组织，并构成城市社会和民族救亡运动重要
的力量。目前，学界关于上海城市同乡会和乡土神的研究呈现出不
太均衡的局面。旅沪同乡组织是上海史研究的重点之一，这方面的
研究主要集中在同乡组织的组织框架、社会活动等上。宋钻友对旅
沪广东移民的研究，高红霞对旅沪福建移民的研究，以及对湖南
人、宁波人等群体的关注都是基于地域人群在上海的社会活动和组
织架构来开展的。① 而关于城市乡土神的研究相对来说较薄弱，或
者在研究同乡移民时略有提及，或者是包含在上海宗教史和民间信
仰研究中。与本书研究论题直接相关的研究成果较少，大多是涉及
同乡会的抗战活动等，停留在还原具体活动的层面上。总的来说，
目前学界对移民乡土神在上海的转变的相关研究较少，尤其是它突
破了原始的乡土格局，将乡土与民族存亡、国家兴衰联系起来。

无论是行业神还是地域神，都带有浓厚的乡缘、乡土色彩，这
就导致同一行业供奉的同一神灵往往根据从业的籍贯来源分为不同
派别，这类行业神实际上也是一种乡土神。可见，无论参与同乡会
馆还是同业公会，最终信奉的神灵都来自家乡的乡土神。移民进入
同业、同乡组织后，不仅能解决工作、生活中的难题，还能将自己
的价值观念、社会意志、政治诉求等付诸于同业团体中。

一 "爱乡须爱国"，怎样走向爱国

乡土神进入近代城市后的功能转化，是激发信众民族情结、组

---

① 宋钻友：《广东人在上海：1843—1949 年》，上海人民出版社，2007 年；高红霞：
《上海福建人：1843—2008》，上海人民出版社，2008 年；张坚勇：《湖南人在上海
的政治活动研究（1862—1949）》，上海师范大学硕士学位论文，2016 年。

织爱国活动的前提。这些移民或从属于同一同乡会、会馆，或从属于同业组织，无论何种组织体系，大多都有各自共同的乡土神，并成为组织活动时的精神内核。在此基础上，他们开展活动的组织架构也是其按照所在的同乡、同业组织来安排。因此，探究城市乡土神功能发生怎样的转化、如何激发移民的民族情结、如何组织活动，是解答乡土神参与民族情结建构的关键。《广东旅沪同乡会月刊》中记载，潮州人天性好斗，富有勇敢精神，因此他们"团结力亦弥坚"。尤其是在"一·二八"事变中十九路军能不顾一切与强敌周旋，此抗敌精神及种种表现都是潮州人固有传统精神血气的流露。而这一精神在旅沪潮州人中的群体活动表现就是迎神赛会和建立会馆组织。①

以广东旅沪粤人所信仰的黄大仙为例，黄大仙是东南沿海地区，尤其是香港、澳门十分流行的民众信仰。黄大仙信仰对当时旅沪的广东移民日常生活产生了很大的影响，帮助他们适应陌生的城市生活，黄大仙信仰在旅沪同乡中几乎拥有与天后信仰同等的地位。

正因乡土神在移民群体中拥有很高的认同感，才有可能成为民族情结的起点。《是非公论》在民族危亡之际创刊于南京，质量较高，其以"实际环境为立论之基础，以综合态度为评论之准绳"为宗旨，主要刊载各类有关政治、经济、社会等国内外实时动态的评论性文章，反映了抗战全面爆发前后中国知识分子对时局的认识。

---

① 《调查：旅沪潮人生活概况（续）》（附表），《广东旅沪同乡会月刊》1934年第11期，第14—23页。

1936年该刊发表了何疑今的《修庙于是可以救国》一文，当中就提到：

> 几年来的国难，促成了许多民族苏醒的伟绩。最令人钦佩的还要算一般民众的觉悟……人类天性本来是畏难的，幼年时要依赖父母，危难时要求神保佑。有的庙会挂着招牌代人家经营子嗣……还有的庙除代人求富贵外，尚可以收容失恋的青年男女去当僧尼，给他们精神上一个寄托的地方。可见庙之为物，在我们民族的生活上占了极重要的位置，它对一般人的魔力更值得我们重视。

这种魔力在民族危亡时刻就显得尤其强大，甚至可以转移。笔者看到当时普通的民众也是"在这个民族危亡的时候，对于救国事业，谁肯甘居人后呢？人们受了这种责任心的策动，都抱定舍我其谁的决心，挣扎着为民族求出路"。因此，他认为，当前的急务，就是在提高民族的意识。

> 彷徨的结果，还是认为"修庙救亡"是个较妥的办法。有了人类信庙的根性，有了我们民族光荣的过去，若能将这两种伟大的力量结合起来，恐怕怎样意志坚定和铁石心肠的人们，也不免要受些感动，渐渐地归化到民族复兴的圈围里去。为了这种原因，修庙的狂潮于是就弥漫了全国。关心民族武功的，当然主张重修汉武庙、苏武庙、岳武庙。提倡民族文化的，便想到孔庙、昌黎庙、东坡庙、朱文公祠、曾文正祠。注意培养

民族组织能力的，则不惜破费百十万来建筑同乡会、同学会、同乐会。还有关怀游览事业的人们，就努力的漆刷某宫某寺，以便招揽海外的游客，宣扬我们故有的文化，利用偶像的魔力以招苏将死的国魂。

可见，当时无论是有识之士还是普通民众，都感受到了民间信仰的强大力量。作者虽然感受到了这股强大力量，但又认为普通民众对人对神的态度，都是江湖上所谓的"出门靠朋友"，拉车的在缺乏雇主的时光，也许会不知不觉唱几句《苏武牧羊》。因此，要全国民众都能苏醒起来努力救国的先决条件就是要让他们知道"国家是什么、国家为何要救、如何能救"。最后的结论当然不是真的依靠修庙，而是利用庙产等来救国。不同的是，普通民众正如作者文中所述，无论情感上还是行动上，都是妄图依靠求神修庙来救国。[①] 因此，可以看出，祠庙确实曾替社会负担了些失业救济的责任，甚至直接参与讨论时局、启发民智的活动。

粤剧是近代上海传唱度很高的地方戏曲，其内容经常是新式的创作，当中无不渗透着对时局和政治的关注及态度。在 1904 年《新小说》期刊中刊登了一篇短篇小说——《黄大仙报梦》，讲述了黄大仙到凡间体验疾苦，感慨国家民族存亡的故事。这篇小说以粤剧唱词的形式写就，具有广泛的传播性。文中理性地分析了民间供奉黄大仙的社会原因，即认为是清末以降遭遇西方列强侵略导致的世人广建祠观庙堂。

---

① 何疑今：《修庙于是可以救国》，《是非公论》1936 年第 5 期，第 4—7 页。

在瑶池蒙王母凤诏会群仙，同祝寿，宴赐蟠桃，遭不幸，遇下界拳匪大闹，那硝烟和弹雨冲破丹霄，惊动了多少狐悲猿啸。又谁知发天兵命神将剿灭不来，联军杀到，满天神佛无地可逃，叹世人最迷信神权、邪教，布黄金营齐醮撞骗招摇花埭中建庙堂也，算繁华渊薮。他为我塑偶像，来把香烧。

黄大仙以一个旁观者的视角对时局进行了深刻的总评，对清末政局持有深深的忧虑，"恨中原还逐鹿，山河飘渺。有灵芝怕难极东方病叟"。从当时的社会情况来看，"阉宦弄权，党祸株连，朝纲败坏，正是黄钟毁弃，瓦釜雷鸣，蛟龙困在池中"。但黄大仙却发现当时的岭南有一位旋乾转坤之才——郭琪光，可惜生在当时的黑暗时代。黄大仙希望自己以旁观者的视角去郭琪光的梦中传授其心法，以救四万万同胞于水火。于是他了解到"郭琪光自幼读书曾破万卷，惟是蒿目时艰，意欲为支那祖国争辉于地球之上。故而抛弃八股试帖，游学欧美两洲也，有十五年之久，政治、法律水陆兵法经济文学都领有学堂卒业文凭，后来迁道俄国西伯利亚铁路而回。目击辽东一带形势，不禁怒发冲冠，这也少言"。

对比中西古今的政局感叹"中国若然变法自强，失之东隅收之桑榆，尚未为晚"。甚至，在郭琪光的梦中，黄大仙指点道：

开议院民权，先讲，第二件改制度，兵刑吏礼一宗一件都要除却了野蛮，第三件办外交把农工商务的礼权来挽，第四件十八省开通商才免列强虎视眈眈，这才算尊王室攘夷。

一言惊醒梦中人，郭琪光与黄大仙的对话激发了他树立生平抱负的决心，要"寻访同志，才能不负国民责任"。

尽管这完全是一篇虚构的粤剧唱段，但是由于黄大仙在旅沪粤民群体中拥有非常高的认同度，作者又有意以黄大仙的口吻来发表时局观点，并表现出对民族安危的担忧，希望其能起到开启民智的作用，因此大受欢迎。毫无疑问，祠庙中的黄大仙难以做到，但正是信众深知黄大仙在旅沪粤人中的精神价值，并借此激发粤人的民族情结。可见，黄大仙作为乡土神在粤人民族情结的建构上起到了不小作用，实际上达到了一种思想启蒙效果，而这一作用的前提就是以乡土神为核心形成的"凝聚力"。

在《广东旅沪同乡会月刊》第 2 卷第 2 期《拥护广东同乡会为旅沪粤人的天职》中就提到：

> 蚁能爱群，葵能卫足。蚁葵为小动植物，尚能顾及本根。何况具血气、识道义、笃周亲、能御辱、乐生恶死之吾人，且明知离群索居，不能自活于世界。是以高尚人类知尚群为当急之务。子舆氏有言："出入相友，守望相助，疾病相扶持。"尚群之道，正是此种意义。凡吾粤人，当深长思也。

这一"尚群"的品质实际上就是由地域群体延伸及民族、国家，他们进一步认为，地域的民族性和群之为道尚矣，"然世有以种族为群者，名曰国家，有以姓氏为群者，名曰宗祠，有以行政区域为群者，名曰州县，有以学说宗旨为群者，名曰党派，有以事业为群者，名曰会馆、公所、公会"。在近代上海的同乡群体中，同乡组织对乡土精神的提炼和总结是一个有效的推动，而且大部分同乡群体也乐意这样做，其中又以广东省最为积极。隆都现在是广东汕头的一个镇，当时旅沪同乡大多数为先施、永安两公司的职员，其同乡会就认为：

> 隆都灵钟旗岭，秀挹岐江，居民本其果敢勇毅之精神。……我都人士之经营于此（沪）者不下千数百人，只以缺乏团结机关，难于联络，遂至感情涣散、扶助无从。……以我都人士素富合群天性，当此百业相竞之时，而临此百业相竞之地，尤当互助联络，急起直追以发展都人之乐利。①

对地方水土所滋养的人文精神的总结是同乡在上海身份认同的一个起点和依据，而这一精神的核心大都与地方神灵有关。1934 年，广东旅沪同乡会会议开幕式提到：

> 今日吾人不能讲个人主义、地方主义，应讲团体主义与民族主义，如广肇公所、潮州同乡会、中山同乡会等，此中弊病乃遗传而来，务需扫除，统一一省意志，推之全国，吾国有数千年文明，应使世人明了国人之意志与远大，希望乡人更近一步努力。②

---

① 《各同乡会消息》，《申报》1925 年 10 月 24 日第 12 版。
② 《开幕纪要》，《广东旅沪同乡会会刊》1934 年第 4 卷，第 10—12 页。

由此，同乡组织成立之初的"不谈政治"的做法在民族、国家危亡时刻是不现实的，黄大仙信仰自始也并不是完全与政治无涉。从地域情感到民族国家情感，这当中民间的信仰是一个极具张力的连接。

二　乡土神与同乡组织的民族救亡运动

"九一八"事变后，上海掀起抗日救亡运动，许多旅沪同乡组织积极投入运动。"一·二八"淞沪抗战期间，抗日救亡运动进入高潮，各同乡团体大力支援前线。而乡土神所承担的救亡责任往往和同乡组织活动结合在一起，其中，广东的潮州旅沪同乡会在两次抗日救亡运动中都表现出显著的民族情结和爱国情绪。潮州旅沪同乡会为潮州地区潮安、潮阳、揭阳、澄海、饶平、惠来、普宁、丰顺八个县及汕头的旅沪同乡组织，据 1947 年统计，有会员 2 238 人。起初，该会会章规定："不涉政治，以固结同乡团体，联络同乡情谊，发挥自治精神为宗旨。"① 但所谓"不涉政治"，其实是为了在上海市社会局能够顺利获批成立。实际上，政治人物在其建立过程中发挥了重要作用，大多数的同乡组织负责人都为军、政、商界要人。成立后，它积极投入抗日民主运动，同时也利用会刊抨击当时政府的对日妥协政策。例如《泉漳会馆的中落与复兴展望》提到"泉漳会馆的中落显明的表现在外表上的，则是开始在民国二十六年（1937）以后，那年'八·一三'的战事发生，使它遭遇到空前未有的损失，陷入为它未曾经

① 《潮州旅沪同乡会章程》，《潮州旅沪同乡会特刊》1932 年救国号，第 123—128 页。

历过的惨境。泉漳会馆所有的房产都是在沪南区内，自战事发生后，房产收入告断"。

伴随民族危机的加深，单纯强调"乡谊"和"地方性"的同乡会和乡土神信仰逐渐发生变化，即从开展地方特色的活动到爱国活动。在爱国救亡运动中，乡土神发挥了凝聚人心、宣传思想、提供救济物资及场所的功能，主要活动包括演剧筹款，一般演出的剧目内容包括时局的改编或者传统剧目，当中常常包含同乡所认可的神灵。广东旅沪同乡会要求入会就必须学习粤语、观粤剧。粤剧剧目往往包含关于当时政治和社会的写实，而戏曲本身又是一个常传唱民间信仰的载体，是向普通民众传递思想的一个有效途径。就近代上海城市流行的戏曲来看，既是宗教、民间信仰传播的媒介，也是民间故事的承载者。在广东旅沪同乡会自行刊发的刊物中就有关于粤剧和广东民族性的讨论。

> 至于异军特起，壁垒鲜明，得于国剧中占一席地者，吾必推粤剧为首屈，盖其表演精彩，处处足以表现广东民族之特性，且粤人善歌，清丽激越，服装台步不让平剧……日者广东同乡会为粤民医院演剧筹款于天蟾舞台，得兴其盛。……戏剧向以生为本位……粤剧属之武生。此足以表示广东民族之尚武勇敢，果决而富有毅力。……北平演剧，一守陈法，沪上喜排新戏，则又太重机关，等于魔术之争奇斗巧。粤剧则不然既演古戏，而服用诸品亦参新制，此足以表示粤民之弃短从长，不泥于古。更为重要的一点是：粤剧歌唱，多用国音。惟白口纯

用方言，此足以表示粤民之爱乡观念。①

从这里可以看出，粤剧既要表现广东人勇敢果决的特色，又不拘于古戏；多用国音，只有在"白口"时使用方言。这与当时广东地区一些小的旅沪同乡会宗旨是一致的。

潮州旅沪同乡会当时就有"学习国语"的要求，而不是仅仅局限于方言的沟通，这在一定程度上是对"地方""乡谊""区域性"的突破。这一突破最大的表现就是旅沪同乡会成立"救国团练"。在广东潮州旅沪同乡会的《潮州旅沪同乡会特刊》（第 2 期）中就有《潮州旅沪同乡会四育救国团练习国技简则》（以下称"《简则》"），《简则》记载救国团练的宗旨是：提倡国技，养成刻苦耐劳之强健国民，主要练习武当太极拳和少林拳派，强调民族的。救国团还附设国语、粤语传习所。《潮州旅沪同乡会四育救国团附设国语、粤语传习所招生简章》记载：凡属同乡不分性别，亦不论会员非会员，如有志愿习国语或粤语者均得入学。

除此之外，具有乡土性质的神灵祠庙还作为一种公共空间，提供议论国事、表达政治意愿的地方。辛亥革命之后，宁绍籍水木业工人就借鲁班殿公所捐资助力革命。② 1914 年上海水木业工人为反对袁世凯以及抵制日货等举行罢工，在二马路三鑫楼及鲁班殿开会，决定举行同盟罢工，并刊送传单，号召企业，愈集愈众，有数

---

① 《粤剧与广东民族性》，《广东旅沪同乡会月刊》1934 年第 1 卷第 6 期。
② 上海社会科学研究院历史研究所：《辛亥革命在上海史料选辑》，上海人民出版社，1981 年。

万人之多。① 甚至，旅沪粤民救国联合会前往借武昌路三元宫145号开第四次代表大会，② 上海反日及救国会的办公地址就设在天后宫。③ 闽南旅沪同乡会"因东北事起，举国惶然，同乡群感本会应从速正式成立，俾便共赴国难，遂于十月十一日下午二时在泉漳会馆开成立大会。……先是假泉漳会馆一所为办公之用"。同时，也将其日常工作分为"整顿会务者占十分之二，救乡者占十分之五，救国者占十分之一，援助会员及同乡者占十分之二"。④

同时，几乎所有有地域区分的乡土神还是移民开展争取权力、表达夙愿的"领导者"。上海的鲁班信仰因水木业工人中有广东、宁波、本地等不同的籍贯来源，而奉祀不同的鲁班神像。广肇公所就曾利用自有的鲁班庙办学，在中国近代工人运动的史料中，上海水木作相关行业罢工、集会均是以鲁班庙为集聚地点并常举神像游行。

> 沪上水木作各工匠议加工资，聚众滋事各情已纪前，报前日午后二点钟时复纠聚四百余人，前导及殿后者各执鲁班先师高脚牌一面，出北门至法界新街迤逦，过公馆马路，郑家桥往北至山家园等处。⑤

---

① 北洋政府内务部档案：《五四运动史》，中国第二历史档案馆，第2804号。

② 《旅沪粤民救国联合会开会》，《新闻报》1931年12月24日第16版。

③ "Shanghai Anti-Japanese and National Salvation Federation," *The North-China Daily News* (*1864—1951*)，1932年6月27日。

④ 《闽南旅沪同乡会年刊卷首语》，《闽南旅沪同乡会年刊》1933年第1卷，第14—15页。

⑤ 《木工肇事余闻》，《申报》1898年5月16日第3版。

鲁班像作为一个可见的意义象征，代表着各籍贯的行业方向引领，指导着行业工人的罢工行动。

另外，城市乡土神祠庙本身也参与救亡运动，或救济军人、穷人，或施济医药，常常与同乡组织结合，例如设立潮州旅沪同乡收容所于洋行街，潮州会馆内收容难民，并供给食宿、施济医药，尤其是像广东黄大仙、湖南瞿真人、江西许真君这类乡土神信仰，其最初就有医病救济的社会功能，在民族危亡时期发挥了巨大的作用。江西的许真君信仰拥有很多信众，曾在饥荒时期推出"许真君救饥方"。① 给予艰难中的江西人精神和身体上两重救赎。福建的泉漳会馆中供奉天后神像，一方面拟从事提倡社会道德；另一方面拟举办公益事业，积极参与恢复开办孤儿院、中小学等等。

> 每逢岁时祭祀，是必召集同乡，在馆内欢宴……最盛大的集会是逢天后诞日，那日在馆内演戏，大家一边吃酒一边看戏，一连至三天之久。聚宴因民国十九年国难发生后，宣告废止。同乡子弟学校也在抗战以后受到影响。②

最直接的是，在抗战时期，"闽省健儿服役于军队为国家争取光荣者为数极多，惟胜利后，一部分经被遣回乡，先后道经上海，候轮回闽者有数百人之多，但际兹交通尚未恢复战前原状之前，须作长期之等待，他们所领得之遣散费，实在不能在生活如此高昂之

---

① 《许真君救饥方》，《佛教杂志》1942 年第 6 期，第 28 页。
② 《泉漳会馆的全盛期》，《泉漳特刊》1946 年 6 月期。

上海城市中作数日之支持，本会馆爱惜爱国健儿计，为免使曾参加伟大抗战同乡子弟沦落海在他乡计，义不容辞，乃设法收留，并加以救济之。目前，除每日发给伙食费，及设法给予住宿外"。① 乡土神祠庙的救亡行动往往与会馆结合在一起，尽管是微薄之力，但为移民提供了稳定的精神支柱和价值引导。

伴随近代民族危机的加深，对于一贯生活在宗族、家族观念中的普通民众来说，民族情结开始慢慢深入生活，城市中的乡土神成为移民组织民族救亡行动的有效连接。清末民国现代民族国家意识的兴起，可以说是地域身份与国民身份的叠加，乡土情感渗透在对民族畅想中，表现为个体利益、家乡利益与民族利益的结合。而这当中乡土神实是爱国人士保国无门的被迫选择，他们将普通民众对神灵的依赖以及产生的凝聚力转化成民族、国家情绪，并为之努力。当然，以乡土神为连接的同乡团体在上海的民族救亡活动也显示出较为强烈的乡缘意识，对于家乡的政治局势尤为关注，往往在上海开展活动，以此去影响、扭转家乡的政治局势，这样的政治参与和诉求有时呈现出明显的地域性。

尽管乡土神对旅沪移民民族情结的建构仅限于一定程度，不能过度夸大其作用。但作为传统地域文化，进入城市以后对移民的社会生活产生巨大的影响，并据此搭建出具有地域性的社交网络，帮助他们适应城市生活。在此基础上，将家乡情结延展至民族、国家无疑是传统文化社会粘合作用的突出体现。同时，以此为切入点，也是对普通民众情感体验和社会、民族认同的直接观察角度。

---

① 《会务报告之一》，《泉漳特刊》1946 年 6 月期，第 4 页。

由家乡到民族的连结中，同乡会是关键的组织形式，这打破了我们对同乡会地方、地域观念的认识。同乡会曾被旅沪的广东人认作"团结民族之阶梯"，同乡会团结互助的原则往往被认为是地方主义的因素。旅沪同乡认为，真正的地方主义是以拥护个人利益为前提的，同乡会则是维系同乡之感情、扶济贫弱、协助建设。"其名虽以地方为立场，其实则以民族为鹄。……所以以一区一域为范围，若能认清目标，而以国家前提之同乡组合，是不违反民族主义而有组织的必要。"①尽管如此，旅沪同乡也认为广东区域内方言、习俗有所不同，"各州感情，亦甚隔阂"，而融合乡音的前提就是民间信仰。

民间信仰在个人、移民团体、城市和国家之间发挥着一种强有力且极具弹性的连接作用，个人能在其中找到自己的社会位置。一方面逐渐但又未完全告别过去乡村的家族、宗族社会结构，另一方面建立一个现代社会职业组织构成的工业社会结构。他们还未完全适应工业社会带来的管理架构，因此，还时不时地需要旧传统赋予他们的伦理、道德、信仰来规范其行为。

总的来说，城市的基层社会常被讨论，尤其是近30年来社会史研究的视线下移之后，研究视角和关注重心由以往集中在上层精英阶层和重大历史事件及转向，转而关注社会与民众、民众生活等，大大扩展了研究领域。这一研究转变从社会层面启发我们要看到城市细微的万象，并发现它与城市运行息息相关。尤其是近年来

---

① 《论同乡会为团结民族之阶梯》，《广东旅沪同乡会月刊》1933年创刊号，第14—16页。

的基层治理实践，让我们逐渐看到城市存在一个隐秘的社会系统，有时需要引导其形成合理的逻辑。

对于近代城市来说，几乎都是由一个个城市的组织来构成。可以从一个移民组织团体来看其与城市的关系，也可以从某个移民个体来看其间网络的架构，不同的颗粒度展现出城市的不同面向。移民进入城市是欧洲工业革命后就一直存在的社会现象，伴随着全球化、城市化的进一步发展，这一人口流动现象在更大范围内展开。它既给城市生活和管理带来一些问题，也在另一方面倒逼城市社会的不断发展和完善。当然这种改变不完全是良性的，但作为城市系统的一部分，一直在慢慢与其他组成部分调适与融合。

对于近代上海的城市移民来说，他们自踏入上海就从未被孤立过，大多数人加入同乡、同业、帮派等各种各样的团体，以一股力量式的形态存在于城市之中。这些力量的内部是一个高度自治的组织架构，关涉工作、生活、社交、学习，甚至生病、死亡等方面，可以说涵盖人的生老病死重大事件的方方面面，具有很强的社会自主性，不太需要借助"外部"的力量。正是这样高度自治的移民群体才使他们更加牢固地落脚于陌生的城市。在近代上海的城市发展中，他们往往作为一股实际存在的社会力量参与城市生活，不论是著名的四明公所事件还是水木业工人参加罢工抗议时局，都是以某种纽带团结起来的社会力量。

如果对近代上海城市的移民进行描述，那么首先展现的应该是诸如同乡会、会馆、同业公会这样的社会团体或乡缘组织，但很难展现出其中某个人的活动轨迹或者心路历程。个体如何与团体产生勾连，如何产生情感共鸣，这在民间信仰中都可以找到线索。这三种形式的关系往往都是凭借某种民间信仰神灵这一纽带结合在一起，他们信仰同一行业神、地域神、帮派神，组织相关的祭拜、神像游行等社会活动，建立有组织的社会关系网络。当然这些个人情感并不仅仅是指他们直接地接受城市或被城市接受，而是与团体或城市之间存在一些情感的共鸣。通过共同组织活动来维护或酝酿某种情感，小到缓解思乡之情，大至爱国爱民，在维系这一社会网络中，民间信仰表现得极具张力和韧性。比如，近代上海的广东旅沪同乡会，与福建会馆同样奉祀天后，不同的是，他们通过同乡会组织许多社会活动，入会就必须学习粤语、看粤剧，以及拜黄大仙等来强化身份认同，最后甚至在同乡会基础上孕育出许多爱国活动。从地域情感到民族国家情感，这当中很难说出哪一种是终点，但无论怎样，民间信仰同粤语、粤剧一样，是当中一个极具张力的连接。当然，在实际生活中，我们也看到移民们并不是必须通过家乡带来的神灵才能完成适应过程，一些上海本地的祠庙在开埠以后也被赋予了这一功能，如位于苏州河河岸的金龙四大王庙和提篮桥区域的下海庙，同样满足了移民们的心理需求和社会需求。

第三章

移民城市文化生活中的民间信仰

民间信仰除了信仰、观念层面的内涵，还以文化的形式存在。对于信众来说，他们所接触到的信仰常常是口耳相传的歌谣、戏曲、传说或者是亲身参与的酬神、祭拜等活动。从这个角度来说，民间信仰既是一个名词，也是一种表达社会活动的动词，其中包含多层面的复合内容。尤其是近代城市中的民间信仰，因被打造成各种各样的文化活动而兼具观念性、功利性、消费性、娱乐性等。移民带入上海的民间信仰除了依赖祠庙，最重要的是凭借民间戏曲、民间传说、民间故事、生活习俗等形式在上海存续和传播。另一方面，移民也通过这些具有家乡味道的文化形式来满足自身适应陌生环境，在此基础上达成民间信仰在地域文化身份认同中的标识作用。

第一节　地方戏曲与民间信仰

人类文明是共通的，古希腊的戏剧就产生于一种兼具合唱跳舞的 Dithyramb，最初用来赞美酒神 Bacchuh。合唱者绕着香烟缭绕的祭坛，一面唱出神灵的生平轶事，一面以种种手势表达，通过互动达到人神合一的境地。可见，戏剧、戏曲起初就是在与神灵的沟通活动中产生的。在移民的文化生活中，与民间神灵信仰关系最为密切的就是地方戏曲文化和日常习俗。戏曲作为民间文化的另一种表现形式，自始就与民间信仰有着密切联系。首先，民间信仰在传播的过程中往往以戏曲为载体，通过信众们的传唱进行扩散。在这种情况下，戏曲的流传路径与所携带的民间信仰基本一致。同时，戏曲也参与民间信仰祭祀仪式，例如某些民间信仰举行庙会或迎神赛会，在此过程中戏曲虽然发挥着娱神娱人的作用，但戏曲的故事主题往往是关于某位神灵的英雄事迹。如传统剧目《喂药》（一名《请药王》）的主人公刘金定本就是仙家弟子，道术高深，可以书符念咒请药王降临，而药王神在戏中也是重要的角色，由丑角扮演。[①] 传统剧目经常演绎一些久远或著名的民间传说，这些传说往往都与民间神灵相关。

在近代上海城市移民的社会生活中，戏曲一直扮演着重要的角色，充实着城市移民的精神生活。迎神和酬神都与演戏或者演剧联系在一起，即庙宇建好后迎入新神要演戏，神灵发挥作用之后也要演剧酬谢。各地的迎神曲各有不同，经过民间反复传唱，往往成为具有地方文化特色的戏曲。

移民之所以对家乡的戏曲情有独钟，除了戏曲的唱腔能使他们共情之外，另一个重要的原因就在于它往往是移民城市生活的真实反映。《大公报》曾记载一段名为《伪巡长》的戏曲，该段戏原名

---

① 《剧本喂药》，《戏考》1918 年第 22 期，第 85—89 页。

为《小山东到上海》，曾于 1929 年第一次在银门剧场（在红宝剧场楼下）演出。

> 那时正是文明戏剧坛衰微寥落的时候，该剧演出的成绩旺盛一时，打破剧坛记录，声誉远播，甚至于传闻到后方干戏剧工作者的耳中。胜利以后，由后方来的人士，莫不以一观为快。……更不能不去考察研究该剧其所以能有大量观众的原因。他在百忙之中抽出了一个晚上，到丽华戏院看完了此剧，某日在坐席上，夸赞该剧其所以成功，最大的优点是在于"真实"，它把当时赌博四起、流氓猖獗时的一股乌烟瘴气，能够活生生地搬到观众面前，暴露出社会的另一面，在状元楼的一幕，表演白相人的"吃讲茶""拉台子"等一切动作切口，是那样的逼真，那样的细妙，如果演员没有这经验与体味是不容易演好的。最精致的一场是上海人所谓"拜老头子"。[1]

前面讲到"拜老头子"也是移民民间信仰网络中的一种，这些熟悉的上海生活，正是一种真实生活的映射与安慰。

一　演剧酬神

戏曲与神灵自古就是联系在一起的，中国一直有"入庙看戏"的民间习俗。而酬神演剧则起源于"庙戏"。"庙戏"即古之社戏，是乡村常见的娱乐活动。乡间村落每以岁时筹集费用招伶人演剧答

---

[1]　《大公报》（上海版）1946 年 11 月 13 日第 1 版。

谢神灵，也称为"庙台戏"。这种戏一般在春日上演，所以也称为"春台戏"。因为乡村庙台戏一般为江湖戏班，与城市中的专业戏园不同，因此又被称为"草台戏"。但无论何种命名和来源，庙台戏都蕴含着传统乡村社会的逻辑，观众都是生活在同一村庄的同宗族人，为神灵对农业生产带来的护佑而演。

近代城市中的演剧酬神正是源于这一传统的乡村习俗，《老上海》中就记载了南市各会馆每逢秋季都会邀请戏班演"庙戏"。[①]在城市演剧酬神的群体中，很多是来自同乡、同业的移民群体，他们传承着原有乡土的社会关系和习俗，共同的神灵对于他们和乡村的社庙意义是相同的，因此，可以说"演剧酬神"本身就是一种极具"乡土"内涵的活动。而在城市，同乡们希望借助这一乡土的核心活动来维持原有的乡缘和网络，其意义甚至没有发生改变。当然，这里的"乡土"并不局限于"乡村"的概念，更多的是指传统中国的社会关系。

演剧酬神是移民与民间神灵间常见的沟通方式，常常发生在人们希望得到神灵庇佑或者某一神祇显灵之后、人们为了答谢而进行的活动中。其具体流程就是移民根据自身爱好的戏曲种类，邀请戏班伶人演唱戏曲，这一形式决定了他们往往会选择自己家乡的戏种，或者十分流行的戏曲。而邀请人通常以某一团体的名义，或同业、或同乡，无论哪种，都是有着共同的精神依托。

传统的演剧就是指戏曲表演，但步入近代以后演剧又指代一种新的表演艺术，也包括戏剧、话剧等，但无论哪种，都是一种极具

① 陈荣广编：《老上海》（下册），泰东图书局，1919年，第193页。

意识形态的表现形式。在移民的酬神剧中几乎都是传统的戏曲，尤其是有地域文化特色的戏种和曲目。这种酬神演剧与迎神不同，对于一般的同乡会和同业组织来说，只要有共同的神灵信仰，都会举行迎神活动。但酬神就不同了，它一般是在经济实力尚可的会馆举行，观众也是针对同乡而言。此外，经济实力强，邀请演剧的戏班水平可能偏高，时间也会更长。

> 沪南各沙船掌者舵人等，近因获庆安澜，故于昨今两日集资在商船会馆演戏二台。二十日俗传系褚老大人圣诞，由严姓商号亦于是日敬戏一天，出月初四日朱万泰沙船因满称而回获利丰厚，故亦演剧一天，以答神庥。①

> 沪南江西会馆内夏布客与夏布庄每届收庄必雇名班演戏三天供许真君，藉此收市回乡。闻今届仍撵七月三十日起至八月初二日止照例演剧酬神。②

近代寓居上海的江西人大多从事"碗业"大宗生意，也就是在景德镇瓷器基础上发展起来的业务。其次，"夏布"也是旅沪江西人有特色的主营商业，这种具有特色的手工织布自唐宋以降就成为江西远销中外的名品。近代上海便是江西"夏布"的重要转售中

---

① 《演剧酬神》，《新闻报》1899年12月28日。
② 《演剧酬神》，《新闻报》1899年9月2日。

心。酬神演戏的有行业会馆，也有同乡会馆，其缘由据文献显示：一是为了沙船业的安澜无恙；二是因为特产"夏布"的收市。许真君和褚老大人分别作为江西会馆的乡土神和沙船行业移民的行业神，与他们的生产、生活密切相关。

江西会馆位于南市小南门外的小普陀桥，其中供奉的许真君像每届春秋为江西人多祭祀。[①] 相传许真君是南昌人，为江西的地方神灵。

> 晋武帝太康元年举孝廉，辟为旌阳县令，吏民悦服。岁饥民无以输，真君乃以灵丹点瓦砾成金，令人潜瘗于县圃，一日藉民之未输者使服力于圃，民锄也，得金用以输纳，遂悉安堵。又岁大疫，死者十七八，真君以所得神方拯治之他郡，病民相继而至，于是标竹于郭外，置符水于其中，使就竹下饮之，皆瘥。

除此之外，江西还有关于制服孽龙等灵异的民间传说，可见许真君是地地道道的江西地方信仰。伴随近代江西人多地经商，许真君信仰在上海、北京等城市落脚生根。上海江西会馆中的许真君，平日每逢旧历正月二十七日及八月二十七日，"凡官绅商贾之籍隶豫章者均往拈香膜拜"。

同乡在敬神之时，当然也并非只有演剧唱戏，还有其他十分热闹的家乡特色活动，如燃香烛、放鞭炮、聚众赌玩麻将等，都是同乡熟

---

① 《演剧酬神》，《申报》1898年2月19日第4版。

悉的社交娱乐活动，而且有意无意营造一种氛围——他们是同乡。

> 由该旅沪诸同乡男女士商，扶老携幼，各备香烛鞭炮，当
> 众燃放，以为酬神计。乃有一般好事者，乘隙涉足其间，聚叉
> 麻雀，通宵达旦，肆无顾忌。①

为了报答神灵的护佑而邀请戏班演剧，这对同乡来说，实际是
一场听乡音、增乡谊的娱乐聚会，即"聚桑梓观剧为乐之郭乡谊"。
甚至沪上南会馆（即商船会馆与洋行街之潮州会馆）在除夕会专门
演"避债戏"。

> 除夕夜演戏一天，以答上天一年之赐福。而一般债台高筑
> 之民正苦无法躲避，乃借看戏以避此一夜。盖会馆中人众拥
> 挤，各店之索账者断难插身其间。一虑银钱失窃，一虑人众受
> 窘。初时会馆为酬神演戏，后则知情而故为之。盖大开方便之
> 门，权将戏台下作穷措大之债台也。②

所谓敬神之举只是其名，除了上述其他关联性不大的社会活
动，演剧酬神还涵盖了一系列的文化习俗，即"枣花、帘底、袍笏
登场，定有一番闹也"③，已经成为同乡交往的惯例。在当时北京
同样供奉许真君的江西会馆中，戏台联语就写道："江乡夙号文章

①　《取缔江西会馆酬神》，《申报》1929 年 3 月 9 日第 16 版。
②　陈荣广编：《老上海》（下册），泰东图书局，1919 年，第 215 页。
③　《定期演剧》，《申报》1893 年 9 月 10 日第 3 版。

节义之邦，即兹歌舞升平，教忠教孝。都邑自是政事人民所会，忽而楼台涌现，可观可群。"① 戏台既能教导忠孝节义，也是集会娱乐之所，甚至北京的江西会馆专门设有赏音社，主旨是提倡昆曲，联络感情。昆曲是江西地方戏曲赣剧的前身。入会的会员星期六在江西会馆欣赏彩唱，散了戏就在会馆大吃一顿。每次的戏也是以江西昆曲为大宗，间或加上二三出皮黄（也是赣剧的前身之一），演出的班底永远是荣庆社，不外乎三五出短小精悍的戏。② 虽然上海的江西会馆至今没有见到类似赏音社设置的资料，但是可以看出同乡同业本身就是以民间信仰的神灵为精神联系，为例酬神举办的演剧自然是让大家深刻体会到神灵的公共价值，是神灵让他们劳有所获。

更有甚者，酬神戏班必须从其家乡邀请而来，酬神唱戏所需的各种物件、乐器也都要从家乡购置或者由旅沪同乡商户供应。这种文化习俗上的偏好不仅表现在酬神活动中，迎神也如此。

本年江西会馆所迎之许真君会尤极讲究，扮春之戏，有游月宫、过火焰山、水漫金山寺、夜探金墉城、盗灵芝之类，务极新巧，足眩人目。一切行头闻皆从汉口办去，约费千金。前月二十二日行香适值天气晴明，倾城士女联袂出门，眺望此六十年来未有之胜举也。③

---

① 《戏台联语：江西会馆》，《春柳》1919 年第 6 期，第 25 页。
② 《追忆江西会馆赏音社》，《新民报半月刊》1941 年第 3 卷第 12 期，第 52—53 页。
③ 《赛会增胜》，《申报》1877 年 4 月 20 日第 2 版。

游月宫、过火焰山、水漫金山寺这类民间传说本身就具有浓厚的民间信仰色彩，最主要的是这个活动所需的行头都统一由会馆置办。旅沪蜀商公所于清末光绪丙申年（1896），在宝山县属之南乡九十一图，初建之时，公所在天通庵庙址，因此，建筑面貌有殿有堂有楼，有"地藏、土地祠"①。其后来迁至闸北，蜀商所从事的夏布和制冰行业都是借助公所的场地组织活动。至1936年，蜀商会馆行落成典礼。

> 本埠蜀商公所昨日举行落成典礼，到者蜀商公益会会员郑玉书、李云阶等百余人。藉行团拜礼，余兴有胜利灌音公司在成都请来灌音之三庆园名票十余人，在大礼堂清唱川剧四出。计白玉群之活捉王魁及抚琴会客、黄佩莲之将相楼及祁山打围等，文词典雅，声调清晰，别饶一番风味云。②

蜀商会馆演戏要从成都邀请伶人。同样，1898年4月24日为天后圣母诞辰，闽粤两帮一直都有雇佣戏班演剧酬神的习俗，是年雇丹桂茶园名角在虹口北河南路天后宫内演戏三天，以答神麻。③其一切仪仗均由所属各业商董预备，泉漳会馆有銮驾、香亭等，潮州会馆则有香亭及广东鼓乐等。④旅沪的广东潮汕人在广东同乡老三正顺香班来上海时，都争相观看。

---

① 陈荣广编：《老上海》（上册），泰东图书局，1919年，第155页。
② 《蜀商公所落成典礼》，《申报》1936年2月1日第17版。
③ 《演剧酬神》，《新闻报》1898年4月11日。
④ 《迎神定期》，《字林沪报》1884年6月11日第3版。

> 老三正顺香班行将来沪：自潮剧老玉来香班来沪后，旅沪同乡往观者，颇为拥挤，惟该班所假之剧场设备不周，地点偏僻，极为同乡所不满。遂有人起而重组公司，往潮汕聘定老三正顺香班，并假定剧场于福州路西藏路角大中华饭店之唱书场。①

由于在沪同乡观众太多导致场地局促，常会引发拥挤踩踏事件，② 遂有同乡专门往潮汕聘请戏班来沪。

二　戏曲中的民间神祇

目前关于上海地区的戏曲记载，比较详细的资料有《中国曲艺音乐集成》《中国戏曲志》《中国戏曲音乐集成·上海篇》以及《上海戏曲史料荟萃》。当然，并不是每位近代上海城市民间信仰的神灵都体现在戏曲和曲艺中，通过对已有文献的梳理，我们发现民间信仰的祭祀仪式已经深入人们的日常生活。比如，上海地区自明代就有对海瑞的崇拜，开埠以后在公共租界内的老闸金龙四大王庙旁建有海公生祠，奉祀海瑞。海瑞曾在浙江淳安、江西等地任职，在民间享有"海青天"的美誉。

> 寻进淳安令，淳系严邑，地脊而民贫，邑当新安下流，诸官舫日五六至，夫役迎送不可支，瑞慨然思拯而免之，由是官

---

① 《旅沪潮人之潮剧热》，《旅外岭东周报》1933 年第 1 卷 23 期卷，第 24 页。
② 《观剧受伤》，《申报》1879 年 4 月 10 日第 3 版。

舫过者皆迳去。①

除清丈田亩、均平赋役外，海瑞还在淳安推行保甲法，明断疑难案件，兴办社学等。近代上海的许多剧院、戏院都有与海瑞相关的《大红袍》演出，而越剧中十美图的海瑞也是经典的角色。② 至今，在淳安千岛湖和其上新安江沿岸的歙县都有海公祠在供奉。近代上海城市流行的长篇弹词《大红袍》中也有《海瑞监访》唱段，③ 内容是关于海瑞在松江府任职期间解决民情的事迹。该唱段是1961年根据录音记谱，因此基本可以说明1948年以前海瑞信仰的情况。

在传统戏曲中，对某个具体民间神灵或祠庙的传唱除了上述几段之外，还有《苏武庙》《八腊庙》《三官堂》《逛庙》等。④ 信众在奉祀民间神灵的过程中形成了一系列的仪式，如请神、酬神、送神等。在执行这些仪式中还伴随一批相关的仪式曲调，如《酬神调》《神鼓调》《接神调》《请神调》《敬神调》。⑤ 这些曲调可以用于某位具体民间神灵的祭拜仪式中，例如《茶神》选段中采用的是《请神调》，《药神》唱段中采用的是《酬神调》，《八仙过海》唱段中采

① 《大红袍之海瑞 十美图之曾铣》，《上海生活（上海1937）》1939年第3卷第9期，第40—43页。

② 《越剧领袖老生姚月明：饰十美图之海瑞》，《越中三绝》1939年2月卷，第1页。

③ 《海瑞监访》，《中国曲艺音乐集成》（上海卷 上），中国ISBN中心出版，1997年，第45页。

④ 中国戏曲志上海卷编辑部：《上海戏曲史料荟萃》，1987年，第8、11、16、24页。

⑤ 《中国曲艺音乐集成》（上海卷 下），中国ISBN中心出版，1997年，第1156、1165、1166页。

用的是《基本调》，如此等等。当然，这些选段内容都是针对某位民间神灵，如《药王》是采用酬神调唱出对神农氏的敬意。[①] 请神、接神、酬神都有一系列的曲调，表演者可以根据其填写不同的词。在这些受民间信仰影响的曲调形成之后，它们被填词运用于更多的表演场合，例如选段《秀才游春》采用的是《神鼓调》，而出现在近代上海城市的《电脑姻缘》选段则是根据《敬神调》填词而成。这些戏曲、曲调展现在人们日常生活的许多场合，不一而足。当然最常见的还是与民间信仰相关的一些社会活动，根据其使用的场合可以大体分为庙会戏、堂会戏、行业戏、应节戏。[②]

近代旅沪粤人一直以盛行祭神风气闻名，同期流行的粤剧中也涉及许多神灵，上文谈到的短篇小说《黄大仙报梦》，就是以粤剧唱词的形式写就，以广东地方神黄大仙的口吻谈论时局。粤剧又称广府戏、广东大戏，是广东及广西粤方言区最大的剧种。其发源于佛山，以粤方言演唱，是汉族传统戏曲之一。由于近代旅沪的粤人数量众多，粤剧曾一度成为上海热门的地方戏曲之一，演出活动如火如荼。1929年《申报》记载旅沪粤人组建粤剧剧团——白云社。

> 最近的三个夏季，天气特别，粤人旅沪的很多，这是事实。他们带了不少东西来，也是事实——例如把广东话带来，在北四川路一带造成一种新创的上海话，又开了许多饮食店，

---

① 《中国曲艺音乐集成》（上海卷　下），中国 ISBN 中心出版，1997年，第1156页。
② 《中国戏曲志》（上海卷），中国 ISBN 中心出版，1996年，第701页。

把凤爪踏金钱（鸡脚炖鲍鱼）一类的广州食谱带来。……"白云社"是旅沪一班青年所组织的，发起人大部分是从前的岭南大学学生。……虽然技术是超界限的，可是地方色彩必然存在，尤其是言语不统一的中国，若想不使一部分向隔者冷漠下去。那么，方言的戏剧更感着需要。

白云社之成立固然是旅沪粤人的好消息，因为这个团体可以把岭南的风光带来，解远方旅客的故乡之渴想。①

粤剧的唱词和对白都是纯粹的广东方言，外地人士实在是不易了解，也很难做到普及，因此一般只在旅沪的粤人当中流行。所以，像虹口等这样广东人集中居住的地方，粤剧戏园大多集中于此。甚至位于北四川路虬江路口的上海大戏院在1935年也由旅沪粤商接手经营，开演粤剧，专门从广东聘请名班。② 借观剧便可知晓家乡的近况，也是他们来此的重要目的。

广东人音乐会，前日在春和院演习粤剧，两晚座客均满，当然以广东人居大多数。章遏云演《图林幽怨》及《仕林祭塔》，两剧极见佳妙。名士大方先生，为赠一联，内有"到此应知故乡事，阿侬也算岭南人"诸语。③

当然，演剧并非是独立的社会活动，在上海的地方戏曲演出都

---

① 《白云社粤语剧团》，《申报》1929年5月20日第25版。
② 《上海大戏院改演粤剧》，《新闻报》1935年7月5日第14版。
③ 《市声人语》，《风月画报》1933年第2卷第33期，第1页。

与地方人群的其他活动联系在一起，即地方人办的医院、商铺、公所、义庄等，其中有一个举办庆典都要与神灵及戏曲产生联系。例如广东人的广肇公所为恢复广东平民医院进行募捐，为酬谢捐款人也会在剧场开展七天粤剧义演活动。①

而在广东人所演、所观的剧中除了黄大仙，在他们熟悉的粤剧选段中也有民间信仰的影子。在粤剧的传统演绎中就有这样的习俗，一些重要的演出中首演都要演出固定的剧目，这当中就有关羽、"玄坛祭白虎"这样的内容。

> 各班每逢开演之首夕，例应排演六国大封相。次出则为关圣送嫂或玄坛祭白虎。盖用以退煞而望利也。但各班对于是晚数演祭白虎为镇压，绝少演关胜送嫂一剧。良以某年在省垣演此剧时，去关圣之帮武生，演来神情毕肖，义勇凛然。……至若祭白虎之玄坛，扮演者多属六分，手持木剑，剑首则插以腌肉一块，盘旋飞舞，应手而脱。据闻班中人云，倘看客中有人沾染着此肉，则其人是年将有不利。②

从剧中演员的装束和内容来看，观众对剧情十分投入和信任，因其内容本身就带有民间信仰的色彩。

除了传统的戏曲外，电影等新的艺术形式中也受到了民间信仰的影响，上文所讲广东民间信仰黄大仙曾被引入电影中。

---

① 《广肇公所举行粤剧义演七天》，《大公报》（上海）1948 年 6 月 14 日第 4 版。
② 《粤剧见闻录三》，《晶报》1920 年 12 月 3 日第 2 版。

黄大仙尽法幻龙，乡民乘龙追逐一幕，龙由该公司美术科绘图，雇匠用彩帛特制，计长十数节，龙身周圆丈许，巨目修须，麟角毕现，金斑灿烂，庞岸无比。旁用电机拨动，乃能升降自如。乡民十数，驾御于上，瞬息翱翔空中，此幕用摄影新法，颇为奇特云。①

这是1927年在上海出品上映的电影，当时的各大报纸极尽宣传，其中就拍摄了一个"黄大仙尽法幻龙"的画面。

从某种意义上讲，宗教迷信习俗类舞蹈是民间舞蹈最原始的基本形态，也可以说是民间信仰的另一种表现形式。庙会祭祀性舞蹈是民间信仰与舞蹈最直接的产物，如銮驾、托香、拜观音、挑香担、跑抢桥、拜香舞、跳小鬼、跳财神等，都是近代上海城市民间风靡的舞蹈形式。②

三 迎神赛会中的戏曲

民间信仰寺庙的迎神赛会就是将所信仰的神祇塑像抬出游行，一般是在信众分布的范围内举行出游活动，同时进行祭拜，并演奏戏曲、音乐等用以娱神，以期消灾免疫。近代上海的民间寺庙，仍然保留着传统的信仰习俗，但由于不同地方移民的进入，他们会根据自己的需要建立不同的寺庙，因此，这些庙的习俗又被打上区域的烙印。较大的寺庙经常举办迎神赛会，并拥有一套复杂的游行习

---

① 《剧场消息》，《申报》1927年9月12日第15版。
② 《中国民族民间舞蹈集成》（上海卷），中国城市经济社会出版社，1994年，第63—65页。

俗，其中许多就与地方戏曲有关，以戏曲中的行头来配置，甚至经常在迎神赛会中有专人扮演戏剧。[1]

虹口新建的天后宫落成之后由小东门迎神像至庙宇中，当时所有英法两租界中神像经过的地方，万人空巷。

> 所有仪仗除寻常清道鸣锣、天后圣母之衔牌、銮驾马执事外有大万民伞一顶，嵌以银字，光彩陆离，清音迭奏，顶马分陈。中有扮作戏出乘马者并有年将及笄之女郎红妆骑马，按辔徐行，殊有婀娜之态，他若仙童玉女各乘白马并童子扮作八仙亦皆跨马翩翩而至，栩栩欲仙，看马三匹锦鞍玉勒，耀日嘶风，马夫亦衣履簇新，台阁三架亦以童男女扮为戏出，惟妙惟肖。
>
> 有粤人身穿官纱衫裤，手戴金镯，敲锣捎旗。……而钲鼓喧阗，笙乐迭奏则为清客班也，其锣鼓则在船式■亭中，雇人舁之，随行随敲，各种香亭约十只左右。托臂香者约二十人，香烟缭绕扑人鼻观。乘马执令字旗者数对，闽广帮进香供桌如全猪全羊糕果等按队齐行。乡民扮为侍卫乘舆捧敕印执清香步行者肃肃穆穆。神舆系黄缎红脚，顶用五鹤朝天。[2]

迎神赛会中人员装饰是其最主要的特色。台阁、荡船、杂扮等各种游艺尽展眼前。或设仪卫百戏，或清唱演剧，或相互结合。在

---

[1] 《民间娱乐》，《中华月报》1935年第3卷第1期，第1页。
[2] 《迎神入庙》，《点石斋画报》1884年第7期，第6—9页。

这段文献中，不管是队伍中的杂扮之人还是观看的人，都根据传统戏曲中的一个剧目装扮，同时还邀请专门清班唱戏。将游行队伍装扮成戏剧人物的做法早已有之，上海地区早就有迎神赛会的传统，有荡船戏，又名旱船。荡船之戏由来已久，李白曾有诗云："吴儿多白皙，好为荡舟剧。"开埠以后，上海城市的迎神赛会既传承了原有习俗，又随社会发展而变化。其最大的不同就在于各地移民所参与的迎神各有千秋，比如此次天后宫迎神，最忠实的信仰者闽广帮中粤人就装束成戏剧人物，并给神供奉全猪全羊，这些都是粤人供神的特色。此外，以迎神、奉神风气最盛的粤人为例，在迎神赛会的仪式中还常常加入"西乐"这一角色。

> 寓沪者咸赴天后宫迎神赛会，除旗锣扇伞外，亦用西乐一班随之游行夫邪用。夷礼春秋贬之，窃为读书明理之君子所不取。[1]

尽管中西乐演奏一开始在迎神赛会中不能为人们接受，但是由于粤人在迎神赛会中的使用并推广，也很快为底层民众所接受。很难说这不是一种文化的创新和推进，因为对于普通人来说，迎神赛会就是他们的狂欢派对。在这里，信众可以观剧，可以买卖商品，可以沟通交流，很明显已经成为一定群体社会交往的一种方式，甚至是一种文化集会。

---

[1] 《西乐迎神》，《点石斋画报》1886 年第 93 期，第 8—9 页。

四　移民城市的俗曲文化

俗曲是明清以来在各地民歌基础上逐渐发展起来的一种民间文化样式，主要流行于城镇市民阶层，是一种社会影响深广的民间歌曲的泛称。俗曲最初由农村流行的民歌衍变而来，因此即使是后期在城镇中流行的俗曲也有许多内容是关于农村生活、文化的。俗曲的歌词内容，主要反映城镇社会生活，有的甚至近于说唱和戏曲的结构，非常适合在民间传播。

《中国俗曲总目稿》是著录中国曲艺及民间小戏作品曲目的工具书，由刘复、李家瑞等人编纂，于 1932 年出版，共著录俗曲6 000 余种。这些俗曲的流行区域涵盖了十余个省份，以北平、江苏、广东、江西为多，其中也收录了 408 种近代上海城市流传的俗曲，录在江苏省下，数量仅次于当时的北平和广州两地。

像《西厢记》这种俗曲，大城市都会流传，《打地气》之类的只在广东广州流行，与政治相关的主要出现在北京、上海。当然，北京的俗曲由于数量多，内容更为均匀，而《地理图》这种则主要流行于上海，《洗蒿蒿》《小丁香》《下河调》等是上海和苏州两地都流行的。上海城市流行的主要有大鼓调、滩曲、山歌等。

与传统俗曲不同，近代上海流行的俗曲不仅保留了传统曲目，还有许多创新作品，反映了当时新的城市社会现象和当时民间各普通行业的生活，例如《小长工山歌》《上海逃难景》《念佛老太婆》。另一方面，由于移民的影响，上海俗曲也融入了许多其他地方的俗曲内容和特色，比如当时上海流行一些广东调和泗州调的俗曲，《生得咁俏》《辛苦半世》《夜对孤灯》《春已暮了》《女叹五更》等均是广东调。还有一些本身就外地的俗曲，如《山东一杯酒》、《闹龙舟十杯酒》（扬州）、《湖丝阿姐泗州调》。俗曲因其在普通民众中易于传播，特别盛行于当时的工人、妓女、乞丐、人力车夫等群体业，并根据实际情况积极创作。

以当时的缫丝业女工为例，她们的生活渗透着浓厚的原生地文化色彩，关于栀子花的俗曲、时调就是如此。栀子花是中国南方地区常见的植物，尤其是唐宋以来文人的咏唱及日常生活的描写，栀子花有了浓浓的江南之情。"栀子花开来六瓣头"成为众多江南地区流行民歌、时调、俗曲的首句。1933 年，由林宗礼、钱佐元合编，江苏省立教育学院研究实验部出版的《江苏歌谣集》（第 2 辑）同样搜集了大量的民间歌谣，许多是关于栀子花的，其中无锡、常州等地流行的多以"栀子花开来六瓣头"为开头。伴随上海 1843年开埠，江南地区人口流动加速，经济模式和产业结构也发生变化，看似无关的"栀子花"也在悄然发生变化。以栀子花民歌来看，出现了许多反映城市新生活的内容，《湖丝阿姐能更多》便是比较流行的一首，并有多种相似的版本，其中一首这样唱道：

> 栀子花开六瓣，各处造起华丝栈；湖丝阿姐能更多，穿红着绿来打扮，右手撑着花洋伞，左手提着小饭篮，小饭篮里啥小菜，油氽黄豆茶浇饭。

"湖丝阿姐"是近代江南出现的一个典型群体。宋南迁以后，太湖流域盛产桑、蚕和优质土丝，统称"湖丝"。当时的上海是中国工人最密集的城市，而近代上海轻工业中的缫丝、纺织产业，女工为生产主力，1932 年 11 月的《申报》在讨论妇女职业时就讲到，普通百姓的妻子、女儿都在工厂里成为缫丝女工。因此，"湖丝阿姐"几乎是仅限于当时上海城市缫丝女工的一种特殊称谓，是伴随着传统小农经济的瓦解和桑蚕缫丝纺织产业的兴起而出现的。在近代江南的时调、俗曲、民歌中，"湖丝阿姐"的日常生活和涉及的生产都是这些民间文化和文学的主要内容。她们主要来自上海周边的常州、无锡、苏北、安徽，缫丝女工则多来自湖州、杭州等地。她们将这些唱调带到城市并流传开来。相对应地，栀子花作为常见的植物也与湖丝阿姐同样成为人们口耳相传的消遣方式，抒写着底层民众的日常生活。尽管"湖丝阿姐"成为一类区别于传统的职业女性，但她们的社会表达方式还是借用了传统乡村社会的"栀子花开六瓣头"。可见，上海城市的近代化甫一起步，城市与乡村之间的关系较之现在是更为紧密的，在生活方式上深受传统江南地区乡村文化的影响，而这当中尤以地方民间信仰的影响更为深刻。

在移民民间信仰流行的背景下，也出现了许多关于民间信仰的俗曲，例如新开（新创作）的《八仙庆寿》"八仙过海浪滔滔，王母云中把手招，请问众生何处去，特来庆寿赴蟠桃，韩湘子、品玉箫，愿学修仙把家室抛"。① 俗曲能在上海城市中发展并日益丰富，充分说明了近代上海社会文化中的乡村基因和移民基因。

民间戏曲大多数时候通过酬神演戏和迎神赛会等形式与民间信仰联系起来，但实际上除去民间戏曲之外的民间音乐都可能渗

---

① 刘豁公编：《戏考大全》，文华美术图书印刷公司，出版年在 1911—1949 年（具体不详）。

透着民间信仰的要素。这些民间音乐主要包括民间歌谣、戏曲和舞曲，是从民众心中自然流露出来的音乐，在群众的集体生活中，它能引起鼓舞欢腾的兴致或者形成同心协力的合作精神。这些民间音乐、戏曲、俗曲、时调真切地表现了民众的信仰、迷信、祭祀、祈祷、庙会、迎神等，反映着民众的精神生活全貌，也是一种表现民众生息其间的风气。这些类宗教生活及传统的道德观念，以及爱国爱乡的情结都通过集体祭祀、迎神等活动体现出来。

第二节　民俗与民间传说中的民间信仰

一　生活习俗的演进与同乐会

生活习俗作为人们的日常行为举止，可以成为不同地域人群间的重要区分指标，而中国传统的生活习俗往往又都与各地的民间信仰有着千丝万缕的联系。江南地区自古以来多样的民间信仰形成了丰富的民间习俗。

关于上海民间信仰与生活习俗的关系，范荧的《上海民间信仰研究》有系统的梳理，但这本书仅论述了开埠以后上海城市的民间信仰对生活习俗的影响。

根据同治《上海县志》卷一《风俗》和光绪《松江府续志》卷五的记载，开埠之后至民国之前来自民间信仰的生活习俗主要有以下这些。

立春祭祀芒神，鞭土牛，设春宴。

正月四日夜市肆祀财神，通衢遍列灯火，喧阗竟夕曰接五路，五日接财神，用鲜鲤担鱼呼卖，叫做送元宝鱼。至傍晚时轰饮，称为财神酒。

元夕灯市，烟火尤盛，以珍珠圆为节食，祀灶神曰接灶。女子邀紫姑神，问休咎。二十四日有风，名落灯风。二十七日为三官诞，进香。七月、十月二十七日并同他处，皆以十五日南门外三官堂，则以此日乡人并集买木器而归。

二月十二日花朝翦彩，赏红张花神灯，俗呼凉伞灯。十九日相传观音大士生日，皆诣沈香阁同善堂进香。

清明日祭邑厉坛，县牒城隍神诣坛，赈济各义冢幽孤名，祭坛会舆从骈集亘四五里，亦名三巡会。

二十三日天后诞，东门外搭灯棚，偏悬灯彩。至二十八日移进城中，俗称城隍夫人诞。

四月立夏日进新麦于城隍神，又取麦穗磨之黏如蚕，名麦蚕。

十四日吕祖师诞，致祭。

夏至日祀先。

十三日相传关帝生日，致祭，家多赛社，有雨曰磨刀雨。以竹为弓矢，以纸为韝，悬之神座日，为小儿解将军箭。

六月六日天贶节，晒书帙衣裘。城隍庙有晒袍会，各神祠亦然。

二十三日火神生日，致祭。二十四日雷祖诞，进香多于丹凤楼之小穹窿。

七月十四日夜，乡民诣郡城隍神庙进香，杂沓街市至十五日乃已。僧舍建盂兰盆会，放水陆莲灯。闽广客商荐亡以饭为山高于楼，祀毕施丐。

十八日潮生日，至浦口观潮头。二十四日以新秫作粉圆，祀灶。

二十四日送灶，用酒果粉圆，又谓灶神，朝天言人过失，用饴胶牙，俗为元宝形名廿四糖。

通过梳理可以发现，民间信仰对生活习俗产生影响的神灵有芒神、五路财神、紫姑神、花灯神、城隍、吕祖、天后、关帝、雷祖、灶神等，它们在上海城市中几乎都有自己的祠庙。由此形成的具体生活习俗大多是借某神灵生日之名，进行祭拜等一系列的庆典活动，这些主要受江南地区原生态的历史地理环境影响。从上述文献来看，其活动多包括焚香、接神、设宴、巡礼、集会。而这些活动也表明上海城市的民间信仰同其他地方一样，即民间信仰通过看似世俗的祭祀、仪式活动表现出来，日常的庆典、节日、公共空间中都有民间信仰的影子，有的转变成其他消遣娱乐活动，有的则演变为完全迷信和巫术的行为。

所列（天眼通）（灵交神游）诸法。亦不外此精神之作用，特于去冬集同志多人就望平街书业公会中辟净室，设沙盘，竭诚从事日盛德坛，曰灵学会，皆乩笔命名者也，坛例除星期一休息外，每夕六时至九时。降真飞鸾仙灵输集有求必判，并为学理上之批答，解疑析难，言简意赅，月刊灵学杂志。……盖与后马路之济生坛仅卜休咎开方药者，微有不同。①

济生会之乩坛：宁波路中旺弄济生会楼上设有乩坛一所，往扶乩者均免纳费。……该坛为沪上商界巨子王一亭等捐资所设，巨商富贾大家妇女之往虔叩者络绎不绝。②

扶乩是一种古老的占卜活动，在上海城市中发展出了多种新的形式，成立济生会、灵学会等，以施药来吸引信众。当然，由于过多的迷信巫术形为，也成为被打击的对象。

另外，在一些传统的民间信仰影响下，民间习俗愈发繁荣。20 世纪 30 年代，上海工人中迷信的人非常多。

他们常常在人死后要请道士开锣，同时叫五至七个和尚来家念经。有些家庭宁肯借高利贷也要请和尚念经。一般工人对政治没兴趣，也对政治术语弄不明白。③

此外，还有接财神活动。"新年邑庙去烧香，款步行来星宿堂，先拜紫薇星主帝，保侬嫁个紫薇郎。"④ 新年去邑庙接财神被赋予了新的意义，不仅所祈盼的内容发生变化，祭拜本身也转化成一种习惯，甚至成为城市习俗。这种习俗一方面改变着原来传统的民间

① 陈荣广编：《老上海》卷七《迷信》，泰东图书局，1919 年，第 56 页。
② 陈荣广编：《老上海》卷七《迷信》，泰东图书局，1919 年，第 57 页。
③ 朱邦兴等编：《上海产业与上海职工》，远东出版社，1939 年，第 102 页。
④ 《上海新年之现象 点星宿》，《图画日报》第 191 期，第 11 页。

信仰，更重要的是它让民间信仰在城市环境中得以生存，为大家接受，并繁荣起来。甚至，在当时的驻军中也同样将民间信仰转化成习俗。《图画日报》中就记载军中迎祀喜神之事。从文献记载来看，上海地区存在军队定期奉祀喜神的传统，"松郡各营每届新春，例有迎喜神之举。昨日李中军已禀准提台刘军门定期十七日循例举行"①。

> 二十日为迎喜神之■已列前报，昨日辰时开篆后十一点钟，本埠王爰戎率同传守戎及城汛北汛中浦汛，并千百把总等排队起马。先行者大旆一面，随后驻紥九亩地之提标水师亲兵旗队、洋枪队、五色旗队、钢叉队、刀队、藤牌队，管带各员俱明盔亮甲，乘马押行。后面鸟枪队、弓箭队再后迎喜……全副仪仗傅守戎继之，末为城汛金押队。王爰戎暨守备之盔甲俱安置亭内，抬行军容整肃气象一新，出大东门，临大教场操演。毕由大南门进城，过太平街，回署。男女老幼观者甚众，颇形热闹云。②

这一常例并不仅仅在军中举行，某些时候也会变成全体参与的一场狂欢。

民国以后，伴随着宗教政策和社会管理制度的变化，一些民间信仰的生活习俗渐渐被废除。例如《申报》中就记载政府屡次禁止

---

① 《循例迎神》，《申报》1907 年 2 月 28 日第 10 版。
② 《迎喜例志》，《申报》1881 年 2 月 18 日第 3 版。

迎神赛会的政令。①

　　总的来说，民间信仰沿袭了一贯以来的传统，并在近代上海城市渗透到人们的日常生活，而且随着生活状况的变化而有所演变，尤其是伴随各省移民不同的习俗而改变。例如，在宁绍、粤籍、上海本地水木业行帮形成鼎立的局面后，为了划分彼此的势力范围，他们除了坚持原来的奉祀鲁班先师之外，还开始举抬鲁班神像进行游行。为了发挥鲁班信仰对行业的凝聚力，在召开会议之前焚香祷告，这一现象在开埠之前的上海城市鲁班信仰中是没有的，而是伴随着开埠后的社会状况变化出现的新内容。甚至，在移民进入及城市化之后，一些原有与民间信仰相关的民间习俗也随之发生变化，并产生新的内容。

　　旅沪粤闽两省的移民数量多，社会影响力较大，所以引起的文化反应也比较大。虽然江南地区原有盂兰胜会的习俗，但在上海的广东人举办的盂兰胜会却有所不同，影响力前所未有。

　　　　新闻之广肇山庄为旅沪粤人停柩厝葬之地，地甚宽大，有神殿、有客厅、有假山池沼花木，极占园林之胜。每届七月盂兰胜会及中元节广肇同乡集资开会广延僧道，超度孤魂，并陈设古玩字画以供来宾鉴赏。入夜有影灯戏剧。十年前每逢是节，自七月十三至十六日游客众多，车水马龙，热闹异常。②

---

① 《申报》1915年4月10日、1917年3月27日、1917年4月7日、17日、1917年5月19日、1919年3月1日等。

② 陈荣广编：《老上海·广肇山庄之盂兰胜会》，泰东图书局，1919年；《论盂兰胜会之无益》，《申报》1892年9月2日。

可以看到广东人举办的盂兰胜会是在广肇山庄举行，有神殿、有园林、有赏画、有祀神，也有观剧……无论是空间上还是活动上，盂兰胜会都已经成为一种复合性的群体习俗活动。这种情形在城市化过程中不是孤立的存在，借助民间信仰开展门类繁多的文化活动对形成地域人群的认同感具有很大的助力。

与此类似的便是闽粤两帮的"天后宫灯会"。

> 本邑天后宫旧在新北门外，今新开河水塔处即庙址也，为闽粤两帮所公建，雕梁画栋，极为壮观。庙门正对陆家嘴……神之诞为三月二十三日，先期由邑署鸣金示告自大东门外达庙之东北隅，大小里巷均盛设灯彩，或张天幕于上，火树银花，绵亘数里，富商巨肆更陈列鼎彝，古玩之属以相夸耀。海舶集浦滩以万计，庙内百技杂呈，笙歌迭奏，如是者七昼夜而止。道光壬寅，海疆多故……因罢灯市，庙亦毁。①

值得注意的是上海最初的天后宫是闽粤人共建，而他们也是在开埠之前就已经来到上海，并逐渐形成这样热闹的"天后宫灯会"。《广东旅沪同乡会月刊》第 1 卷第 9 期就有专文讲述《旅沪潮人生活概况》，在未述潮人旅沪生活情形之先，我们应该注意旅沪潮人们的故乡到底是怎样，因为这与旅沪潮人的生活有密切的关系及直接的影响。美国目前的风俗、习惯、文字，大多数是与英国欧洲大陆诸国家大同小异，这莫非是受着他们祖国的影响。虽然实际亦有

---

① 　陈荣广编：《老上海·天后宫灯记》，泰东图书局，1919 年。

特殊的差异，但那亦是演进的结果。……潮州为汕头、潮安、潮阳、澄海、饶平、惠来、普宁、大埔、丰顺，及南澳等县的总称。……潮属以丧葬为一重大的事。潮人无论在乡外出，每年有余资，营造庐屋，必建立家庙祠堂，纪念祖先，成为风气。① 因此可以看出，无论是各种灯会还是盂兰胜会，都是乡土蕴意浓厚的活动，与文字同属于文化，但是将其与品设古玩、观影听戏结合起来那绝对是为了符合城市人的需求而生。这种带有消费性、观赏性的活动是同乡之间的共同娱乐，也被部分同乡会或会馆称之为"同乐会"。例如江西会馆就为联络乡谊举行新年同乐会，到场者极多。

> 会场布置亦甚灿烂，进门为万寿宫。门上用鲜花缀成同登春台四字……牵■■锦纸花，五光十色。至一时半，振铃开会，团拜。……希望此后各本爱护桑梓之■忱，务望同乡毋忘地方主义、乡人感情八字……余兴有启英女学之对舞、滑稽舞、秋香歌、万善堂等之国技……及聚■毕已八时半，始尽欢而散。②

可见，在江西人信仰的万寿宫，祭神与同乐是同等重要的，即告诉旅沪乡人勿忘"地方"。

---

① 《调查：旅沪潮人生活概况》，《广东旅沪同乡会月刊》1934 年第 10 期，第 23—26 页。
② 《江西会馆同乐会纪》，《申报》1926 年 3 月 10 日第 15 版。

二 旅沪粤人"打地气"与"打醮"

旅沪粤人最信鬼神，表现在生活习俗的方方面面。民国时期，上海遇清明扫墓时候，以粤人最为热闹。究其原因，就是旅居外地的粤人尤其重视桑梓乡情。

> 粤人来沪，为数极众。桑梓之情，逾恒亲切。对于死者之枯骨，犹注意及之。试观扫墓之一端，可征信也。清明节日，除各家自祭外，有省祭、有邑祭、有社祭、有堂祭、有行祭。种类之多，不胜枚举。
>
> 省祭由广肇公所举行之，典礼之隆，祭品之丰，为各祭之冠。邑祭由粤省各邑旅沪同乡会举行之，典礼不及省祭之隆重，可称次之。社祭由会社举行之，粤籍工商界多设会社，会员中有作古者，各会员公份致祭。祭品以烧猪为主要，祭毕将猪瓜分，及其他祭品一并摊派与份者。族祭由旅沪本族同人，捐资致祭其族之死亡者，祭品丰菲，视其所捐之欵多寡为率，祭毕当场将祭品照份均分之。堂祭由各善堂举行之，不用捐款，凡与该善堂有关系者，均得参与祭礼。祭毕，可索取胙肉一份而归。行祭由工商业之同行者举行，粤人平时对于同行者极敦睦谊。凡同行中之有死亡者，于清明日齐集致祭。费用均集资而成，随人乐助，多寡均甚自由。如不加入者，亦不相强，其办法一如社祭。兹不再及。是日由朝至暮，往来于广肇山庄道路者，络绎不绝。大有车马水龙之概。骤视之似颇热

闹，与其他节令无甚差别。①

其实，与乡村有着诸多类似的情况，祭祀最能反映社会关系。同样，清明祭祀尤能表现粤籍移民在近代上海的社会关系网络情况，分成自祭、省祭、邑祭、社祭、堂祭、行祭，移民都归属某一或多个层级当中，辅之以具体的随份、祭礼、摊派祭品等一系列习俗。所属祭祀的层级完全与移民所归属的层级相关，而"随份"这类社会性极强的活动更是非常普遍。

旅沪粤人有"打地气""打醮"等诸多与民间信仰相关的民间习俗。1929年，在上海出版的杂志《新女性》中就刊登了《粤属妇女的怪俗》，其中讲到《广州的嫁鬼》《广州的倒泻茶与守清》《龙门增城的夺婚》《讳忌的广州妇女》《叫魂九种》都是基于民间信仰的习俗。② 清末民国，广州人喜欢在七月二十四"城隍诞""郑仙诞"到省城的都城隍庙，以及白云山的郑仙祠"打地气"。所谓"打地气"，就是带上草席到庙里躺卧一夜，都是带着求福求子的心态而去。相传在都城隍庙"打地气"睡一宿，必有梦兆，藉着梦境可以判断一年的祸福。

当时的上海受旅沪粤人的影响，各地旅沪人员也纷纷效仿，上海城市流行的俗曲中就有广东人的"打地气"。《申报》中常见关于粤人"打地气"的讨论，又称"七人佛"或"七人会"。

---

① 《旅沪粤人扫墓之特别》，《申报》1928年4月5日第17版。
② 《粤属妇女的怪俗》，《新女性》1929年第4卷第11期，第126—129页。

粤俗妇女其信神佞佛更甚于越中。观于上海旅居之粤妇，其赴虹庙及各处庵庙烧香致敬者较他处人为多，而其广肇山庄盂兰盆会尤极绚烂。是不独粤人中妇女信鬼神，即男子亦且无不信鬼神，甚而烧香还愿，多以烧猪一口抬入供奉，俗言观音大士向来素食，从无以牲醴献者，而粤人虹庙中还愿常有烧猪抬入，则其致敬尽礼之诚心。所谓打地气者则竟与越媪之烧天香者事同一律矣，按广州府城隍庙神灵赫灌为省会香火之大宗。相传七月二十四日为神诞，远近进香者先于廿三晚至庙席地而坐，以待诘朝恭拜。①

这一风气在开埠后上海的报纸、小说、竹枝词、俗曲、时调、歌谣诸多文献中均可见到。粤人"打地气"的习俗自开埠以后就影响着移民生活，成为上海民间信仰繁荣的一个表征。"本埠于近年来各庙风气大坏，其在租界之所谓佛店者无论矣，即城内外之烧香，甚至公然宿庙伤风败俗。"②

虹庙，原名矴沟庙，后改为保安司徒庙、虹庙（红庙），位于开埠后上海的南京东路。小刀会起义后，上海地区外来的移民数量猛增，导致妓女行业空前兴盛。出于对行业繁荣和美好生活的愿望，妓女烧香现象十分突出。名称变更的同时，虹庙的社会属性更加明显。祭拜虹庙的群体也由开埠初期的全体民众转变为以上海妓女为主体，并且愈发盛行，以致公众出现了"虹庙是妓女烧香的地

---

① 《论禁打地气》，《申报》1893 年 9 月 26 日第 1 版。
② 《佛会宜禁》，《申报》1878 年 2 月 8 日第 3 版。

方"这一观点。这一系列的现象虽然是随着开埠以后上海社会状况巨变出现的，但旅沪粤人的媚神习俗对妓女虹庙祭拜兴盛起了不可忽视的引导作用。

粤人的媚神习俗突出，其虹庙还愿烧猪一事也被《申报》屡次报道。尽管该文作者认为此事并不影响人心风俗，但事实并非如此，而是旅沪粤妇频繁祭拜虹庙的行为并被媒体大肆报道后就形成了对公众祭祀观念的引导。当时的讽刺小说《新水浒》中有这样一段记载：

> 朱三道：便是方才我在马路上和李四所说、你在后听见的这件行货。王婆抿着嘴冷笑道：你先到保安司徒庙里去，燃些大香大烛，全猪全羊，虔虔诚诚磕了九九八十一个响头。李四笑道：这是何故。王婆道：这件事情我老娘干不来，你请教仙家去罢。……正是古人说得好，入境而问禁，入国而问俗。①

这样的记载在《申报》中频频可见，当主人公遇到困境时首先想到的是去虹庙进香并且模仿旅沪粤人的习俗"大香大烛，全猪全羊，虔虔诚诚"，入境问俗足以说明旅沪粤人祭拜观念对虹庙兴盛的影响，并且将这一习俗在旅沪的其他籍贯人员内传播。

"打醮"也是一种祭拜神灵的风俗，目前广东各地仍在流行，尤其在客家人的传统中。在他们的生活中，遇有天灾人祸等都需要借助神的力量，以宗族为单位进行"打醮"。倘若遇有重大事件则会联合其他宗族一起举行"打醮"活动，这也是维系宗族情感必不

---

① 《新水浒传（六）》，《申报》1908年2月17日。

可少的活动。1923 年，《歌谣周刊》就刊登了通行于广东地区的民歌《龙山打大醮》。

> 龙山打大醮，衣挂满树，卖屐老，开眉笑，卖鞋老，见心焦。[1]

> 虹口三元宫怀安堂亦系旅沪粤人之会馆，每年必于秋间集资建醮。[2]

粤人除了秋季，还在各种节日建醮，尤其是中元节会举行盂兰胜会，无不穷极奢华。除了这里所说的沪北三元宫之外，在沪南的制造局附近，粤人也在广东街高搭凉棚建醮。陈设极其华丽，与沪北三元宫不相上下。[3] 这种习俗对于普通劳动者来说具有很大的吸引力，在《老上海》一书中就记载了当时码头工人和纱、丝业工人的建醮风气，而这些人大部分都来自外地。

> 沪俗七八月间，会馆、公所以及里巷居民无不广延僧道，设坛建醮，谓之打醮。……如租界中外人亦莫能禁止，而一般苦力迷信尤深，如码头帮扛夫、纱丝厂工人每届秋间无不聚资建醮，此亦习俗使然也。[4]

---

① 《民歌·广东·龙山打大醮》，《歌谣周刊》1923 年第 38 期，第 1 页。
② 《粤人建醮》，《字林沪报》1892 年 8 月 23 日第 4 版。
③ 《接赛胜会》，《申报》1893 年 9 月 4 日第 3 版。
④ 陈荣广编：《老上海》，泰东图书局，1919 年，第 77 页。

粤人的奉神信鬼习俗并非在当时的上海才有，而是粤人移民较多的城市都有，尤其是开埠的口岸城市。天津粤人每年七月间就有"烧衣"之举。"范丐为帛，剪彩成衣，杂以锡箔，当街焚化。盖谓七月授衣。……粤人有所谓绸衣公仔者，五色相宜，陆离光怪，尺余人物装成故事各出，计共七套。"① 在当时上海的街头随处可见这样的场景。

在打醮的里弄口，高挂着红色金字灯笼，上书"太平公醮"四字，考究的挂起玻璃灯、琉璃灯。弄堂里各家门口及房屋的外面，像栽着藤植物似的牵挂着几根草绳，草绳上挂着一串串的纸衣、纸裤、纸帽、纸锭、纸币，以及其他鬼所需要用的物品，同时其弄口张贴一张黄榜，跟街门里的行文一样，用红笔点划。②

那种念经念佛的音韵句子，听起来觉得另有一种风味，鼓、拔、锣、铃合奏的音乐调子，也颇动听。尤其是晚上放焰口的时候更有趣，和尚道士们的拿手杰作似乎也要在晚间才会演出来，引诱得附近的居民都集于醮坛的四周，你看我，我看你。③

当时，除了和尚放焰口外，道士唱"八出头"，另外再搭起一座台来演着滩簧、文明戏、魔术等玩意儿演到天亮为止。

---

① 《祀孤纪念盛》，《申报》1880 年 9 月 13 日第 2 版。
② 《太平公醮在上海》，《上海生活》1938 年第 3 期，第 18 页。
③ 《太平公醮在上海》，《上海生活》1938 年第 3 期，第 18 页。

看的人是人山人海的多。①

很难否认近代上海这种"打醮"风气与当时较为得势的广东人没有关系。

三　新民间传说的生产

民间信仰通过民间戏曲表达和传播的同时，也以另一种文化形式出现，即民间传说。上海地区关于海瑞的民间传说有以下几种：海瑞母亲六十大寿、海瑞疏浚吴淞江、海瑞赤脚追白马、海瑞脱靴烧香，② 分别流传于上海的黄浦、嘉定、松江、黄浦。根据传说流行的空间范围可以发现，该传说主要流传的黄浦区也正是上海城市海公生祠所在的老闸区域。也就是说，对海瑞的信仰不仅形成了如《海瑞监访》主要的评弹曲艺，还在其信仰的小区域内形成了特殊性的文化形式——民间传说。

包公信仰也是近代上海城市民间的特色信仰之一，在 20 世纪 20 年代《申报》对社会局关于寺庙调查结果刊登时就有记载，"包公庙，位于闸北会文路"③。近代上海关于包拯的民间传说主要流行在宝山、长宁、虹口，主要有"包拯幼年过三关""包拯审理井尸案""刀下留人""包公管闲事"。④ 而较为常见的戏曲片段《铡包勉》《打龙袍》《铡美案》等也在近代上海地区流行，其内容都是

---

① 《鬼的季节：太平公醮已开始举行》，《社会日报》1936 年 8 月 19 日。
② 《中国民间故事集成》（上海卷），中国 ISBN 中心出版，2007 年，第 109—113 页。
③ 《申报》1928 年 8 月 27 日。
④ 《中国民间故事集成》（上海卷），中国 ISBN 中心出版，2007 年，第 71—77 页。

关于包拯清廉任官、秉公无私的事迹。① 关于近代上海城市中包公信仰的形成过程我们无从知晓，但可以肯定的是包公信仰是在近代形成的，而且是上海县城以北的租界地区的特色民间文化。

民间信仰完全渗透进了生活习俗、民间曲艺、民间舞蹈，从而形成了一系列的民间传说，这些传说一方面证实着民间信仰的真实性，同时也推动着民间信仰的进一步传播。从《中国民间故事集成》中的大量民间传说可以看出，传说所流行的区域也大抵是该信仰盛行的空间范围。

表3-1 相关民间信仰传说及流行区域

神祇名称	传说内容	流行区域	祠庙名称及地点
关公	关公收周仓、关公的死	上海县	关帝庙
包公	包拯审理案件	宝山、长宁、虹口	包公庙
黄道婆	生平事迹	上海县	黄菩庵
城隍	城隍事迹	黄浦区	城隍庙
海瑞	疏浚吴淞江	黄浦区	海公生祠
徐光启	生平事迹	徐汇、南市	徐公祠
吕纯阳	事迹	虹口区	吕公祠
龙王	护佑出海事迹	黄浦区	海神庙
海神	海神秦裕伯事迹	南市	下海庙
天后	天后生平	虹口、上海县	天后宫

参考文献：《中国民间故事集成》（上海卷），第57、58、71、72、75、77、82—85、107—108、109—113、128—129、351、433、437页，2007年5月，中国ISBN中心出版

---

① 中国戏曲志上海卷编辑部：《上海戏曲史料荟萃》（第四），1987年，第9页。

民间传说是民间信仰的载体，民间传说的核心又是生产它的人。尽管伴随现代生活发展而逐渐普及，但含有民间信仰的旧民间传说会逐渐萎缩。但是作为一种解释和生活方式，民间信仰仍然存在于城市，流传于民间传说、民间戏曲、民间习俗等中，渗透于人们的日常生活。因此，移民、城市化带来的许多新社会现象也促使新的民间传说产生，反过来也体现着人们的精神信仰。这类新民间传说中包含许多民间信仰的成分。1919 年陈荣广所编的《老上海》中专有一节《迷信》记载了相关情况。尽管是迷信，但对于信仰的人和在他们之间流传的过程来说，确是真实存在的。这些渗透着民间信仰的传说有少部分是开埠之前一代代流传下来的，大部分是开埠以后发生于城市的种种怪异之事，这就反映了无论是城市化还是近代化，民间信仰都没有完全消失，相反会根据新的社会现象产生新的信仰。

例如，上文所述旅沪粤人的祀神风气，不仅影响了民间信仰的格局，也产生了新的民间传说。《老上海》记载小东门外有一座财神殿，其渊源就在于旅沪粤商的祭祀活动。虽然是传说，但也反映了当时民间信仰产生的一种社会机制。

> 小东门外有一财神殿，每当晦朔之夕，一般山梁中人携香捧烛，崇拜者络绎不绝，有知此财神之历史者，谓五十年前有粤商某雄于资颇涉足花业，时初辟租界……贸易大损，亏累甚巨。[1]

---

[1]　陈荣广编：《老上海·小东门财神》，泰东图书局，1919 年，第 64 页。

一日，为债权者所迫，计无复之，竟跃入黄浦江中，悠然而逝。妓界中闻某死感哭诸水滨，并相与招其灵，设奠于小东门外祀之，讳言某之亡。乃曰此财神尔。今观其墙壁间，有求必应之匾额层叠。①

天妃宫和水神阁是上海开埠之前就已经存在的庙宇，分别奉祀天妃和水神。开埠以后天妃庙所在的小东门和水神阁所在的小南门外因租界设立、城市化等一系列因素的影响，产生了许多新的神灵传说，如《老上海》中记载的天妃庙。

小东门外江海关北向有天妃庙，临黄浦江，与陆家嘴相对，惊涛骇浪，日夜相冲击，而危楼杰阁屹立浦滩巍然无所损。俗称庙基之下为数百年老獭之窟，时时出而为祟，海客往来，必以牲酒祀神，乃无患。老獭蜕退之毛结而为毡，得此宝者，入水不溺。洪杨之役西人以助战之功请益租界，于是其地遂租于法，法人毁庙求獭毡，掘地十丈，终无所得。（按神怪之说多属附会，西人毁庙掘地事或有之，但未必为求宝计耳。）②

由于文中说到"危楼杰阁屹立浦滩巍然无所损"，很容易辨别这一传说是在开埠以后出现的。但是，所祀之神和所求愿望已经与

---

① 陈荣广编：《老上海·小东门财神》，泰东图书局，1919年，第64页。
② 陈荣广编：《老上海》卷七《迷信》，泰东图书局，1919年，第59页。

天妃信仰不同。庙基之下是"老獭之窟""以牲酒祀神","老獭"即新出现的神。在此基础上,该传说结合了西人设租界的历史,正好说明当时租界城市建设对传统民间信仰庙宇的损毁。

水神阁是中国传统城市大部分都有的一种民间信仰,神灵主要护佑城内的火灾。根据《老上海》搜集记载的传说,光绪十三、十四年时上海县城数次遭遇火灾。

> 邑境数遭祝融肆虐,动辄百十家焦土相望,而小南门外直街一带,尤月必数警。时裴大中知县事精青鸟术,躬自测勘,就南仓街口建水神阁。复于数武外浚二井,工竣命近邻姜衍泽膏药店主典守之,责姜受事,后更捐购洋龙一具以储之。至今数十年来绝无巨灾发现。居民得享安枕之福。盖斯阁厌禳之功也,此外如马家厂暨新北门口等处有所谓七星井者,其位置形式均为裴所手定,既便取汲,复禳火患。栖息兹土者实利赖之。然自拆城以来,或改或湮。

一方面,这里的水神信仰与现代城市公共设施的消防井联系在一起,但是从书中的记载来看,当时人们"享安枕之福"还是将"数十年来绝无巨灾发现"归功于"水神阁",而非消防井。该神阁的厌禳之功承袭了中国传统水神信仰的功能,尽管配合了现代城市的消防设施,但仍然扮演着最主要的作用。而这种作用正是城市化过程中民间信仰依靠新的民间传说生产、嬗变、传播扩散的。另一方面,在中国传统城市"拆城"的潮流中,民间信仰也受到一定冲击。

除了天后庙、水神阁这种在城市化过程中产生的新的民间传说之外，还有因抵制拆除而产生的新传说。小普陀寺是位于上海县城小南门外的、含有民间神灵信仰的民间佛寺，由于警察局所的建造而被迫拆除。

时创办警察，议改寺址为局所，主其事者为穆君抒斋，寺僧不敢抗，遂他徙。适穆君督率夫役，邪许从事，拟先撤去佛像。工匠慑于官威而又惧蹈亵神之咎也。见大士像皆逡巡却步。穆揣知其意，出手枪对像连发数响，且发且祝曰：毁寺系余之命令，设有冥谴请加余身，无与尔工匠事。祝毕叱众以巨绠缠佛头，别用铁轮车起绞，竭尽数十壮夫之力，始得移出寺。是夕，群见红光一片罩护寺顶，北市居民遥观城南炽焰涨天，疑为祝融肆虐。华界警钟楼亦蒲牢怒吼，救火会驱龙寻声而至，第见寺内外佛像纵横而已，遂相率惊愕而返。阅数日以巨车载像，拟移置浦左某寺，比抵十六铺。以时晚不及渡，露停沿浦有绰……①

面对拆除的命运，与其说是寺内的神像以其神力抵抗，不如说是信仰神灵的人编造了这一神话传说通过宣扬神力来进行抵抗。可以看出，在一边遭遇毁损，一边产生、宣扬新的民间信仰神力的角逐中，民间信仰表现出了顽强的生命力，并且借助民间传说来延续

---

① 陈荣广编：《老上海》卷七《迷信·小普陀寺因果谈》，泰东图书局，1919年，第61页。

其生命力。

当然，除去民间信仰自身的求生愿望，近代化过程中千奇百怪的社会现象也是滋生新的信仰和传说的重要因素。开埠后的上海花会赌博非常兴盛，江湾因此也流传开一种仙人洞的传说。

> 花会害人之烈尽人皆知，而一般嗜赌之流趋之若鹜者以其有二十八倍之利益也，迷信神权之妇女晨占夕卜，尤乐此不疲……于是江湾之仙人洞乃应运而生焉，仙人洞者在某尼庵之天井中，有形似石塔者二，洞系塔际之破隙，由隙窥视，凡无缘者始终黑暗，了无所观。苟其人有彩可获，少顷必大放光明，现出种种景象，或老人扶杖而来，或小童?? 而过，即可由此推测次日中彩之为某种名色，每窥一次，纳香金铜元六枚。因之此庵收入颇丰，后求窥者日众。①

遍地财富的淘金地以及对民间神灵的依赖才产生诸多基于信仰的传说，并在城市中广泛流传。

> 法租界洋行街中段墙角处有小屋一所如神龛状，颜其额曰财神殿，殿中并无偶像，仅于壁间彩绘神像三，中坐者冠服如天官状，左执元宝一枚，东西立者各一，意即侍从也。此神素著灵异，妓院中人尤祀之弥虔，每届塑望之前一夕，沪上之执

---

① 陈荣广编：《老上海》卷七《迷信·江湾之仙人洞》，泰东图书局，1919年，第60页。

业于花业者或事报赛或事祈祷燕侣莺仇络绎不绝，有求必应
之。匦奁外壁几无隙地，捕房以其无碍治安也，亦不之禁，故
相沿数十年，历久弥彰。①

相传从前沪上贴票盛行时，有业汤水圆之某甲贫困无聊，
一日偶祷于神，遂藉友人介绍之力辗转贴票，因而起家，由此
远近感应神之灵名愈著，常人以求财故亦间有祀之者，又凡祈
祷之人无论车行步行一路归家须力守缄口之戒，不得与人交
谈，否则不验。②

这些新的城市民间信仰与民间习俗、迷信相互渗透，几乎很难
分辨。《九尾龟》是一部晚清时期的艳情小说，主要描写妓院与嫖
客的狎妓生活，叙述了上海城市的妓女、街头流痞、帮派、贪官、
戏子等形形色色的社会群体之间尔虞我诈的社会怪现状，记录了近
代城市社会生活的众生相。借此小说的流行，上海城市中产生了一
种对九尾龟的信仰，认为确有其物，且得之可以致富。

九尾龟确有其物。今坊本有九尾龟小说……实有九尾龟其
物，且见于本埠。同治乙丑，西城有顾某者，充邑署钱漕吏，
家蓄一婢。一日雨后于宅后潴水中得一龟，大如茶盏，尾若雀

---

① 陈荣广编：《老上海》卷七《迷信·洋行街之财神殿》，泰东图书局，1919年，第
62页。
② 陈荣广编：《老上海》卷七《迷信·洋行街之财神殿》，泰东图书局，1919年，第
62页。

屏开张状，数之有九叶，入手时口吐星火。婢惊喜持告主妇，妇以为怪，叱令弃掷。触阶而熊熊者，复出自龟口，喷射如爆竹。或曰此神龟也，天下共有四，各司一方。尾皆九叶。居东方者，能吐火，得之家可致富。①

这种基于追求财富所产生的民间信仰呈现出了随意塑造、变形的特征，这完全符合近代上海城市的实情。伴随上海的城市化，一些旧有的民间传说内容也在发生变化，改编现象甚是普遍，例如江南地区关于沈万三聚宝盆的传说，就附会了当时上海大舞台演出的戏剧《沈万三得聚宝盆》，② 而这也正反映了当时人对财富想象的社会心理。

在传统中国，无论是城市还是乡村的基层社会，民间传说、歌曲、日常习俗中都可能包含民间信仰的要素，信仰并不是以观念的形式呈现，而是以一种易于流行的日常文化样式存在和流布。2001 年11 月 2 日，联合国教科文组织在巴黎举行的第 31 届大会通过了《联合国教科文组织文化多样性宣言》，其中讲到："文化在不同的时代和不同的地方具有各种不同的表现形式。这种多样性的具体表现是构成人类的各群体和各社会的个性所具有的独特性和多样化。"③ 上海开埠以后民间信仰对社会文化生活的影响也正印证了这一观点。

---

① 陈荣广编：《老上海》卷七《迷信》，泰东图书局，1919 年，第 68 页。
② 李干忱编：《破除迷信全书》卷九《邪说》，美以美会全国书报部出版，1924 年，第498—499 页。
③ 《联合国教科文组织文化多样性宣言》的中文译文全文，见中国民族学学会官网：http：//www. 3miao. com/ces/column/culprotect/diversity. htm。

第三节　江北人的都天会文化狂欢

赛会自古就是人们娱乐的重要形式，陆放翁有诗云："到家更约西邻女，明日河桥看赛神。"江北人作为近代上海移民中的一个大支，在他们当中所盛行的都天会既具有江北特色又融入了上海的味道。

一　江北都天会

都天信仰主要流行于长江中下游地区，尤其是沿江区域的镇江、扬州、淮安等城市，以及南京和浙江的部分地区。清代以来，江北每年会举行迎神的都天会活动。

从目前已有的申报数据库、全国报刊索引等数据库搜索的情况来看，江苏北部的丹徒、甘泉县、江都县、泰州、高邮、如皋、阜宁、江都、清河县、兴化、江阴、扬州、天长、仪征、江宁、宝应县、新昌县、高安县、六合、东台、繁昌、盱眙、滁州、泰兴、淮安、溧阳、高明、德化县、山阳县、盐城、泰和、镇江都有都天大帝的供奉，并流行都天会，其中，镇江和扬州的"都天盛会"较负盛名，以镇江为最。清人金安清在《水窗春呓》中说道：

> 都天会最盛者为镇江，次则清江浦。每年有抬阁一二十架，皆扮演故事，分上、中、下三层，最上一层高至四丈，可过市房楼檐，皆用童男女为之，远观亭亭然如彩山之移动也。此外，旗伞旌幢，绵亘数里，香亭数十座无一同者。又有坐马

二十四匹，执辔者皆华服少年。又有玉器担十数挑，珍奇罗列，无所不备。每年例于四月二十八日举行。其最不可解者，抬阁一二十座非一人所能办，必一年前预为之；而出会之前一日，尚不知今年之抬阁是何戏也，其缜密如此。使上下公事皆能如之，独不妙乎。①

清代的镇江和淮安清江浦都天会的盛况，旗伞旌幢，绵亘数里，许多华服少年扮演戏曲人物游行。

为什么都天信仰在沿江下游区域有如此大的影响力？民间认为，都天大帝就是唐代平叛"安史之乱"时人们敬重的英雄——睢阳守将张巡，又被尊称为"都天老爷"。

根据扬州府《江都仙续志》记载："都天，司疫之神也，以禳胃、昴、虚、危之气也，民间崇祀，犹礼之傩也。"② 在大多数文献中，都天信仰具有民间祛疫、消灾的社会功能。可能因为江淮和江北地区在明清以后屡受洪涝灾害的影响，且经常发生瘟疫，因此抵御灾疫是信众最重要的诉求。甚至，淮安的都天庙在民国二十三年（1934）创办了"国医学社"，不仅为人医病，同时还传授医学知识和技能。每逢江北遭受疫情，中医药机构会在都天庙内设立施医施药处。

因此，都天信仰在江北人的生活中极其重要，并借此产生了许多相关的城市景观和文化现象。鸦片战争之后，镇、扬、淮地区的

---

① 金安清：《水窗春呓》卷下《都天会》，中华书局，1997年，第75页。
② （光绪十年）《江都县续志》卷十八，《中国地方志集成》，上海书店出版社。

都天会受到影响，经过一段时间恢复循例迎赛。清代淮安都天庙迎神赛会场面也是十分宏大，前面是由四人抬的两面大锣鸣声开道，后面是几面飘扬的彩旗，随后是花船、挑玉器花篮担子。此外还有小黑驴背着潘巧云，牵驴的是海和尚，一路表演戏闹、说笑、逗唱，十分有趣。每到有钱人家门口与衙门处，都要给赏钱或茶食等物。游艺中最好看的是"抬阁"和撑"钱伞、香伞"。阁子是木制的，有四五层，共十二架，每架都有几出戏，如"霸王别姬""打渔杀家""空城计"等。钱伞是用铜钱一个个编缀起来的，直径有五尺，穗子有两尺长，以红缎绣花制成，中间一根木柱支撑，约有一百多斤。到家门前，一放鞭，扛伞人就将"钱伞"转的哗哗响。"香伞"是把一根根香串起来做成伞状，它撑起来不能转也不能动，一天下来，香不能断一支，技艺要求十分严格。

此时，镇江的都天会也是热闹非凡。

先有太平狮子会白庙出游，一路跳舞，有银■会鸣锣，徧游各处，回庙焚化。继有抬阁六架高三丈余，扮演大香山尧访舜吴上采莲、金山擂鼓水漫金山、昭君和番等戏，每架皆以六七龄之小童着古衣冠，兀立其上，彩莲覆焉。用健儿十六人异之，进退疾徐，无不中节，笙箫钲鼓，断续相间。继有龙亭一座，内设一统万年额，异者皆着黄褂。①

人们用黄纸折船，上书写"消灾降福"，音乐悠扬，会中的人

---

① 《赛会纪盛》，《申报》1885年6月8日第3版。

有饰牛头马面者，有饰降龙伏虎者，热闹非常。至晚间，一般游民，又特放焰火以欢迎。

1888年，扬州都天大帝信仰与农业收成联系起来，丰稔会中各方购物件争奇斗艳。同时，在瓜洲除了原先的"异神驾出巡"，扮演的戏剧多达十五种，再有香亭、龙亭、提炉宫扇。最重要的是配以瘟神和财神一起出巡。在巡游过程中，凡是瘟神所到之处景象冷落，人们不供香火并率众予以驱逐，谓之"祛瘟"。而财神所到之处则是"笙歌竞奏，酒肉纷陈，家家邀接"，谓之"接财神"。作为都天盛会的前序，"祛瘟"和"接财神"是为了更隆重的都天大帝出场。最先为太子船沿街收灾，居民咸用茶叶钱米等类撒入舱中，以为消灾祈福。

> 财神之后，则都天神像，坐绿呢大轿，威灵显赫，望之严然。沿途居民俱捻香膜拜，肃静无哗。至此而会毕矣。入晚会复举烛龙万道，齐吐光芒，世界通明，诚不减上元火树。此京江之盛会，亦瓜步之奇观也。①

由此可见，迎都天大帝已经渗入到江北民间的日常生活，从农业生产的丰收到消灾祛疫都依靠都天大帝，而这二者恰恰是乡村社会中最重要的方面。迎神中还伴有灯会胜景，整个过程民众的参与度也很高。

镇江都天会是江苏省之冠，驰名远近。由于镇江都天庙的影响广

---

① 《瓜洲会景》，《申报》1890年5月20日第3版。

泛，扬州、南京、苏州、清淮等地常常会远赴镇江参与迎神赛会，络绎不绝。对于以江淮文化为主流的江北来说，镇江都天盛会是一件大事，"连日各旅馆各茶馆酒馆生意甚形拥挤，已有人满之患"①。

究其原因，大致是江北迎神赛会的组织依靠各个基层的组织——分会和会堂，能够发动和聚集众多民众。比如，扬州每年五月都会举行都天盛会，分成若干分会及会堂，各会提前筹备陈设。又如敬福会之海梅香亭、五福会之孔雀翎伞、同福会之灯抬阁。

> 后随老增福、降福、庆福、迎福、同福、赐福、敬福、永福诸社旌旗、伞扇斗丽争妍鼓乐喧闹，洋洋盈耳，抬阁数十架，均以妙童扮诸杂剧，尤觉鲜明夺目，自晨起偏穿街巷并至文武各衙署，然后赴北门行宫午膳，后日已西沉，遂大张灯烛，进天宁门，火树银花几于城开不夜，其中灯彩以老增福平抬内之西瓜灯九架最为精巧，其次则为琉璃灯山一座，观者无不目眩神移。②

其中扬州邗江都天会系由各个行业同时组织的约二十场赛会，每场花费巨大，由各行会首向各铺户筹集资金。③ 为什么都天会会首能有如此大的号召力？这可从各会信众的诉求中找原因。民国时期，镇江的都天会对各行各业民众形成很强的吸引力。惟各业商店及劳动力食者流，以为今年吾镇市面太坏，此会一行，绸缎、洋

---

① 《镇江》，《申报》1921 年 5 月 22 日第 8 版。
② 《都天盛会》，《新闻报》1894 年 7 月 3 日第 2 版。
③ 《扬州》，《申报》1905 年 7 月 23 日第 9 版。

货、布鞋等业可以多销若干之货物。

各行劳动者认为都天会可以改变经济萧条、市面不景气的局面。尽管官方希望禁止赛会，但并不能阻止民间对都天会的狂热。

> 然各班会堂均已布置齐备，陈设之精致、旗帜之鲜明较诸前清末年殆又过之。城内万寿宫之多福会堂，演军巷之景福会堂，城外小门口之万福会堂，新河街之龙亭、金炉、降福、敬香四会堂，钱业公所之增福会堂，王家巷南首公善堂，之蒋公府会堂，以及南门外都夫庙内各班会堂，均于阴历四月初一日一律开幕。一般红男绿女之结队游观者，已有络绎不绝之势。①

这些会堂分散在城市的各个空间，并且涉及各行各业的人群，具有很强的组织力。这主要是城市中的居民从商业营利角度希望都天会能带来繁荣的市面，所以都愿意为此捐献款项。对于乡村的民众呢？农业生产中的旱涝无疑是最需要考虑的。当时镇江丹徒的十七市乡农民，昇都天神像至城内的景福堂求雨。

> 适值霉汛期内，大雨时行，田苗勃兴。乡民以为神灵感应，群思答谢神庥。爰由各业会堂筹捐巨款，决定于五日迎赛都天神会，送像回宫。各会计有十余起、异常热闹。会所经

---

① 《都天会之组织》，《申报》1917 年 5 月 23 日第 7 版。

处，观者如堵，拥挤不开。①

也就是说，都天信仰在乡村也具有广泛的信仰基础，并且以都天会的形式来表达。最重要的是，信众也是以会堂的形式组织活动。而城市的铺户则是款待亲朋，应接不暇。

从镇江和扬州两地区都天会的组织形式和表达方式看，其基础组织是一致的，只是个别戏曲的剧目、赛会中装束稍有不同。

> 此后即系都天神衔牌，如鱼贯如雁翔，肃肃穆穆、济济跄跄。继以天痧、天麻、天花等神像。俄而，游檀馥郁，鼓乐锵鸣，则都天大帝神驾至矣。驾前有赐福、景福、多福等金锣，但见旗绘龙麟，扇移薤尾，灯晚玻璃之彩，伞丽芝羽之辉，十二花神像，栩栩欲活。于是珍玩茶担彩绢花担相间而至，有香亭一座，流苏四下，中置鼎彝，望而知为珍贵。会中人各具衣冠，持香缓步。此后有值殿进旨，值殿更衣，内班进香，内班更衣。各会几于有美必臻，无奇不俦。神驾过处，各铺户焚香点烛，以迎之入。夜则万千火树，一望光明，无异上元灯市。②

因此，可以说当时的这场都天会盛宴是远近城乡共同参与的，这就表明都天信仰在进入上海城市以后具有广泛的信仰基础，并且影响着江北移民在城市的社会组织。

---

① 《镇江》，《申报》1922 年 7 月 7 日第 12 版。
② 《赛会纪盛》，《申报》1885 年 6 月 8 日第 3 版。

即使不是在固定的都天会日子，凡遇时疫江北人也会举行一些与都天大帝信仰相关的民间习俗活动。

1926 年 9 月 10 日《小时报》第 3 版《镇江时疫之尾声》记载了"请都天大帝回庙"一事，讲到镇江当年夏季时疫盛行，死亡无数。一般人士苦于预防无术，乃求神以保佑。"因念能消灾降福者，莫若都天大帝。于是自中元节起，各地纷设都天神，全城计有八十余所。"这些民间随意设置的神像与日常生活融合，或在小商铺放置，或露天搭台，但都是终日香烟缭绕。

二　近代上海的都天会

20 世纪 30 年代上海还流行着扬州关于都天大帝的民间俗语"黄金坝的都天——假到底"。这是扬州俗语，载于石天基所撰的《假都天说部》，据说扬州黄金坝有一乡愚，自称都天神下降，哄动民众，都往烧香；未几，被金太守洞悉黑幕，指破奸伪，其事遂归失败。后来，凡遇作伪的事，便说：黄金坝的都天——假到底。[1]近代上海文献记载的都天庙有两座：一座是位于苏北人集中分布的闸北区域；另一座是为工厂、码头密集的浦东杨家渡。由于当时的杨家渡人口较为密集，且已有许多外来人口的足迹，所以此处的都天庙也可纳入本书的讨论范围。在 1929 年《红玫瑰》杂志连载的社会小说《四海群龙记》中就有青帮在镇江的都天庙中吸纳成员的细节，并且这一系统与上海青帮隶属一脉。[2]

---

[1]　《俗语本事》，《申报》1932 年 7 月 30 日第 17 版。

[2]　《四海群龙记：第十回净土庵说剑指迷途，都天庙开堂收徒肯》，《红玫瑰》1929 年第 5 卷第 9 期，第 1—15 页。

民国八年（1919），苏北南通籍全真道士王信德在扬州公所的支持下于上海原闸北中兴路募建都天庙，供奉苏北地区民众普遍信仰的都天大帝，在社会局的调查中，其僧员包括来自南通、扬州、盐城、泰县、徐州等地的人。[①] 当时，这位道士自己担任庙内住持，主要以施药、医病、经忏为主要活动，成为旅沪苏北人生活和精神的重要支柱。有意思的是，上海的两座都天庙却常常在闸北中兴路、江湾和浦东杨家渡三处举行都天会。与家乡镇杨地区都天会不同的第一点是没有其他神灵的参与，尤其是闸北都天庙只供奉一位都天大帝；第二个不同点是都天会上的民俗习惯表达也有所不同。

1924 年 4 月和 1926 年 4 月闸北都天庙分别举行都天会活动。

> 闸北中兴路都天庙，系旅沪淮扬客民发起，向来只供一神位。今年新塑神像定于三月三日赛会。无知愚民，兴高彩烈，预备于会中参加花担、荡湖船等种种花样。[②]

> 住居闸北之江淮客民，每届阴历三月都天神会。会中除执事旗伞之外，加入龙灯、臂香、阴皂隶等，兴高彩烈，如醉如狂。[③]

---

① 《闸北中兴路都天庙为申请登记向社会局报送的各种表册》（1935 年），上海市档案馆，卷宗号：Q6-18-357-43。
② 《查禁赛会》，《申报》1924 年 4 月 5 日第 15 版。
③ 《闸北客民昨迎都天神会》，《申报》1926 年 4 月 15 日第 15 版。

闸北都天会也是人山人海，不同的是荡湖船、臂香、阴皂隶这些民俗习惯几乎都是江南地区特有的，与上文扬州、镇江两地的都天会相较显然有所变化。关于 1926 年 4 月的这次都天会活动，《新闻报》里有更为详细的记录。

> 三月初三日，闸北居民循例有都天大会之举行，谓可驱瘟免灾。会中点缀极盛，故颇足引人之注意。是日上午，共和路恒通路一带，早已人立如山，万头攒动。下午一时，忽闻锣鼓喧闹，爆竹震天，万人空巷，争先恐后。咸曰：会来矣，会来矣。……见会中有抬阁、高跷及扮三百六十行之杂耍，衣饰离奇。复有三本铁公鸡沿途打武，更有袒胸露背，刺悬香炉者，阔步昂行，貌极狰狞。最后则为都天王之神像，危坐轿内。[①]

与苏北本地所流行的都天会不同，闸北都天会带有更多的表演性质。作为城市人，他们已经与原有乡间的农业生产、生活相距甚远，在依旧选择信仰都天大帝时做了一些改变。为了适应城市生活，闸北都天大帝巡游时人们表演的是三百六十行之杂耍，主要针对居住在附近的江北人。

江湾是淞沪铁路进入上海的第一站，所以也是江北人分布集中的区域，其附近有多处民间寺观。由于地处铁路沿线，人们经常乘车前往。1926 年，江湾都天胜会举办时铁路局除去平常开设的列车班次外，另外加开专车十一列，据当时的报纸报道有一万余人搭

---

① 《都天菩萨肇火灾记》，《新闻报》1926 年 4 月 17 日。

乘。同时，由江北人聚居区之一天通庵站附近上车前往者三千余人。

江湾都天赛会所迎的是杨老爷，杨老爷作为在上海地区香火极盛的一位神灵，属于典型的民间信仰。[①] 据说杨老爷是上海本地人，名杨文胜，生前为县衙掌刑官，在一场火灾中因忠于职守而牺牲，因尸体烧焦所以脸为黑色。民国年间的《申报》中刊载了其他说法，杨老爷"为明嘉靖时人，知医，世居嘉定西门外九里之外冈镇……杨爷察知井有毒。饮此水者将病。劝居民勿向此井汲水。居民不之信。仍纷纷往汲。杨爷不得已。乃夜半投身井中。明日发见则尸身全体皆黑。于是始信此井水之果毒也"。杨老爷在上海本地具有广泛的信仰基础，他与其他民间流行的信仰一样，主要扮演着济世医人的角色。江湾都天赛会作为一种娱乐活动，时人将其与日本的樱花节相提并论，有高跷、肉身灯等项目，还有专人扮演各种社会角色。[②] 比如为了吸引眼球，在江湾都天会上请数人扮演吸食鸦片，藉地吸烟，忽然过来一巡捕，将其捉拿到官府去。各种场面都是当时社会现实的显照，目不暇接。

与江北都天会一样，上海都天会在吸引信众方面更加倾向于具有江北基因的特定人群。不同的是，上海都天会带有很强的娱乐性质。当然，它并没有失掉信仰所具有的特性，为了在上海扎根，其选择了具有更深厚在地基础的杨老爷作为主位。从都天会表演形式和主位等方面的变化来看，江北都天会至上海后经历了一个融合、

---

① 《江湾观会记》，《申报》1926 年 5 月 13 日第 17 版。
② 《江湾观会记》，《申报》1926 年 5 月 13 日第 17 版。

变化的过程。这个过程以江北的移民为载体，他们一方面留恋家乡的乡土、习俗；另一方面也希望融入新的城市生活，主要表现在都天会活动中对江北传统既有保留又有创新上。但在这当中，都天会作为移民文化生活的特性更加突出。

从《申报》和晚清民国流行的其他报刊、图书资料记载的情况来看，主流都天会主要来自镇、扬、淮等地和上海。其中，在上海都天会中属浦东的规模最大，竟有连续二十四小时游行的情况。浦东都天大帝像位于杨家渡垃圾塘，受到当时全上海江北籍人的崇奉。1924 年 4 月 1 日《民国日报》记载："昨日浦东烂泥渡，循旧习举行都天会，但是今年的会比往年热闹，又精彩……不但本镇的人都停业看会，就是上海的人，也又许多，特意过江去看的。这次的会消耗颇巨，一切费用，都向居户、工人捐募的。但他们却肯踊跃输将呢，其实个中借此渔利的人大有其人。会中有台阁、高跷……杂耍，并有些人用针刺穿了手臂，系着香炉，说是还愿，真实无怪不有。浦东的工厂听说有几家专为此事停工，让工人看会，可想见其魔力了。"工人是城市民间信仰的主要信众，他们的日常生活与文化勾连起来的方面甚少，迎神赛会应当是最为廉价与易得的一种。

> 昨日各会首迎赛都天大帝，在全浦东出巡中有小老爷、三
> 太子。硬牌火球、绸绣之彩龙十九条，化装高跷数班，陆地行
> 舟之荡河船、蚌精鬼怪、台阁狮兽，扮演渔樵耕读、唐僧取
> 经、粮官吃溺，托香提炉，极尽铺张扬厉、巧夺天工之能事，
> 绵亘十余里之长。经过一处，达四小时之久，全沪居民万人空

巷，波浦往观。是以浦东各镇途为之塞，市轮流加班，渡客仍告拥挤，浦东店铺顿形繁盛，人力车抬价三倍，仍有应接不暇之势。剪绺贼乘机四出，摩登女郎拥于人业，遭浮头浪子之故意调笑。冲突时起各种现象得未曾有，总计该会自上午四时即出庙，至夜间三四时回庙，周游浦东达二十四小时之久，可谓盛矣。①

都天会出现"渔樵耕读""唐僧取经""粮官吃溺"等表演场面，不光如此，市政管理方面也十分配合。因为这些场景对于市民来说，与欣赏传统的戏剧没有区别，因此在报道时也经常与城市游览、交通线路等信息并举。移民们潜意识中要做的就是去参加有家乡标识的狂欢，甚至在这个狂欢中"神意"可以相对缺乏，但他们以地缘为标准形成了默认的"江北会"。1936 年《申报》报道了"浦东今日出江北会"。

　　浦东杨家渡圆通庵都天帝神偶，定于今日上午八时出巡，会首以江北、湖北各方居多（俗呼江北会）……因参加会众光怪陆离，形式颇为精彩，故能哄动远近。②

"江北会"在正式的文献中鲜于记载，并不像"江北合作会""江北赈灾会""江北参事会""江北长老会"江北勉励会"江北联

---

① 《浦东都天会盛况 周游二十四小时》，《申报》1936 年 4 月 20 日第 11 版。
② 《浦东今日出江北会》，《申报》1936 年 4 月 19 日第 13 版。

谊善会"等团体或活动有固定的组会目标。"江北会"其实可以认为是上海的都天会。在上海，对江北都天会的称谓虽然不尽一致，但来自江北的移民出于对出巡都天大帝的认可都会参加其中。浦东和闸北两处的都天庙也更像一个主庙衍生出的分支，1934 年两处都天庙神像同时出发举行都天会，① 实际上就是有针对性地为在上海的江北人提供一种文化活动。

第四节　江淮戏在上海

戏曲是近代上海最受大众欢迎的文化休闲方式之一。自古以来，无论是西方还是中国，戏曲都被当作移风易俗的重要工具和途径，既有专门的戏曲创作，也有民间的戏曲生产。"观者渐渍浸灌印入筋脑，收潜移默化之效"，正是因为戏曲对社会风气、心理的影响，才有近世关于旧剧的改良。晚清民国时期，许多民间戏曲是对民间故事的叙述和改写，例如在 1919 年陈荣广所编的《老上海》中列举的脍炙人口的唱段，皆是社会现实的显照。"我国晚近姌酺成风，朱家郭解遗音久寂，所排则汉皋宦海，罗汉传描写壮士，任侠可风。戒烟则黑藉冤魂……潘烈投海励爱国也，言监狱之黑暗则有刑律改良，放女界之光明则有惠兴女士，打野鸡以演僧尼之丑……接财神实迷信之可嗤。"凡此种种均是社会心理的反映，其相应的戏馆分布也与之相对应。

《上海闲话》中记载最初的上海戏园在法租界的戏馆街，地以

---

① 《闸北与浦东 昨均迎神赛会》，《申报》1934 年 5 月 14 日第 12 版。

业名，热闹非凡。戏馆街大致在小东门外洋行街附近，最初盛行苏班昆曲，后伴随市风北移，又有徽班和花鼓戏流行。戏馆街逐渐移至郑家木桥大街共舞台一带，地方性戏馆的分布与人群一致，广东戏园分布在虹口，因为那里广东人相对集中，闸北是江北人的聚居区，这里分布着江北戏园。江淮戏就是当时上海流行戏曲中典型的一种，它从来到上海之始就与移民及其信仰有着密切联系。

一 江北小戏在沪落脚

江北小戏是江淮戏、淮剧的前身，俗称下河调、江淮戏、江北戏、江北小戏、三火子，是流行于苏北盐城、淮安、涟水、泗阳、海州、宝应、淮阴和阜宁一带的剧种。1950 年，上海市文化局对当时在上海流行的淮剧曲目、历史进行整理时就访谈了大批淮剧老人和演员。清末，苏北盐、阜一带的农民举办"加苗会"，请童香火或巫人念经，以祈求丰收，后来童子念经戏。香火戏又名三可子，是在祭祀、谢神、祈神时念给神听的。当时的人也认为名义上是给神听，实际上是给人听，农民丰收后便演谢神戏。据这些淮剧演员回忆，江北小戏的演唱者都是童子，他们多数是农民出身。闲暇时，尤其在秋收后就出门做会，并逐渐由业余转为班子。如果要探究淮剧在上海发展壮大的原因，除了上海有大量的苏北移民作观众外，还有一个原因就是其前身江北小戏在外出做会时与江南的杭嘉湖水陆班子合作演出，并吸收了其丰富的内容，成为江淮戏。①

江北小戏常是逃荒落难者们沿街乞讨卖艺所用的说唱形式，结

---

① 《江淮戏的历史》（1950 年），上海市档案馆，卷宗号：B172-1-289。

合了农村传统的"香火戏",融合了两淮地方小戏种于一体,进入上海以后逐渐演变为淮剧。开埠以后,旅居上海的苏北人口众多,尤其是社会中下层群体,淮剧也随之南下来到上海。

江淮剧在民国初年流传到上海,正当苏北水旱灾荒时期。当时职业的淮戏艺人骆步兴、吕凤祥、武学东等也因生活所迫背井离乡,来到上海。

> 人生地疏,只好重弹旧调,得同乡蒋某的资助,爰苏北同乡集居区域的旧法租界南阳桥德昌公司广场上开了一片露天剧场,这是江淮剧踏进上海的第一个阵地。参加演出的尚有何孔德、吕祝三等十余人。日夜两场门票仅收铜元六枚。但是刚开演了三天就遭到法公董局的取缔,走了许多门路才准许搭建■棚,定名"江北大世界"。①

后来因绍兴戏、花鼓戏、说书等都意欲角逐这块宝地,"江北大世界"又不得不转移阵地至虹口的香烟桥,重新开拓。

> 至民国八年(1919)由陈姓淮戏艺人在闸北长安路宝康丝厂东边建造了规模较大的"群乐戏园"。②

直到此时,江淮戏开始获得广大苏北同乡的的注意和拥护。闸

---

① 《江淮剧在上海(上)》,《前线日报》1947年7月3日第4版。
② 《江淮剧在上海(上)》,《前线日报》1947年7月3日第4版。

北药水厂、法租界南阳桥、南码头三角街、舢板厂新桥都开设了江
淮戏院。

> 那时他们演唱的仍然是从家乡带来一出一出的短剧。①

至 20 世纪 30 年代的苏北水患和抗战，大量江淮剧的演员来到
上海，当时沪上可见记载的淮剧班社团就有 20 多家。

二 淮戏院、戏园与江北人的互动

1936 年，《社会日报》一篇文章写道：

> 人称东方巴黎的上海，一致公认以娱乐为中心的，可是娱
> 乐也有上、中、下三等，跳舞、坐汽车、吃大菜，当然是有钱
> 的公子哥儿、摩登太太享受的。公司乐园，那就是一般靠着生
> 意吃饭、偷些闲功夫去逛的。一般以苦力赚钱的下流社会，他
> 们既看不懂电影，又没有那么许多的钱逛公司乐园，于是他们
> 唯一的娱乐场所，就是小戏院。
>
> 这小戏院全沪总算起来，有六十余家，扬州戏占了半数，
> 绍兴文戏有十余家，淮戏（除扬州外大江以北名曰淮戏）十一
> 家，最少的就是宁波滩黄，只有三四家。小戏院的开设，都是
> 在小菜场所附近，他们的票价很便宜，有一毛钱或十七八铜元
> 就可听一次。小戏院的设备是十分简陋，除了几张破布景外，

---

① 《江淮剧在上海（上）》，《前线日报》1947 年 7 月 3 日第 4 版。

> 还有几十套由石路买来的旧戏衣，又雇用了五六个人，甚么售
> 票、查票、后台管理等，差不多每家都是这样，每一家戏院的
> 演员只十八九人，串演一出戏的时候，往往一个人扮两个角儿
> 不等，看起来好像教化子打架。①

其中，扬州戏俗称"小开口"，也是江北同乡中下阶层的妇女、
小商人乐于欣赏的地方戏。② 对于江北人来说，早期扬州戏和江北
小戏都是他们钟爱的对象。

由于受众群体的社会层次，淮剧在很长一段时间内都是服饰简
便、唱词土俗的戏种。尤其是它使用苏北方言，一般只有工人前往
观看。在关于江北妇女的描写中，她们虽然大多食宿在苏州河边的
艑艒船上……在浦东的江边、杨树浦、曹家渡的二角，所看见的也
多是些"盐城王第"与"维扬张第"的公馆，生活贫困、拮据，但
是仍有消遣娱乐活动。

> 江北的妇女也需要消遣消遣，在多数居民的需要下面，江
> 北戏馆是应时产生了，在小茶馆及荒地上面，竖起了"新聘维
> 扬超等名角某某某"的戏牌。在一般人看来词句浅薄的"活捉
> 张三郎"在她们眼里是津津乐道，尤有回趣。③

对于工人阶级来说更是如此，淮剧就是他们精神生活的支撑。

---

① 《小戏院 说不出的设备简陋》，《社会日报》1936 年 7 月 27 日。
② 《没落的扬州戏》，《新上海》1946 年第 49 期，第 7 页。
③ 《江北妇女在上海》，《特写》1936 年第 5 期，第 33—34 页。

民国年间，虹口的淮剧剧场在社会局的登记材料中就显示这完全是
为了工人的娱乐。这一剧场的创办人原是在虹口的育才路开设公平
茶楼的老板，经营商业。但是"八·一三"事变之后，虹口一带创
伤尤其严重，民房大部分被毁。虽然后来得以重建，市面也开始繁
荣，工厂林立，但是能够给工人提供的娱乐之所非常稀少。茶楼由
于物价上涨而入不敷出，于是决定在茶楼内附设江淮剧场。有此想
法是因为这一带的居民以江淮籍为多，茶楼中的江淮剧场可以提供
民众观瞻。另一方面，这些江北民众也曾主动要求。①

    在 1939 年朱邦兴等所编的《上海产业与上海职工》中就讲到，
车夫大多数来自江北，可以说简直谈不到有什么娱乐项目，除了睡
觉就是赌博，因此，江北戏对他们来说确实是不可或缺的、唯一的
娱乐项目。② 关于各行各业工人的社会调查，棉纺织业工人的生活
负担重、收入微薄，大部分的支出用于家庭成员的吃、住。在《上
海产业与上海职工》的调查中，条件稍好的工友常从家长那里讨得
一毛钱，在礼拜六或礼拜天去小戏院看江北戏或听上海戏，而爱听
戏但又没有余钱的工友便到工房附近的荒场上，那里也常有江北
戏、大京班、变戏法、打拳的，花上两三个铜板就可以入座看看。
在沪西一带的工人，每逢礼拜六、礼拜天，不少人约起弟兄们或小
姐妹买一角钱一张的票，去沪西大戏院、高升大戏院、天乐大戏院
看江北戏，也有工人常到大旭里隔壁荒场娱乐，当时那个地方俗名
叫"沪西大世界"或"地舞台"，由三四十个棚子组成，有饭摊、

① 《社会局淮剧院登记材料》，上海市档案馆，卷宗号：Q6-13-62。
② 朱邦兴等编：《上海产业与上海职工》，远东出版社，1939 年，第 598 页。

大京班、江北戏、本摊、戏法、打拳、说书等。①

　　至 1947 年，上海江淮剧有百万以上的观众，每一个苏北同乡都是江淮戏的有力拥护者，可以说苏北同乡的活动足迹就是江淮戏的传播、流行路线。1947 年的《前线日报》称："李玉花、何叫天、徐连英……这些江淮剧第一流的艺人，她们的名字深印在苏北同乡的记忆里。"②

　　这些剧院一般在比较边郊的地方，殊为简陋。尽管在推广的过程中进行了刻意的改良，但因观众水平较低而难以接受新的艺术形式，所以一般土俗的内容反而得到了保留。至 1947 年上海有十余家江淮戏院，都是苏北地方的同乡经营，它们分别是朝阳路小木桥的朝阳大戏院、临平路张家巷的公平大戏院、小南门海潮寺的南市大戏院、打浦桥斜徐路的沪南剧场、长寿路胶州路的沪西舞台、长寿路五十七号的高升大戏院、昌平路的昌平大戏院、长宁路的长宁大戏院、虹桥路虹桥大戏院及江淮大戏院、新疆路沪北大戏院、新闸桥闸北大戏院、宝兴路宝兴大戏院等。剧院因地区人士关系有高下之别，其中以沪北大戏院为巨擘。该院地方宽敞，角儿优秀，博得江淮观众的一致赞誉和拥护。③ 此外，还有许多规模较小的戏馆、戏园、搭台等，如位于胡家木桥的江北戏馆、新民路的江北戏园、门安路祥丰江北戏馆等。

---

① 朱邦兴等编：《上海产业与上海职工》，远东出版社，1939 年，第 77 页。

② 《江淮剧在上海（下）》，《前线日报》1947 年 7 月 4 日第 4 版。

③ 《正在蓬勃中之淮剧》，《大公报》（上海）1947 年 2 月 8 日第 8 版。

三　江淮戏里的民间信仰

江淮戏是较为大众化、通俗化、口语化的民间艺术，这既是它的特质，也是其拥有百万观众的原因，因此被认为是最好的"社教"工具，在后来的戏曲改良中，淮剧的"关公辞旧""秦香莲""双龙会"等都是第一批整理的曲目。老艺人称之为"九莲、十三英、七十二记"。"九莲"，即秦香莲、蔡玉莲、王玉莲、兰玉莲、潘金莲、窦金莲、陆金莲、李翠莲、李桂莲；"十三英"，即顾凤英、罗凤英、成凤英、苏凤英、殷凤英、王大英、王二英、王月英、王弯英、王桂英、周桂英、林弯英、苏迪英；"七十二记"，即《合同记》《金钗记》《孝灯记》《罗帕记》《兰衫记》《三元记》《大琵琶记》《白兔记》《分裙记》《芦花记》《葵花记》《灯笼记》等。这些剧目大多表现家庭伦理道德，或是男女情爱的悲欢离合，情节生动曲折，语言通俗易懂，很受当时底层观众的喜爱。其中剧目也多具有本剧种特色，如《秦香莲》改"包公断案"为秦香莲亲审忘义变心的丈夫陈世美，更是大快人心。还有幕表连台本戏，这类剧目原无固定台词，全凭演员根据幕表进行即兴创作，传奇色彩较浓，如《封神榜》《飞龙传》《安邦定国志》《乾隆传》，以及一些公案戏《彭公案》《包公案》《施公案》等。其中一些剧目经过加工整理以后，也已成为传统剧目。① 这些传统剧目往往与劳动人民日常的生活紧密相关，因此也难免渗入许多民间神祇信仰的内容。根据

---

① 顾建国主编：《江苏地方文化史·淮安卷》，江苏人民出版社，2019 年，第 521—522 页。

文献记载：

> 早初，江淮剧在苏北被称为"神戏"，专为民间用作"还
> 愿"和"新神"，农人们到农忙以后在神庙前或是村庄里临时
> 搭了木台或土台，邀请"水路班子"来演唱，崇功报德，共庆
> 升平。所谓"水路班子"就相当于早期不上规模的民间松散剧
> 团，当时演出的戏班们大多是居住在船上，有"兴隆班""得
> 胜班""日盛班"种种名号，到处漂流献演，深入民间，逐渐
> 扩大了这民间艺术的范畴，成了惟一的农村娱乐，变成营业的
> 卖戏。当月上了柳梢人约黄昏，农人们忘了一日的辛劳，围坐
> 在禾场寻求他们的精神上安慰——欣赏他们所谓的"灯花戏"。
> 演唱的大多是"梁山伯祝英台""孟姜女""采茶记""合同记"
> 之类。……剧词间有几近俚俗不堪，但晓畅明白，能为每个观
> 众所能接受了解。①

江淮戏剧本古本有二三百种之多，唱词中经常运用苏北方言和
俚语，如果去除音乐简直就是唱戏人对观众讲述民间故事，因此被
称为"最通俗的真正大众化的乡土文学"。其实不只淮剧，这种民
间的戏班在江浙一带非常普遍。

"淮剧风行演出'施公案'之类的'木头戏'"，许多剧本是保
守陈旧的，因此，在淮剧真正得到推广前，许多内容都与民间的信
仰有关，曾被认为在剧情和意识上是封建社会的产物，免不了参杂

---

① 《江淮剧在上海（上）》，《前线日报》1947 年 7 月 3 日第 4 版。

神鬼之说。开埠以后，闸北江北籍移民信奉太阳菩萨，并在苏北人分布较集中的闸北区域建立太阳庙，这一信仰逐渐融合至上海城市流行的淮剧、长篇弹词中，体现了外来信仰借助戏曲等文化形式传播并凝聚地域人群的过程。这一信仰在上海城市的民间曲艺中有所体现，长篇弹词《描金凤》中就有关于向太阳菩萨求雨的唱段。

> （表钱丢笑）背心上也觉着哉，辣豁豁，啥物事？往上一看，完，一轮太阳。那是好了，我巴望有点雨下来，我好活命，现在什梗一轮太阳一出，哪哼还有雨呢？我是必死无疑。
>
> （钱丢笑）哈哈，太阳菩萨，倷倒早拉海，我一夜天不曾困，看来倷也是等天亮。
>
> 太阳出得啥能巴结……
>
> 油煎和尚我听见过，活烤道士倒忒新鲜。
>
> （小道士白）霍险娘娘是姓霍呀，哪哼姓许呢？
>
> （钱丢笑白）俚娘家姓许，霍门许氏，我依俚笃娘家叫末算搭俚着肉点。①

唱词中求雨道士提到太阳菩萨和霍险娘娘两位神灵，并认为自己能通过与其拉近关系的方式来实现降雨。虽然不能根据其复原出太阳神信仰流行和具体空间，但可以肯定对上海城市戏曲产生了影响。除此之外，太阳庙路还是苏北人所喜爱的淮剧日常演出地点，这里出现了"搭墩子"，即用筷子击盘底拍打节奏，坐唱淮戏。苏

---

① 《中国曲艺音乐集成》（上海卷　上），中国 ISBN 中心出版，1992 年，第 47—51 页。

北人在开埠以后进入上海城市的同时，也将家乡的民间信仰神灵带到这里，移民、民间信仰神灵、戏曲三者在空间分布上的重合正说明了民间信仰与其他二者的承载关系。苏北人所流传的淮剧，在开埠以后随着移民迁移在上海开设了许多相关戏院，如1914年在闸北太阳庙创立第一间江北戏院。① 著名淮剧演员何小山曾回忆，其祖父等淮剧演员一行七人在闸北太阳庙路租赁房屋，用泥土堆砌舞台，招引观众看戏。这些来自江北地区的戏班在家乡往往选择于庙宇中搭台，如宝应城隍庙、兴化都天庙、建湖神台庙等。何小山回忆寺庙演出常在晚间，没有住宿的情况下他们只好睡在菩萨塑像脚下。② 根据张金贞的研究，闸北江北人集中的地区，分布着平安大戏院、交通大戏院、复兴大戏院、共和大戏院，都以演淮剧为主。③ 而这一区域也是民间信仰集中分布的地方，除了太阳庙、都天庙，还有天通庵、黄大仙庙、神仙堂、胡神仙庙等。其中江北地区都天庙在迎神赛会时流行的跳马伕舞蹈，这在开埠以后也伴随闸北都天庙的建立而在上海地区流行。④

侯杰、范丽珠在《中国民众宗教意识》中指出，终日从事各种营生的劳苦大众从偶尔观赏到的戏剧、评书以及民间流传的戏文、小说等文化形式中捡拾乐趣，并从中获取知识，得到教化，其中丰富的神道设教的鬼神色彩在某种程度上也满足了民众的宗教情感需

① 上海市文化局史志办：《上海淮剧志》，1998年。
② 何小山：《戏与梦》，上海三联书店，2011年，第2、24页。
③ 张金贞：《淮剧在沪的发展历程及其空间变迁研究》，复旦大学硕士学位论文，2013年。
④ 中华舞蹈志编委会：《中华舞蹈志·上海卷》，学林出版社，2014年，第213页。

求。这种情感对于普通民众来说实际上就是一种民间信仰，神话、戏曲、歌谣、说唱艺术等已成为民众文化生活的重要组成部分。备受青睐的通俗小说如《西游记》《封神演义》《三国演义》中的艺术形象都往往被赋予了神格，受到民众供奉。①

民间信仰对于移民的社会关系连接是较为抽象的，但以民间信仰为核心所形成的日常文化生活却是具体的。民间戏曲、传说故事、生活习俗中民间信仰的影子都能帮助人们辨认自己是否处在熟悉环境中，以此延伸出的如观剧、迎神等的社会文化活动，不仅帮助移民适应城市生活，同时也强化了群体的地域属性。

---

① 侯杰、范丽珠：《中国民众宗教意识》，天津人民出版社，1994年，第12页。

第四章

民间信仰参与城市社会空间的建构

在旅沪同乡的居住地点选择上，移民们往往更愿意群居，而同乡会馆及当中的家乡神附近就是他们所向往的地方。在广东同乡会的会议上就会址进行了讨论，认为旅沪的广东人达 30 万人之多，但参加同乡会的只有 2 000 余人，其主要原因在于：

> （旅沪粤人）居住之地方，尤以虹口一带为占最多，广东旅沪同乡会之会址，似宜设立于虹口附近地方为适宜。对于目下设立在法租界高乃依路者，未免有人道路遥却安之叹。盖同乡会会址，与同乡距离太远，乡情隔阂，种种窒碍。……假如同乡若因事到会，动辄要乘车往返，糜损车资，犹其小事，而耗光阴更为障碍。况会员灵非有车阶级中人，但凡办理社会事业当从多数人方面和平民化着想。若会址太远，会员到会人数必少，因此感情渐薄，联络性固失其效力。……故迁移会址尤为速进会务之先决问题也。……能使人与我同化，不可我为人同化。①

---

① 《对于广东旅沪同乡会设施之我见》，《广东旅沪同乡会会刊》1934 年第 2 卷第 1 期，第 32—34 页。

社会空间作为人类活动和功能组织在城市地域上的空间投影，可以反映移民空间对背后社会关系的利用。通过移民活动空间、商业布局、营生地点和民间祠庙分布及信仰神像游行范围的空间复原、叠加，分析它们之间的空间相关性，由此可以讨论民间信仰参与塑造城市社会空间的过程，以及移民对这一空间的情感认同。

第一节　民间信仰塑造城市社会空间属性

由于民间信仰对同乡、同业移民及帮派的吸引，人们更愿意选择在自己信仰的庙宇周边生活。这种聚集作用的起点是信仰，但实际上已经逐渐转化为人们对熟悉的社会关系和行业公会组织的依赖。当人群和工商业都向某一城市区域集中时，就会形成关于该区域的特有意象，甚至影响城市内部的空间布局，内化到物理空间和社会空间双重层面。

城市社会空间无疑首先制约于物理空间建置，对社会空间的研究往往用来解释或预测社会现象、经济等发展。但社会空间的形成机制往往容易淡出人们的视野，或者人们经常只看到因为某一群体占用了某空间，从事一些社会活动，从而形成城市社会空间。再深入讨论，这可能是社会空间形成的前半程，就是某一空间为什么会对人群产生引力。社会空间形成以后对人群的引力实际上可以认为是另一种形态的"认同"，具体到近代上海的移民，就是他们对自己在上海居住、工作的小区域产生了"认同"，在城市空间和人的生活之间建立了联系，并在此基础上产生了城市某些区域的划分。这种认同不仅来自个体自身，还来自近代社会繁荣的报纸、小说等媒介产生的社会认同。

一 人群活动空间与祠庙分布

需要注意的是，开埠以后外省移民进入上海时携带了大量家乡的神祇，并建有祠庙或在会馆中奉祀，这些神灵在移民的日常生活中占有重要地位。但是，由于近代上海城市民间信仰祠庙遍地开花，有时移民们祭拜的并不限于自己的家乡神，一些香火旺盛的民间祠庙也成为他们光顾的地方，成为他们祈求人身、职业及任何生活愿望的去处。由于人流量大，这些祠庙周边虽然不被特定籍贯的移民所有，但由于各类人群汇集于此，总是门庭若市。传统的小商品售卖、算命卜卦、行乞穷人等随处可见，甚至一些小偷小摸的犯罪行为也是频发。

虹庙并不是外省移民捐建的，但虹庙的建成及转型过程却与移民社会产生了深刻的互动。虹庙原名保安司徒庙，属于家庙性质。开埠以后，上海繁荣的信仰市场让许多民间祠庙开始一味地为满足信众需求随意增设、改变所祀之神，虹庙就是比较典型的祠庙。这种状态确实有别于传统的宗教信仰，但是如果从信众的角度来看，他们更希望看到这种状况。在这种情况下，信众与神祇之间的互动更灵活了，而不再是以往单向地顺从。信众们会发挥群体的主观能动性，去改造神灵体系。1965 年，上海市在撤除保安司徒庙的材料里访谈了该庙老职工，据这位老人回忆，此庙原为清代大地主翟氏的家庙，不对外开放，后翟家破产，将庙交给看庙的张姓家人，即现在庙里当家道士张原锟的祖父，方才对外开放。① 开放之后的虹

---

① 《南京路上保安司徒庙（虹庙）害人不浅 群众要求加以撤销》，上海市档案馆，卷宗号：B257-1-4586。

庙接受社会各种群体的祭拜。

> 红庙即保安司徒庙……迷信者之众也,绣袄红裙青楼之妙
> 伎也、粉面油头、野花乱插烟花之下乘也,髻堆于顶妇女之新
> 装束也,泰西衣冠革履皂者,身新而心旧者也。烹猪一头、果
> 盘四盒者粤东人之供品也……鹑衣百结、面有菜色,成群而呼
> 娘娘、太太者,头门二门之乞丐也,戴满清大帽、手执无情棍
> 在大门外弹压闲人者,巡捕房所特派之巡捕也。①

可以看出,无论是妓女、乞丐、社会底层的弱者还是巡捕、政
府官员,都参与其中,因此信众十分庞杂。但是为了满足信众的需
求,虹庙曾几次调整所奉祀的神祇种类及次序。

> 英大马路保安司徒庙,本供奉朱司徒为正祀,俗呼虹庙,
> 嗣因居民崇奉观音,移在前殿,香火极盛。②

观音作为佛教在中国民间普及最广的神灵,深受普罗大众的欢
迎,因此,虹庙由主祀司徒到主祀观音的转变,让其拥有了更广泛
的信众,后又继续增添城隍、土地、星宿等神祇。③ 虹庙在丰富神

① 《短篇小说红庙烧开门香》,《申报》1912 年 2 月 22 日第 8 版。
② 《老上海三十年见闻录》,张研、孙燕京主编,《民国史料丛刊》(第 694 册),大象
出版社,2009 年,第 26 页。
③ 《上海之建筑:保安司徒庙(附图)》,《图画日报》1910 年《上海之建筑》(52—
101 卷),第 31 页。

祇系统的同时也满足了民间信众的需求，远近闻名。当时各界报
纸、小说关于虹庙的报道及描写铺天盖地，这让来到上海的移民也
常慕名而往。这些民间旺盛的香火起码在心理上能够帮助来到城市
的陌生人，并且成为人们的共识。去烧香的不光是穷苦人，也有穿
西装的时代青年和旗衫大衣的摩登姑娘。小说、报纸、竹枝词等经
常会对某些烧香人进行详细的刻画，他们已经把虹庙当作自己生活
的必需场所。在这里，除了可以倾诉内心所求，还可以见到城市社
会百态。

正是因为虹庙的强大社会影响力，人口密集，虹庙所在旁边的
弄堂、街道商业繁荣。尤其遇有望日，虹庙弄口仕女如云，争相采
购庙前的廉价货物。附近的许多药房、冬令补品商铺会在这时拿出
一些商品进行廉价酬谢活动。① 《申报》记载了大量虹庙附近商品
促销新闻，都是告知人们该店在虹庙附近。虹庙在旧历元宵日经常
人满为患，除了烧香之人，同时"逗留庙内之闲客亦夥，以嘲谑为
乐、状至伧俗"②。可见，人们把虹庙及周边当作休闲、祈愿、交
往的公共空间。

此外，民国以后，妓女前往虹庙祭拜的现象十分突出，导致该
庙在人们印象中几乎就是"野鸡之流则因地点近便都来此进香"。
根据《海陬冶游录》，妓院主要分布于上海县城内，包括横跨县城
主水道的虹桥、唐家弄、张家弄、梅家弄、季家弄、沉香阁东面等

---

① 《南京路上虹庙弄口仕女如云》，《新闻报》1936 年 11 月 12 日第 11 版。

② 《昨日旧历元宵 庙宇香烟鼎盛》，《申报》1936 年 2 月 8 日第 12 版。

里弄区域。① 她们想到城北的虹庙即过北门。19 世纪后半期移民涌
入租界，高级妓女所在的寓所大多在公共租界洋泾浜北面，稍北的
福州路也成为"长三姑娘"这类妓女聚居的地区，而法租界内的县
城北门以外区域也成为妓女集中的地方。②

根据档案资料，虹庙所在的老闸区在上海所有区中面积最小，
但妓院最为集中，共有 569 家。其次是虹庙周边的嵩山区和新成
区，也就是原来的法租界东部和英租界西部，分别是 121 家和
57 家，最后是原美租界的提篮桥区和虹口区。③ 对于那些难以定位
的、居无定所的低级妓女，其活动区域主要在公共租界南京路西
端、法租界菜市街等里弄。④ 妓女群体集中聚居的区域始终在公共
租界原跑马场以东、苏州河以南以及法租界和县城交接的区域等，
接近位于南京东路的虹庙，这种空间上的相关性更方便妓女前往虹
庙，并在一定程度上影响了公众对空间的认知。

民间信仰祠庙的迎神赛会路径是认识城市空间的另一个视角，
其背后的空间意义反映了人们的活动范围。迎神赛会是中国民间传
统的文化活动和现象，信仰者奉神像在特定的路线范围内进行游
行，通常游行的范围就是信仰者集中分布的区域。在学界已有的研
究成果中，这一区域被称为"庙境"，但通常是乡村地区。近代上

---

① 王韬：《海陬冶游录》（卷 1），《笔记小说大观·五编》，台北新兴书局，1980 年，
第 1—3 页。

② 王韬：《海陬冶游录》（卷 1），《笔记小说大观·五编》，台北新兴书局，1980 年，
第 2 页。

③ 《上海市警察局统计年报：妓院妓女》，上海市档案馆，卷宗号：Y3-1-58-148。

④ 《上海指南》（卷 5），张研、孙燕京主编，《民国史料丛刊》（第 825 册），大象出版
社，2009 年，第 19 页。

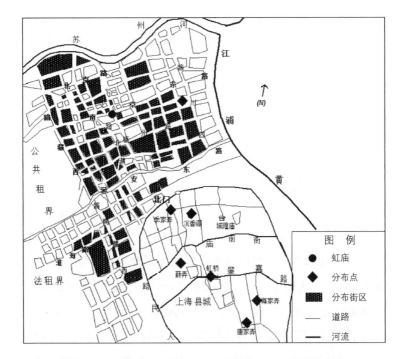

图 4-1　20 世纪 20—30 年代上海城市妓女空间分布情况
资料来源：以 1932 年老上海地图为底图，根据《上海市行号路图录》绘制

海城市是迎神赛会非常发达的地方，也同样沿袭"庙境"这一共识。《新闻报》记载 1919 年时疫迭生，各个行业举办迎神赛会，每天都有数起。

> 前日有纸货同业举行打醮，并于傍晚时集众迎神出赛，其中杂以各色彩灯并台阁锣鼓等，热闹异常，观者塞途。不料行至唐家弄口，忽与洋木同业打醮迎赛相遇。彼此各因争先行走

致起冲突，一时摩拳擦掌各不相让。①

　　也就是说，迎神赛会似乎可以脱离原来乡村那种完全以地缘、宗族血缘为划分标准的形式，无论是行业还是风俗信仰所代表的身份认同、一体利益，都会成为迎神赛会所涉及空间的表达。这也表明民间信仰会成为移民们日常观念、生活的内容。

　　例如，下海庙是虹口昆明路的一座本地民间信仰祠庙，但后来逐渐成为许多外来底层劳动者信奉的祠庙。至 1893 年，下海庙一直是外省难民进入上海的首选地之一。1893 年 7 月，263 名江北难民从江湾镇抵达位于虹口东北下海浦边的下海庙，在庙中借宿。公共租界巡捕得知这一情况后，禀报上海县，通过同仁辅元堂等抚恤机构，向每名成人发放四十文、未成年人发放二十文救助金，才得以解决问题。② 据 1884 年 9 月 21 日的《申报》记载：外虹口的下海庙向来是女尼住持，近来几日有操外地口音的陌生人敲门希望在此避荒，借宿到下海庙。趁住持不备竟然有百余人蜂拥而入，住持便留下这些难民，让他们砍枯枝为薪柴。③ 除了江北人，下海庙所在的提篮桥区域由于工厂林立、靠近码头，容易谋生，因此也成为当时大部分难民的首选之一。这些难民往往从事较底层的职业，上海市社会局档案记载了江北旅沪同乡服务社成员的职业和住址，其中位于虹口的大部分难民从事屠宰业、盐业、纺织、运输、搬运等生活生产服务类职业。

---

① 《迎神打醮之冲突》，《新闻报》1919 年 8 月 6 日第 2 版。
② 《资遣难民》，《申报》1893 年 7 月 17 日第 3 版。
③ 《形迹可疑》，《申报》1884 年 9 月 21 日第 3 版。

在 1926 年的《新定虹口租界章程》中,《上海公共租界地皮章程》的相关规定得到重申,明确公共租界中之三官堂、下海庙、鲁班殿、天后宫、净土庵等不受工部局管辖。① 对下海庙附近集中的外来移民特别是底层工人而言,下海庙也就成为少有的、不受外国人控制的"乐园"。但是,也因不受巡捕管辖,而华界对此又鞭长莫及,下海庙附近也成为社会案件和聚众赌博频发的地方。在庙内的七八间矮平房里,人为安放了不少泥塑木雕的神像,两旁装上肃静、回避的木板,即构成一个"庙中庙",供奉各路神灵,以此吸引过往民众捐香火钱。在 1928 年《申报》的一则记载中,我们就读到这样一个可悲的故事:江苏盐城一位女工乔刘氏,一直在闸北的某个丝织厂做工,她的丈夫乔某在黄浦江畔做水手。由于刘氏沾染了花会赌博,恶习难改,听说下海庙十分灵验,于是将所有财物甚至包括床帐都交与典当,用来祭拜神灵,最终败光家财,人也因而疯癫。②

公共租界东北区域的近代工业始于 19 世纪 50 年代,美商首先设立杜那普船坞和泊维船厂。同治四年(1865)英商耶松船厂、国内官办的江南制造总局先后在此区域创立。江南制造总局的短暂停留开启了这一区域工厂聚集的先声,铁工厂、翻砂厂、五金工厂,以及黄浦江沿岸相关的汇山码头、华顺码头、招商局北栈码头、公和祥码头、顺泰码头等,集聚了大量的码头工人、产业工人。下海庙往西的丹徒路有国华棉织厂和染织厂等,是女工集中的地区。往

---

① 《新定虹口租界章程原文》,《新闻报》1893 年 9 月 30 日第 3 版。

② 《花会害人不浅》,《申报》1928 年 5 月 21 日第 15 版。

北相隔四条马路是虹镇老街，热闹非凡。往东就是纱厂、纺织厂密集的杨树浦区域。这一区域的精神文化生活也变得十分多元、有趣，而下海庙举办的迎神赛会则是这种多元文化生活的集中体现。《申报》记载了下海庙三次较大规模的迎神赛会，1893 年"神像以绿呢大轿，举抬经过张家浜、土家宅、新马路，穿里虹口"。1894 年的赛会路线又有所改变，"由下海浦经东巡街，过老街菜市街，转至新虹桥，过鲁班殿，入里虹口菜市，经石桥头向北而去"。下海庙的迎神赛会路线，正是其所信仰人群的大致分布区域，而超过其庙境范围则不允许巡游。例如 1882 年秋季的赛会就因"出巡由里虹口至外虹口，再至头坝，超过巡境而未能出巡"。

这种具有空间指示意义的仪式让下海庙所在的提篮桥区域很早就成为成熟的城市空间，不仅体现在工业的发展、人口的集中上，还表现在提篮桥因人口、庙宇的吸引力而带来多元的文化活动，进而丰富了它的空间属性。

1933 年，朱学范同易礼容（曾任中国劳动协会书记长）、赵树声在上海工人中开始组织抗日救国的团体"勇进队"，并创建《勇进》半月刊。在 1933 年第 7 期杂志上，刊登了《下海庙礼赞》一文，回忆了 1930 年前后的下海庙，称之为劳动者的"乐的地方"。据文章描述，下海庙周边有"杂耍、本地滩簧、宁波滩簧、无锡滩簧，说文书、说武旧，卖梨膏糖，露天京戏、卖武艺"等游艺节目，还有应时小吃摊，"南翔蒸馒首、牛肉排骨面、油豆腐细粉、鸡鸭血汤、加利牛肉汤、白糖粥、五香豆、冷面、西瓜……测字问卜、看相算命、卖药草、拔牙齿、教戏法等等"。

二 工商业布局与信仰空间

民间信仰祠庙及相关的团体对人们的"守护"让这种依赖逐渐转化为空间上的吸引力。当然，空间只是一种表征，反映人群对祠庙的需求。不同来源的人们从事不同行业，并因文化、习俗之间的差异居住在不同区域。而同一行业也分不同地域帮派的工人，且经常出现竞争，甚至分成许多流派。民国九年（1920）商务印书馆出版的《上海商业名录》记载了当时上海各行各业的分布情况，部分条目就写明诸如山东帮、安徽帮、江西帮所从事等。籍贯区域派别尤其明显地表现在进出口贸易行业，这些人口大多分布在苏州河以南的法租界和英租界。但其中也有特殊，比如广帮有一些贸易分布在苏州河以北的北四川路，而福建帮则有一部分在南市新北门内、集水街、大东门外和法租界老永安街的区域。① 这些区域也是广东人、福建人民间信仰祠庙的主要分布区，《广东旅沪同乡会月刊》第 1 卷第 9 期的《旅沪潮人生活概况》一文有相关记录。

> 最初的潮人来沪多在目前的洋行街一带（昔年所谓小东门外瓦虫街）……现在潮人侨居地方多在法租界沿公馆马路霞飞路，住家多以宝兴里、宝裕里、昇平里，芝兰坊、仁和里、卜邻里、和合坊、小东门及菜市街一带。营业则当推洋行街、南市、新开河等处。但其余各界亦有零星分布。糖杂业多分布在南市新开河、洋行街一带。工厂多位于虹口一带，而潮州旅沪

---

① 徐珂编：《上海商业名录》，商务印书馆，1920 年，第 230—233 页。

贫民，多以小贩为活，自制潮州日常所有的点心，如绿豆汤、草粿、薏米……沿街唤卖，小东门、新开河及潮人集居之处，多有此等小贩出没其间。

涉及群众活动时讲到"其团结精神，因限之于外权，游神赛会，无形消减，然而以潮人自身，或提倡所组织团体，则不下数十"。可见，旅沪同乡也一致认为游神赛会是他们"团结精神"的一种体现，而这已经超越了以民间信仰为表征的文化因素，更是一种社会心理。正是如此，民间信仰所展现出来的文化习俗、社会心理会让他们产生"团结一致对外"的诸多行为。

表现在当时底层劳动者身上就是文化习俗的空间界限。例如，在近代上海的丝织工人主要分为来自浙东和来自杭湖苏州两派，虽然工人平常没有剧烈的帮派斗争和倾轧，但他们在生活习惯上的差异却非常大。前者会看戏观剧，有人自己唱绍兴文明戏，甚至工作之余去客串同乡举办的表演；而湖杭苏州籍工人的生活较为"落后"，传统习惯根深蒂固，很多人染上点儿"流派"风气，他们信佛和命运。鉴于两派丝织工人的区别，浙东派文化程度较高，会被诸如美亚这些大的工厂招徕，也因此会形成不同的聚集区。丝织业中嵊县帮人数最多，地位最高（美亚等大厂职员多为嵊县籍），他们主要分布在当时的美亚、美丰、达华等大厂及嵊县人开设的小厂里，这帮人的同乡观念相当浓厚，"平时常常有同乡会等活动，希望表现出大嵊帮的气概"，东阳帮也与此类似。由此看来，行业在此时已经不是区分人群、帮助人们认同的主要因素，家乡的语言、戏曲、习俗、信仰居于首位。这些因素当中既有隐性的也有显性的，共同决定了不同移民的社会行为和经济行为。甚至，这在一定程度上可看作塑造近代上海城市社会结构秩序和影响城市空间结构的重要因素。从这个角度来说，民间信仰所代表的隐性文化要素已经不只是影响了人们的观念、生活习俗等的文化现象，也相应产生许多社会问题。实际上，当时的丝厂女工又何止这两个派别，还有苏州、常州、无锡、镇江、上海宝山、扬州、泰县、盐阜、宁绍、湖北、山东、安徽等帮别。①

在这些产生"流派""帮派"的群体中，空间既是利益也是认同，因此在当时的上海经常发生不同群体械斗的事件。这与中国传统乡村的状况十分相似，最常见的就是不同姓氏血缘宗族之间为了土地资源、农业灌溉水源等生产资料而相互争夺，甚至导致械斗。城市中不同籍贯的群体沿袭了这一划分"群""类"的习惯，具体表现为两帮居住在不同城市空间区域的人群发生争执、械斗，这在一定程度上表明了区域人群的居住空间区隔。例如自近代以来，在上海的"江北帮"与"安徽帮"之间就屡屡发生械斗，尤其是居住在沪西康脑脱路的江北帮小车夫与该处以织布为营生的安徽帮工人。② 这种空间上的区隔主要因籍贯不同，因此在民间信仰的祠庙与地域人群分布上就呈现出相关性。比如说，近代上海的"江北帮"人数众多，常常分布在闸北和苏州河附近的曹家渡、小沙渡附近，他们常奉祀附近的太阳庙等，里面的神灵五花八门。而"安徽帮"则多指安徽长江以南地区的移民，他们多奉祀"朱子"。而旅

① 程湘帆：《小学课程概论》，商务印书馆，1924 年，第 98 页。
② 《江北帮与安徽帮工人械斗》，《申报》1926 年 10 月 27 日第 15 版。

沪的潮州人自称"天性好斗，富勇敢精神，因之团结力亦弥坚"，迎神赛会和会馆组织都被自认为是体现这种团结的形式。这种以民间信仰为隐性标记的文化现象与社会网络（地域或行业）之间的对应关系构成了基层社会的架构。当然，伴随民间信仰在人们生活中的地位和政府对民间信仰态度的变化，它也会逐渐退居其次，取而代之的可能是方言、生活习俗等文化要素的"桥梁"。但是群体之间的区分甚至到了 20 世纪 90 年代上海浦东开发开放以后，不同家乡来源的工人间械斗、争夺仍然偶尔上演。

本书第二章讨论了以民间信仰为纽带的移民社会网络的构建，这种文化与网络之间的关系在现代社会学当中早已引起重视并被证明。倘若要进一步了解城市的发展，文化与空间、网络与空间的关系是几个重要的节点，它们之间是互构的关系。

祖籍广东佛山、久居上海的清末小说家吴趼人，以创作关于晚清上海的写实作品出名。在他的《沪上百多谈》中，专述了上海五方杂处、百业聚集、行为各异、万象杂陈、斑驳陆离的都市风情。

戏子多用不通新名词，大少爷整脚多推东洋车，妇女多梳辫子，姑女多倒贴马夫戏子，外国水手坐东洋车多不给钱，乡下人到四马路多受骗，相面折字人多着长衫，奸商多贩米出口，郎中先生多坐轿，滑头多假金时针、假金丝眼镜。

街门里师爷多绍兴人，剃头司务多句容人，典当朝奉多徽州人，革命党多扶炸蛋，公馆姨太太多妍头，富商多盈洋商牌子，浪荡女子多雪白高领，鼓女立弄堂口多拉客、多来来曝声。各弄堂多告化子，丝厂门口多流氓，姑院内多军人，虹庙内烧香多广东妇女，五云日升楼转角多电车，戏馆门口多闲汉，大小月底街上多烧纸锭，早起七八点钟街口多马桶，礼拜六多好戏，多洋行小鬼叫出局，罗家弄多磁器店，虹庙弄多木器店，小东门外多水果行，咸瓜街多参行药材行，四马路多滑头商店，昼锦里多女鞋店香粉店，八仙桥一带多杀牛作，城隍庙园内多各业公所，满庭芳街多旧货摊，后马路多汇划庄，自来水桥多蛋行，望平街多报馆，老闸桥多碾米厂打面厂，里白大桥多铁行，叉袋角多丝厂纱厂，珊家园多小屁精，郑家木桥多小整三，跑马厅多小房子，北泥城桥一带多台基，湖丝厂多轻年女子，十六铺朝北多轮船码头，董家渡多无锡网船，吴淞江口多小火轮，新北门城口多露天通事、多野鸡包车。会审公堂多律师，开会多拍手声，议决事多举手，结团体多存意见。药房多捏造伪信以作保证书，客栈多臭虫，夏天多夜花园，汽车多肇事，毛儿戏馆多喝彩声，马路上多暗杀党，轮船码头多野鸡打夫、多敲竹杠。卖土挑膏多广东人，卖熏肠熏腊多无锡人，卖拳多山东人，收纸锭灰多绍兴人，酱园多海盐人，药店多宁波人，酱肉酱鸭多陆稿荐，牙粉香油多日本货，茶食多稻香村，香粉多戴春林，剪刀店多张小泉，袜店多宏茂昌，天妃宫多杂货摊，水仙宫多求仙方，青莲阁多野鸡，弄堂口多水果摊。剃头店多改理发，客寓多改旅馆，兴圣街多毛冷店，紫来街多嫁妆店，石路多衣庄，三牌楼多另剪店，戒烟丸多橡吗啡，钱庄多倒账，交涉事件多仗外国人势。①

---

① 吴趼人：《吴趼人全集》（第八卷），北方文艺出版社，1998年，第241—242页。

这段描述既有某地人从事某特定行业，也有这些行业大多固定分布在某个区域，空间和人群的对应关系十分清晰。

城市商业分布的原则是由聚集到分散，也就是说，在为了营利的商业发展初期，常会选择在同类商业点密集分布的地方，但是发展到一定阶段后，商业分布总是越来越细、越分散。正如修编于20世纪30年代的《上海市指南》中所讲："上海商业……其次则以商业竞争、卸运利便等故，同业多集拢一处，皆有悠久之历史，甚至街路由是得名。如花衣街之昔日曾为棉花同业最集地点，豆市街至今犹未杂粮同业最集地点是也。①因此，在研究某些种类的商业分布与祠庙之间的空间关系时应该选择商业发展的早期阶段，即由分散到密集的阶段。而这一阶段除了利润这个因素外，各自商业种类的行业保护神也起着重要的作用。这种布局的出发点不仅是为了营利，也有获得行业神祇护佑的考虑。当然，这种布局只是在商业发展的初期阶段，当商业繁荣到一定程度时，就会考虑分散其营业点，以获取更大的利益。但总的来说，祠庙的分布与相应行业的商业点之间在商业发展初期还是具有空间上的相关性。除了水木行业之外，制衣业与轩辕殿的空间关系也是如此。上海城市的轩辕殿位于新北门内，而这一带也是成衣制作的集中地点。至商业布局区域分散状态时，对于这些神祇的供奉也不再是单一的地点，而是分散到各个商业点内。

咸瓜街是上海闽商的聚集地，咸瓜街之名也因福建人而得之。《徐润年谱》曰："咸瓜街当时为南北大道，西则襟带县城，大、小东

① 《上海市指南》，《民国史料丛刊》（第824册），大象出版社，2009年，第356页。

门之所出入，东过两街即黄浦，故市场最为热闹，再南则帆樯辐辏，常泊沙船数千号。行栈林立，人烟稠密，由水路到者从浦江陆行，则必从此街也。"上海闽商建立时间最久、最大的一座会馆——泉漳会馆就在咸瓜街，福建商帮善于从事的人参等进补一类贸易，多集中于此。1893年之前该行业的福建商人由于没有固定公所歇憩、议事，借用泉漳会馆场地，后因行业发展需要便就近在咸瓜街购地建造行业公所。①

> 近数年来本埠之参业甚形发达，参行荟萃之区最多在南市里咸瓜街一带，大小约有三十家之多。②

人参行业落脚咸瓜街，使得与之相关的药材生意兴旺起来，药材一业便也在咸瓜街发展起来，这当然与泉漳会馆及以天后为代表的附件家乡神护佑有所关联。因此，南市药材业在举办盂兰胜会时设坛于泉漳会馆。当时，各药材行都抬着阁龙灯昇至会馆。

> 七点钟起，各社排齐，后缓缓而行。前导除旗锣扇伞外，各有本行牌号之牌灯一对，下书盂兰胜会、万民宝盖、共药升平等字样，后有绣球灯、狮子灯、九连灯、八卦灯、麒麟灯不计其数，十色五光，辉■夺目采莲船十余艘。
> 各行伙手持小旗一面或执藤条一根，沿途保护锣鼓各一

---

① 《创建公所》，《申报》1893年4月2日第3版。
② 《大成参燕号新开幕》，《申报》1923年4月17日第17版。

起，更替敲打。抬阁上紮成三娘教子水漫金山、杀嫂上山打斋饭、卖胭脂、杀子报渭水河诸剧。抬阁之后有人扮作无常鬼、摸壁鬼、大头鬼、小头鬼、城隍、土地、幽灵，毕见如入■都鬼国，继以医卜、星相、渔樵、耕读诸故事……后者为幽冥教主以八人舁之，出会馆往北过小吊桥，沿城脚往东过大东门吊桥，进里咸瓜街至陆家石桥南■，过外咸瓜街出施相公弄，往南朝西油车街，过外郎家桥朝南，往西紫霞殿小九华，过里仓桥往南，小普陀油车码头朝北石街，过外仓桥王家嘴角花衣街，过龙德桥往东朝北，至大码头进外咸瓜街回庙。①

　　盂兰胜会由药业公所下属的各个商号合力举办，而历届都是设坛在有家乡神灵供奉的泉漳会馆，可见这些药业商号都是由泉漳人士开办才能如此。每个商号所负责的事务都有明确规定，异神游行所经过的路线就是上海县城东门外至小南门外的区域。这里不仅是上海最早奉祀天后神像的地方，还是许多移民由水路进入上海的第一个落脚点，更是当时民间祠庙最为密集的区域之一。

　　咸瓜街的得名也源于明清以降福建的海产品及南洋的特产在此聚集流通，据说在他们的方言中"鱼"和"瓜"是相同的，这就很好理解泉漳会馆所在的咸瓜街也是闽籍移民所信仰的乡土神供奉地。对于旅沪的福建人来说，他们的分布与天后宫有着密切的联系。在沪的福建人以商人和水手为多，其分布情况大致如表 4-1 所示。

———————

① 《建醮迎灯》，《申报》1893 年 9 月 5 日第 3 版。

表 4-1　上海福建人在各区的分布（1950 年 1 月）

区名	人数	区名	人数	区名	人数	区名	人数
黄浦	1 230	虹口	1 537	老闸	495	北四川路	1 386
邑庙	1 310	提篮桥	1 087	蓬莱	2 107	榆林	266
嵩山	2 000	杨树浦	403	卢家湾	1 725	新市街	235
常熟	2 620	江湾	63	徐家汇	504	吴淞	54
长宁	865	大场	40	静安寺	2 285	新泾	85
新成	1 762	龙华	94	江宁	472	杨思	60
普陀	163	洋泾	157	闸北	171	北站	509

资料来源：邹依仁：《旧上海人口变迁的研究》

尽管这一数据反映的是 1950 年的状况，但由于人口的分布短时期内具有承续性，因此这一数据也可在一定程度上反映 1940 年代以前的情况。可以看出位于上海县城即目前上海老城厢的大致有邑庙、蓬莱、嵩山几区闽籍人口最为集中，而同一时期福建人开设的商铺在上海的分布情况如表 4-2 所示。

表 4-2　20 世纪 40 年代闽商商号所在的主要马路

南京路	金陵东路	四川中路	北京路	四川南路
宁波路	阳朔路	河南路	福州路	大上海路（延安东路）
江西路	天台路	东门路	中山东路	朱保三路（溪口路）
华山路	九江路	天津路	中央路（沙市一路）	天主堂路（梧桐路）
中华路	北京东路	新开河	民国路（人民路）	新永安街（永安路）
紫金街	汉口路	舟山路	老永安街（董家渡路 93 弄）	

资料来源：《泉漳会馆特刊》，上海档案馆会馆公所、同业公会档案，卷宗号：Y4-1-656、S17-4-6-35

对比两表可以看出，上海闽商商号集中比较多的马路正是上海福建人分布密集的地区。同时，福建旅沪会馆、公所、同业公会等具有同乡联谊性质的组织为了更好地凝聚同乡、同业的群体，地理位置的选择上与往往在这些商号在空间上保持着依附关系。而会馆、公所、同业公会又是组织群体供奉、拜祀天后神像的地方，这就形成了旅沪福建人与天后神像在空间分布上的吻合。福建人最初对天后的崇拜是源于海上作业，因此，码头是他们早期奉祀天后的地方。上海城市最早供奉天后神像的就是位于小东门外的顺济庙，而后福建人在上海供奉天后神像的地点扩大到各个会馆。

根据上海市档案馆会馆、同乡会等相关档案的梳理情况来看，闽籍的会馆、同乡会、公所等也都分布在当时的上海老县城附近，具体如表 4-3 所示。

表 4-3 旅沪福建会馆、公所、同乡会情况

名称	地址	名称	地址	名称	地址
泉漳会馆	小东门外咸瓜街	建汀会馆	南市区翠微庵	三山公所	福州路687号
三山会馆	南市半淞园路	点春堂	豫园	兴安公所	小南门普陀桥
晋惠会馆	四川南路25弄	兴安会馆	复兴东路	海味公所	不详
福建同乡会	福州路三山会馆	莆仙同乡会	中正中路	惠安同乡会	民国路
龙岩同乡会	萨坡赛路	仙游同乡会	复兴东路	闽南同乡会	咸瓜街

资料来源：上海档案馆会馆、公所、同乡会档案，卷宗号：Q6-9-111、B48-2-108-274、Q6-9-115、S352-1-103、Q6-9-109、Q6-5-1054-88；《上海碑刻资料选辑》，上海人民出版社，1984年，第233—250页、第275—279页、第326—331页

正是这种人口、商业和神祇的分布状况，才让上海县城及其周边成为当时小零售商业和移民人口、民间信仰发达的城市区域，也是庙、园、市三种功能叠加的复合空间，甚至这种区域特色一直延续至今。上海县城所在的老城厢是上海城市的发祥地，不仅是传统中国城市发展过程的遗产，还是老上海城市生活的容器，承载着江南文化等文化样式，与以外滩为代表的近代文化遗存共同构成海派文化的样本。老城厢是移民文化与城市结合在当今上海唯一留存较为完整的区域，其范围不仅包括中华路、人民路以内，小南门以外，十六铺及老西门周边都受到传统县城发展的影响。老城厢内至今还保留着大量体现传统城市零售商业、人口分布格局、文化发展脉络、原生自然环境的街巷、老地名、地界碑、俚语、戏曲、民间信仰、河流桥梁旧址等。这些要素体现着近代上海移民文化的特质，蕴含着自由经商、崇尚自然、多元社会网络等丰富的精神和逻辑。1930 年由商务印书馆编译所编著的《上海指南》专门统计了当时上海各行业的公所驻地。从空间上看，大部分公所都分布在上海县城内及城门附近，主要是因为这些行业最初进入上海时是落脚在县城内。

此外，近代上海工业的分布情况，也形成相对集中的聚集区，如杨树浦、下海庙、曹家渡、小沙渡等，相应地也形成许多对这些城市空间的既有印象，被认为是工人居住的地方。

工业在城市发展、分布上多趋于集中，因此，职业工会的分布就代表着某一工业种类大致的分布状况。例如，第一区水木业职业工会位于邑庙硝皮弄 105 号，而这里是上海开埠以后最早独立供奉鲁班神像的地点；又如，第二区针织业产业工会，位于城内先棉祠街 25 号，先棉祠街是黄道婆祠所在的地点；药业职业工会位于城内药局弄药王庙；十六铺区域分布着许多轮船制造厂，而这里也是上海最早的天后宫的地点所在。[1] 当然，这并不说明祠庙的分布决定着工业布局，相反，祠庙分布和工业的相关性在于某些工业生产有着自身的神祇信仰，因此工业的分布就直接影响着相关祠庙的所在。

以苏州河附近的小沙渡区域为例，纱厂工友们因为终日劳作，除了婚丧以外的时间，与亲戚宗族少有往来。她们大多来自江苏、浙江、安徽的农村，交际活动几乎就停留在工友当中，这些工友大多是自小就相识的同乡，在同一个工厂甚至同一车间谋生。《上海产业与上海职工》一书中就讲到，这些女工大多住在工厂附近，"没有交通工具，大多是靠步行，因此她们日常的活动范围都是在工厂附近"。娱乐、休闲活动是社会交际行为的中心，她们文化程度稍高的会唱歌或参与一些俱乐部的体育项目。但实际上，有80%的工人文化程度低，"他们的娱乐跳不出中国封建遗物的范围。在沪西一带的，每逢礼拜六和礼拜天不少的约起弟兄们或小姐妹们买一角一张的票在沪西大戏院、高升大戏院、天乐大戏院去看江北戏"[2]。在纱厂工人活动的区域内，生活、工作、娱乐都是一体的，"跑马路"或看戏几乎都离不开这个区域，这当中自然也少不了民间信仰。在小沙渡地区有非常集中的民间信仰祠庙分布，种类五花八门。在《上海产业与上海职工》中记述："纱厂工友有

---

[1] 《上海市指南》，《民国史料丛刊》（第 824 册），大象出版社，2009 年，第 316、347、348 页。

[2] 朱邦兴等编：《上海产业与上海职工》，远东出版社，1939 年，第 99 页。

真正宗教信仰的很少，但有工人及家属迷信仙姑'，而男工十之七八都参加了青红帮拜有老头子，信仰关公，老年女工则常常拜佛烧香。"①

移民分布决定了民间信仰祠庙的布局，信仰又反之强化移民分布所形成的城市空间，这就是移民文化、社会网络与城市空间三者间的"互构"关系。

对上海来说，这些社会空间让移民们开始熟悉陌生的城市，也成为他们定居上海更回味和依恋的第二故土。江阴同乡会在召集同乡会议时也提到"本会所地点适中，同乡称便，无迁移之必要"②。从这个角度来说，无论哪个发展阶段，人们对城市的认同感都是在自身工作或生活的熟悉区域形成的，从而逐渐整合成对城市的认同。另一方面，移民社会空间的形成也帮助了城市空间在交织的多因素中更倾向于首位。以移民生活、商业等活动和信仰为代表的社会空间成为城市空间形成的内在逻辑。或者说，这种空间是传统城市向现代城市空间转变中出现的，是乡村、宗族与城市关系的一次碰撞与融合。

第二节　水木行业的籍贯与鲁班庙空间区分

中外移民进入之后，上海城市建设迎来一个大的发展期，与此相关的木作、搭建行业十分繁盛。建筑行业从业工人的增加改变了

① 朱邦兴等编：《上海产业与上海职工》，远东出版社，1939年，第102页。
② 《各同乡会消息》，《申报》1925年9月8日第16版。

他们所信仰的鲁班神的分布格局，从开埠前的一座鲁班殿增加至三座。作为当时热门的产业，水木业成为移民从事最多的行业之一。① 因此，他们对各自鲁班神的信仰隔离又赋予了神祇以籍贯的标识，其根本原因在于不同地域来源的工人在招徕自己的行业工人时往往倾向于同乡，他们共同的精神纽带是各地的鲁班神。鲁班神的籍贯也依据当时水木业工人的主要组成分为江浙、粤籍和本帮。出于对鲁班庙的精神依赖，这些不同籍贯的工人大多会分布在各自鲁班庙周边。② 借助鲁班庙的庙宇空间，工人们也在此集会、祭拜神灵、商讨行业发展等，而鲁班庙的名义也逐渐由庙宇转变为具有行业管理性质的公会。这种情况在近代欧洲也是如此，以 18 世纪伦敦大火之后为例，伦敦城内到处都是工匠，他们从全国各地被吸引而来，希望获得稳定的工作和高收入。外国工匠主要来自法国和莱茵地区，即使今天城里的许多教堂和同业公会的会馆都是他们的作品。大街上堵满了马车，装载着砖、瓦、石板、石灰、挪威的木材和波特兰的石料。③ 当时的建筑业是伦敦从业人员最多的行业，1851 年的人数超过 6 万人。

---

① 传统的水木业是指泥瓦建筑业和木作，宋代苏轼《答程天侔书》之一就有："近与儿子结茅屋数椽居之，仅庇风雨，然劳费已不赀矣。赖十数学生助工作，躬泥水之役"。泥瓦业即代指泥瓦建筑行业。近代以来，上海的水木业包括房屋建筑、木作、搭棚等营建相关的行业。

② 尽管本文涉及的几处鲁班庙称呼不一，包括鲁班殿、鲁班阁、公输子庙，但就本文讨论的几方面内容来看，三者均一致。因此，行文除引文外，论述部分均统一使用"鲁班庙"这一名称。

③ ［英］克里斯托弗·希伯特：《伦敦城记》，刘姝译，上海人民出版社，2021 年，第125 页。

一 水木营造业的繁荣与行业保护神

对鲁班的信仰源于中国民间传说中鲁班营造的高超造诣，明朝的《鲁班营造正式》中有"请设三界地主鲁班仙师文"，附述了当时营造行业的方法、理论及工具等，[①] 虽然是附会之作，但民间手作对鲁班的信仰正是形成于这种半虚半实的传承活动。上海城市的鲁班神供奉最早是在县城群忠祠的鲁班阁，1833 年被并入仁寿祠。群忠祠是明嘉靖年间由知县倡建，主要奉祀上海县丞、镇海卫指挥使等，[②] 而仁寿祠则是奉祀崇祯年间和康熙年间的上海知县等。[③]上海县城的鲁班神像先后在这两祠忠供奉，主要是上海本帮的工匠。开埠之前，鲁班作为行业神并没有显示突出的地位，鲁班阁除了供匠人供奉、护佑水木行业外，并没有对这一群体起到任何的聚集效应。在其周边空间的利用上，完全按照中国传统县城的布局，突出皇权在基层城市的位置，其余行政建置围绕县衙分布。

开埠后外国资本家和商人纷纷在上海投资房地产业，购买或永租地产，由此水木营造与房地产业结合起来。

1880 年，当时最有影响力的华人营造厂建立，由浦东人杨斯盛发起。到了 20 世纪初叶，上海华人所成立的建筑公司大概有近百家。租界是当时城市建设的集中区，工部局注册的建筑公司在 1919 年已

---

① 包括"定盘真尺""断水平法""鲁班真尺""椎起造向首人白吉星""凡伐木尅择日辰兴工""推匠人起工格或""推浩宅舍吉凶论""三架屋后车三架""画起屋样""五架房子格""造屋间数吉凶例""正七架三间格"等内容。
② 同治《上海县志》卷十《祠祀》，《中国地方志集成》，上海书店出版社。
③ 同治《上海县志》卷十《祠祀》，《中国地方志集成》，上海书店出版社。

经达到了 30 余家。至 20 世纪 20—30 年代营造业在上海更加火热，始终维持在 1 000 家水平。① 由于这时许多华人资本家也投入营造行业，所以近代大多数重大的建筑工程都是由当时在上海的工人建造。

表 4-4　1880—1919 年注册的 10 家主要营造厂

厂名	创办人	代表性建筑
杨瑞泰	杨斯盛	江海关二期、公平丝厂厂房
江欲记	江裕生	德国总会、德华银行
顾兰记	顾家曾	先施公司、外埠城市领事馆工程
裕昌泰	谢秉衡	工部局大楼亚细亚银行、怡和洋行、天祥洋行
协盛	不详	大清银行、东方汇理银行、纱布交易所
姚新记	姚锡舟	上海电话公司、中山陵一期
王发记	王松云	汇中饭店
周瑞记	周瑞亭	俄罗斯领事馆
久记	张效良	沪杭铁路站房、中汇大楼
余洪记	余积臣	英国领事馆、跑马厅总会看台

表格来源：根据《上海建筑施工志》第 79—80 页改制

当时的《申报》就经常报道上海土木兴盛，木业得益营利之后通常会筹集费用邀请戏班演剧，用来感谢鲁班神的护佑。② 即使是在市面萎靡、淡泊的时候，水木建造业仍是兴盛不衰，所以每年三月都会在鲁班庙演剧酬神。③ 在这种对鲁班神虔诚祭拜的基础上形

① 《上海建筑施工志》，上海社会科学出版社，1997 年，第 79 页。
② 《芝罘纪事》，《申报》1885 年 5 月 4 日第 2 版。
③ 《之罘客述》，《申报》1891 年 4 月 29 日第 3 版。

成了从业人员的敬畏和服从心理，他们希望有一个解决争端、获得公正的地方。1882 年，上海宁绍帮的木匠因为作头要求上工太早希望改为供应每日三餐，连日在"城内"公输子庙"评理"作头。[①] "评理"作为近代工人罢工争取权利之前的行为，他们主动选择在具有行业威信的鲁班殿当中。于此，水木业也借助这种心理来实现行业的管理。在 20 世纪 30 年代的《今日中国劳工问题》中讲道：辛亥革命之前工人的组合只有宗教式的各业会馆存在，如木工的鲁班庙，他们采用宗教的形式来处理当地同业间的纠纷事项，并且也常常制定一些同行公议的条文，遵守服从。[②] 也正是这种同行公议，鲁班殿也逐渐成为工人们共同维护的"机构"。

伴随水木业的兴盛，鲁班神像从仁寿祠忠独立出来建立了鲁班庙，位于上海县城的硝皮弄。此时，工匠们勒石刻碑，依据鲁班事迹来制定行业规则。《上海碑刻选辑》中就收录了上海县城硝皮弄鲁班庙的《石作同业先后重修公输子庙乐输碑》碑文。

> 祖师讳班姓公输，字依智，鲁之贤圣路东平村人也。父讳贤，母吴氏，师生于鲁定公三年甲戌五月初七日午时。今俾公私欲经营宫室，架造舟桥与置设器皿，要不超吾一成之法，已试之方矣。然则师之缘物尽制，缘制尽神者，顾不良且巨哉！其淑配云氏，又天授一段神巧，较之于师，殆有佳处，今之规矩绳墨，即其遗制也。其不能得手应心，而不作无用之器者，

---

① 《木匠聚议》，《申报》1882 年 6 月 7 日第 3 版。
② 骆传华：《今日中国劳工问题》，青年协会书局，1933 年，第 169 页。

皆先师之垂以范模，后人所奉为准则也。迄于今追溯遗风，不皆情殷报本哉！①

碑文利用鲁班在营造业的技艺传说故事，以"规矩绳墨，垂以范模"促使工匠发扬行业精神。

在鲁班神像从仁寿祠独立出来的同时，以之为依托建立了行业公会，由早期单纯的水木行业的保护神转变成具有行业公会性质的功能机构。这也同样记录在鲁班庙遗留下来的碑刻资料中，《上海县为水木业重整旧规各匠按工抽厘谕示碑》讲述了水木业工会（鲁班庙）组建的原因及其组织架构。

窃身等系水木、雕锯、石匠……请示起建鲁国先师新殿，俾同业敬神集公办事。前因无赖朦请示谕，藉有勒索，于同治三年仲夏，控奉王前宪讯饬，司年司月，挨次轮承，刊刻条规，请示恪遵在案。……今身等集议，若非重整旧规，必致庙宇倾颓，行规紊乱。为就各帮议派，司年司月，挨次■轮。其水木工价仍照前定，务须城厢内外遵依，一律不准丝毫克扣。惟先师殿上无有出息，将来正用所需，仍然推诿无定。为今允议，各匠包造房屋者，每工抽厘五文；如有自行备料惟发点工者，每工抽厘二文，均归司年司月收存登薄，以备修葺一切应用支销。②

① 《上海碑刻选辑》，上海人民出版社，1980年，第315—317页。
② 《上海碑刻选辑》，上海人民出版社，1980年，第309—310页。

除了水木业之外，雕锯和石匠等行业也加入其中，将鲁班殿作为同业敬神、办公的地方。同时也在这里将行业的规定条款等勒石记录，包括行业的工价、行规等，鲁班先师神像作为一个见证者起到了协调、规范的权威作用。

此时，硝皮弄的鲁班殿作为在上海水木业工人共同祭祀的对象，还没有产生乡籍的区分。《重修鲁班庙收支碑》中就记载邀请了在上海各个同业到殿祭拜，共同商议自愿捐赠事宜。上海宁波帮工人捐大洋384元，绍兴帮捐150元，另有其他各业各族捐助。①

在庙宇运行上，包括每年的鲁班诞辰献器物、香火之外，鲁班殿平时交由官匠朱炳石经营管理。据《上海县为鲁班殿事宜归官匠朱炳石经管告示碑》记载，在沪各工匠在鲁班殿商议结果鲁班殿的司管之主由官匠朱炳石担任，江浙各帮的工匠按时间轮流执办。对其他没有进入鲁班殿的作坊等尽力让他们入会，并将田单、田契交由朱炳石收管。木印、木板、账簿等收存在鲁班殿，以便会用。②

工人们对鲁班神的信仰促使他们无论何事都选在鲁班殿内解决。1895年，锯业木匠所收学徒被同行石姓作头收去，经同帮众议认为于情不合，决议罚石姓作头6元用来捐助鲁班殿为经费。③ 但是，这种对神灵的服从也往往引发许多较为暴力的行为，他们甚至觉得只要是在鲁班殿中发生的事都是合理的。1902年，美租界红帮

---

① 《上海碑刻选辑》，上海人民出版社，1980年，第317—321页。
② 《上海碑刻选辑》，上海人民出版社，1980年，第314—315页。
③ 《不遵局断》，《申报》1895年11月14日第3版。

木匠多人因为索加工资将宁波帮工头和鲁班殿的庙董二人诱至鲁班殿禁闭室,勒令签字。[1] 在面对行业利益与自己利益冲突时,工人有时会被安排在鲁班殿内接受惩罚。1914 年,上海南北两市的漆匠与水木业各工匠因为要求加工资不遂而举行罢工,借此"机会"一些锯匠聚至租界俞锦记木作场内勒令其停工,将该作坊内大小锯子20 把攫取而空,并将锯匠拖至城内鲁班殿议罚。[2]

如上文所述,在神灵信仰和行业管理二者之间不存在明显的界限,在发挥行业管理功能时往往要借助神灵的力量来强化其权威。如浙江宁波帮的木业公所用在鲁班殿酬神的预算占据了公所总开支的很大部分,接近整年进账的 1/3。

收入(按年统计):会费(76 名)计法币九万一千二百元;学徒入会金计法币五万元。

支出(按年统计):茶役、账房⋯⋯春秋祭祀费计法币一万元;先师诞辰庆祝费五万元;津贴子弟小学六万元。[3]

祭祀活动在行业当中仍然重要,鲁班神像每年要定期开光。[4] 在水木业建筑工人逢到上"正梁"的那一天,建筑场热闹非凡。先是清空场地,摆上香炉、蜡台、酒盅、各式热菜;待至泥水木匠

---

[1] 《英美租界公堂琐案》,《申报》1902 年 5 月 13 日第 9 版。
[2] 《罢工风潮昨日之闻见》,《申报》1914 年 11 月 24 日第 10 版。
[3] 上海市社会局档案:《浙宁红帮木业公所收支预算表》,上海市档案馆,卷宗号:Q116-2-1-4。
[4] 《开光类志》,《申报》1881 年 11 月 25 日第 3 版。

"当手"虔诚地点香、燃烛、洒酒、默祷；紧接着"做手"们也跟着祭拜，燃烧元宝。① 因此，即使是在处理行业事务时也要打着鲁班先师的旗号，1898 年木工争求加薪就由几十个工人手持鲁班先师牌巡逻。② 持有先师牌游行并且可随意叫停工程对水木工人来说是鲁班信仰赋予的力量，而不仅仅是行业公会的规定。鲁班殿实际已成为神灵信仰与行会的合体，这正是民间信仰祠庙处在传统信仰与近代行业公会的过渡阶段的表现。

《建设评论》和《营造月刊》是民国时期畅销的水木建造业期刊，也偶尔将上海鲁班殿的庙貌和当时鲁班先师的画像作为其封面，大殿前面就是一尊香炉，与寺观外观一样。③ 而报刊上也经常刊登关于鲁班神仙轶事的传说书写和考证等。也就是说在工人的眼中，鲁班还是与其他民间信仰一样，具有神性，似乎对它的信仰是行业不容质疑的行规。

二 "神灵"的乡籍区分

由于城市建设处于初始阶段，租界的新建房屋数量要高于华界。在这种情况下，水木行业进一步壮大，继上海县城的鲁班像供奉，开埠之后粤籍的工人又在虹口建立鲁班阁。同治《上海县志》中记载此鲁班阁位于二十三保里虹口，在民国的《上海县续志》中

---

① 《鲁班》，《申报》1935 年 5 月 24 日第 22 版。
② 《木工移县》，《申报》1898 年 5 月 18 日第 3 版。
③ 《公输子庙全景》，《营造》1944 年第 6 期；《营建始祖公输般画像》，《建设评论》1947 年第 1 卷第 1 期。

明确记载 1858 年"粤帮造船匠公建"。① 另一座供奉鲁班的庙宇是公输子庙，位于虹口梧州路。② 从 1928 年《申报》的记载可以看到，该庙为浙江宁波的木业公会所在。③ 那么，可以断定上海第三座鲁班庙（公输子庙）由宁波木业发起建造。这座公输子庙至 20 世纪 90 年代才拆除，正殿供奉鲁班神像，两侧陈列十八班兵器及木工工具模型。④

上海快速的城市建设也对建筑行业提出了新的要求，租界中许多西式房屋和传统的中式房屋建造风格、方式、用材不尽相同，因此，水木业工人当中也产生了行业的分工，1918 年的《申报》有相关记载。

> 沪上水木作工人向有红帮、甬帮、本帮之别，共有数万人，即作头有一千六七百人，近年以来水木料昂贵……遂有人主动发起罢工要求。⑤

从水木作工人数量来看，1918 年至少有数万人，其中还不包括漆业、搭棚业、棕榈业等同样以鲁班为护佑神的行业。在市场竞争加剧的情况下，不同乡籍来源的水木业工人也需要较此前更有组织地发展，鲁班庙在空间分布上得以扩展。

---

① 民国《上海县续志》卷二十九《寺观》。
② 《上海市指南》，《民国史料丛刊》，大象出版社，2009 年，第 271 页。
③ 《申报》1928 年 2 月 4 日第 14 版。
④ 薛理勇：《上海滩地名掌故》，同济大学出版社，1994 年，第 328 页。
⑤ 《水木作工人之暗潮》，《申报》1918 年 5 月 8 日第 10 版。

　　开埠之后鲁班信仰在上海空间的拓展，一方面是水木业繁荣带来的，另一方面也与地域人群的区隔相关。这些工人对各自乡籍的鲁班庙具有心理上的依赖性，同时鲁班信仰在行业管理上也使这种依赖得以加强。所以，不同地域来源的水木业工人分布与鲁班庙空间布局具有依存性，不同的鲁班庙本身也被赋予各自的乡籍色彩。

　　旅居上海的水木业工人正是因为这种强烈的地域团体观念，才导致他们之间不断发生冲突，《申报》记录了其中的一例。在上海，我们木匠分为红帮和白帮两派，红帮主要承揽西洋人的工作，白帮则负责建造华式民居。这是鲁班殿的章程。近来，红帮头目陈世江既然承揽了耶松船厂的生意，还雇佣了白帮的工人。于是邀请陈到鲁班殿商议此事，陈就纠集众人前来破坏殿内的物品。[1] 这里的红帮和白帮不仅在工作分工上有所不同，也存在地域上的差异。根据这两点差异，他们的鲁班神也被区分开来。当然，在这当中他们各自的同乡会起到了帮助作用，为鲁班庙提供一定的财力支持，两者存在利益上的互助关系。例如广肇公所在解决旅居上海人员的就学问题时曾利用虹口鲁班庙的资产。光绪二十七年（1901）"五月，广肇公所议设义学，查三元宫西首有栈房一所，鲁班先师庙有屋与空地，铁匠行又有公所准可采择一处试办"[2]。由于虹口粤籍人士居多，同乡会需要扩充学额，这代表了附近绝大多数同乡的利益，因此 1918 年借用粤籍鲁班庙的房舍扩充校区。[3]

① 《木工争闹》，《申报》1880 年 10 月 3 日第 3 版。
② 《徐愚斋自叙年谱》，民国十六年香山徐氏铅印本，第 196 页。
③ 《广肇代表之第一次通启》，《申报》1918 年 10 月 2 日第 3 版。

在这种乡籍区分的基础上，各地的水木业工人对他们的鲁班庙产生心理上的依赖。以广东人为例，对于广东人来说，鲁班已经远远超过行业的保护，还体现在生活的方方面面。"前日广东人某甲，因二■为灾，匍匐至虹口新虹桥鲁班殿求赐药方。及一签跃出筒中，视之，大书洋烟和药煎饮，甲信以为神灵指示，如法饮之。饮毕卧床，未几即呻楚哀号，肠断而毙，神方之误认甚矣。……虽然鲁班何尝愦愦，仍信而服之者之，伊戚自贻耳。"① 这个广东人病痛之际首先考虑求助的便是在其生活空间内的虹口新虹桥鲁班殿，即上文所提到的粤人在虹口所建之庙，可想旅沪广东人对鲁班信仰的心理依赖程度。

基于对庙宇和公会、同乡会的依赖，水木业工人往往会选择在各自乡籍的庙宇附近居住、工作。《上海繁昌记》中就记录了当时美租界沿黄浦江的数里内全部是货栈、轮船码头和船厂等，而广东东部人和宁波人在这里计工度日的非常多。② 这以现象与宁波籍公输子庙和粤籍鲁班庙分布在里虹口附近是相对应的。1885 年，公共租界工部局正式统计入册的广东人数量是 21 013 人，至 1900 年增加到 33 561 人，1905 年骤增至 54 559 人。③ 这些广东人主要聚集在原英租界的广东路，多为从商和买办；而另一部分则分布在虹口，大都是底层的手工业从事者。④ 上海市警察局曾对粤人鲁班庙所在的虹口区域广东人因地缘聚集结社一事进行过专门的统计调查。

① 《鲁班愦愦》，《申报》1894 年 3 月 1 日第 3 版。
② 葛元煦：《上海繁昌记》卷一《租界》，文海出版社，1988 年。
③ 宋钻友：《广东人在上海（1843—1949）》，上海人民出版社，2007 年，第 30 页。
④ 《广东旅沪同乡会》，上海市档案馆藏，卷宗号：Q117-1、Q117-2。

　　据报虹口粤人方面之秘密结社流派甚多，份子复杂。新胜
和会，多为商人、工人，间有流氓、地痞。群和会……同群乐
会一为酒楼茶室招待，二为粤商、工人等。聚晴和会……地点
多在虹口吴淞路武昌路。①

　　这些秘密结社的流派大多以"聚""群"之类命名，且位于粤
人鲁班庙附近的武昌路一带，可见这里是广东人聚居的地带。虹口
区的广东街即因广东人密集得名，包括现在的武昌路、福德路、新
广路部分。② 根据《上海市虹口地名志》及上海市档案馆《广东旅
沪同乡会档案》复原出粤籍鲁班阁与广东街及广东人在鲁班阁相近
区域建立的部分机构。

　　上海县城的鲁班神信仰是基于行业的保护，出于纯粹的神灵信
仰。开埠之后，鲁班信仰与行业公会混合在一起。《二十年目睹之
怪现状》中就讲到广东人极其迷信，建筑行业崇拜有巢氏和蜘蛛，
认为筑房和结网有异曲同工之处。③ 但是到了上海之后，广东水木
业也开始供奉鲁班。只是在具体的供奉群体上有所区别，上海县城
硝皮弄的鲁班殿还是比较包容，除了水木业公所包含的人，其他相
关行业的人或者没有公所归属的行业都可以前往祭拜，而梧州路鲁
班庙发起者是浙宁轮船木业匠人，里虹口则是粤帮造船匠，后二者
更倾向于轮船制造木工。比如 1905 年，南北水木作集体商讨抵制

---

① 《虹口粤人结社情况》，上海市档案馆藏，卷宗号：Q146-2-20。
② 《上海市虹口区地名志》，百家出版社，1989 年，第 320 页。
③ 吴趼人：《二十年目睹之怪现状》（第 108 回），上海石印本，1933 年，第 802 页。

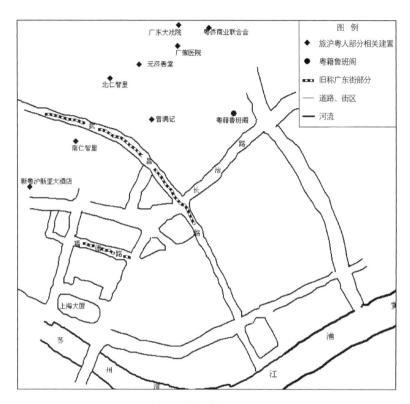

图 4-2 鲁班阁与粤籍相关建置空间分布

禁约，就选在硝皮弄的鲁班殿，沪宁绍巨帮到场者数十人。① 洋式
木器业和南北市竹器同业都因为没有行业公所而选在硝皮弄鲁班殿
处理事务和祭拜。②

---

① 《南北水木作集议抵制禁约》，《申报》1905 年 8 月 7 日第 2 版。
② 《竹器业昨日会议涨价》，《申报》1928 年 10 月 16 日第 15 版；《洋式木器业选举董
    事》，《申报》1919 年 7 月 15 日第 11 版。

三 商业活动和公共空间的形成

由于鲁班庙在水木相关行业中发挥着同业公会的作用，一些水木行业的工人都居住在庙宇附近区域，由此也影响了城市空间的塑造。主要表现为建筑、木器等相关行业商业点在此聚集，同时工人游行空间产生，其起点都是鲁班庙的议事空间。这在其殿内的空间结构和布置可以反映出来。

当时，一位旅沪外国人这样描述虹口宁波籍的公输子庙：

> 沿华界江堤前行四分之一英里，出现在眼前的是一座祠庙。哦，不是祠庙。是浙江人的……一处公所。有两个大院，一个戏台，一处庙宇，庙里供着三尊神像，主神为鲁班，木商们如发生争执，就要请神调解……再往前走，是一片破烂不堪的棚户区，其中有一处公所，是上海最华丽的公所之一……还有一处木业公所。这里可称为中式建筑风格的典范，其庙宇和戏台描金绘红，屋顶立着锡制白鹤，供桌上有锡制香炉，墙体格局错落有致。[①]

裴宜理在《上海罢工》中对这段史料进行分析时认为，公所之庙宇戏台的种种摆设表明公所起着社区中心的作用。[②] 这个社区中心的作用是通过鲁班神凝聚起来的，其效果是所有的工匠都被邀请

---

① *All About Shanghai and Environs*（Shanghai，1934），第 60 页。
② ［美］裴宜理：《上海罢工》，刘平译，江苏人民出版社，2001 年，第 196—200 页。

参加每年的行业宴会，不仅维续了传统寺庙的祭祀功能，而且还发挥了行业公会的作用。工人们对鲁班的依赖来自两个方面：一是对神灵的敬畏、信仰，一是营生方面还是需要依赖行会。1907 年，上海本帮建筑行业巨头杨斯盛与另外十一人集资在上海县城的福佑路创建了沪绍水木业公所。①

沪绍水木公所是在硝皮弄的鲁班殿之后成立的，可以说是依托庙宇中的神灵而生，而庙宇对人口凝聚的作用表现在公所创小之后。事实上，公所由于统管整个行业也让这种聚集作用进一步加强。

成书于 1947 年的《老上海百业指南》对每个街区的店铺都有十分详细的记录，鲁班殿聚集的商业点经时间积累，在 20 世纪 40 年代处于较为成熟的阶段。因此，从中看到上海县城鲁班殿周边街区如梧桐街、硝皮弄的商业形态主要以木材行、建造相关的行业。此外，附近的油漆商号、榻车、竹器以及一些没有明确营业内容的"某某号"也都是与鲁班信仰有关。

与硝皮弄的鲁班殿相比，虹口梧州路的鲁班供奉点由于城市建设开展较晚更容易受到信仰的影响。在公输子庙周边街区不仅有大量的木行、五金店、水电工程店、砂石行，还有浙宁轮船木业工人的子弟学校，形成了典型的区域人群生活圈。

一些与水木建造稍微有点关联的行业，倘若没有统一的行业公会也会借助水木业鲁班庙来集会。有意思的是，我们认为鲁班庙既

---

① 《上海碑刻选辑》，上海人民出版社，1980 年，第 321—324 页。

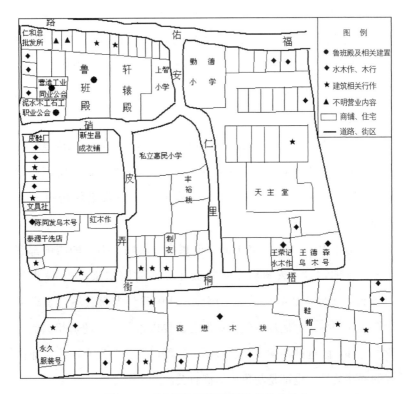

图 4-3　硝皮弄鲁班殿及周边商业点分布

注：参考《老上海百业指南》第 25 图绘制

然是水木业的公会所在，那在空间上一定是独享的、排他性的，但事实并非如此。1939 年，一名笔名鲁班的人在《职业生活》期刊上发表一篇文章，梳理上海榻车业的状况。该业从事的人员大多来自江北和宁波，因此也产生了宁波帮和江北帮。在作者看来，他们没有公会也没有工会，如果说有那就是每年正月初五到城隍庙鲁班殿

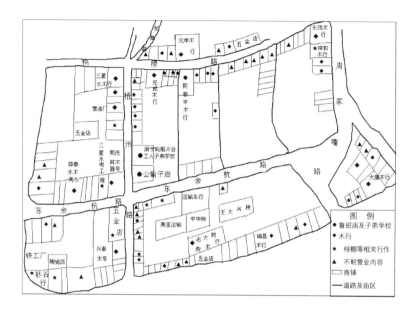

图 4-4　梧州路公输子庙及周边水木作相关商业点分布

注：参考《老上海百业指南》第 35 图绘制

去喝杯茶，同时见面大家谈谈《山海经》。①

　　近代上海水木业工人对生活状况和薪资、行规等不满常常会借用鲁班神的名义组织罢工和游行，并且以鲁班庙为聚集的场所。②无论何种需求、事务都会求助于鲁班殿。甚至到 1946 年，这种借助神灵来"规范"工人的举动还存在。

① 《各业通讯：榻车业》，《职业生活》1939 年第 1 卷第 26 期，第 12 页。
② 中国社会科学院近代史研究所：《中国工人阶级历史状况》（第 1 卷第 2 册），中共中央党校出版社，1985 年。

319

该弄忽拥挤了无数工人，集在鲁班殿，因为水木工人要求加薪而实行罢工。这鲁班殿原是水木业工会，所以他们在这里开会讨论。但是鲁班殿内灯珠辉煌，像在祀神，并且有一批批工人犯人似的被另一批友人押着，手拿锯、刨等工具，向殿内进去，——跪在神像面前，他们是罢工开会，为什么要享祭祖师，而且还要长跪在这里呢。①

后来才得知，被押跪在地上的水木工人都是罢工期内因为私自为资方工作被其他罢工工人发现的人，因被认定为破坏团体运动，于是罚他们一个个跪在祖师前示惩。一部分水木工人因不参加罢工而被罚下跪。

这种在空间上具备的仪式性使鲁班殿成为一个具有乡籍、信仰等多种色彩的空间。因为除了行业内的纠纷等，对民族未来、战争等引发的集会也会选在在鲁班殿，这就赋予了它公共空间的意义。在这里，他们表达工人群体的集体意志。辛亥革命期间，水木业工人在硝皮弄鲁班殿隔壁的水木业公所召开大会，筹集资金，希望能在工界迎来大改革。② 这种群体的觉悟意识在中国近代史中从未缺席，1914 年，水木业工人抵制日货也是在鲁班殿举行集会商讨罢工事宜。③ 类似罢工的情况在《申报》有很多记载，以鲁班庙为核心形成了同行业、同地域工人表达公共意志的公共空间，甚至超越行

---

① 《水木工人罢工趣闻：水木匠跪在鲁班殿上》，《新上海》1946 年第 13 期，第 2 页。
② 上海社会科学研究院历史研究所：《辛亥革命在上海史料选辑》，上海人民出版社，1981 年。
③ 北洋政府内务部档案：《五四运动史》，中国第二历史档案馆藏，第 2804 号。

业、地域限制成为城市公共空间。

迎神赛会的路线是鲁班庙对城市社会空间构建最显著的体现，水木工人围绕他们生活、工作的区域进行赛会。当然，这些生活片段大部分没有详细的资料记载，只有里虹口的粤籍鲁班庙和硝皮弄的鲁班殿两庙的赛会记载比较清楚。甚至水木工人信众们不一定在鲁班神的诞辰，他们也会因为需要庆祝借某个集会便会举行神像游行。1894年，慈禧太后六十岁生辰时，普天同庆，虹口的粤籍鲁班庙也不例外，举行灯会并游行街市。"本月初十日为我皇太后万寿，普天率土莫不胪欢，本埠虹口地方鲁班殿中有粤海糇工等独赛灯彩，游行街市，虽不及去年之盛，犹见衢歌巷祝之一端，他若倭后之象可共传观土寺之神，藉解天饷并其余新奇各图即日出售此布。"① 虽然并不是真的为了祝寿，但他们认为"土寺之神"可让信众们同样感受到欢愉的氛围。凡是有节庆或重大事件，鲁班庙的举神游行从没有间断过。此次赛会游行持续了几日，在举着"普天同庆、万寿无疆"八字牌以外也同时举着鲁班神像。

> 资赛灯钟鸣七下，万烛齐辉，前导为桃灯一对，上书普天同庆、万寿无疆八字。继以玻璃执事十余对、锣鼓亭一座，四人舁之而行。中有数十人身穿五彩■衣沿途奏乐。由是而绣金盘龙伞十余顶、绸绢絷成雄狮二头，殿其后者为巨鼓一面，舁

---

① 《三百九十三号画报告白》，《申报》1894年11月23日第1版。

以二人，厥声逢逢，闻于远近。①

　　鲁班神游行的路线和范围也是固定的，一般会选择在相应籍贯水木业工人居住、工作的区域范围内。比如这次虹口粤籍鲁班庙游街就是从里虹口庙址所在，向东行至提篮桥折返，向西会到苏州河北岸的北河南路天后宫北，再绕回武昌路，"遍游各处始收队"。将路线复原至地图上，如图4-5所示。

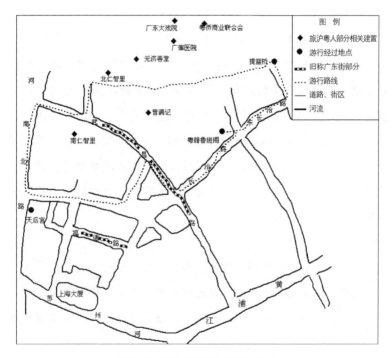

图4-5　里虹口鲁班庙游行路线

---

① 《赛灯志盛》，《申报》1894年11月9日第3版。

游行所经过的街区都是广东人的聚居区，从现有的文献还可以分辨出分布了哪些商铺、粤籍医院等公共设施。实际上，这种带有浓厚空间区分色彩的神像游行最初流行在乡村地区，对神灵的信仰按照宗族来划分，每个宗族可能都有自己的神灵，而每个宗族通常又是一个或几个同姓的村庄。鲁班庙的这种街区神像游行类似于将传统乡村的这种祭祀空间映射到城市当中。同时，从虹口鲁班庙游行的东、西界限来看，东至提篮桥，西至天后宫，提篮桥的核心区域在下海庙附近。也就是说，很可能天后宫以西、下海庙以东都分别以天后宫和下海庙为主要祭祀对象，游行是不能跨越庙界的。这种界限体现在城市社会空间的区分上，即使是延续到今日的提篮桥，也是作为较为独立的一个文化区域。因此，民间信仰的祠庙对城市社会空间的塑造和影响，实际就是特殊群体的社会活动在城市空间留下的烙印。

对硝皮弄鲁班殿水木工人游行路线是从工人罢工的路线中得出的。1898 年鲁班殿下属的水木作工匠讨论增加薪资的问题被认为聚众滋事，最终聚集了 400 多名业内工匠，由工匠首领带领罢工游行，在队伍的首尾部工匠分别手执鲁班先师脚牌一面。硝皮弄位置上接近上海县城的北门，游行队伍从北门出城。"至法界新街迤逦，过公馆马路，郑家桥往北至山家园等处"。① 在他们途径菜市街同安里时看到程姓的工匠被雇佣继续在建造房屋时，游行队伍毁坏篱笆，阻止继续施工，后又继续前往英租界。

---

① 《木工肇事余闻》，《申报》1898 年 5 月 16 日第 3 版。

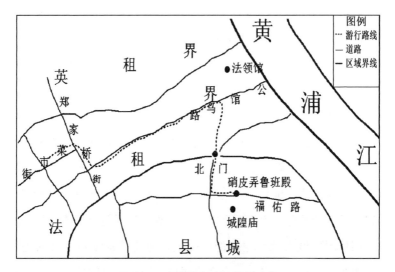

图 4-6　硝皮弄鲁班殿游行路线

可以看出，正是因为近代上海民间信仰祠庙经常由特定籍贯的人来修建和供奉，使得它具有明显的地域区分，其民间信仰祠庙的游行完全是基于信众的空间分布，而不是行政上的划分。同时，神像游行也不再仅限于迎神赛会，还包括一切他们认为需要表达的意愿。所以，这种区分表现在城市空间上就形成了区块性，每个区域或街区的城市空间具有不同的特色，这种特色由人口籍贯、生活习俗、信仰、社会活动、主营行业等要素组成。

第三节　太阳神信仰与区域城市化

进入近代上海城市的移民往往都有偏爱的民间信仰，因此民间信仰祠庙附近成为区域人群、社会活动、商业分布的集中区域，为城市化提供了必要的人口条件。伴随庙产的丢失以及周边道路等公共服务设施的建设，区域城市化的特征日渐完备。在人群社会活动的基础上形成公众对城市空间及属性的认知，促使民间祠庙名称由点空间最终转化为区域空间的代称，形成与特定地域移民相关的城市区域意象。在此基础上，这种意象又对移民形成引力，并帮助他们完成社会适应。中国古代的民间信仰寺庙在特殊的节日和神诞都会吸引人群，近代上海的民间信仰祠庙经常具有上文所说的籍贯特征，因此也具有地域区分。

一 城市化的前提与原始动力：信仰聚集人口

民间信仰祠庙对人口的聚集主要体现在信众对神灵的精神依赖和祠庙的生活资助上，比如前文讲到近代苏州河畔的大王庙是米商、盐婆、湖丝阿姐等典型移民群体聚集的地方，这当然一方面由于大王庙靠近苏州河航运要道和两岸的纺织、缫丝厂，另一方面也因大王庙是当时"栖流公所"这一机构安顿流民的地方。光绪乙卯年（1879），当时的司马陈宝渠怜悯漂流沪上的百姓，便会同上海县在新闸大王庙取得一方公地，建成公所。开办以后，每批能同时容纳200余人。至1919年，栖流公所已经成为当时上海慈善机关之巨擘，教养游民不下几千名。① 在普通的民众看来，尽管安顿流民的公所并非祠庙筹建、运营，但他们经常将这种慈善看成是信仰的延伸。这种例子在近代上海非常多，以此为起点对区域城市化产

---

① 陈荣广编：《老上海》（下册），泰东图书局，1919年，第17页。

生影响最典型的莫过于当时闸北的太阳庙。它从建立之初就与江北移民在闸北区域的生活密切联系，因此形成一个特殊的城市区域，并且在这些人群的自觉推动下，加速了城市基础设施的建设，最终推动城市化。

位于闸北大统路的太阳庙在一些文献中被称为寺或禅寺，可见在官方的记载中它属于佛寺性质，实际上无论从供奉的神祇种类还是信众、建造者来看，都属于民间信仰祠庙。当时的报纸记载该寺由里人在 1896 年募资而建，但是在辛亥革命时由于驻军导致庙中神像全部被丢弃处理。① 所以，民国以后的太阳庙实际上是移民重建的，他们雇佣外来的僧员住持，周边的江北人是其主要信众，大多居住在附近的棚户区。②

太阳庙原本供奉的主神都是民间的佛教神祇，比如太阳佛、太阴佛、观音、释迦佛、地藏等，但与其他民间祠庙一样，为了香火补充了孟婆娘娘、土地公婆、眼光娘娘、蛇王爷、豆神王、白无常、药师佛、东岳帝、丰都帝、关圣帝、城隍爷、太上老君、六十甲子、三官佛、李纯阳、玄天帝、斗天娘娘、周苍帝、童子佛等道教、民间信仰的神祇。③ 很明显，这已不再属于严格意义上的宗教信仰，而更倾向于民间信仰的祠庙。太阳佛是太阳庙的主神，在中国民间对太阳的信仰最初源于人类生产、生活对阳光的需求，这种

---

① 《和尚盗押公产》，《申报》1912 年 11 月 14 日第 7 版。
② 上海市社会局档案：《上海市社会局关于太阳寺注册登记文件》，上海市档案馆，卷宗号：Q6-10-73。
③ 上海市社会局档案：《上海市社会局关于太阳寺注册登记文件》，上海市档案馆，卷宗号：Q6-10-73。

原始崇拜与农业生产关系密切，也是传统乡村中民间信仰的典型。至今在乡村民间也流传着许多不同版本的经典，其中《太阳经》大致是这样的：太阳佛光自东升，展开法像满天红，普照十方合万象，光临世界达苍穹……太阳十日光不现，世上人人不快情，草木得光生枝叶，五谷得光可收成。①

然而，落脚于城市的太阳神信仰尽管如上文所述，在民间文化长篇弹词中还有所保留，但实际上信仰内容已经发生变化。弹词因为是口耳相传的文化形态，其中所保留的更倾向于原信仰，因此有"太阳菩萨求雨"一说，这种求雨需求只在农业社会才有。所以相对于此，民国时期的上海太阳神信仰就有所不同，更多的是体现在对区域人群的吸引力上。比如1934年报纸刊登了一则关于移民刚刚进入上海时反应的文章，他们经常要根据自己的籍贯或职业等结拜成小团体，这时就选择了闸北太阳庙，燃香、祈愿。

> 记得是我们十几个人到太阳庙烧香许愿结拜姊妹的那天，路过火车站，站旁的空地上，一大群男女老少，弯着腰在一堆煤灰上检煤屑。②

与传统信仰相比，一些庙宇对人群的吸引从神灵本身转移到庙宇本身，也就是说他们并不关注是什么神祇及具有何种功能，而更在意庙宇本身是不是适合某某群体、某某地方人士祭拜。因此，祠

---

① 民间流传的《太阳经》。
② 《热（上）》，《申报》1934年7月6日第17版。

庙的创办人、经营者、周边人群的籍贯、文化等就至关重要。

这种庙宇对人群的吸引力还表现在其与生俱来的兼济苍生的救助功能，这是中国古代民间祠庙与生俱有的社会责任。太阳庙所在的区域本身就是江北移民的聚居区，避难在祠庙是最好的选择，这里可以借宿，也就像上文捡煤屑一样谋取生计。因此，对太阳庙产生依赖也实属正常。1907 年《时报》记载太阳庙附近之庇寒所专收贫苦残废之民屈冬，今开办后贫民之投所养病求食异常拥挤，已逾定额云。① 他们几乎都是来自江苏北部和安徽北部以及江淮之间，这些地方在地理单元上同属黄淮平原，方言和生活习俗上都比较接近。尤其是他们同样遭受黄淮河及其支流水患泛滥的影响。因此，在闸北这里经常很快就出现一个新的村庄，并常常被称为"江淮村"。1913 年，位于闸北乌镇路的一千多户草房遭遇大火，居民大多是外来客民，除此之外没有栖身的地方。当时闸北的市政厅会议决定在太阳庙的南边租用几亩土地，为这些遭遇火灾的难民提供集中居住的场所，也命名为江淮村。②

太阳庙与周边的人群、村庄景观已经融为一体，其本身也为难民提供了容身之所。民国七年（1918）200 多名操江北口音的难民至太阳庙内借宿。③ 民国十八年（1929），来自安徽芜湖的 170 多名难民也聚集在太阳庙前面的空地上，报纸称他们嗷嗷待哺，④ 至 1930 年已经形成一种常态。

---

① 《闸北太阳庙》，《时报》1907 年 1 月 15 日。
② 《江淮村客民请缓迁居》，《申报》1916 年 12 月 22 日第 11 版。
③ 《防范难民滋事》，《申报》1918 年 1 月 28 日第 10 版。
④ 《大批难民麇集太阳庙》，《社会日报》1929 年 12 月 3 日第 2 版。

闸北慈善团每届冬令，于太阳庙粥实施粥，就食之众，殊
为拥挤。去冬由杜月笙、张啸石等各董事赴厂参观，观此争先
恐后之情状，曾议添设新厂。①

发展到后期，民间寺庙的社会慈善救助已经不再局限于寺庙能
力范围内，而是发动社会力量。

对移民的安置使民间信仰祠庙成为区域的中心，人们绕其居
住、活动，他们当中的许多人在与闸北相对的苏州河沿岸寻找工作
机会，这里有著名的曹家渡和小沙渡，工厂集中。1892 年，华商购
地在曹家渡开办缫丝厂、面粉厂，也促使大批工人就近定居。小沙
渡地区更是这类工厂集中分布的地方，为移民提供了谋生的地方。
闸北是缫丝厂最为集中的区域，据 1929 年上海市社会局调查，闸
北缫丝厂的女工多是江北人。② 出版于 1939 年的《上海产业与上海
职工》，是一本关于上海产业和职工详细调查的报告，其中保留了
大量的数据。据载，江北移民占据当时上海缫丝业中的六成，而在
304 名人力车从业者的数据中，江北人占据了几乎 95.7%，他们几
乎都居住在闸北。③

太阳庙作为华界闸北最热闹的区域，人口集中。困苦的生活让
他们十分依赖庙宇。由于都是江北人在此居住，他们之间也根据次
一级的行政区划、籍贯建立各自的公所或同乡社会关系。民国十一

---

① 《闸北慈善团添设施粥新厂》，《申报》1930 年 12 月 28 日第 14 版。
② 张笑川：《近代上海闸北居民社会生活》，上海辞书出版社，2009 年。
③ 朱邦兴等编：《上海产业与上海职工》，远东出版社，1939 年。

年（1922）江阴同乡在此建立公所，希望施惠同乡。① 民国十五年（1926）来自江北以扬州为首的八个城市的难民集资购买了太阳庙周边的土地成立同乡组织。

> 扬州八邑旅沪公所，根据上年董事会之议决，自建大殿。经各董事慨捐巨款，在闸北太阳庙购定基地。于昨日下午二时举行破土礼，到者各董事、各同乡、各团体代表三百余人。②

江北作为一个大的区域，虽然不是行政区划，但出于地域上的认同，甚至也在太阳庙附近建立专门的江北同乡会。③ 一些商贩在没有公会和行会组织下，为争取行业利益也自发于太阳庙前集会。④

民间信仰对人口的凝聚作用从信仰吸引延伸到庙宇吸引，为区域城市化奠定了必要的基础，同时也决定这种城市化的特色与人口属性之间的关系。

二　庙产买卖与两种城市化力量

民间信仰祠庙参与城市化源于其庙产买卖，一方面，华界和外籍商人希望通过利用太阳庙周边的人口优势开设商行、建设道路，以宣布对城市空间的掌控，构成这一区域城市化的主力。另一方

① 《江阴公所议建新会馆》，《申报》1922 年 9 月 6 日第 15 版。
② 《扬州公所昨行破土礼》，《申报》1926 年 5 月 28 日第 15 版。
③ 《两同乡会消息》，《申报》1926 年 6 月 21 日第 16 版。
④ 《小贩沿路设摊之禁阻》，《申报》1927 年 10 月 17 日第 9 版。

面，由于太阳庙的人口聚集效应，吸引了许多民间力量参与到城市基础设施等建设中来，构成区域城市化的民间力量。在这两种力量中，很难说哪一个居于主导、更重要。

由于民间信仰的庙宇大多属于私人或民间捐建，不涉及宗教团体，比较容易被买卖、转让。《上海道契》是上海道签发给外商的地契，其中就保留了许多民间信仰庙宇被买卖的过程。关于太阳庙及其附近的土地共有 9 份道契，总计面积 31 亩 9 分 8 厘 9 毫。自1903 年太阳庙庙产开始被买卖后，历经数次转让，由最初的本地业主持有到 1914 年前全部转让至外商（英商）名下。在此之前，太阳庙一直作为私产存在，没有进入市场流通。

表 4-8　开埠后太阳庙及其周边地产转让情况

时　间	地　点	买入人	卖出人
光绪二十九年（1903）	土名太阳庙东。东至英册 2551 号，南至半浜，西至太阳庙，北至路。	英商爱尔德行	日商
光绪三十一年（1905）	土名太阳庙西。东至仁寿堂地并公路，西至半路，南至铁路出路，北至浜。	英商德和行	业主沈姓
光绪三十三年（1907）	土名太阳庙西。东至水沟，南至半路，西至陈姓地，北至公路。	英商爱尔德行	业主徐姓
光绪三十四年（1908）	土名太阳庙前。东至半浜，南至半浜，西至英册 5224 号地，北至小路。	英商新瑞和	瞿姓业户
光绪三十四年（1908）	土名太阳北。东至徐姓地，南至官路，西至沈姓地，北至沈姓地。	英商葛罗甫	业户朱姓
宣统元年（1909）	土名太阳庙。东至英册 2745 号地，南至公路，西至公路，北至英册 6923 号地。	英商新瑞和	业户太阳庙谛信
1914 年 5 月	土名太阳庙南。北至沪宁铁路，南至沈姓地，东至英册地，西至放宽马路地。	爱尔德公司	英商谭华

（续表）

时　间	地　点	买入人	卖出人
1914 年 3 月	土名太阳庙西北。北至铁路公司，南至沈奚姓地，东至沈姓地。	英商谭华	沈张二姓
1914 年	土名太阳庙西。北至长浜，南至交通路，东至陆姓地，西至拟筑马路。	英商高易	沈姓业户

资料来源：蔡天育主编：《上海道契》，上海古籍出版社，2005 年

　　英商对太阳庙地产的占有并没有开启城市建设，只是由英商新瑞和挂号。但至辛亥革命时，根据当时报纸记载"光复军驻防"在太阳庙，将当中的僧人全部驱逐，并且破坏了原来所有的神像。这一事件成为英商与闸北市政厅交涉的起点，[①] 也成为租界对闸北空间妄图攫取、占有和华界维护主权的开端。

　　因此，自 1914 年起，闸北工巡捐局就意识到在当时的沪宁铁路一线北面的区域仅建设了宝山路，如果要阻止英美等国租界继续向北吞噬，就只能对铁路以北区域进行城市建设。吸引华人在此经商、居住，以此来维护空间主权。最后规划的结果是以太阳庙为中心，往东道路规划至宝山路的天通庵附近，往西到达苏州河的潭子湾。这一规划并非随意为之，而是基于当时居住在太阳庙附近人口的构成，包括他们的籍贯、职业以及在哪里谋生。天通庵是当时淞沪铁路的一个大站，自北江湾往南都要经过这里，在戏曲中都有苏北人从天通庵下车的叙述。而潭子湾则是可以从此处到达英租界北的小沙渡区域。一方面，这个规划考虑到了闸北的人口构成，利用了原有的人口、交通区位优势；另一方面闸北工巡捐局也提到倘若

---

① 《占用太阳庙之索赔》，《新闻报》1913 年 2 月 9 日第 9 版。

这样建设，太阳庙区域很快会成为淞沪商场，以稳定华界的领土。①

工巡捐局对规划各路所需要的填方数进行了计算，并招收江北移民作为小工以防他们滋事，完全利用了江北移民带来的人口聚集和劳动力便利。② 以此为开端，太阳庙区域的城市建设将民间信仰影响下的人口、空间格局都引入到城市建设，也对庙周边进行了填浜筑路。③

当然，由于庙产归属的复杂性，这种规划也受到各种阻力。铁路部门认为对太阳庙周边建设所涉及的沪宁铁路沿线土地有发言权，庙主、住持等也对庙产处理执有想法，英商认为他们最早购入太阳庙地产。几方利益的博弈使得沪北工巡捐局在 1921 年拆除太阳庙房屋给规划道路让步时遭到庙方阻止，④ 他们为了保留横跨河浜的庙屋不惜自愿承认该庙已经租予英商。⑤ 最终，大部分庙产得以留存下来，"以保地方古迹"。

上海道在推行道路建设的同时，对太阳庙区域进行调查，发现路边都已经建造了房屋，市面相当繁荣。他们希望有殷实的商户可

---

① 闸北工巡捐局档案：《闸北工巡捐局工程处报告丈量闸北各路及太阳庙至江湾吴淞路线附预算册一本，路图二纸》(1914 年)，上海市档案馆，卷宗号：Q204-1-36。
② 《安插失业小工之办法》，《申报》1918 年 9 月 1 日第 10 版。
③ 闸北工巡捐局：《闸北工巡捐局工程员函为预备推广租界拟于太阳庙后开辟泥路并挖小浜》(1915 年)，上海市档案馆，卷宗号：Q204-1-37。
④ 沪北工巡捐局档案：《沪北工巡捐局关于太阳庙路推放马路让路卷》，上海市档案馆，卷宗号：Q207-1-218。
⑤ 沪北工巡捐局档案：《沪北工巡捐局关于太阳庙路推放马路让路卷》，上海市档案馆，卷宗号：Q207-1-218。

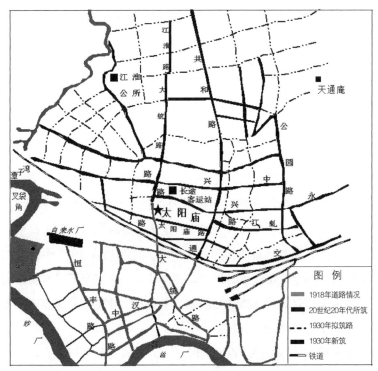

图 4-7　太阳庙周边道路建设情况
（以 1930 年上海最新详细全地图为底图绘制）

以入驻，这样可以带动附近经济的兴旺，所以将太阳庙附近那些较
为偏僻、冷清的地方绘制成地图，通过引商来帮助城市开发。① 基
于此，闸北工巡捐局开始着手对太阳庙附近进行整顿。

1910 年，闸北四区巡官因太阳庙后丝头厂污秽恶臭曾勒令半

---

① 《查覆新闸市面情形》，《申报》1906 年 4 月 20 日第 18 版。

月迁移。① 1914 年，沪宁铁路公司函请淞沪警厅徐厅长派警驱逐太
阳庙后江北客民所停的艍艎船。② 1915 年，太阳庙周边建设道路时，
民妇杨谈氏要求给予私人迁坟赔偿费用。③ 这些措施无疑加快了闸
北区域城市化的进程，在城市化趋势不可逆转的情况下，一方面华
界希望在此规划新的城区，另一方面在 20 世纪初太阳庙及周边的
土地已经卖给了英商，他们也希望在此得到新的利益。1915 年，洋
商提出要求拆除太阳庙周边的草屋棚户，开始争夺城市建设的主
动权。

> 闸北太阳庙带地方，偏野隙地甚多，向有江北贫民搭盖草
> 屋为栖止之所。兹闻英商新瑞和洋行以该处基地已经购买，即
> 须建筑市房，业已禀由英领事，函致杨交涉员，请饬该处地方
> 官勒令迁让，以便动工。杨君以洋商购地往往关系界务当即饬
> 行淞沪警厅长查明详复。④

尽管洋商提出拆除棚户来建筑市房，但是程序复杂一直迟迟未
能实现。英商新瑞和在几番与华界争夺之后，尽管持有部分地契，
但由于太阳庙周边居民的坚持，英商并没有在此成功开设洋行和建
设市房。20 世纪 20 年代，基于闸北工巡捐局为主导的城市规划，

---

① 《丝头厂尚未迁移》，《申报》1910 年 6 月 26 日第 19 版。
② 《艍艎船限期迁移》，《申报》1914 年 10 月 6 日第 10 版。
③ 闸北工巡捐局档案：《闸北工巡捐局关于杨寿康等禀于太阳庙后迁坟让路请给贴费
卷》（1915 年），上海市档案馆，卷宗号：Q204-1-38。
④ 《洋商请拆草屋》，《申报》1915 年 3 月 1 日第 10 版。

以太阳庙为中心的区域发散道路体系建设完成。

闸北工巡捐局对太阳庙区域的城市规划，可以说是近代上海城市建设新的一页。与中国传统城市的规划建设不同，改变了以往以皇权、行政中心为主导的空间格局，而是基于区域内人口的结构和密度状况，将原有的居民社会网络嵌入新的城市空间。这既有利于新城市空间的成熟和稳固，也能利用它对抗租界的扩张。客观上来说，太阳庙区域空间中民间信仰的力量得到了保留，而这一点在此后的城市空间成长中也有所体现，民间的力量也参与到城市建设中，以道路、商业点、居住区为节点的自发式网格建设布局使得城市空间更具有标识性。同时，这种空间构成具有现代城市的特色，已经将街区的理念渗透到当中，而街区空间最重要的要素就是其中居住的人群。

太阳庙区域城市空间建设的自发性就表现在许多华人商号推动和参与对庙宇附近的马路及街道建设，[①] 并非是纯粹依靠行政力量来主导。商户代表着资本的进入，还有一些移民同乡会组织的社会团体也贡献力量，构成了一种混杂式的城市化模式。在这当中，移民以及民间信仰的因素是最早影响城市空间格局的，也构成空间属性中最稳定的部分。

华人资本最早进入太阳庙城市空间是他们对周边房地产开发和市面商业繁荣的支持，当然这也是基于最初庙宇吸引的人口聚集。

---

① 闸北工巡捐局档案：《闸北工巡捐局关于闸北众商民函请修路填浜卷》（1914 年），上海市档案馆，卷宗号：Q204-1-26；闸北工巡捐局档案：《闸北工巡捐局关于闸北商民请于路旁砌筑人行阶沿的文件》（1914 年），上海市档案馆，卷宗号：Q204-1-42。

这与道路建设几乎是同时期开始的。

1918 年,《新闻报》就报道太阳庙附近的市房情况,由于嘉兴会馆和钱业公所在此落脚,就开始有许多房地产得到开发。宁波的绅商建筑了新市房 200 多栋,带动了市场的繁荣。大家认为太阳庙也马上要拆除建造市房,所以许多民族资本持有者(主要是一些绅商)瞅定当时一战即将结束,市房建造会迎来一个春天。①

这些信息使得当时遭受租界租金上涨的华人纷纷希望移居闸北。由于当时上海虹口、闸北、新闸几处是租房市场的谷地,许多民族资本家集中力量开发市房。其中闸北太阳庙附近数量居多。

> 以闸北宝兴路一带而论,新造房屋,有兆丰里、海原坊及市房等六区,天通庵路有协隆里、浙江里、源源里、滋德里四区,约四百幢以上。②

至 1929 年太阳庙路全段及周边所在的区域才开始"民房虽有拆让,然得失相衡"③,早期太阳庙附近移民为城市建设提供的人口优势一直存在,移民及其信仰在其中表现出的张力为闸北工巡捐局的规划奠定了基础。

三 公共服务配套的自然形成

城市道路和市房建设进一步吸引了人口的聚集,但同时城市建

---

① 《太阳庙一带之新市房》,《新闻报》1918 年 11 月 26 日第 9 版。
② 《闸北添筑大批居屋》,《申报》1922 年 10 月 16 日第 13 版。
③ 《计划闸北区道路系统说明》,《申报》1929 年 6 月 29 日第 20 版。

设的其他基础设施并没有跟上步伐，使得太阳庙区域常年是警情和火灾的高发地段。与此相对，税卡、警局、公共交通、消防点、菜场等在居民需求基础上自然形成。

前文讲到淞沪铁路作为近代中国最先投建的铁路，在当时上海北部设有江湾、天通庵等九个站点，是进入上海的一条重要通道。尤其是来自江苏北部的移民更是经此地入沪，往往也因为这里同乡居多直接落脚在此，因此这里除了有太阳庙，还有上文所提到的极乐寺、包公庙、黄大仙庙、苏北的都天庙、昆卢寺等。① 由此，附近许多江苏的小农或商人经此贩卖物资。

> 大统路及太阳庙路，均为闸北主要道路，尤以铁道之北。每日黎明，来往行人更为众多。凡大场、真如、各处农民菜贩等，负筐肩担，入市卖买莫不取道于兹。此外又有江北客民一般苦力阶级、散居附郊者，亦于此徒步往北挽车上工，故道上行人殊为众多。昨晨五时一刻左右，有行人数十名纷纷从大统路、沪太路、中兴路等各要道由南朝北，齐向太阳庙铁道而来。②

官方也在此设立税卡，铁路部门则在设立"总稽查所"的同时于太阳庙设置稽查分所。③

除蚕丝业，牛羊同业公会等都于太阳庙设立税卡，《申报》记载：

---

① 《上海市社会局寺庙调查档案》，上海市档案馆，卷宗号：Q6-18-354-20。
② 《兵士开枪》，《申报》1931 年 12 月 12 日第 15 版。
③ 《开办苏浙茧捐》，《申报》1917 年 5 月 29 日第 10 版。

谓目前以来本市发现两重牛税关卡：一是上海财政局牛税
承办所于十一月在浏河、北新泾、吴淞、江湾、太阳庙、大洋
桥等处设卡征收。……乃不数日，江苏财政厅上海牛税稽查处
陈某设卡于浏河征收牛税。沈某于太阳庙、北新泾、吴淞、大
洋桥等处设卡征收牛税。①

由于太阳庙处为苏北进入上海的必经之路，且人、货通行量
大，江苏省财政厅也在此设立牛税关卡。至 20 世纪 30 年代初，小
商贩集中在此形成繁荣的市场，"商肆林立，住户栉比"，甚至路边
设摊影响到公共交通的运行，公安局开始指定只能在太阳庙路、京
江路两处没有公共交通的地方可以摆设。②

人口聚集形成闸北最为密集的棚户区，在太阳庙附近设置消防
龙头网被闸北工巡捐局提上日程。

近日闸北太阳庙地方失慎，各段救火车闻警，各驱皮带车
驰往灌救。该处太平龙阔，迄未装置，出水无从。以致延烧草
棚二百余间，老幼啼哭，惨不忍闻。乞飞饬省立上海闸北水电
厂于闸北地方广设龙头，以防巨患。③

在对《申报》数据库资料的搜集中，庙宇附近发生的火灾有
70 多起，其中受灾最重的以此涉及 1 000 多户的 3 000 余人。

---

① 《牛羊同业公会开会纪》，《申报》1927 年 12 月 20 日第 15 版。
② 《永兴路菜摊限期搬迁》，《申报》1931 年 2 月 9 日第 11 版。
③ 《闸北救火会电请广设水龙头》，《申报》1921 年 3 月 5 日第 11 版。

> 闸北太阳庙西孔家木桥草棚于前晨大火。两志本报所有五
> 百二十三户之灾民一千五百余口既无栖身之所，又乏裹腹之
> 粮，妇哭孩啼，惨不忍睹。①

"太阳庙消防站"很快成立，在这种官方的城市设施设立背后，
更多的是以同乡会等自发形成的社会团体所组织的消防系统。民国
十四年（1925），由江北旅沪同乡发起的联合消防社在太阳庙
成立。②

在城市区域社会的治理上，除了消防和摊贩等，还有社会治安
的管理。

> 闸北太阳庙路江淮旅沪小学教员邢秀民，昨午公毕后在该
> 处铁道畔徘徊，瞥见一人在前缓步徐行，状若相谂者，乃谛视
> 之，不觉惊诧万状。盖其人容貌酷似江北著名土匪陆金宝，当
> 即投报该处四区太阳庙派出所……该陆金宝、在江北之阜宁盐
> 城等处为匪魁。③

光绪二十七年（1901）和民国十六年（1927），先后以太阳庙
命名设立了巡防局和派出所。④

---

① 《闸北大火三志红会施发钱票 慈善团拟办急振》，《申报》1925 年 4 月 23 日第 13 版。
② 《旅沪江北同乡筹防火灾办法》，《申报》1925 年 5 月 23 日第 20 版。
③ 《小学教员途遇江北匪魁 报警上前截获》，《申报》1930 年 10 月 21 日第 11 版。
④ 《英美租界公堂琐案》，《申报》1899 年 11 月 9 日第 3 版；《共和新路昨午后之血
案》，《申报》1927 年 12 月 27 日第 14 版。

如果说税卡、消防站、派出所这些为太阳庙附近提供了点空间的完善，那么公共交通的建设最终使城市区域空间趋于饱满和网络化。实业家徐春荣对闸北民族工业发展贡献颇大，民国十一年（1922），他的沪北兴市汽车公司对太阳庙附近交通线路进行规划。开通了太阳庙——大统路——共和路——恒丰路——叉袋角——新桥，沿苏州河北岸——光复路——新闸桥一线，里程总共为 30 千米。[1] 民国十九年（1930），华界的二路公共汽车改变原来的路线，将太阳庙作为要道，囊括了西至恒丰路，东至虹江路的区域，但主要站点还是在太阳庙附近的交通路、大统路、永兴路等。[2] 公共交通线路的设置以人口聚集的区域为基础，同时也呈现出区域特性，因此以太阳庙为中心的城市区域在空间上从一开始就因为民间信仰吸引的移民聚集而发展起来，但也因此表现出城市化在空间上的局限性。在太阳庙周边城市空间的塑造中，以民间信仰搭建的移民网络成为城市化的起点，从中可以看到移民人群、社会团体、行政、资本等多种力量的融合，以此构成的公共交通网络、商户和市房、棚户交叉的街区都构成太阳庙城市区域的肌理。

四　庙名向城市区域名转化

在以太阳庙为中心的地方向城市区域转化的过程中，基于信仰的人口聚集起到了关键的作用，所以已经形成的城市空间沿袭了既有的名称和方位认知习惯，太阳庙仍然作为该区域的辨认标识。但

---

[1]　《沪北公共汽车昨日试车勘路》，《申报》1924 年 5 月 22 日第 15 版。
[2]　《二路公共汽车》，《时报》1930 年 9 月 1 日第 5 版。

是，伴随上文所述公共交通、税卡、市房、道路等城市要素的完善，作为城市区域的太阳庙与作为"地方"的太阳庙既相同又有所区别，其空间内涵与意义产生区别。

这一城市空间成长的过程大致可分为几个阶段，由最初的庙宇点空间转化为人们情感熟悉和日常生活的"地方中心"，进而演变成一个区域空间，每一阶段都是以前一阶段为基础。

太阳庙尽管最初作为里人募建和移民私建，但由于影响颇大也曾作为行政官员举行活动的场所。比如宣统元年（1909）当闸北工巡捐局计划在太阳庙附近建设马路时他们选择太阳庙中举行奠基典礼。这是一个比较有指示意义的举措，参加的人除了观察使外还有一些官绅、平民，[1] 不仅代表着太阳庙作为一个大家都可以使用的公共空间，也隐含着它作为道路建设范围的中心所在，是向"地方中心"转化的过渡阶段。当然，普通民众对庙内空间的使用更是如此，正如上文讲到那些刚刚抵达上海的江淮小戏演员们，甚至就睡在菩萨脚下。正是因此，报纸对它的记载也日渐增多，人们通常描述一个事情经过或地点时都是喜欢用"太阳庙南、太阳庙西首"等这样的表达。[2] 民国四年（1915），狂风扫荡了整个华东地区，太阳庙附近的棚户区草房遭遇吹倒的有两三百家，[3] 包括最频繁的火灾在内的天灾人祸都是当时人们和媒体关注的焦点，以"太阳庙"为中心的地方认知就此传播开来。[4] 实际上，这种认知更多的是基

---

① 《闸北马路行开工礼》，《申报》1906 年 9 月 17 日第 9 版。

② 《沪北盗案》，《申报》1901 年 5 月 21 日第 3 版。

③ 《沪滨大风记六》，《申报》1915 年 8 月 2 日第 10 版。

④ 《闸北大火续志》，《申报》1925 年 4 月 22 日第 13 版。

于一种情感。但是伴随城市建设的开始，这种对"地方"的认识逐渐转化为具有特色和属性的城市空间。

民国十四年（1925），闸北大洋桥附近的居民棚户遭遇火灾。

> 各段救火会闻警齐集，奉该处并无自来水管，从太阳庙龙头出水，连接皮带六十余条（每条约长五丈）始达火场。①

大洋桥大概的位置相当于今天上海火车站附近的中兴路和恒丰北路附近。1925 年的另一起火灾波及北至太阳庙路、南到京江路、东迄共和新路、西达大统路。② 这些区域的火灾都属于太阳庙消防站点的服务范围，也就是当时太阳庙城市区域的大致范围。

赋予一个城市空间独有的特色，最重要的还是居住在其中的人，太阳庙区域正是因此而呈现出不同的空间面貌。

> 闸北恒丰路等众市民因太阳庙一带路政不修，车辆往甚为危险，特在闸北五路商界联合会开会讨论。……略谓：太阳庙相近铁道边，交通路一带本为往来要道。每晨自大场、南翔、真如等处来沪之菜贩，犹为拥挤不堪。……谓新共和路以北，一般小贩集此设摊，臭气四播，垃圾狼籍，不堪龌龊之至。③

从这里可以看出，太阳庙一带的特征是草屋、棚户广泛分布，

---

① 《闸北大火续志》，《申报》1925 年 04 月 22 日第 13 版。
② 《闸北大火续志 灾区有十余亩》，《申报》1925 年 4 月 22 日第 13 版。
③ 《闸北市民会议整顿路政》，《申报》1922 年 10 月 17 日第 14 版。

道路失修，小贩小摊随意摆设，但这些社会活动鲜活化了空间，学界对这一区域进行研究后公认其是江北人集中的区域，即他们是"江淮村"的建造者和主人。中华民国工商部对当时中国纱布管理委员会进行调查，上海有四个，只有一个位于杨树浦区域，其他三个均位于太阳庙区域。而管理委员的委员也是大部分来自江北的盐城和阜宁等地。① 1948 年，该区域的棚户集中在铁路以北，也就是太阳庙区域，儿童福利会进行的社会调研显示大概有 4 800 户，共计 40 000 多人。② 他们大部分选择在苏州河沿岸谋生，尤其是南岸的曹家渡、叉袋角、小沙渡等区域。前者是人们默认的工厂区，其中纺织厂就占到百分之六七十。《上海顾问》中记载这里"江北小贩聚集……太阳庙一段可称为'死人区'"③。除此之外，太阳庙区域还是皮革制造的集中区。1930 年《上海之工业》中记载两处工业区，屈家桥区共有皮厂五，其中以威士大南二厂为巨。闸北之潭子湾、虬江路、太阳庙等处均为制革区域，有皮厂、皮坊数十家。④

　　人口结构、籍贯、工业类型、建筑样式等都构成了城市空间的意象，报纸中经常出现描写这一区域的文章来讲述其区域特色。⑤ 报纸中的江北人往往一批一批挑了全家的财产步行到上海。找房子

---

① 工商部全国花纱布管理委员会编：《工商部全国花纱布管理委员会同仁通讯录》，1911—1949 年。
② 陈仁炳编：《有关上海儿童福利的社会调查》，儿童福利促进会出版，1948 年，第249 页。
③ 王定九编著：《上海顾问》，中央书店，1934 年。
④ 上海特别市社会局：《上海之工业》（第一编），《各业之历史与现况》，中华书局，1930 年。
⑤ 《新文摘旬刊》1938 年第 1 卷第 4 期，第 15 页。

没有"金条"，于是多数是聚集到此地来。他们一到此地，不到三天，空地上就有一个新村落发见。太阳庙的兴盛，也全靠这些源源而来的难民。①

更有意思的是，尽管太阳庙"带领"着闸北区域开启城市化，吸引了苏州河北岸和附近南岸的人口，似乎在华界的上海县城和南市区域之外塑造了一个比较现代的城市区域。但实际上他们之间仍然存在着千丝万缕的联系，仅以太阳神信仰为例，在新闸地方另有一座"太阳星君殿"。新闸是苏州河乌镇路桥，与有老闸称谓的福建路桥毗邻。老闸是当时南北货的聚集地，新闸则是洋务局、上海筹饷货捐局北卡以及粮食、建材、食盐等重要物产的聚集地。所以新闸附近的大王庙香火旺盛，同时还建有太阳星君殿。1897 年，在定做店内的神像时是要到"城内"的，在上海县城定做好神像后再由法租界绕道至新闸。

> 新闸地方新建太阳星君殿一所，在城内某店装塑神像，业已竣工，在会诸人定于今日二点钟排齐仪仗恭迎神像出新北门，绕道法界。②

可见，民间信仰的祠庙由于特殊移民群体的信仰而使部分城市区域显得较为独立，但另一方面也正是信仰让这些区域与传统的城市区域紧密相联。

---

① 《太阳庙》，《申报》1946 年 5 月 7 日第 8 版。
② 《恭迎神像》，《申报》1897 年 10 月 24 日第 9 版。

　　总的来说，移民在上海城市的文化生活和同乡、同业间的社会关系网络反映在城市空间上就体现为不同区域来源的人群对社会空间的塑造和认同。无论是移民围绕民间信仰祠庙分布，还是在移民聚集区更容易出现民间信仰祠庙，他们的社会活动都体现出空间的人群属性，这种属性反过来又会加强空间对人群的吸引力，并帮助他们适应区域城市的生活。在此过程中，以民间信仰庙宇为中心的城市空间也成为人们情感认同和表达意愿的地方，推进官方和民间两种力量来关注祠庙空间的城市化。在此动力下的城市化因为保留了民间信仰基础上的社会关系网络，社会结构更具张力、粘合度。

第五章

民间信仰与近代上海都市文化"乡愁"

　　文化作为社会活动与社会关系的表现形式，具有很强的传承性和延续性，因为它内含在人们的思维方式、形为方式、价值认同当中。近代上海城市中的民间信仰通过各种形式表现出来，尤其是通过设置神诞、举行迎神赛会、酬神活动等，以及映射在城市景观上的变化。这些促使民间信仰从人们的精神信仰层面转化为一种世俗文化或城市民俗活动，完全淡化了宗教信仰的色彩。甚至，这一变化还是城市空间和城市文化走向消费性的一个表征或动因。

　　民间信仰除了作为社会网络的粘合剂，其自身也是一种文化现象，人们的祭拜、游行、观剧等活动都是地方特色现象出现在现代化城市的表现。如果将视线拉至20世纪90年代至今的上海，伴随社会团体的多样化，大众文化，流行文化的普及，以民间信仰为纽带形成的社会结构开始逐渐松散，以地域、血缘、宗教观念为核心的群体重要性逐渐衰微，在此情况下民间信仰对城市文化的影响还是否在持续，这是讨论民间信仰对城市文化影响的一种逆向思维。民间信仰对上海城市文化的建构主要体现在两个方面：一是信仰载体——移民对上海城市文化的影响；二是信仰本

身。前者塑造了包罗万象的城市文化，是当今海派文化的重要来
源；后者则隐秘在城市日常生活和城市空间中，可以理解为中国几
千年的传统文化及观念在近代以后以新的形式存续在城市文化当
中，甚至部分成为城市的物质、精神和文化遗产，成为上海江南文
化的组成要素。

第一节　以民间信仰为核心的基层文化延续

一　《破除迷信全书》中的民间信仰

美以美会（The Methodist Episcopal Church）是 1844—1939 年
间在美国北方的卫理公会所使用的宗派名称。从清末到民国，教会
在中国开办了 14 所大学，其中美以美会开办了 2 所。同时，美以
美会也宣扬破除中国迷信，达到其传教的目的。1924 年，美以美会
出版《破除迷信全书》，主编是当时的天津民族资本家李干忱，他
在《序文》中写道：

> 基督教素以破除迷信为己任，近世纪迷信在我国所以不得
> 过于猖獗完全是因为受了基督教的打击，假如再用上积极的功
> 夫，直捣迷信的老巢当然可制迷信的死命了。……至于论到基
> 督教的破除迷信工夫呢，却是以步步紧为工具，因为历年以来
> 已经有不少破迷的文字。
>
> 本美以美会百周纪念执行会员目击此种情势遂决意执行破

迷的事业。①

全书凡十卷，分为风水、卜筮、看相、垂象、成佛、成仙、妖祥、左道、邪说、多神卷。该书将与本研究相关的部分民间信仰纳入了所要破除的迷信范围内，认为中国之所以会产生如此浓厚的信仰氛围，是因为以往的帝王政治希望通过这些信仰来巩固政权。尤其是在卷十《多神》中讲到，我国敬拜多神的原因，一是未看清神的真面目，二是罪恶中所发生的阶级观念……自古就标出天子祭天地、诸侯祭社稷的阶级分化，推而至士农工商以及三百六十行无不尽有其应敬拜的专神，分门别户，不得僭越……大概说来，人不能无神，只因得不到大神敬拜，所以不得已才去找一个小神敬拜。②在这种论调基础上，该书对中国传统民间信仰的大多数神灵进行了梳理，考证其产生、发展的源流，最后再去驳斥其不合理之处。总的来看，这是一部相当有价值的史料，对民间信仰以及在其基础上形成的民俗和民间传说等进行了细致、系统的梳理。大概是因为当时美以美会于1897年在上海成立中国中央议会，所以书中涉及了大量关于当时上海的民间信仰状况，其中就有以张大帝信仰为例的记载。

> 我国江南人士多敬张大帝，附近上海的江湾有张大帝庙，每年阴历二月八日是大帝生日，香火甚盛，侨寓上海的人因为

---

① 李干忱编：《破除迷信全书》，美以美会全国书报部出版，1924年，第1—2页。
② 李干忱编：《破除迷信全书》，美以美会全国书报部出版，1924年。

久困市廛，届时为涤除俗尘也要争先恐后前去赶赶热闹。①

这种说法更关注信仰者的精神、心理层面，因为"久困市廛"而需要"涤除俗尘"，相应地形成神灵的功能主要也是来自精神层面，这也是该书在记述上海民间信仰时与其他地方的区别，在论述其功能时不仅只涉及其社会功能，更多的是从城市信仰者的心理层面去剖析，表面为文化层面的行为，实际上却是当时现代性最强的城市人所拥有、特有的心理需求。

尽管美以美会的初衷是为传播基督教，甚至还携带了政治目的，完全不同于中国民间信仰的包容性。但是对于当时中国尤其是上海这个正在快速发展的城市来说，确实是了解其信仰细节不可多得的材料。当然在这当中还可以看到它代表着当时西方基督教对中国民间信仰的态度，即几乎是全盘否定其存在的，体现出不同于中国民间信仰情感的排他性。

佛教自汉末传入中国，此后虽然经历数次劫难，但仍然有着稳固的民间信仰基础，因此在近代上海民间信仰迅速发展和租屋设庙繁荣的时期，佛教神灵的民间化也达到了顶峰，佛教的庙宇也逐渐开始民间信仰化的管理。另一方面，人们对佛教的认识观念也发生变化，因为他们日常接触到的佛教神灵是一个多功能、无宗派、可以随意设置的民间神灵。《破除迷信全书》中也有所涉及，实际上书中所指佛教已经大部分是指民间化的佛教神灵了。编者认为，传统佛教主要以"佛学经典"吸引信众，以对众生的慈悲为怀，但实

---

① 李干忱编：《破除迷信全书》，美以美会全国书报部出版，1924年，第563页。

际上民国年间这二者均不足以维持佛教的社会影响力。因为此时民间盛行的佛教已经没有经典，而慈善事业更是被社会中的慈善团体所取代，这种状况也是在上海这类近代城市首先出现的或者特有的。编者觉得正是因为民间化的佛教失去了"说法（经典）"的能力和从事慈善的信用，社会民众对其的态度也发生了改变，更以一种生活化的信仰——迷信呈现出来。

民国以后，对这些民间化信仰的管理仅限于形式，更多的是这些民间祠庙本身组织的公会在起作用。"他（民间祠庙）见别的团体均有集会结社的举动，因此有的也组织公会，还有的假借佛教的名义以组织公会。"① 民国十二年（1923）二月上海国恩寺住持僧开生等具呈省属请求依法废止佛教公会。

因此，从美以美会《破除迷信全书》中也可以看出，当时上海的民间信仰祠庙是城市人的一种心理需求，它甚至改变了一些传统乡土、乡村信仰的信仰原型。加上民间祠庙管理的民间化，民间信仰更加走向市民化，即以一种潜移默化的文化方式走进人们的日常生活，也正是民间信仰的这种包容性使其展现出活力，并存在于日常生活中。

二 民间信仰市民化转向

对于民间信仰来说，近代城市既是它存在和繁荣的沃土，也对其造成了冲击。在这种矛盾与混杂的环境中，民间信仰最终成为城市的一种思潮或者生活方式。它是对传统信仰权威、禁锢的冲破，

---

① 李干忱编：《破除迷信全书》，美以美会全国书报部出版，1924年，第262页。

在近代思潮涌动的城市近乎自由生长，人们似乎可以随意信仰他所在行业或同乡团体认可的神灵，甚至随意编造关于神的传说也是默默被允许的。民间信仰态度的变化，促使信仰与城市的关系随之变化。但同时，民间信仰的这种态势并没有带来什么先进的思想，而是采用了传统的信仰模式。这种模式在器物和制度层面没有坚固的根基和支撑，只是依靠不可控的生活条件下对它的一点依赖。因此，在近代科学思潮和新城市生活的冲击下，它又慢慢趋于瓦解和消退，被新的城市精神和文化所取代。这在一定程度上也能解释，从目前的城市来看，民间信仰在城市基本处于萎缩的状态。当然，我们并不能忽视那些微存的城市民间信仰，因为他们往往隐秘存在于市民的日常生活和头脑中。

无论是从行业繁荣还是租屋设庙来看，它与民间祠庙之间关系的主体都是市民阶层。而其背后反映的是近代城市经济繁荣重要的一面，这也是世界城市史所共有的现象。正像15、16世纪的伦敦一样，繁荣的建筑业、纺织业、缝纫业等与人们思想、生活的解放都紧密相连。另一方面，民间信仰祠庙的繁荣也反映了其背后市井俗文化的再次繁荣，这一现象在宋代的城市发展中就可窥端倪。

此时的民间信仰祠庙已经不再只有庄严、肃穆、高高在上的社会形象，它完全融入了市井生活，为城市生活服务。信仰和神灵不再维持着神秘的形象，在人与神的关系中，人具有能动性，甚至像虹庙内一些神灵那样竟能成为城市人茶余饭后的谈资和笑料。街头巷尾的香火小庙催生了民间信仰的市民化，究其原因，主要来自近代城市商品经济和资本的刺激与冲击，而此时的农村地区则有所不同。

民间信仰本身的近代化是上海近代化重要的内容之一。实际上，一个城市社会"步入近代"除了政策、规章、制度等，也表现在城市的方方面面，如城市空间、市民精神面貌、生活习俗、社会关系、网络结构等，因此，不仅仅是局限于线性的某一领域、某一群体冲破传统，而是全面的。民间信仰在这一方面表现得十分明显。无论从信仰内容还是从信仰群体上来划分，民间信仰由于与正统宗教不同，更加接近普通民众的生活，伴随着不同人群不同生活习俗的融合，民间信仰的祭祀形式、社会功能、社会意义等都产生了变化。可能在中国的传统社会民间信仰前所未有地与人们生活如此接近，并可以为人们所随意改变、增减、利用，主动地塑造象征意义和产生经济价值。但另一方面，这些群体又很难与传统完全割裂，民间信仰传统的社会粘合功能在城市的移民群体中变得更加必要。就当时的社会意义来说，突破了原有的家族性、地域性，增强了社会性。所谓社会性，就是民间信仰背后的人群、城市怎样组织，以其为表征的城市生活方式发生了质的转变，不再是神圣不可动摇的，正如上海的瞿真人庙可以改变神祇的功能，虹庙里观音可以成为妓女们嬉戏、调侃的对象，鲁班又可以成为不同籍贯水木业工人争夺地盘的标识。在这种变迁的城市社会中，怎样定位自身的身份并进行认同，变得十分重要，哪怕是神的身份也同样如此。

1935 年，上海大场的山海工学团要占用附近的红庙，参与讨论的人对其自身和庙宇就有这样的认识。

> 我们是小主人，我们是中华民国的小主人，我们是创造社会的小主人，我们是红庙的小主人！我们有做小主人的能力，

有做小主人的本领。我们要做什么事就做什么事，我们要说什么话就说什么话。好比拆庙龛，这是为了没有房子，为了空房子我们不去利用。怕什么？这是大家的事，我们应该拿出来大家的力量来。①

这时，在对传统民间信仰祠庙的态度上，一方面，个体的自主意识被充分激发出来，他们不再认为是庙里的神灵来主宰其命运，而是要争当主人。也就是说，对传统民间祠庙的破坏和僭越可能是他们刻意追求的，因为这最能代表传统的事物，告别它就意味着告别过去。但实际上另一方面，这些"主人"在对庙宇信仰上又是犹豫的。因为他们"不敢说'打倒菩萨'的话，怕的是要头痛生病，连医都医不好；第二点是怕赞成了拆庙龛要给四村的庙头议罚"。即使经过重重顾虑同意之后，他们也提出"主张不毁坏菩萨，我们要一步一步的做"，庙和庙中的菩萨是被区别对待的。

因此，从对民间信仰祠庙的态度来看，城市人对新生活的态度还是矛盾的、模糊的，新的价值体系并没有建立起来。

此外，在讨论民间信仰对城市文化的影响时实际上也需要反向考虑近代以来消费主义、流行文化和资本等要素影响下传统民间信仰的遗留、融合问题。

近代上海，西式音乐流行于当时的许多咖啡馆、酒店、俱乐部等社交场合，为了与现代生活相"协调"，一些传统的迎神赛会竟然也开始使用西式乐队演奏。迎神赛会作为民间信仰中最具有仪式

① 张一涛：《拆庙的前夜》，《红庙的小先生》，大华书局，1935年，第55页。

感的活动，参与民众最为集中，西乐在这种场合使用极其方便它在普通民众中的传播。

> 西人无事不用乐，以予所见团兵操练也、死丧出殡也、春秋雨季之跑马也，夫官员调任到岸之时，咿咿唔唔亦自可听。……然近则通商埠头有力而好奇者，间亦雇佣之。今年重阳令节粤人之经商寓沪者，咸赴天后宫迎神赛会。除旗、锣、扇、伞外，亦用西乐一班随之游行。①

旅沪粤人作为"迷信"行为最多且为在沪影响最大的移民群体，他们在迎神赛会中首先使用西乐并不为奇。甚至在笔者的考察中，现在中国东南沿海地区民间红白喜事也都是西乐与民乐同时演奏。迎神赛会只是作为一个载体，传递的却是一种新的文化形式，于此可以说民间信仰已然成为一种生活习俗和愿望。当然，在这种传统与现代融合出现的社会活动中，新的文化样式势必会遭到质疑，紧接其后就有人针对迎神赛会用西乐提出"夫郕用夷礼，春秋贬之，窃为读书明理之君子所不取"，认为迎神仪式应该遵从古礼。民间信仰种类繁芜，其中许多又经常被官方所禁止，斥为"淫词"，且开埠以后迎神赛会又被官方多次禁止。但当西乐被使用在"迎神赛会"时，"民间信仰"这一概念作为一个整体被认为是符合春秋礼仪的。对民间信仰的态度在开埠以后的城市是分离的，民间一方面从观念上觉得民间信仰所携带的是礼仪传统；另一方面从操作上

① 《西乐游行》，《图画日报》1909年第161期，第12页。

人们其实比较期待借助民间信仰去开展许多新的文化、社会活动，并且在人们看来借助这一途径是合理并容易被人接受的。人们可以在迎神赛会上看到"扮演之烟徒乞丐，涕泗交流"，也可以看到"劝农队，有数十人扮演农夫，手持耒锄，作劳工状"①，这些与"肉香队"、西乐队同时出现。

民间信仰似乎已经成为一种民间表达的舞台和方式，助力一些新的文化样式为人们所接受，这对于上海近代以来基层社会文化的形塑起了很大的作用。就民间信仰本身来说，它往往与渗透在民间的宗教一样，无论是生活中走过场一样的习俗，还是极具仪式感的祭拜赛会等，对普通信众来说是一种已经被定型、安排好的社会秩序。人们对它持有毋庸思考对错的态度，仅看作一项传统，但具体怎样吸引眼球则需要花功夫来打造一些新的娱乐样式。这也是民间信仰在近代上海城市能够影响文化构建、社会行为的原因。它不仅仅作为一种心理信仰，更是作为文化习俗而存在。民间信仰影响移民的行为、观念、习惯，体现了信仰的某个层面与文化的对应关系。

这一点表现在城市空间上尤其明显的是上海县城所在的老城厢，它是近代上海民间信仰祠庙最为密集的区域。大多数进入上海的移民，第一站就是来到与中国传统城市最为一致的上海县城，这里的城市格局、市场形态等也较为熟悉，除了传统的城隍庙等，会馆中奉祀的神灵大多居于此。所以，上海县城中的祠庙、神灵往往与体现商业形态的街市一致，庙、市高度重合。从整个上海地区来

---

① 《江湾昨日迎神赛会之热闹》，《申报》1925 年 4 月 21 日第 14 版。

看，这也是附近明清以来市镇所存在的格局，可以说是江南文化重要的一个方面。因此，倘若我们现在从上海城市中寻找江南文化的踪影，在民间信仰和市镇经济背景下形所成的城市空间格局就是力证，但更重要的是以城隍庙、豫园等为符号保留下来的文化传统，甚至成为当前城市文化创新的源泉。

美国当代宗教社会学家罗伯特·贝拉（Robert Bellah）曾提出"市民宗教"的理论，他认为现代社会无法消灭宗教，即使正统教会可能失去传统的信徒，宗教也会以"市民宗教"的形式，广泛而顽固地存在于民间生活之中。[①] 随着上海开埠并开启近代的进程，上海城市的民间信仰也同样没有随之消失，反而愈发繁盛，开始城市生活化。基于此，可以说民间信仰最丰厚的土壤并非仅仅存在于农村，"十里洋场"的机理实质是民间信仰一直在参与的人们的日常生活。民间信仰是研究和解答中国人的"宗教性"的一个重要方面，尤其对理解宗教的普遍性、草根性、群众性起着非常关键的作用。[②] 民间信仰产生于人们的日常生活、生产中，所形成的各种祭祀方式也与这些活动息息相关，许多生活、生产习俗就来自对某个民间神灵信仰的表现。

以江南地区特色的民间习俗花朝节为例。农历二月十二日是百花花神的生日，主要活动是赏红、祭拜花神庙、举办庙会。江南人家喜张"张花神灯"，该灯通常以当地所产可作伞面的半透明油纸

---

① Robert N. Bellah，"Civil Religion in America，in：Daedalus"，*Journal of the American Academy of Arts and Sciences*，96（1967），Boston，Massachusetts，pp. 1–21.
② 范丽珠、欧大年：《中国北方农村社会的民间信仰》，上海人民出版社，2013年，第1页。

"谈笑"糊成。清人张春华《沪城岁事衢歌》感叹："春到花朝染碧丛，枝梢剪采袅东风。蒸霞五色飞晴坞，画阁开尊助赏红。"而清代蔡云有诗："百花生日是良辰，未到花朝一半春。红紫万千披锦绣，尚劳点缀贺花神。"讲的是江南人贺花神的场景，而这些场景大多发生在城镇。

开埠以后，上海城市也保留了花朝节的习俗，只是发生了很大的变化。1917 年，上海县署及民间均开展花朝节植树的活动。"已届花朝节，上海道县各署准于上午九时，各就苗圃举行植树礼，昨已预备一切并柬邀各界参观。"① 这一活动得到官方的大力支持，"沪海徐道尹于日前花朝节特委科员赵荣第前往道属苗圃，举行植树典礼，随带松柏各项树秧前往种植。昨徐道尹特乘马车亲往察勘，当以布种各项树艺及四周情形，颇为合法。一俟春日融和，尚须前往摄影，以备观览成绩云"②。同时，花朝节当日沪江大学亦行植树之举，"分学生为五队，每队有教员为之领袖，课毕后于校舍前后"③。可见，民间信仰影响下的民俗部分依旧在近代化的城市得以保留，并且以另一种健康、文明的形式存在。

上海史研究专家熊月之曾撰文论述近代上海民众文化的特点，认为近代上海是世界性与地方性并存，摩登性与传统性并存，先进性与落后性并存，贫富悬殊，是一个极为混杂的城市。④ 这些文化

---

① 《举行种植典礼之慎重》，《申报》1917 年 3 月 5 日第 10 版。
② 《徐道尹察勘植树》，《申报》1917 年 3 月 8 日第 11 版。
③ 《沪江大学举行植树》，《申报》1917 年 3 月 7 日第 11 版。
④ 熊月之：《乡村里的都市与都市里的乡村——论近代上海民众文化特点》，《史林》2006 年第 2 期。

面向都集中在移民的社会、文化生活当中，尤其是以民间信仰为连接所形成的移民社会，"离土未离乡，身离魂未离，因此他们大多保持着对家乡与上海的双重认同，回到家乡是上海人，住在上海是外地人。他们在上海说家乡话，吃家乡菜，听家乡戏，联络家乡人，守家乡风俗，其工作也有相当一部分与家乡有联系"①。

从文化溯源角度来看，通常的说法是海派文化是基于江南文化形成的一种的现代文化。这当中需要注意，海派文化是一种全球本土化的文化形式。实际上当时的上海已经不完全是江南文化了，而是吸收了岭南、江淮、闽南、徽州等文化类型。最早来到上海的是福建人、广东人，然后是江苏、浙江等地的移民，语言上除了吴语还有粤语、江淮官话等，即使是同地区来的人，他们的语言和习俗也有差别。民间信仰脱离本身宗教信仰的层面，为普通民众提供日常生活场所，以上一章所讲提篮桥的下海庙为例，庙旁边海门路144号的东海剧院当时上映很多影片（包含有西方电影和淮剧等地方戏），庙门口很多的社会活动等，都是中西结合，充分体现了海派文化的多元面向。尽管这些文化活动与下海庙是并行不悖的，但不可否认下海庙为这种民间多元文化的交融提供了空间和观念上的场所。同时，下海庙附近有欧式古典的摩西会堂，有众多西式小型的面包店、咖啡馆，这些又构成了极其西式的城市面貌。因此，从这个角度来讲，海派文化也并非是在单一的江南文化基础上，而是多元的中国传统文化融合的基础上，它有一个重要的生态就是开放

---

① 熊月之：《乡村里的都市与都市里的乡村——论近代上海民众文化特点》，《史林》2006 年第 2 期。

的公共空间。

三 乡村与都市文化的碰撞

移民实现了都市和乡村文化的关系转换，在思考民间信仰与上海城市文化构建之间关系时，实质上也是在讨论以民间信仰为主要逻辑的乡村社会关系、价值观念、文化习俗等与新型都市之间的相互影响与构建。这可能是在中国的城市史上第一次乡村与都市两种观念形态的深度碰撞。广东潮州人在《广东旅沪同乡月刊》发表文章时就说到，他们生于乡野，家乡临青山、绕绿水，嘉禾瑞草，到了"东亚首屈一指之大市场——上海"之后，对都市的习惯感到不适，尤其是都市的金钱、价值观、行为方式等都是缺乏天然之气。对比而言，以上海为代表的都市缺乏之处也都源于乡村的社会结构。甚至，他们认为都市人也前往庙观祭拜，但往往是出于无力，而非乡村的虔诚信仰。"然又无法制止奇病与宿疾之纷沓来，乃不反求本来面目，惟乞灵于土木鹿茸，以至求佑于城隍木偶。"① 这是城市之外的乡村人对上海当时民间信仰的看法，认为并非虔诚信仰。

冯贤亮在其著作《近世江南的城乡社会》中讨论了近代上海周边的江南市镇在现代化、城市化的作用下社会环境、文化风尚、生活追求各方面发生的变化。② 在工业化和都市化的驱动下，民间信仰是乡村与城市间文化流动的重要内容，这里的乡村和城市并非地

---

① 《都市与乡村》，《广东旅沪同乡会月刊》1933 年第 2 期，第 16—18 页。
② 冯贤亮：《近世江南的城乡社会》，复旦大学出版社，2021 年，第 345—372 页。

理意义和经济意义上的区分，更多的是一种传统与现代之间的流动。这种流动的载体是移民，民间信仰可以作为一种表现要素。人们在面对现代化的上海时，出现了新的团体组织形式，神灵的力量逐渐变得不再那么有效，取而代之的可能是资本、权力等，许多问题并不用祈求神灵就能解决，如此等等。但另一方面，战争、社会分化并未远离。这些现象表现在社会心理层面就是人们对民间信仰的态度发生变化，现代的自我从原有传统的社会价值约束力中松动出来，同时移民分层群体的很大一部分无法脱离原有的社会关系，这也许能够解释在近代上海城市人们一方面疯狂地建庙修祠，无事不拜；另一方面又随意捏造、调侃神灵。回到当前，这也是上海文化中极其重要的两面，既现代又传统，既摩登又不失朴素，我们不能刻意强调或忽视其中任何一面。

民间信仰作为乡村与城市文化的结合点，是城市文化构建中的重要因素，其中也涉及农村民间信仰的城市化。

关于民间信仰的区域差异，研究者们往往更加关注不同自然、人文地理环境下产生的信仰内容差别，这些差异形成的原因主要是长时段的历史环境下人类活动的区别，区域之间也是从更大尺度的空间着手。但实际上，在同一区域内的农村和城市之间民间信仰也存在很大的差异，这种差异在以往的研究中并未受到重视。为什么要研究二者之间的差异，原因在于二者首先是关联的、相互转化的，要想清楚其中一者的全貌就必须关注另外一者。以城市民间信仰为例，中国真正的城市化是从近代开始。在此之前，城市人的生活仍然很大程度上与传统的农业、自然环境等有很大的关联。他们同样期盼风调雨顺，同样用神灵信仰来解释许多无法认识的自然现象，同样有英雄等人物信仰，他们对科学的认知几乎仍然处在同一水平线，因此，在信仰的内容上并没有很大的区别，也就是说同一地区城市与农村信仰的神灵是大体类似的。

但近代城市化出现之后，情况就不同了，尤其是在最先步入近代化、开展城市化的上海。一些原本位于乡村或城郊的民间信仰庙宇，在城市化之后保存下来，转化成为具有城市特色的民间信仰庙宇。但在这过程中，他们或多或少保留了一些乡村的特色，如名称、神祇类型等，近代上海城市中的太阳神信仰就是一个例证。

对太阳的崇拜是人类文明史上比较流行的，希腊、罗马神话中都有相关的太阳神。埃及人为太阳设立神像，在埃及人的棺木上仍能看到，其形象是一只船，里面立着一位羊头的人代表着太阳神拉（Ra）。印度的婆罗门教和北美的一些地区等都曾有太阳神崇拜的历史。中国古代关于太阳神崇拜的记载大多都存留在一些神话故事当中。

伴随农业的发展，太阳神崇拜与农业种植的关系愈加紧密。中国古代的劳动人民在农业生产中观察自然规律，总结了大量的农事经验，其中就有许多关于太阳神信仰内容。《礼记·月令》里就可以看到各种隆重的迎春和礼拜太阳的仪式。但这时，对太阳的崇拜更多的是从国家层面进行。民间对太阳神的崇拜主要在于它与农业生产直接关系。上海所在的江南地区是传统的稻米种植区，对太阳神的信仰相当流行。从考古发掘的材料看，至迟在河姆渡时期江南地区已经有了崇日的明显迹象了。在河姆渡文化遗址出土的"双鸟昇日"图，可以说是"金乌负日"的最早形态。河姆渡的另一件连体双鸟纹骨匕中，太阳在连体鸟的身体正中，更是汉代墓石画像

"金乌负日"图的远古雏形。在吴越地区，这个观念到良渚文化时期到得进一步的发展。① 虽然早期对江南地区民间奉祀太阳的记载非常少，但从当前区域内太阳崇拜的情形可推一般。

姜彬先生在其主编的《稻作文化与江南民俗》中认为，吴越地区现在虽没有专设太阳神的神庙，但民间却多有自发性的太阳会、太阳社组织。② 虽然这种说法不一定完全准确，近代上海就有主供太阳神的太阳庙，但是民间太阳会等组织是至今还存在的。这种组织大多是村庄中的女性自发行为，每逢农历初一、十五聚集在一起，口念《太阳经》，奉祀太阳神。除此之外，上海所在的江南一带民众日常生活中也充满太阳信仰的习俗，如招米魂要念《太阳经》，在收割脱粒后，晒谷时由老人拜太阳菩萨。流传于江南地区的《太阳经》是这样的：

> 太阳明明珠光佛，四大神州照乾坤。
>
> 太阳一出满天红，晓夜行来不住停。
>
> 行得快来催人老，行得迟来不留存。
>
> 家家门前都行过，碰着后生叫小名。
>
> 恼了二神归山去，饿死黎民众百姓。
>
> 天上吼③我吼晓夜，地下非我没收成。
>
> 世间吼我来行动，昼夜不分苦万分。
>
> 太阳三月十九生，家家念佛点红灯。

---

① 姜彬主编：《稻作文化与江南民俗》，上海文艺出版社，1996 年，第 502 页。
② 姜彬主编：《稻作文化与江南民俗》，上海文艺出版社，1996 年，第 506 页。
③ 方言，表示无、没有、不要。

> 位上神明有人敬，吭人敬我太阳星。
>
> 有人传我太阳经，合家老少免灾星。
>
> 吭人传我太阳经，眼前就是地狱门。
>
> 太阳明明珠光佛，传与善男信女人。
>
> 每日清晨诵七遍，永世不走地狱门。
>
> 临终之时生净土，九泉七夜尽超生。
>
> 务望虔心行到老，后世福禄寿康宁。

这是江南地区民间流行的口头经文版本之一。对太阳的信仰与农业的收成、百姓的温饱紧密相关，这也是太阳信仰最原始的内容所在。自然崇拜是民间信仰的重要来源和内容，小的诸如花草树木、动物等，大的如日月星辰、雷电风雨。总的来说，对太阳的信仰最根本的还是来自农业生产的需要。

根据姜彬的研究，对太阳的祭祀有时和天地、月亮、星辰结合在一起。江南部分地区有"烧香塔"的仪式，是祭祀日月星的群体性活动。在实地走访中发现，民间一般认为，日月星辰直接影响农业生产，所以祭祀日月星是为了祈求田间丰收，仪式一般是以自然村为单位。① 这一点对于理解早期的太阳信仰是非常有用的，自然村大多是以血缘、乡缘关系组织在一起的聚落群体，是最初农业生产的基本单位。所念的《烧香歌》也是乡村社会对农业生产和安稳生活的祈盼："清晨早起一炷香，谢天谢地谢三光。所求处处田稻熟，要保人人寿命长。"

---

① 姜彬主编：《稻作文化与江南民俗》，上海文艺出版社，1996 年，第 508 页。

除此之外，对太阳的信仰还表现在民俗、民间巫术等方面。尽管太阳信仰并不是江南地区所特有的，但毋庸置疑都是来源于太阳对农业生产和万物的庇佑。因此，可以说太阳信仰最早是在乡村流行的。

上海开埠初期的太阳信仰与传统的乡村地区有所不同，有了专设的庙宇和神灵形象。上海太阳庙所在的现苏州河以北的上海火车站附近，在开埠以后的相当长一段时间内都是属于城市和乡村交界处，分布着大量外地人口形成的棚户区。

太阳庙又称闸北太阳寺，位于大统路，系光绪二十二年（1896）里人募建，后招徕僧人为太阳庙住持。[①] 与乡村中对太阳的信仰不同，除了有专设的庙宇，主要在信仰内容上有很大的变化。这在上文已专门论述，从信仰的种类来看，太阳庙除了有佛教的神灵，还有道教、民间信仰的神祇，满足各种人群的需求。其特别之处是奉祀太阳佛，也是其命名来源，属于佛教体系。其奉祀经典《太阳经》主要内容与江南地区民间流传的版本有所不同，太阳佛光自东升，展开法像满天红，普照十方合万象，光临世界达苍穹……太阳十日光不现，世上人人不快情，草木得光生枝叶，五谷得光可收成。[②] 可见，即使在即将近代化的城市边缘，人们对太阳佛的信仰主要还是来源自然万物对太阳的原始需求与崇拜，但是不得不说其主要内容被民众的需求所拓展，满足周边大量江北移民的需求。从奉祀的神灵类型和香客来看，闸北太阳庙所供奉的太阳佛已经与传

---

① 《和尚盗押公产》，《申报》1912 年 11 月 14 日第 7 版。

② 民间流传的《太阳经》。

统的乡村太阳信仰有很大不同，从一种典型的自然崇拜转换成一种
社会化的信仰。上文提到的上海长篇弹词《描金凤》中有关于奉祀
太阳菩萨求雨的片段。①《描金凤》创作于光绪年间，至 1960 年这
个唱段上海城市仍在演出，看得出弹词作为江南地区流行的民间戏
曲文化深受太阳神信仰的影响。

　　民间信仰中所体现的乡村与城市关系在 18 世纪的欧洲就已经
存在，只是表现形式有所不同，当时的欧洲人对乡村与城市文化关
系的认知随着拿破仑战争结束所带来的几十年繁荣而发生变化。这
一时期出现了大量乡村田园式的写作，工业革命让欧洲传统从事农
业劳作的阶层趋于消失，失地的农民也就变成了新兴的、在工厂务
工的群体。与此相呼应而出现的工人群体文化实际上不仅具有群体
指示意义，也更具有空间的符号意义，它更代表着工业发展的城市
文化。同样，民间信仰在近代城市的转变也具有类似的指示意义，
这一过程是通过移民来实现的。不同的是欧洲用了相当长时间来转
变人们对乡村的态度，即人们认为欣赏数量惊人的农村房舍是件时
髦的事情，辽阔的庄园、新古典主义宅院被重建，城市人手中拿着
导游手册去参观庄园。而近代的上海这些现象几乎是同步出现的，
一方面传统乡村一部分在消失，传统的乡村社会关系以民间信仰为
纽带在城市存续、调适，与此同时开发乡村的口号已经提出，这二
者之间的时间差非常之短。以民间信仰为例，乡村的民间信仰祠庙
陷于倾颓，而城市的民间信仰则异常繁荣。

　　1932—1935 年，在沪就职的英国人 Edward Sheldon Wilkinson 在

---

① 《中国曲艺音乐集成》（上海卷　上），中国 ISBN 中心出版，1992 年，第 47—51 页。

追求"乡土风情"的过程中，以一个外国人的视角刻画了"江南"。他所撰写的一系列导览文章被结集成册，成为 Shanghai Country Walks（《上海乡村漫步》，由北华捷报出版社于 1932 年在上海出版。与其他文献记载不同，作者以西方人对乡村野趣热爱的角度看待自然和人文，对上海周边乡村的郊野景观进行了详细的记录。民间庙宇成为作者抓取江南郊野最主要的人文景观之一。在作者的徒步中，他看到散落在乡间的大小寺庙多座。与城市中宗教崇拜不同的是，农民会在结束播种后在自己的田边烧纸钱，而寺庙却年久失修无人照管。他们更倾向于在路边的神龛祭拜，主要是土地公和关帝。涉及的民间祠庙有"狐狸树庙"、安和寺、三座红庙、土地庙等。以信仰为例，这一时期乡村民间祠庙表现出颓势，即书中提到的"寺庙失修，无人照管"[1]。可见，传统乡村的民间信仰与当时城市的民间信仰相比较为荒芜，城市民间信仰则演变为适应新的工业文明而出现的文化样式。这当中的转变反映了近代上海城市在乡村与城市二者文化关系的转换、交融，移民制造出民间信仰的都市性，其中的传统性又帮助移民完成社会适应。

这种民间信仰都市性的形成是此前的中国传统社会所未出现的，掺杂在这当中的还有以民间信仰为"症结"的破除迷信运动和对新生活、新科学的倡导，同样对现代的城市文化产生了影响。20 世纪 20—30 年代全国开展的破除迷信、风俗改革活动，首先认为许多民间信仰对人们健康、科学的生活产生影响，其次才是观念上的。因此，在各地兴起破除迷信风气，这对上海城市民间信仰也

---

① Edward Sheldon Wilkinson，*Shanghai Country Walks*，北华捷报出版，1932 年。

产生一定影响，首先着手于宣传用科学来治病救人，而非求助于神灵。这一行动仅在当时的上海县城区域内，租界内由于无法散发宣传单小册子，祭拜神灵的寺观依然香烟缭绕。① 其次是规划设计建造民众公共图书馆。② 这种禁除让一些民间信仰寺观祭祀活动一度趋于低迷，但同时也更加促使民间信仰走向更加隐蔽化或走进宗教寺观。

乡村与城市的关系是许多领域学者已经探讨过的，雷蒙·威廉斯通过梳理英国文学作品中有关乡村与城市的描述、记载，让我们看到在城市及其体系发展最早、程度最高的国家中，人们对乡村与城市关系的认识变化，这种变化也指引着人们去亲近乡村还是走向城市。③ 段义孚在《恋地情结》中专章论述了郊区和城市的互动，认为 19 世纪美国的"老城里人"在财富、生活习惯、行为举止上都低人一等。④ 这些认识往往都觉得乡村（或郊区）与城市之间的关系是对立的，城市自产生起就是"文明"的代表，这其实已经给城市和乡村的关系定了评判的基调，与之相对的是粗俗、鄙陋的乡下。实际上，在面对突如其来的现代文化时，以传统乡缘为代表的乡村文化并不是消失了，而是以新的形式融入了城市文化中，民间信仰的市民化、民俗化就是一个很有力的证据。从这种意义上来

---

① 《华界破除迷信》，《新闻报》1928 年 6 月 7 日第 23 版。
② 《上海特别市政府指令第四四三七号：令教育局：为呈报核议添设民众图书馆及破除迷信办法情形由》，《上海特别市市政府市政公报》1929 年第 21 期卷，第 31—33 页。
③ ［英］雷蒙·威廉斯：《乡村与城市》，韩子满、刘戈、徐珊珊译，商务印书馆，2013 年。
④ ［美］段义孚：《恋地情结》，志丞、刘苏译，商务印书馆，2018 年，第 341—345 页。

说，乡村的传统与城市的现代并非完全对立。即使当今的上海，仍然有许多不属于宗教也不属于民间信仰的民俗祭拜行为。

在本书的写作考察中，位于上海杨浦区五角场城市副中心区域，有一棵民间传说 400 多年的银杏树长期受到附近居民的祭拜，每逢初一、十五香火旺盛。附近的社区居民会定时供奉香火，经调研发现，对银杏树的祭拜只是一种神祇信仰的转移。古树旁边遗留的瓦屋原先是一座土地庙，现标有"浣纱土地庙旧址"的文保牌，这里存留着古门牌"浣纱浜 120 号"。浣纱浜，本名圆沙浜，圆沙是位于北面虹江和南面走马塘中间的沙地，后浣纱浜被填浜筑路成现在的安波路。而这座存留的土地庙旧址也曾称圆沙寺。另有一种民间传说，圆沙村是这里最早的居民村落，后来是兰花村。现在附近的小区兰花新村、锦兰苑、兰馨苑、兰馨雅苑等都是带"兰"字的。所以，如果兰花村是较早的村落，那么现在的这些地名以及附近的浣纱菜市场、黄兴公园内的浣纱湖，算是给城市留下的一点浪漫和怀旧。可见，现在银杏古树热闹的香火和人气并不是偶然的，而是信仰的传承，也在当前附近的居民日常生活中扮演着重要的角色。土地庙是中国乡村传统的信仰，土地能生五谷，是人类的"衣食父母"。因此，对土地的祭拜是基于传统农业生产而出现的，土地庙分布广泛，大多是在乡村地区或受传统农业文明影响的区域。土地庙到圆沙寺的转变也出现于城市化的过程中，是乡村信仰转型的例子。现如今，经过代际传承信仰的习俗依旧保留，但是祭拜的对象发生了变化，对银杏古树的信众来自原土地庙周边居民，他们将对土地庙的信仰转移至银杏树。尽管在宗教政策的范围内，一些小的民间信仰无力成功转型，但借助其他法规、政策允许的事物进行祭拜是民间信仰遗留给现代城市人的一种精神生活。也正是这种传承，让我们看到城市物理空间、社会空间的脉络，更重要的是看到城市人在城市文化成长、变化中的角色，可能也会找到城市从何处来、到何处去的答案。

目前，类似于五角场古银杏树祭拜的现象在浦东地区和一些城郊区域更为丰富。对于民间信仰和城市文化的研究者来说，这些是弥足珍贵的材料。因为伴随中国城市化的进一步加快，一些原本位于乡村、城郊的原生态民间信仰消亡或转型，而原本反映人们生产、生活的信仰类型很难循迹。在这当中就可以看到其他文化要素也有同样的历程，正如上海城市化过程中浦东可能是目前保留沪语及习俗最丰富和完整的区域，浦东三林的舞龙赛会被列入第三批国家级非物质文化遗产名录。甚至在这里，我们正经历一些外来移民与本地文化相互影响的案例，尽管浦东、浦西两地城市化的进程不一致，但可以看到城市化过程中的历史横截面，民间信仰对城市生活、文化的影响并没有消失，相反，却正在告诉我们如何处理新的乡村文化与都市文化的冲突、融合问题。这一过程也是中国城市传统文化到现代的选择和转型，海派文化和江南文化是现代上海文化的典型代表，其中既有传统的民间文化，也有因各地移民而形成的多元样式。正因如此，城市文化才呈现出无穷的活力。

第二节　民间信仰祠庙与现代城市文化景观

城市化无时无刻不伴随着人口的流动、城市物理空间、社会空间的更新而变化，这二者正是近代上海城市民间信仰与移民共同构建出的社会场景。在这个过程中，移民既是民间信仰的改造者、传播者，也是城市化的享受者。民间信仰祠庙既是精神层面的东西，也是一种文化景观。

城市变迁带来的不仅是民间信仰种类的变化，其在城市人中的价值维度和心理位置也大不相同。关于近代城市的描述与记录不乏，甚至诞生了诸多名著与名作，诗人、画家、小说家、记者、普通市民都参与其中。对上海而言，记者、小说家和游记作家都在尝试讲述这个城市，充实着城市生活，阐释其核心精神。

文学作品和媒体报道呈现了城市民间信仰祠庙扮演的角色。在许多上海的报纸上刊登了民间信仰的图片，如果分析这些照片的内容，大致可以看出当时民间信仰在生活中的地位以及拍摄者作为一个城市观察者的视角到底是什么。无论是照片还是报道，往往呈现这样几方面：祠庙内部奢华复杂的建筑和神像陈列、祠庙门口的人群、旺盛的香火、祠庙周边各种行当、迎神赛会的繁荣等等，总是与混乱、利益、地方人群等要素联系在一起，展示出近代一种新的城市意象。在祠庙的社会形象和城市之间建立一种联系，也为繁荣先进的近代城市平添了一种新的解读。就像 20 世纪 90 年代一样，你要想知道这一时期流行什么，看看当时的照片，你会发现自行车、电视机会出现在许多以人物为核心的照片中，成为一个必不可少的背景。

许多城市文学作品中也都渗透了民间信仰的要素，直接或间接地呈现出城市生活百态。在当时抽丝主人所著的《海上名妓四大金刚传奇书》中，故事是一个关于转世轮回、因果报应的佛教传说，小说中的四位名妓是四位金刚门神化作女儿身的转世。同时，竹枝词中的民间信仰也丰富了城市人对祠庙和信仰的认识。小说虽是虚构的文学体裁，但多是现世社会生活的真实反映，尤其是开埠以后以上海为背景的社会小说数量激增，其原因当然是此时的上海社会经历着前所未有的巨变，新的社会现象迭出。竹枝词是一种与地域文化紧密联系的文学体裁，其内容也是社会生活的真实写照，近代上海的竹枝词多描写光怪陆离的社会现象。新闻报道更是现世生活的缩影。

城市由传统向现代转型，人们对同一事物的理解和感受也不尽相同。城市指南是近代城市兴起的一种新的文本形式，很大程度上以一种客观陈述的笔触来记录城市的方方面面，为来到城市的陌生人提供指导，或者说展示一种城市形象。

写于 1870 年代和 20 世纪早期的上海城市指南有多种版本，大都是关于城市中各种名胜、社会状况、交通事业等的重要文献资料。就当时的人来说，对它的阅读高度自觉地构筑了想象中的胜地。这些表述以及与之相关的社会文化紧密相连，代表着当时主流的文化认识和城市想象。因此，对上海这些城市指南的分析或许可以看到城市中传统的民间信仰祠庙在近代城市社会的位置。

一 广场空间的缓慢替代

伴随城市化进程的开展，西方城市设计中的要素逐渐进入上海，城市公园、广场被大量建设，庙宇的公共空间逐渐削弱，或者说二者在功能人群上产生差别。在《民国史料丛刊》第 827 册《上海顾问》第十三章专门讲"到上海来，游览"一门，除了传统的祠庙之外，还有许多公园、私园、碑像、博物等。因此，近代上海城市的祠庙与社会空间的关系开始经历密切到松动的过程。

上海作为最早将西方规划理念应用到建设中的城市之一，"规划"改变了一些自发形成机制下的城市形态，而民间信仰的祠庙就是自发城市形态中很常见和重要的一种。自发城市形态中最为常见的就是居民区和小商品零售区，这些区域往往难以管理，即使对于当前中国城市的现状来说亦是如此。例如无论是位于沿海的广州还是西北内陆的西安，尽管新世纪以来城市建设和更新速度加快，两地的城中村仍然繁华。这些城市区域很多时候保留了旧有的居民结构、建筑结构和社会网络，他们继承着传统的信仰方式，因此，一些民间祠庙或祭祀点很自然得以保留。在南方宗族社会比较发达的地区，除了民间祠庙外，还保留了许多宗族祠堂等。这些区域相对于目前超大城市的商业区或居民区来说，具有更强的自我管理和治理能力。这样看来，民间信仰祠庙更多地是作为一个类似社区人群的活动中心，其产生的公共空间是局部性的，或者是有特定群体的。但相对近代之前来说，此时民间祠庙在公共空间上更加活跃。

相对祠庙来说，广场则是面向整个城市的。以伦敦为例，伴随18世纪资本的大量进入，城市广场迅速被扩展和建设，取代之前那些较为弱势的公共土地资源。同样，纪念碑、雕塑等被认为能够代表城市精神的地标被大量建造。以敦伦大火为时间界限的城市建设，开始关注城市公共建筑的规划，这实际上是将城市空间从私人化逐渐转为公共化，而这种公共空间代表了对城市未来生活方式的取舍和判断，正如17世纪晚期伦敦许多咖啡馆的开业。对上海来说，民间祠庙景观繁荣，但作为一种生活方式，此时的人们也正在接收着另一种信仰带来的冲击。城市广场、民间祠庙、纪念碑等城市空间不仅影响城市外观，也引导人们的生活方式，此时上海的春天，人们除了保留传统逛庙的习俗，也开始选择在某个公园或者广场聚餐、游憩。

20 世纪初的上海广场空间已有雏形，在 1919 年陈荣广编的《老上海》中就有许多关于广场景观和公园的记述，其中《铜人小志》一栏提到：

> 沪人之称铜像曰铜人，盖在昔见所未见。普通心理以谓非佛非神，称之为铜人可也。沪地之铜人凡四。①

在作者看来，城市铜像虽然"非佛非神"，但既然这样比较就说明在心理上是与城市祠庙里的神灵有类似之处，都希望发挥一定的精神引导作用。当然由于当时三方四界的格局，对于铜像的选择，租界是占有绝对话语权的。

> 巴夏礼像，像在英租界大马路口，浦滩畔西向直立，手持卷册状，巴夏礼以英领事升任驻京公使。当清政府攘夷时代巴使曾被囚。英人以有功于彼邦立此像，以纪念之。
>
> 卜华德像，像在法租界大马路大自鸣钟总巡捕房之庭中南向直立，旁有炮一尊。卜氏为法之水师提督。前清时以助剿太平军阵亡苏州，有功于清廷，当太平军之来袭上海也，卜氏率领洋兵击退。事平以小东门一带之地辟为法租界，以酬其劳。

---

① 陈荣广编：《老上海》卷八《古迹》，泰东图书局，1919 年。

法人之立此像，盖亦表念其功绩也。

李鸿章像，像在徐家汇李公祠，翎羽行装，腰悬宝刀，座有铜铭，多颂扬辞为德国克虏伯厂所铸赠，其事迹为人所共知也。

赫德像，像在英租界三马路外滩，北向立，两手后弯。赫氏任中国税务职数十年。……清廷颇倚重，授以职衔。……政府以其有功于吾国铸像以纪念之。①

相对于中国传统的立像为祠，此时的铜像更倾向于政治人物与利益。相较而言，当时的上海县城区域稍有不同，尽管在民间信仰祠庙和现代公共空间之间也进行着替换，但整个过程相对缓慢。

最先考虑祠庙与公园之间关系的反倒是1912年上海周边的青浦，将城隍庙内的灵园改为公园。

城隍庙前清列在祀典，方今民国成立，百度维新，此种神庙能免淘汰与否尚未可必且按之地方自治章程及省议会决议，自治范围亦已无类可归。鄙意不如将庙中灵园改为公园，则以公园名义可归地方直接管理，其利一也；公园为地方上必不可少之物，极宜建设，而公家经济困难，建筑费无从筹措。灵园本为公物亭台楼阁、花木泉石前人几费经营规模已臻完备。举手而改为公园，不须另行建筑之费。……不知园中旷地颇多，辟为草地、球场，事半功倍，其利二也。大抵公园之设即以图

---

① 陈荣广编：《老上海》（上册），泰东图书局，1919年，第142页。

书馆、阅报社、宣讲所等附属其中。①

将民间祠庙改为公园是对近代城市规划的一次畅想与实践。上海城市首先尝试对南市的民间祠庙进行改造。

《老上海》一书中提到"南市公园问题",认为公园为公众游憩之所,可以呼吸空气,畅快心意,亦公众卫生之一也。南市近年来旷地日少,市廛繁盛,而烟突煤雾,空气恶浊,住户天井类多狭小,于是李书平君有规划庙园作公园之意。徒以经费不敷,事成画饼。近来庙园由各业分管。如有人宴会议事,必须预为商借。各业所管者计,内园归钱业,萃秀堂归豆米业,点春堂归花糖业,得月楼归布业。以上各处兵燹前由东西房道士管辖,兵燹后无力支持,于是让给各业。各业都出巨金为领费,加以历年修葺建筑各费达七八十万金。当李平书任工巡捐局总董,以无如许巨金相偿,而当时议事会又责以收回改建公园。② 面对市廛繁盛的传统城市规划,要调配公共空间划拨出合适的区域建设公园,但确实困难。原本公共的民间祠庙在经历战火等劫难之后变成无主之所,也许对公园建设者来说是个契机。但实际上在这个空间替换的过程中还有多方利益和观念的冲突,民间庙宇与行业公会、移民团体一向存在资助、被资助的关系,因此首先会被各个行业接管。建民间信仰的祠庙可以,但公园对他们来说确实"无益"。可以看出,民间祠庙在城市空间的更替过程代表着特定群体的信仰与利益。尽管从庙宇到广场

---

① 《破除迷信》,《新闻报》1912 年 2 月 28 日第 6 版。
② 陈荣广编:《老上海》(上册),泰东图书局,1919 年,第 169 页。

的空间在更替，但这个过程是缓慢且不均匀的。

1940年，在陈训煜著的《都市计划学》中就专门设有《广场》一章，其中讲到的广场是一种旷地，可为市民集合及停步场所，以供商业上、政治上、宗教上之活动地点，或只视之为公共游息之处所。

> 广场之用途有二，一为具有同一信仰之民众之集会地点，二为壮丽建筑物之观瞻。①

这两点就中国传统的民间信仰祠庙而言都是可以实现的。因此，对近代上海城市许多社会活动所发生的地点进行考察，就会发现人们对空间的选择是根据事件在其多年生活习俗、观念中的性质界定来决定的，无论是民间信仰空间还是广场空间都被赋予了相应的属性。伴随着一些被官方认可的民间信仰祠庙香火的旺盛，作为城市景观意义上的民间祠庙也被正式纳入广场建设。国民党工务局认为，南京夫子庙是当时的名胜之一，中外人士多喜欢游览此处，而传统习俗又让当时夫子庙附近聚集了众多卜巫乞丐，让官方觉得不甚雅观，由此建设广场。② 这一行动是从当时南京开始的，但除了夫子庙之外再没有其他民间信仰的祠庙建设广场，也就是人们对民间信仰祠庙和广场空间的意义还存在很大的差异。

---

① 陈训煜：《广场》，《都市计划学》，1940年。
② 《工务消息：兴建夫子庙前广场》，《首都市政公报》1931年第76期卷，第19页。

二 城市指南背后的城市文化逻辑

城市指南随近代城市旅游业兴起而出现，一方面有许多外来游客的到访，另一方面城市也需要推广、建构其形象。这种风气当然是铁路、公路运输提升背景下出现的。

当时上海出现了专门的《旅行杂志》，介绍世界各地的名胜、游览信息，以及交通路线等。上海作为起点，可以了解世界各地的信息，呈现出高度开放的状态。对于区域城市来说，这些旅行杂志也会介绍上海周边铁路、公路运输可达的范围，人们对此兴致益然。首先，正如20世纪30年代出版的《佘山小志》，作者撰写的目的很大程度就是希望开发上海周边的乡村资源，甚至像杭州湾北岸的乍浦由于沪杭铁路的开通而成为当时"上海人"常常光顾的游览地，这一现象的影响可以说至今未消。近年，浙江许多小城镇房地产、旅游项目开发中出现了"上海慢城"这样的定位，当然这只是一个案例，但总的看来形成了一个区域的层级城市中心。新公共交通路线的开通让原本较为没落和封闭的城市周边区域开始走入城市人的视野。同样，当时的大场、真如、浦东高桥、昆山等区域都逐渐走入上海人日常的生活范围，甚至这些区域开始逐渐成为城市的边界。

对于城市内部来说，观赏性和游乐性逐渐成为人们判断和选择的一个重要标准，传统的功能性在主流的城市空间中已经开始退居后位。剧院、咖啡馆、影院等兴起既是人们生活方式和文化价值的选择，也反之刺激着他们的神经。在这样的背景下，我们不禁要追问此时他们如何看待民间信仰的祠庙，或者民间祠庙本身也开始转变为一种城市景观，城市的消费性文化开始影响民间信仰祠庙的形态。

城市指南是认识一个城市的参考和说明书，1922 年商务印书馆编译所编撰的《上海指南·序文》中说到，近来内地人士受兵燹饥馑之灾，颇有携眷作海上寓公，为避秦之桃源者矣。本馆出版《上海指南》，记载一切情形，每随时势变迁加以修正，冀适用也。[1] 此时的《上海指南》只是为了那些至上海避难的人服务，这也就决定了它在书的体例设计和内容上呈现的是比较传统的一面。自唐代起，就开始出现一些全国性或地方性的方志记载，起初了为了方便统治者了解各地的历史、风土、资源。因此，在传统的地方志编纂中，"信仰""宗教""寺观""淫祠"等一般是单独列入《杂录》一栏，记录域内的寺观情况。1922 年的《上海指南》沿袭了这一记述的模式，在卷七《杂录》中"祠庙庵观""教堂"并列，完全是从宗教信仰的角度去分类，而在具体的内容上，"祠庙庵观"里又主要包括"李公祠""宋公祠""徐文定公祠"等人杰类的祠庙、"大王庙""黄仙祠""太阳庙"等新出现的庙种，以及传统的"城隍庙""下海庙""花神庙"等，只录其地点，不讲信仰神祇。[2]

1930 年，同样是商务印书馆的《上海指南》，记述民间祠庙时出现了一些细微的变化，该书《凡例》中讲道：

　　各国名都大邑皆有专书记载一切情形，以为行旅之指南，

---

[1]　商务印书馆编译所编：《上海指南序》，商务印书馆，1922 年。

[2]　商务印书馆编译所编：《上海指南》卷七《杂录·宗教》，商务印书馆，1922 年。

而无入国问禁、入境问俗之烦。其用意良可嘉矣。上海地当吴淞江与黄浦江惠流之点，东西两洋交通之冲，为吾国第一商埠，其繁盛不亚于英之伦敦、法之巴黎、美之纽约、德之柏林等处，又为航路之中心点，客之远行者莫不取道于此。且自中华民国纪元以来道路日辟，屋宇日繁，侨居之人日多一日。固无不丞欲详悉一切者，此本馆所以有上海指南之作也。[1]

与 1922 年版的《上海指南》相较，此时已经把上海放在世界城市的体系中去定位，因此需要一个详细的介绍。基于此形成的门类也与之前不同，更注重城市的公共设施与服务，列有"公共事业（包括学校、图书馆、博物院、体育场、会馆等）、交通、食宿游览、实业、多样的地名和丰富沪苏方言"等门类。但另一方面仍然体现出较为传统的体例，即将各城市区域界限列入"疆域"、祠观庵庙列入"宗教"。相对来说，此时的城市指南中公共建筑和空间比例大为提高，民间的祠庙在其中显得有几分尴尬。

至 1947 年的《大上海指南》，这一状况彻底改变，内容分沿革、行政机关、文化事业、商业概况、社会团体、生活指南、娱乐指南、交通指南等，其中编者认为文化、生活、娱乐、交通几项十分重要，力求详尽。[2] 此时的城市指南内容已经完全呈现出了一个商业、文化、消费繁荣的城市形象。因此，城市的民间祠庙被专门列入了《娱乐指南》一章。当中的"名胜古迹"一列包括纪念建

---

① 林震编纂：《上海指南·凡例》，商务印书馆，1930 年，第 1 页。
② 王昌年编：《大上海指南》，东南文化服务社，1947 年。

筑、纪念碑塔、纪念堂、寺庙祠墓、陈迹古物，其中纪念建筑多为开埠以后近四五十年之新迹，以碑塔铜像居多。相对的是，寺庙古迹多离市面较远，散处四乡。[①] 孙总理铜像、宋教仁石像、杨斯盛铜像、叶澄衷铜像、秦荣光铜像、荣熙泰铜像、盛宣怀铜像等纪念建筑是对城市精神一种有形的阐释，体现出城市主体对民族道路、民族工业、教育、城市建设等重大问题的关切和对城市未来的想象。纪念碑塔、纪念堂则主要表明对战争的态度。[②] 倘若从此中寻找民间祠庙所阐述的东西，那应该是基于其历史文化的沉淀，而非最初信仰的功能了，主要包括下海庙、天后宫、保安司徒庙（虹庙）、文庙、白云观、城隍庙等历史悠久、香火较旺盛的民间祠庙记录，除了位置还有其历史和神祇来历源流的相关内容。

有意思的是，与前两本城市指南相比，此时对正统的寺庙记载反而不多，类似下海庙、保安司徒庙（虹庙）这种民间的祠庙反而首要着重记录。同样，在1949年的《上海生活》一书中，上海的游览及建筑包括公园、纪念碑、纪念塔、故居、铜像等，而与此同时下海庙、天后宫、白云庵、高昌庙等也被列入同类。[③] 一方面精神信仰方面的功能逐渐被纪念性建筑代替，民间祠庙游览、文化性质增强。这点非常有意思，从民间信仰在城市中的位置可以看出当时对传统文化的态度，也可以看出尽管早期民间信仰对旅沪移民的生活起到了帮助他们完成社会适应的功能，但也要看到逐渐开始淡

[①] 王昌年编：《大上海指南》第七篇《娱乐指南》，东南文化服务社，1947年。

[②] 王昌年编：《大上海指南》第七篇《娱乐指南》，东南文化服务社，1947年，第157—162页。

[③] 李春南：《上海生活》，建业广告图书社，1949年，第33页。

出他们信仰生活的端倪或者说有意被淡出的想法。

在叶凯蒂的著作《上海·爱：名妓、知识分子和娱乐文化（1850—1910）》中，根据史料复原了19世纪末上海名妓与客人游乐路线示意图，可以看出南京路是她们必经的路线，这里遍布着花哨的商店。在叶凯蒂的论述中，名妓带客人游览，其所选择的游览路线代表决定和定义什么是上海名胜的话语权。而这当中，虹庙就是一个重要的地点。可见，其出发点也主要在于民间祠庙在城市民众中的影响力，更贴近城市生活，因此可作为一个外来者了解上海"娱乐古迹"的恰当入口。

1903年出版的达尔温特教士的 *shanghai: A handbook for Travellers and Residents to the Chief Objects of Interest in and around the Foreign settlements and native city* 是上海第一本英文版的上海指南，也是最有影响力的。作者是一位天安堂的牧师，至少1890年代末至1910年代末都住在上海，这本书结构明确，分为五个部分：序言、主要景点路线（外国的、中国的、郊外远足）、公共机构、俱乐部和协会，以及附有照片的历史介绍与说明。[Darwent, Shanghai（1903），1] 同样，叶凯蒂认为，达尔温特描述的城市有自己的定位——从黄浦江、外滩开始讲述，非常符合讲西方城市故事的精神和逻辑。达尔温特讲上海的老城区，也是从街道围成的小格子开始讲起，在这个小格子里，达尔温特将中国人街头生活讲述得更为完整。无论是从城市建筑空间、社会框架还是从发展模式来说，上海城市已经呈现出现代模样，但《上海指南》也确实有意忽略了《上海旅游手册》中那些"小格子"里的街头生活。民间信仰虽然被近代的娱乐形式所取代，但也转化为一种娱乐方式，并以民俗、习惯的方式存留下来。正如今年开始出现的 Citywalk 一样，去踏访这一行为本身就已经成为一种文化现象，至于踏访的对象是寺庙、道观还是某条道路，似乎已经失去其本来的意义。因此，在类似于这样的文化消费理念下，民间信仰便成为了一种消费符号。

三 邑庙空间的商业化、娱乐化

邑庙作为官方认可的民间祠庙虽然不是移民所建，但在移民的共同参与下成为现代上海城市文化的重要组成部分，促进并带动了其他民间信仰和祠庙的转变。邑庙对城市文化的贡献在于它成为街区文化、商业、生活的有机连结点，向人们展示了街区的日常生活和文化氛围，成为城市的地标建筑，这种空间以往并没有以一种文化的方式出现或成为旅游的对象。纵观中国城市空间发展的历程，古代也有许多城市游览的先例，但大多数是倾向于自然景观和个别历史单体建筑的凭吊怀古。直至近代，都市旅游由于市内公共交通和城际铁路交通的拓展，变得非常繁荣，但从内容上来看更加侧重于城市内部和周边的著名自然景观游览，对城市人文区域鲜有涉足。

以在近代上海发行的旅游期刊《旅行杂志》为例，从 1927 年到 1949 年发行，专门发表国内外的旅游文章。从文章内容来看，偶尔对城市人文或居民关注的旅游都是来自欧美等国外城市，而国内旅游对象仍然一直停留在自然景观层面。究其原因，主要是城市发展所处的阶段有所不同。1929 年《旅行杂志》先后刊登了《西欧漫游录》《巴黎花絮》《巴黎的横剖面》等旅行杂记。在这些文章中，除了介绍巴黎城市中最著名的建筑、自然景观外，还详细描写了巴黎城内的妇女、街道、大学周边等，甚至是富人区或贫民区角落存在的花店，还有里昂木偶戏、戏院与里昂人之鄙吝性情和喜酒之俗。① 游者重在感受街区内的文化氛围和生活气息。除此以外，一些欧洲的旅游杂记也非常注重城市建筑之间的空间关系和内在人文关联，从而串联起一个完整、有逻辑的城市空间。例如对巴黎街区的图像描述，不仅有著名的凯旋门和埃菲尔铁塔，还着墨于附近的几个车站、戏院、博物院、教堂、大学、烈士祠等，而凯旋门和埃菲尔铁塔也并非是整幅图的中心所在。旅游印象一方面反映出人们对城市空间的认知，另一方面也是城市空间发展方向对人们消费的一种引导。

至 1930 年、1931 年，《旅行杂志》刊登了上海邑庙的旅游杂记，街区概念开始进入人们游览的视野。对邑庙周边城市历史、形态和人文的描写开启了一种现代城市对历史空间人文价值的尊重，当中讲到，邑庙区中主要之街道为豫园路、凝晖路、粮厅路、香雪路、文昌路、殿前路、邑庙路等，游者随意走去，路路可通。游目所至，咸饶兴趣。好在邑庙中并无车辆来往，可以自由正不妨负手而行。是以一入庙中，好整以暇之空闲态度。随处可见说者，谓城隍庙中多闲人，实则未必，无他环境使然耳。……大门与仪门之间均系货摊叫卖之声，喧闹盈耳，蔚为大观。② 与此同时的《北华捷报》记载了当时西方认为上海是最受欢迎的旅游城市，而其最深刻的旅游印象仍然是"旅行者会在此花费大量的金钱来购物"和其迅

---

① 《巴黎花絮》，《旅行杂志》1929 年第 3 卷第 4 期，第 43—44 页；《西欧漫游录》，《旅行杂志》1929 年第 4 期，第 29—36 页；《巴黎的横剖面》，《旅行杂志》1934 年第 8 卷第 7 期，第 91—94 页。

② 《邑庙导游》，《旅游杂志》1930 年第 4 卷第 1 期，第 43—50 页。

速膨胀的城市区域。① 实际上，这种转变反映了人们对城市的态度。

在邑庙及周边街区向公众开放展示之后，邑庙成为当时上海城市的一种精神慰藉。尤其是城隍庙"在大上海沦陷以后，为全市民众慰安精神的，同时百货杂陈的一所恢弘建筑，也蒙着不可避免的耻辱，那种深刻的印象刺激到每一个市民，恐怕比飞机大炮的威胁不会减少群众的愤怒，"② 甚至到上海来的外省人也要列出半天的游览日程。正是外来移民对本地邑庙的青睐才更显出其在地特色，抽象出其文化符号。

除此之外，这种游客式的观瞻使得邑庙很快成为货摊云集的地方，由于人流量极大使得沪南工巡捐局在 1922 年不得不发布取缔邑庙货摊之规则。③ 于此，邑庙附近还出现了一些野道士替人看病④、申曲同行选择邑庙进行祭拜行业祖师冀宿星君⑤、众多明星也会在邑庙演出⑥。近年来，邑庙所在的上海老城厢豫园街道开展评弹的定期展演，吸引了许多外来游客。凡此种种都使得邑庙逐渐成为相对于"他者"更具本土性的文化形式，从而带来类似于"流量"的商业利益。

商业化是近代城市民间信仰祠庙所追求的价值，它们一方面满

---

① "Shanghai Favourite Tourist City"，*The North-China Daily News*（1864—1951），
　　1935 年 8 月 13 日第 16 版。
② 《上海邑庙塑往》，《上海生活（上海 1937）》1939 年第 3 卷第 4 期，第 3 页。
③ 《取缔邑庙货摊之规则》，《新闻报》1922 年 8 月 1 日第 9 版。
④ 《邑庙市场的怪道士》，《海星》（上海）1946 年第 14 期，第 8 页。
⑤ 《祖师诞辰南市邑庙盛大宴会》，《沪剧周刊》1947 年第 94 期。
⑥ 《邑庙市场观感》，《新闻报》1939 年 2 月 17 日第 21 版。

足普通民众的信仰需求，另一方面也从不回避对利益的追求。可能也因此，民间信仰祠庙也更容易走入市民的日常生活，并常以新的形式被人们所接受。以邑庙为例，货摊的开设在某种程度上分散了当时官方对民间信仰祠庙的管控，但实际上对于信仰的坚持或多或少地渗透到货物的买卖当中。当你在邑庙商铺购买一件原本极为普通的物件时，它就已经被赋予了某种仪式或观念上的色彩。这种色彩没有优劣之分，当然也不应被纳入正式的宗教信仰之列，人们会主动参与，犹如祭拜神灵获得精神上的慰藉。通过访谈得知，在人们去城隍庙参观灯会或祭神大典时常常会带回（购回）一些特色的物品，这跟在上海的人去龙华寺会尝顿龙华素食、去下海庙会吃碗下海庙素面是同样的道理。对饮食、物品的选择属于文化心态和行为，但当中或多或少透露出对信仰的偏爱与关注。邑庙空间的商业化、消费化趋向不是个例，而是当时民间信仰祠庙的典型代表。

第三节　民间信仰与城市精神价值选择

一　瞿真人庙增祀和走进白云观

民国以后，上海城市的瞿真人庙在奉祀的主体对象上进行了相应的调整，由神开始扩展至对现实中的人的祭拜。

> 警备部训令所属队部云，为令知事：
> 据湖南旅沪同乡公益会代表聂云台呈称：呈请出示保护事。窃治下西门斜桥瞿真人庙，系前清光绪初年由湖南旅沪同

乡捐款建筑。名虽为庙，实则为同乡公益会集之所，年来国府纪念革命先烈。同人等因于去年十月十日，会议辟本庙之大庭全部，建立黄公克强、蔡公松坡、宋公教仁三先烈祠，以隆纪事而资纪念。[①]

上海城市的瞿真人庙在民国十七年（1928）后将庙内的大堂辟为三位湖南籍革命先烈的祠堂，以资纪念。文献中所提及的三位先烈即黄兴、蔡锷、宋教仁，他们的祖籍分别为湖南的长沙、宝庆、桃源。为革命先烈修建纪念祠堂是近代上海城市部分民间信仰祠庙出现的一个新趋势，这些纪念祠堂尤其在民国以后如雨后春笋，但在上海市社会局 20 世纪 20 年代和 40 年代的两次祠庙调查中均未被列入。湖南籍革命先烈被列祀于瞿真人庙内说明民间信仰在顺应社会变迁的同时，也仍然遵循着民间信仰本身的地域性特质。这也是民间信仰在近代城市内调适的另一个方面，即不再局限于原本单一的神祇祭拜系统，而是在国家的宗教政策和社会需求的双重外力下寻求新的存续形式——与同一乡籍的革命先烈合祀。虽然乡籍先烈对移民来说可能起到同样类似于民间信仰的作用，但是对于通过民间信仰引导人们建立对民族、城市精神的认同有一定的帮助，并且实现了二者的统一，这一现象在当时的上海较为普遍。

这种在乡土神祠庙增祀革命先烈的情况在当时不止一例。旅沪的湖州会馆又称"湖社"，在进入上海初期建有湖州人士奉祀的寿

---

① 《湖南同乡请保护瞿真人庙，建立革命先烈祠》，《申报》1929 年 10 月 30 日第 15 版。

圣庵，为旅沪湖州人提供同乡互助和精神寄托，由同乡会雇佣僧人主持住持工作。同样，在湖州吴兴人陈其美遇刺后，湖州会馆希望将寿圣庵庙址收回，建立先烈陈英士纪念堂，由此产生与寿圣庵之间的争夺。①

从这两个民间信仰祠庙奉祀对象的转变事例可以看出，旅沪移民价值观念上的转变，借助民间信仰所起的社会粘合作用为现代价值观念形成提供了基础。至今，上海市黄兴公园内还矗立着黄兴像雕塑。

瞿真人庙所在地就是今天的上海市瞿溪路 447 弄 1 号，原本叫瞿真人路。据上海白云观姚树良道长介绍，直到 20 世纪 50 年代瞿真人庙被拆毁，路名就此改成瞿溪路。1987 年，部分信徒要求重塑瞿真人像，兴建瞿真人庙，并意愿发起经费资助。在这种情况下，粤籍商人捐资在白云观药王殿中供奉瞿真人，以接受瞿真人信众的祭拜。白云观位于青莲街与大境路的交界处。这座初建于清末的道观，大门右手边的大境阁就是上海市道教协会和道教文化研究中心。

有意思的是，瞿真人入祀白云观是由粤商捐资，或许我们不能认为这是一种巧合，近代上海的旅沪粤人对上海民间信仰祭拜风气产生的影响不容小觑。《老上海》一书中就讲到"凡粤人进香除寻常香烛外必随带猪油涂抹"，这是粤人特有的习俗，以致乞丐见粤

---

① 《寿圣庵中将建陈英士纪念堂》，《新闻报》1929 年 9 月 17 日第 14 版；《谛松僧为寿圣庵昭雪书（上）（中）（下）》，《大晶报》1930 年 3 月 6 日第 2 版、3 月 9 日第 2 版、3 月 12 日第 3 版。

人来祭拜必定争先恐后去抢夺。[1]

瞿真人神像进入白云观以后,每年的农历八月初九,据传是瞿公真人的生日,除了常规的初一、十五,这是该信仰一年之中最主要的信仰活动日。当天四方信徒会一大早赶来,参加其华诞庆典。白云观药王殿中除了奉祀瞿真人外,中间供奉孙思邈,世称孙真人,后世尊为"药王"。左边是黄大仙,为东南沿海尤其广东人信仰能医药治病的神灵。白云观的瞿真人保留了近代上海瞿真人作为医药神的信仰特色,而瞿真人的信徒中,不乏家中几代延续下来的信仰者。瞿公真人的神像在药王殿三圣中居右,神像之下和殿中央都已堆满了供奉的纸莲和一大包一大包用红纸袋装好、题写着敬奉瞿公圣诞的锡箔,供桌上有蹄髈、烤鸡等大荤,也有素鸡、黄瓜等素菜,还有水果、打开的矿泉水、白酒、点心等。驳杂的供品不讲究那么多规矩,更像是家里过年节时供奉祖宗的做法。同样驳杂的,还有信众们对于瞿公真人的称呼,除了瞿真人,大家更多地称之为瞿大将军、瞿大老爷,有些直接叫药王菩萨、医生菩萨。由于瞿公真人是以神医传说发展为功德神,在信众中对于治病健康的诉求非常集中和突出,并且明显以中老年人为主,不少专程赶来参加法会的信众都是来"求健康"的。在白云观的通告中就提到"共沐神恩,以祈疾病消除,身体健康,命脉延长"。根据华东师范大学教授、民俗学家田兆元在 2019 年对瞿真人生日庆典进行的现场采访调查来看,情况大致相仿。根据当时信众们的口述,老人们有些是因为生了大病而由亲朋好友介绍开始信仰瞿真人,有些则家中几

① 陈荣广编:《老上海》(下册),泰东图书局,1919 年,第 56 页。

代人都信奉瞿公，大都是为了保佑身体健康。他们中有祷告的时候在心里默念家庭地址、名字及生了什么病的说法，并且有几位信众还绘声绘色地讲述了瞿公夜里如何显灵，即提着药箱去家中治病的情形，或许是心诚则灵，好些人都觉得是因此而大病得愈。① 而白云观药王殿内匾额所书就是"保命延年"。这些描述与当年《申报》的记载形成了有趣的呼应。

> 以瞿真人生前精明医理，故遇有疾病大都往求方药。昨日该处三人忽然盛传谓二月二十号晚间，瞿真人于座前所供之沙盘内降书，训谕众皆信，以为真抄录。②

不同的是，如今上海的瞿真人信仰是奉祀在被官方所认可的道观里。可以说，瞿真人信仰在 20 世纪 50 年代遭拆毁之后于 20 世纪 80 年代末开始复兴，这一复兴过程是通过合祀来实现的。而从与其合祀的同类型神祇来看，复兴过后的瞿真人已经由最初的"旱涝保收"到向外传播过程中的"指点军情"，再到旅沪湖南同乡会中的"敦乡谊"，最终发展到"治病救人"的药王神。不仅如此，此时的瞿真人信仰也不再单是旅沪湖南人身份认同的信仰，而是转化为上海本地人的特色信仰，成为现代城市精神文化的组成部分。

除此之外，原来瞿真人信仰为原庙址附近所留下的线索也为城

---

① 澎湃新闻，2019 年 12 月 20 日，https://ishare.ifeng.com/c/s/7sYe1e33IVH。
② 《迎机而导之作用》，《申报》1913 年 2 月 27 日第 7 版。

市文化提供了可再塑的资源。湖南会馆与瞿真人庙位于局门路与新桥路（今蒙自路）之间，最初并无专门道路进出。民国三年（1914）湖南会馆主持在庙前开辟一条东西向的小路，"这条路就叫瞿真人庙路，后来嫌名字太长就简化为瞿真人路了"。直到 1923 年的《上海指南》中还可以看到该路被称作瞿真人庙路。从瞿真人庙路到瞿真人路是一个逐渐转变的过程。瞿真人路的修建不属于政府层面的市政建设，而是民间行为，但在瞿真人路修建之后的维护和继续建设却属于上海市政府的工作。1917 年市政建设时规划瞿真人路宽30 尺，系煤屑铺面。南京国民政府成立后，为加快市政建设提出了所谓的"大上海计划"，其中沪南区道路系统东西路线规划中计划将瞿真人路旧路延长。经过数次规划，瞿真人路从瞿真人庙前的小路演变成上海南市一条东西向的重要道路，后来又演变为瞿溪路。这种移民所建民间信仰祠庙在转型为上海特色的民间文化之后，其以往所具有的地缘性质就消失了，同时成为加强新城市情感、文化认同的一个要素。这种认同一方面表现为文化活动，另一方面表现在带有民间信仰特色街区空间的保留。空间本身就是一种语言，它具有历史的延续性。

就像下海庙目前形成的周边城市空间依旧可以寻找到当时工厂、移民、信仰所组成的多元空间。在下海庙周边实地考察时发现，东面舟山路的琳琅小铺仍然保留着历史的气息。周围既有复建的白马咖啡馆，也有提篮桥监狱旧址。而在下海庙西面靠近唐山路的小广场，则是附近阿婆阿公们晒太阳、交谈的一个开放场所。庙北面是清一色的五金商店。下海庙周边的城市空间形态源于百年前，时至今日，街头巷尾依旧能找到它的影子，并且成为北外滩提篮桥区域创意文化的源泉之一。人们在这些街区居住时能感受到文化所形成的向心力，许多社区活动也是对这种文化向心力的阐释，成为城市群体认同感的组成部分。

二 黄道婆信仰的时代价值变迁

黄道婆信仰是明清时期流行于沪松地区的特色民间信仰，具有地域性和行业性的特征。梳理上海城市的黄道婆信仰可以发现，黄道婆信仰是江南传统农业自然经济开始产业分化，出现手工业、商品经济的结果，其实质是底层民众劳动与信仰关系的一种反映，也是对手工业经济的一种信仰与追求。但是到了开埠以后，对黄道婆信仰的解读无论从主体还是内容上都发生了一些变化。黄道婆，目前上海地区流传的文献记载了其在松江府推广棉纺织技术，因此受到当地人尊崇。至今乌泥泾地区还传颂着"黄婆婆，黄婆婆，教我纱，教我布，两只筒子两匹布"的民谣。黄道婆去世后，松江地区的乡民纷纷立庙奉祀，祈求提高纺织技能，赐予灵巧的双手，也希望纺织的过程顺利。

明清两代，黄道婆信仰也受到官方的重视。明弘治十六年（1493）修的《上海县志·祠祀志》中记载，由上海县知县重建，并规定春秋两季由知县亲临祭祀。① 万历年间，龙华里人张之象有感于乌泥泾黄道婆祠荒废，称："吾松之民，仰机利以食，实此道婆发之，苟被甚泽者，无忘追本之恩，则祠不可废也。"② 清道光

---

① 《上海县志·祠祀志》，弘治十六年。
② 尹繼善修，黄之隽纂：《江南通志》卷三十九《舆地志》，乾隆刻本。

时人毛祥麟所写《墨余录》记载了上海县城西李氏吾园内建造一祠，"大殿三楹，重堂夹室，倍极华美。外此供祭有庑，燕享有序。殿前建台一座，每岁四月，值道婆诞辰，酬神演剧，妇女云集"①。在江南家庭手工纺织业发达的背景下，黄道婆信仰的兴盛与之有关。关于黄道婆信仰内容的变化也反映了晚清以后江南社会结构的变化，基层社会人群的信仰与其生产的紧密关系一直存在。

开埠以后上海城内的黄道婆信仰主要集中在城内梅溪弄的黄道婆祠，伴随着近代实业的发展，棉纺织业成为上海的支柱产业之一。在这种背景下，对黄道婆的推崇更是扩大到整个社会层面。

> 有清一代香火不绝，每年四月为道婆生辰，赛会演剧盛极一时。红羊之后，祠宇荒凉，遂无人过问矣。按黄道婆之事诚为有功社会，祀之宜也。况今日盛称实业，若此人者尤宜表章，以为社会表率。②

从人们自发信仰到倡导实业的社会表率，黄道婆信仰对于近代城市发展的意义已发生改变，其代表的是另一种跳跃，就是在第一次农业自然经济向手工业转型基础上的第二次转变，即大工业时代的价值体现。当然，这种转变首先是政府的打造，在民间，人们依旧停留在农业和初期手工业层面。1922 年上海杂志《儿童世界》不

---

① 毛祥麟：《墨余录》（卷九），上海古籍出版社，1985 年，第 139—140 页。
② 《春申怀旧录》，《申报》1916 年 5 月 4 日第 13 版。

止一次地宣传了黄道婆对棉花种植贡献的故事，刊登长篇弹词《小游艺会：黄道婆教种棉花》。[①] 1933 年，当黄道婆祠所在地的上海中学要变卖祠庙时，遭到民众的强烈反对。

> 本市西门尚文路上海中学，因扩充校舍迁移校址，有将现在校址及陆家浜校址一并出卖。惟尚文路校址，即前龙门师范学校内有应公祠及先棉祠，均为地方公产。而先棉祠更为纪念农业先哲黄道婆者。因此本市闸北区农会竭力反对。昨特具呈市党部市政府，请严予禁止。[②]

除了闸北农会的表态，其他许多团体也群起反对。经过市农会和闸北农会的努力，最终将到黄道婆祠保留作为农事陈列所，以咨纪念，[③] 上海中学新校舍中建筑也取名"先棉堂"。《上海民众》（上海 1936）杂志中也开《民众常识》专栏讲述上海民众历史——黄道婆故事。[④] 当然除此之外，1937 年甚至有人提出以黄道婆精神来激发女性自强的动力，"希望女界的同胞能继续黄道婆的精神，努力去找自己生活的方法"[⑤]。

类似于黄道婆信仰的行业，即使是一些实在没有找到合适的行业神信仰，他们也照样会模仿那些有神灵信仰的行当组织行业活

---

① 《儿童世界（上海 1922）》1926 年第 17 卷第 21 期，第 23—24 页。
② 《闸北区农会反对出售先棉祠》，《申报》1933 年 6 月 15 日第 11 版。
③ 《市农会请保先棉祠古迹》，《申报》1933 年 11 月 8 日第 11 版。
④ 啸霞编：《上海民众》1936 年第 1 期，第 17—18 页。
⑤ 《纪念黄道婆》，《新闻报本埠附刊》1937 年 5 月 6 日。

动，例如典型的迎神赛会。这是一个非常有意思的现象，姑且不说很多具有现代属性的行业也会有此举，一个没有神灵信仰的行业群体也准备了整齐、富丽堂皇的仪仗队进行街区游行。同样，他们也执扇、演戏等，而所有参与的人和沿途观看的人也都无比默契地认同这一举动，就像上海鸡鸭行业赛会这样。

> 本埠鸡鸭行同业于前日下午举行赛会，由南码头附近起马一切仪仗共有三四里之长，其中除寻常执事旗锣伞扇外，有纸扎台阁，人扮台阁马上仙女、马上戏剧等，绕行南市城中一带，观者甚多。各警局饬各长警分投照料，迨回坛结果时已深夜无声觉情事。[1]

报道中鸡鸭行业没有明确的行业神，但他们也有模糊的"仙女"和"坛位"。正因这样，我们可以看到这些行业群体并不仅仅在追求一位有真实法力的神灵来护佑他们，而是在建立一个统一的行业精神和行业标准。如同当今的企业精神，他们信仰并且去宣扬这一行业和职业精神。而这一现象在当时并非是上海独有的，也并非是民间所私藏不被官方认可的，它很有可能是传统行业转型的必经之路。

1935年，江苏省官方引导崇祀行业神。

> 镇江函苏省府主席陈果夫氏，以社会凡百事业类皆有原始

---

[1] 《鸡鸭行业举行赛会》，《新闻报》1919年8月21日第2版。

创作之人，昔年尚有人道及。降至近年，社会人民已不复记忆，似此殊失崇拜先贤务本求原之至意，陈主席有鉴及此，近特令行镇江县长列举百业最先创造或发明之原始人物，并详细注明其某人历史及创作经过。一面拟绘制图像者只书姓名历史，择定镇江名胜著称之焦山十三房地方分别供奉，俾游览者知所景仰。闻陈主席已拟定下列各人物中为崇奉，标如纸业蔡伦、旅业关羽、木业杨将军、建筑业张班鲁班、书业印刷业均文昌公、酒酱业杜康、米业药业均神农、笔业蒙恬、茶业陆羽、钱业玄坛、砚业子路、瓦木业公输子、说书业崔仲达柳敬亭、丹青业王罗，至其他各业涉及迷信神道或无可稽考者则不在崇奉之列。闻俟镇江方面实行后，将来各县亦须按照此项办法一律仿行，以垂永久纪念云。①

从官方认可行业神崇拜的角度来分析，或许可以说上海城市的行业神风靡之势的重要原因是行业繁荣和行业竞争，但另一方面也是民国时期倡导实业救国的结果。对于普通的产业工人和传统匠人来说，实业救国要调动他们的生产热情和职业精神，传统的祖先崇拜是相当有带动性和凝聚力的。

但是，在这段文献中又可以看到民国政府所倡导的行业神崇拜是剔除了"迷信神道"和"无稽可考"的，是一种希望借助传统力量来实现现代属性的途径，也是一种妥协性的调和。

在1944年的香港，一些行业同样奉祀祖先行业神。例如当时

---

① 《新建设：江苏崇祀百业先贤》，《兴华》1935年第32卷第8期，第47页。

香港的渔业行业联盟奉祀三国人物左慈，希望"有了个祖师，祖师在天之灵保佑他们一出海便满载而归"。行业联盟已经是较为现代的企业合并运营模式，但是还需要借助这种主观臆想出来的行业祖先体现凝聚力。说是主观臆想毫不夸张，作者就认为"曹操宴客，呻一句可惜没有松江鲈，左慈便能盘里引鱼，要咁多有咁多。照此看来，左慈的捕鱼术可称科学之至"①。

在黄道婆精神的启示下，从农业、小手工业到大工业时代，再到女性自觉和城市精神，每一次精神的打造不一定成功，但与之相随的是城市发展一步一步向前的近代化轨迹。1947年，上海的低、中、高年级均将黄道婆的历史故事作为重要的学生教育乡土教材。② 民间信仰起源于民众劳动，体现其精神价值，也是城市精神的重要来源，永恒且富于生命力。

现今，上海植物园内有纪念黄道婆的黄母祠，当中奉有黄道婆像，并同时展陈其生平事迹。在其北侧也有陈列馆，馆内陈列中国棉纺织生产发展的历史资料。另外一个纪念黄道婆的地方是位于徐汇区的黄道婆纪念馆，分属于社会科学类名人专题博物馆。民国二十五年（1936），经上海市通志馆勘察，辨认出黄道婆墓的墓基所在，1957年黄道婆墓墓基由上海县修复，2002年在黄道婆墓地附近建成现今的纪念馆。纪念馆是一座"一正两用"的仿古庙宇式建筑，正门上匾额书"先棉"二字，院中央矗立黄道婆塑像。纪念馆设三个展厅，正房主展厅对联是"纬地经天棉植见慈恩一方衣被，

① 《渔业组合宜奉祀左慈》，《亚洲商报》1944年第40期，第8页。
② 《国民教育辅导月刊（上海）》1947年第2期，第11页。

梯山航海机声垂教泽千载馨香"，主展厅门上方是"衣被天下"匾额。黄道婆纪念馆正房展示黄道婆一生的经历，以及黄道婆在革新工具方面的成就，概括起来就是擀、弹、纺、织。纪念馆藏品类别主要有各种颜色的土布。截至 2019 年末，黄道婆纪念馆藏品共计有 310 件（套），折叠重要藏品有小青龙，蓝印花布。

以上两种黄道婆关注的呈现已经脱离了民间信仰的框架，而是挖掘信仰本身所携带的文化信息并进行打造，建设成博物馆或纪念馆。最重要的是通过在植物园中展览来将黄道婆事迹归属于植物栽培、纺织上的贡献，实际上是对近代以来先贤信仰的一种具象化，更具有信服力。棉纺织业是近代江南自给自足的小农经济转化为工厂机器生产的典型领域，也是近代上海的支撑产业，甚至在新中国成立以后直至 20 世纪 90 年代始终作为吸引劳动力和资本的主要领域之一。对黄道婆纪念馆、博物馆的打造是对上海在这一历史时段发展历程的肯定，也是对城市精神文脉的梳理、传承。

目前，上海借助"城市更新中的历史文化遗产保护"活动，对于类似民间信仰的重新规划、复建不止黄道婆祠，最瞩目的当属对北河南路天后宫的重建。2016 年，天后宫异地保护和慎余里保护性修缮项目启动，经过六年的精心勘察、研究、设计和施工。建于 1884 年的天后宫是典型的江南殿堂式古建筑，也是近代上海对外交流史上的一处重要之地。天后宫、慎余里建筑群的重建虽然无法完全复原近代上海的模样，但通过复建建筑向现在的城市人讲述故事不失为一种良策。

《图画日报》曾有一段关于上海移民在小菜场里各操方言的生

动描写，① 再现了多元的城市方言。民众的日常娱乐文化亦是如此，如果以民众文化为切入点，探究一下民众文化背后上海人的行为方式、思维方式中传统文化的因素，我们可以发现它们无处不在，沧肌淡髓，根深蒂固。比如，中国传统重视地缘关系，比较发达的同乡组织是其体现。尽管本文讨论的许多民间信仰或祠庙不是移民带入，但在移民进入的社会背景下本地信仰也同样扮演着类似移民信仰的作用，并发生转变。

在本书的写作过程中，深刻认识到研究近代城市的移民必须要将这一课题放置在城市化和近代化的大背景当中，这三者交错存在，也是全球大多数城市发展所共同经历的。城市化过程中出现的许多新的文化样式都与移民相关，他们一方面用此来帮助自己，另一方面充实了城市化中文化方面的内容。同时，文化习俗、信仰等变化也是近代化的重要内容。这种具有地缘性烙印的文化标记在现代化和城市化的过程中短暂而重要，对城市核心精神的塑造有所助益。以上海为例，直到浦东开发开放以后，它仍然在发挥作用。但伴随现代城市的全球化，这种地缘文化印记出现了逐渐消弭的趋势，以地域为区分的群体不再成为文化创新的源泉。同样，文化也不再成为群体区分的关键要素。这一现象在某种程度上减弱了不同地域群体间的隔阂，但似乎也消解了城市精神的向心力、认同感，他们无法通过日常文化达到观念上的归属。

---

① 环球社编辑部：《小菜场买物之拥挤》，《图画日报》（第 2 册），上海古籍出版社，1999 年，第 487 页。

第六章

"心安处即吾乡"：传统与现代之交融互构

　　本书研究所涉及的关键词是民间信仰、移民和城市，移民一般作为主体，信仰作为客体，城市是环境。在本书研究中，笔者发现这三者之间的关系是两两双向互动的，民间信仰决定移民的心理与行为、塑造城市的物理和社会空间，而城市空间本身的转变也促使民间信仰的嬗变，出现佛店、庙神分离等现象。在此基础上，引申出社会网络、文化心理、城市空间等相关概念，民间信仰作为一种文化活动、社会现象、社会心理，既是研究的主体，也是促使种种社会变迁的催化剂、粘合剂。笔者认为，尽管近代上海的现代化程度较高，但其基层的社会生活仍然比较传统，民间信仰在帮助移民社会适应、组织地域人群和行业人群等基层社会中扮演着重要角色。以民间信仰为代表的传统文化由农村进入现代化城市时发生转型，并融入到移民城市社会生活的各方面，开始由信仰形式转化为文化形式，并参与建构上海城市文化。

　　在这当中我们看到，因开埠和战争引发的客观环境变化，各地的移民大量进入上海，他们当中包括一些外地遭难的寺观，希望在上海建立分院、下院；也包括移民出于谋生、避难需要在上海租屋设庙的佛店；最多的还是同业、同乡、同帮等以血缘、地缘、业缘或自治社会规则约束下的特定人群建立的民间信仰祠庙。民间信仰被赋予了很强的社会属性，它成为极具张力的粘合剂，帮助移民构建社会网络，通过文化活动来完成心理的适应。并且，在此基础上民间信仰与移民共同塑造了具有特定意义的城市空间。

尽管学界此前关于城市移民的研究成果汗牛充栋，典型的案例也多不胜数，他们的对象都是在陌生城市实现落脚的移民。但是，目前跨国层面的全球流动怎样与基层社会发生联系，其途径和组织方式千差万别。看似相同的社会现象实际上体现了城市化的不同阶段特征，以及不同实体之间的关系。例如，项飙对于北京"浙江村"的研究实际上反映了国家与社会的关系，移民团体的自治可能降低犯罪率，但也可能引起国家与社会之间关系的变化，这实际上已经是我们城市化发展中期出现的情况。而本书研究的则是上海在城市化起步阶段的移民情况，这一时期更多体现的是农村与城市、传统与现代之间的关系与博弈。具体说来就是，这些被传统观念包裹的移民在现代化城市中怎样生存，他们借助民间信仰团结来适应城市生活和组织，但同时又在调适他们的传统。这一研究角度希望能补充全球范围城市移民网络研究的一角，将中国传统的民间信仰文化作为一个重要的因素嵌入其中。即便到了当代社会，传统社会的网络关系依然在城市存在并发挥作用，这就启示我们：传统与现代的关系在某种程度上并非是绝对对立的，相反，二者在深层的文化上具有连续传承性，而这种连续最重要的连接就是习俗、信仰这些最本质的东西。上海作为中国城市开启近代城市化、现代化进程的先锋，它与传统、乡村、基层民众文化的关系更为密切，或者说近代上海处在一个传统与现代交接并激烈碰撞的时期，二者之间有断裂、有并存、有嵌入，传统文化则是其中最具韧性的一个纽带。

所有这些构成近代以来上海城市基层文化的底色，也是上海城市文化的重要组成部分，同时在民间信仰、移民、城市的关系研究中发现，无论在空间还是时间上都不是孤立的，它可以解答许多问题，例如城市社会秩序的重构、城市空间对社会关系的映射、城市文化的建构，以及民间信仰本身转变所体现出来的传统文化转型等。

一　民间信仰帮助城市重构社会秩序

民间信仰对近代上海城市移民社会适应的作用体现了传统的乡间宗族关系网络向城市现代组织社会关系网络转变的过程。以同乡和同业基础上的同乡网络规则对城市的社会关系进行重构，而这一事实除了人群在空间上发生转移，最重要的是面对新型的社会组织关系和管理形式，传统的民间信仰依然发挥作用。在这当中，民间信仰作为一种社会秩序的连接而存在。

中国传统城市中社会秩序大多来自皇权政治或商业逻辑，但是从民间信仰角度来看，近代上海基层社会则是一种乡缘、业缘、商业利益的多重逻辑，它构建了一种新的自我运转的社会秩序。以当时各行业出现的崇神、造神风气为例，出现了民间信仰神祇系统的乱象，这与进入近代以后城市行业分工趋细相关。但与此前相比，此时的民间信仰与人的关系呈现出既松散又紧密的状态，随意设置的庙宇、神像表现了散漫的信仰状态，而另一方面存在雇佣关系的雇主与雇工之间，各行业、各地方的神灵又对其固定的信仰群体产生约束作用。这种活力与约束的同时存在是旧秩序在新时期一种调和的存续，是传统中国乡村的自治向城市自治的过渡。韦伯在《中国的宗教：儒教与道教》里认为，村落与城市之差别仅在于其通过自身的组织来运转。而这当中，村庙是主要代理人，负责乡村的司法诉讼、道路、运河、防务、治安、义塾、医治、葬礼等，[①] 这也正是近代上海移民社会中存在的情况。与此同时，近代上海城市的民间信仰继承了中国传统儒家处世哲学中"市民"的一面，甚至经常失去了其应有的"神意""神圣"部分。

民间信仰不光在个人与城市之间发挥连接作用，还体现在对城市新型商业、社会团体的组织、运行中。这些主要体现在诸如火神庙、海神庙、药王庙之类的传统庙宇中，进入近代以后与海运局、施药局等具有现代城市功能的机构合体。很难说，这些机构的设置没有借用人们对传统信仰的依赖与认同。

情感是秩序的核心与基础，它可以延伸为认同和文化，移民对民间信仰的情感依赖源于陌生环境中对自身安全、职业、社交、求医等各方面基本生活需求的满足，典型的案例就是近代上海许多具有区域特色的医药神转变成具有桑梓感情的乡土神。信众一般会对某种神、某个庙表现出一种执念和坚信，这一方面让信众出现划分群体的现象，同时也会固化某种神的特性。基于这些生活圈、工作圈的依赖，以民间信仰为标识建构出种种群体秩序，同乡会会章、同业公会准则、帮派规矩等。在此基础上，才有可能引导移民群体

---

① ［德］马克斯·韦伯：《中国的宗教：儒教与道教》，康乐、简惠美译，上海三联书店，2020年，第144—154页。

从各自的"乡土"走向"团体""民族""国家"。

事实上，我们必须重视社会网络与民间信仰奉祀之间的密切关系，这并非近代开埠才出现，而是早与行业分工、乡缘、血缘共存的。本书所要强调的是对由传统到现代的城市人口民间信仰起到何种作用及发生何种变化。

中国自改革开放以来城市化发展进程突飞猛进，尤其新一轮的城市更新仍在继续，大中城市的外来人口往往都是高于本地常住人口，他们以一种新的形式适应城市生活，与城市相处。这种新的形式有可能是网络，也有可能是饮食习惯、文化习俗，还有可能是语言等，让他们认知、清楚自己与城市的关系。尽管民间信仰不再对移民群体发挥以往那样重要的作用，但是在上海已经形成的部分社区网络中依然存在，在全球其他城市中也同样存在。

当然，从整个上海城市乃至近代中国城市的发展脉络中看，尽管这一认同及认同的标准一直在发生变化，但当移民完全适应城市生活以后，或者新的经济形式让他们足以营生以后，民间信仰或许就变得不再那么重要，新的认同路径又会相应建立起来，它只是作为特定阶段特定群体选择的城市生活方式。由于近代上海城市移民的多样性、文化的多样性、社会组织方式的多样性，但移民并不仅仅依靠信仰集合，因此，我们应尽量保持与研究对象的合理距离，既认识到民间信仰的强大作用，也要理性地看到它不是万能的，适当地评价它对移民社会的作用是必要的。

二 民间信仰塑造城市社会空间

社会空间作为人类活动和功能组织在城市地域上的空间投影，

可以反映移民空间利用背后的社会关系，这是西方理论及实践下的表述。城市空间是城市研究中有持久生命力的话题，但实际上许多关于城市空间的理论与实践并非产生于城市自然生长即人们实际需求的过程中，而是产生于设计师。所以，许多城市空间具有标本性质，用来观赏或讨论，而非使用。

在人文地理学的研究中，宗教是非常典型和值得研究的一个文化要素。"在所有行程和反映文化地域差异的现象中，很少有像宗教这样潜在和敏感的。"① 尽管民间信仰是有别于宗教的另一种信仰模式，它独立于宗教系统之外，但都属于文化地理的范畴，其产生的社会效应及其内在机制往往是相似甚至一致的。关于宗教与地理学的关系，早就有学者阐述：在识别和理解社会集团的扩散、分布及其特性时，宗教形式起到了重要的作用；宗教形成或传达了空间的感知及其用途；宗教行为促发了人类行为，进而影响到自然环境。② 民间信仰同样具有这三方面的特性。

近代上海城市民间信仰在开埠以后的转变与外来移民的进入紧密相连，移民不仅将外地的神祇带进上海奉祀，同时也改变着上海城市原有的信仰习俗，而且决定着开埠后上海城市民间信仰祠庙的数量，也影响到了奉祠种类。通过移民活动空间、商业布局、营生地点和民间祠庙分布及信仰神像游行范围的空间复原、空间叠加，

---

① Zelinsky, W. "An approach to the religious geography of the United States: patterns of church membership in 1952", *Annals of the Association of American Geographers*, 1961, 51 (2), pp. 139—193.

② Stump, R. W. "The geography of religion: introduction", *Journal of Cultural Geography*, 1986, 7, pp. 1—3.

分析发现它们的空间相关性，甚至可以从某个程度上说决定了这一城市空间区域内人群的从业种类及生活习惯，塑造出排他性的城市社会空间。

在近代上海移民、民间信仰、城市空间的关系中，充分体现了空间使用者的能动性，尤其包括利益空间，也充分体现了社会心理空间的投射。在这个过程中，民间信仰参与塑造城市社会空间的过程，反之，移民也对这一空间产生情感认同。空间与移民之间的双向互动是城市健康发展的基础，情感认同虽然难以量化，但从信仰、生活习俗、社交网络建立起的情感认同十分牢固。

开埠以后，上海城市的祠庙对地名、路名也产生了深刻影响，或直接作用于地名、路名，即某某路、某某地以某祠庙来命名；或通过吸引相关人群、商业点使某路、某地得以命名。前者如上海县城里的一粟庵、一粟街和北面城墙的观音阁、观音阁路等，但这一命名方式在开埠以前的上海就已经存在。由于民间信仰祠庙作为普通民众活动的公共空间，也成为中国传统城市中道路和街区命名的重要方式。开埠以后，新的祠庙进入上海以后又产生新的路名、地名，例如位于闸北的太阳庙和太阳庙路。太阳寺，又称太阳庙，目前可见最早关于太阳庙路的记载在太阳寺建立之后，因此可以判断路因庙命名。① 这种命名的祠庙所在位置地产属于该庙而得名，但是随着租界地区频繁的地产交易活动，许多祠庙的不动产被变卖或永租出去，因祠庙而命名的方式渐被搁浅。

---

① 《沪北工巡捐局关于太阳庙路推放马路让路卷》，上海市档案馆，卷宗号：Q207-1-218。

民间信仰本身也因为空间位置的变化而改变城市空间布局，尤其是民间信仰的社会化使得许多民间信仰周边成为各种社会活动、商业活动、娱乐活动的集中区域。例如伴随邑庙商场的开设，邑庙区域商业化、消费化、旅游化的转型，促使许多民间信仰祠庙也希望如此。实际上诸如提篮桥区域、太阳庙区域等近代城市区域次中心的形成和繁荣都与周边的民间信仰祠庙不无关系。开埠以后，伴随城市化进展加快，祠庙通过吸引地域人群也加快了城市化进程，从而影响城市区域的命名。正如修编于 20 世纪 30 年代的《上海市指南》所讲："上海商业……其次则以商业竞争、卸运利便等故，同业多集拢一处，皆有悠久之历史，甚至街路由是得名。如花衣街之昔日曾为棉花同业最集地点，豆市街至今犹未杂粮同业最集地点是也。"[1] 而棉花同业所在的花衣街也是先棉祠（即黄道婆祠）的所在地，黄道婆是上海地区是棉纺织业的行业保护神。因此，可以说先棉祠与花衣街的形成不无关系。祠庙主要通过两种方式作用于商业空间，首先是某祠庙所奉祀的神祇作为行业保护神，那么就会吸引相关行业在此聚集。其次是祠庙本身就是公共空间，其周边必定是人员流动较大的区域，从而吸引商业点的开设。《申报》就多次记载了以虹庙为中心零售商业的发达情况。[2]

《南京条约》签订以后，英国考察团进入上海老城，"在一个庙宇里过宿"，并且引来许多中国人围观。而当英国使团向上海道台提出在城内居住遭到拒绝时，使团提出要在城内找到一处庙宇搭设

---

① 《上海市指南》，《民国史料丛刊》（第 824 册），大象出版社，2009 年第 356 页。
② 《申报》1931 年 2 月 22 日、1934 年 2 月 4 日等。

帐篷。① 在这里，中国城市的祠庙扮演了什么样的角色呢？在中国
传统的城市结构中，与国家奉祀的祠庙不同，民间祠庙是普通民众
可利用的公共空间，他们若遇有难以解决的问题时可随时向祠庙的
神灵申诉。这种祠庙多是捐建，在归属上没有明确的规定，甚至在
英国考察团进入上海时这种祠庙也被视作没有明确归属的资产而被
他们使用，可作为一个公共设施以供其搭设帐篷等。

这一公共空间在西方人眼里可以聚集大量的人群，因此在西方
的传教士刚进入上海企图传教时，他们首先选择的是在中国传统的
民间祠庙，而这些民间祠庙大多具有民间信仰属性。成书于民国时
期的《百年来的上海演变》，作者记载了这样的情形：

> 美国传教士认为"中国人是一个极有希望的民族"，但是
> 中国人的举动之中又有许多却使这班教士非常之惊骇。如过端
> 午节拜太阳菩萨的生日、拜火神菩萨、拜灶司菩萨之类，尤其
> 是新塑的佛像之开光，用鸡血去点这佛像的眼睛。中国人在举
> 行这种节日的时候都兴高采烈，十分起劲，酒肉杂陈，锣鼓喧
> 天，香烟缭绕，熏得人连眼睛都睁不开。有一天正碰着某庙里
> 的菩萨开光，圣公会的两位牧师赛尔和斯实庭拿了些小册子走
> 进去分派给那些来拜菩萨的民众。不料，大家竟抢着要这小册
> 子，第一批所带去的片刻分完，两位牧师很是得意，这时已有
> 了一大群民众围住了他们两人，在庙前的空场中七张八嘴的纷

---

① 《百年来的上海演变》，《民国史料丛刊》（第 695 册），大象出版社，2009 年，第
10 页。

纷议论，两位牧师便想趁此机会向众人讲一些教义。他们先向一个站在旁边的中国人询问：他是否真正相信这些异端的举动。那个中国人立刻回答说：他并不相信，他所信的只是吃饭罢了。而在牧师的调查中，所得结果大抵如此。①

当传教士遇到中国民间习俗，选择在中国庙宇前传教。可见，民间祠庙是中国普通群众聚集的空间，并且是开放的，没有国家祠庙那种排他性。作为社会活动的公共空间，上海城市的祠庙已经不仅仅是供奉祀之用，还聚集了大量的流动人群。

作为开放的空间，民间信仰祠庙也成为特定群体表达公共意志的理想场所。据上文论述的鲁班庙可知，水木业工人通过鲁班庙来解决争端、表达行业愿望等，并且以鲁班庙为基点开展相应空间内的游行示威，而这种携带神像出游的祠庙在上海频频可见。可以说上海城市的祠庙不仅作为行业工人和特定地域人群集聚的场所，也是普通民众开展社会活动的空间，但也因此成为犯罪和社会案件频发的地点。当然，伴随着近代上海对西方城市规划理念的吸收，公园、广场、雕塑等西方城市组成要素的传入与应用，传统的、以祠庙的中心的公共生活空间产生的凝聚力日渐松动。在《民国史料丛刊》第827册《上海顾问》第十三章专门讲"到上海来，游览"一门，除了传统的祠庙之外，还有许多公园、私园、碑像、博物等。因此可以说，近代上海城市的民间信仰祠庙与社会空间的关系经历

---

① 《百年来的上海演变》，《民国史料丛刊》（第695册），大象出版社，2009年，第15页。

了一个密切到松动的过程。

段义孚在《浪漫地理学》中讲到，传统的城市是规划者将天堂带至人间的心理体现，所以当一个村民进入长安城的时候通常遭遇到世界观的改变，从乡村到城市感受到的多样性，让他原本对世界的认知发生转变，由地方性转向空间性。[1] 同样，旅沪移民对一条街的感知、对某个街区空间的依赖就是将其家乡的地方性附着在空间上，从而赋予其意义，而这其中的连接便是通过信仰来实现的。

三 文化腹地滋养与城市文化反哺

从近代上海城市民间信仰的研究中可以发现，开埠以后是上海城市文化重塑并定型的一个重要阶段。在此过程中包括两个问题：一是上海文化的形成，即复杂、多元化的过程；另一个是以上海为典型代表的现代性文化对其腹地的反哺。

上海接收了来自各地移民所携带的多种文化要素，从而使上海成为中外多种文化的集聚地。尤其是在小刀会起义和太平天国运动期间，进入上海的中国移民，他们原先或经商、或为手工业者、或务农，以这些移民为媒介带进上海的文化是原本流行在各地的世俗文化，这些文化种类与近代上海社会状况、管理制度等相遇时便形成了近代上海独特的城市文化特色之一，并促使上海成为当时的文化中心。上海作为新文化的中心，19 世纪末 20 世纪初已经初显端倪，"五四"新文化运动中开始确立，20 世纪二三十年代则进一步巩固。[2]

---

① 段义孚：《浪漫地理学：追寻崇高景观》，陆小璇译，译林出版社，2021 年，第117 页。
② 姜义华：《上海：近代中国新文化中心地位的形成及变迁》，《学术月刊》2001 年第 11 期，第73—83 页。

而这种文化中心的地位不仅仅表现在层次较高的文化种类中，也表现在世俗文化中。在国外的研究成果中，把文化中心城市的要素列为：宗教中心（圣址、教权机构）和世俗文化中心（教育、科研、大众传播、娱乐时尚）。[①] 民间信仰虽然不是宗教，但可以归属为第一类。而在民间信仰影响下所形成的生活习俗则应为第二类世俗文化，尤其是近代上海民间以信仰为纽带开展的各种娱乐性、社交性、消费性的活动，这三者都是现代性的上海文化特征。总之，二者是组成文化中心的重要内容。

顾德曼指出，同乡观念在不同时期、不同历史角色那里，有不同的含义，不能仅仅将其理解为文化的残余，它还是文化变化多端性质的实证。同乡会与籍贯认同产生于特定的时期，它不只是传统文化的反映，也是特定的经济与政治目的的投射。在 19 世纪、20 世纪的中国，同乡观念是强有力的、易于认识到的文化因素。通过对传统同乡组织在近代上海功能演变的研究，可以看出，正是具备传统色彩的信仰帮助了新的文化形式形成并被接受。同时，一些特定种类的民间信仰如黄道婆信仰所蕴含的精神在特定时期被挖掘为城市精神的一部分，加强了基层民众对城市的认同。在这当中，最重要的是民间信仰作为一种社会结构的粘合剂，促使乡村与城市两种文明形态的融合和基层文化的市民化形成，构成江南文化与海派共存的文化特征。而那些与上海有往来移民的地区在作为经济腹地的同时也成为近代以来上海重要的文化腹地，并形成双向互动。

由于上海与经济腹地间移民的历史惯性和向心力，上海的文化

---

① 康少邦、张宁编译：《城市社会学》，浙江人民出版社，1986 年，第 111 页。

影响力在近代奠定以后，又开始对周边省份、城市形成文化的辐射力，即反过来去影响它们。这种文化的集聚、扩散现象在近代以来的许多国外城市中也能找到类似的影子。尤其是当时许多旅沪同乡会都会刊发自己的会刊，这些会刊主要关注家乡和上海两地的政治、经济、文化、社会百态，有的会刊在家乡和上海两地刊发，甚至专门在家乡刊印再运往上海。在 1934 年的《广东旅沪同乡会月刊》中就讲到旅沪潮州人的生活受到乡俗和传统的影响，非常重乡缘。但是，那些"外出的乡民，实为潮州繁盛之先锋"，他们每年回乡及与家乡通信，都会起到促进文化流通的作用。所有家乡的状况旅沪同乡们一览无遗，同时上海的流行文化家乡也有所了解。以移民为载体的文化在两地形成了一种互通、互补的局面。

以长三角为例，近代以来，上海城市的发展就与长江沿线区域尤其是长三角地区密切相关。上海接收西方的城市治理、规划理念以及文化观念、样式，同时也接纳了许多来自周边省份的移民，百川汇流的形势造就了上海在近代中国经济、社会、文化各方面的高位优势，从而影响长三角地区的社会形态，最终开启了具有中国特色的现代化道路。尤其是浦东开发开放以后，长江沿线城市纷纷效仿开设城市新区、开发区，掀起一股更新产业形态和城市规划的热潮，集中体现在长三角区域城市群间经济结构互补协调发展及社会文化的反哺方面。可以说，近代以来上海城市重大发展节点一定程度上决定了长三角城市群的现代化道路选择。

以往的文化地理学研究认为，有经济优势的地区会对较落后地区表现出文化上的优势，而后者更容易模仿前者。但事实上，可以发现这一现象是在绝对优势发生以后，而近代上海与长三角城市群之间的文化早期是互动的，而非绝对的单向输入。海派文化作为一种兼具全球化和本土化的文化样式，受到了长三角文化腹地的环境滋养，率先开启中国式的现代化，此后反向影响长三角区域文化，表现在语言习俗、生活方式、流行文化等方面。尤其在浦东开发开放之后，以流行文化为例，长三角区域对服饰、港台歌曲等流行要素的接纳都是经由上海实现的；生活方式上以缝纫机、自行车、日用品为例，也都是由上海这一窗口接触到国产、进口品牌，并藉此改变着人们的着装、审美甚至对自由的追求和空间的认知。在这种文化滋养、互动的基础上，上海引领的中国式现代化模式可能构成全球城市现代化的典型案例，而社会文化层面是现代化的重要内容和目标，这一部分正构成现代化最为稳定、坚实的层面。

这一过程与近代以来进入上海的各地移民关系密切，尽管民间信仰不能作为现代城市移民的认同标识，但在早期它确实帮助移民适应新环境，并提供了丰富的文化生活，塑造了相应的城市空间。

同时，上海文化的混杂、多样性程度来源于多地域人群的聚集，中西文化的元素在多个层面互相混合、联系。整个上海城市至少有七种邮局，有不同的计时和历法习惯。同样是中国其他省份的移民，也是操着不同的方言、有不同的生活习惯，比起那时的"国家"概念，他们更认同和依恋的是他们的家乡，乡土情结成为他们凝聚在一起的情感基础，甚至在此基础上滋生出共同的爱国行为。抗战爆发以后，许多地方团体开展自发的抗日活动，同乡会便是其中重要的一种。当时的广东旅沪同乡会就开展了练习国技救国的活动。可见，在中国城市发展史中，甫一近代化的城市仍然携带着大量的乡土基因。

正如上文所说，段义孚作为人文地理学的奠基人，在他的研究中，乡村与城市的关系无论作为恋地情结的典型区域还是作为价值观产生的环境，都是城市文化研究必须要讨论的内容。这不仅因为它是过去城市的重要内容，也是构成当今城市文化产生的背景。

四 以民间信仰为代表的传统文化转型

开埠以后，民间信仰并没有因为上海的近代化、工业化进程而消失，相反却在转型、调整后带来了城市生活的"民间信仰化"。同时，以民间信仰为代表的传统文化通过改变自己的外在形式、组织逻辑等得以存续，有的转化为宗教文化，更多的则是转化为普通民众和政策接受范围内的文化和社会生活形式。例如瞿真人信仰走进白云观转向宗教化，而旧有的瞿真人信仰文化不仅存在于信仰活动中，还以一种隐秘的形式存在于包括瞿溪路在内的城市路名、空间中。民间信仰作为世俗文化的一部分，是现代化过程中与人们的日常生活关系最为密切的部分，同时也是对社会心理、风俗观念影响最深的部分，尤其是移民社会中的民间信仰更成为他们改变习俗、观念的标识。

20 世纪 30 年代后，国民政府推行"新生活运动"，主张"文明生活"，并公布《神祠存废标准》，对民间信仰予以限制，从而导致了民间信仰的萧条。近代上海城市民间信仰的状况是整个近代社会变迁背景下传统文化转变的一个缩影，中国传统的民间文化、国家层面的文化制度、西方城市建设理念等要素均参与其中。在这当中，民间信仰通过改变奉祀方式达到与其他文化要素及社会变迁的共存，同时还牵涉奉祀民间信仰的人群。民间信仰在近代化的背景下为了存续并帮助移民适应陌生环境，从而进行了主动的调适来组织城市基层社会，逐渐融入现代城市社会，参与构建了上海城市文化，成为当代城市文化的特色。

这种转型实际上不仅体现了传统与现代的交融，也蕴含着空间上乡村与城市两种文化要素的碰撞。乡籍、地缘的人群在城市中逐渐转化为以民间信仰为纽带的社会团体，并开展一系列的政治、日常活动，形成这种社会团体、工人集体组成的现代城市社会结构。甚至，普通的民众都在乐此不疲地以民间信仰为基础创造新的文化生活，城市里新的民间传说、习俗虽然脱胎于旧有民间信仰，但所反映的生活内容是新的；许多民间信仰祠庙在《上海指南》中演变为旅游圣地，这些都是上海城市文化中消费性、娱乐性的一部分。从这个角度来说，传统与现代之间并不是完全对立的，二者之间有继承关系和内在的联系，有的以习俗的形式体现在城市日常生活中。尤其以近代上海城市民间信仰中所体现出的娱乐性和对城市空间消费性的贡献，最具娱乐性质的迎神赛会由传统的民乐吹拉弹唱逐渐转变为西乐演奏，演戏酬神由传统的地方戏曲偶尔更换成电影、戏剧等形式也被人、神所接受。对于普通民众来说，迎神赛会上呈现的文化形式更容易被他们接受和传播。从观念层面来说，移民日常生活与信仰连结得越紧密，信仰就越趋于日常化。此时，人们对信仰的态度也发生变化，可以随意造神、杜撰关于神的传说，民间信仰的神灵变得不再那么神秘和威严，而是一位也懂得城市生活的、随人们臆想变化的"神"。

总的来说，"移民"运动本身就是一个动态的过程，广田康生的研究认为其是"一种文化向另一种文化进行整体流动"①。移民的社会适应并不是一个绝对的概念，而是一种文化和社会学现象，判断哪些行为和现象是为了实现或表明社会适应，是难以量化的。从这种角度来说，近代上海移民与城市之间更具有特殊性，民间信仰帮助近代来到上海城市的移民适应城市生活（不是唯一的方式），是一种由暂居到定居的过程，实际上也是参与建构城市现代性的过程，形成既有区域特性也有全球性的现代城市。

---

① ［日］广田康生：《移民和城市》，马铭译，商务印书馆，2005 年，第 81 页。

附表一：20世纪20—30年代上海市社会局寺庙调查情况

名称	地址	类别	建立年代	出资	管理人	资产及管理情况	沿革及经营	法物种类
万寿庵	烂泥渡警局路315号	庵	民国九年	募建	住持光绪三十三年出家,浙江海门;沈姓:尼民国八年出,浙江海门梁;尼民国十四年出,浙江海门梁	基地1亩,房产4间,市价约600元,自行管理	本庵原系万寿寺,因庚午年遭火烧改庵	佛像15尊,神像6尊,钟1架,鼓1只,木鱼1个,金刚经1部,法华经1部
万华庵	不详	不详	不详	不详	不详	不详	不详	神佛像21尊,法器5件
刘公庙	24保4区24图吴家厅31号	不详	光绪七年	募捐造	经管,南汇;香火,嘉定;僧,南汇	一大厅,其左右次间各一供佛像,庙基2亩零2厘	不详	铜香炉3只,铁香炉4只,天炉1只
万寿庵	洋泾区22图草庵陈家宅26号	不详	乾隆癸丑	不详	住持本地人:徒弟2本地,1松江	不详	不详	供关岳,如来,北海观音

（续表）

名称	地址	类别	建立年代	出资	管理人	资产及管理情况	沿革及经营	法物种类
万年庵	闸北天助桥	不详	乾隆或嘉庆年间	不详	尼智空,上海人	兼营工商业、慈善、教育事业	职员系上代传下,任期不定。生计靠诵经折箔纸	观音 5 尊,佛像 8 尊
万寿庵	引翔 23 保 35 图	不详	嘉庆初年	不详	尼宝山,被聘为住持;庙主严仲忠、范振家;各会首:严康康、范秋生等	不详	常驻五人,僧道生计以代人种田	苦苦度日
地母殿	法界宝昌路金神父路	不详	民国十四年	不详	永禅江北兴化县人	由庙产维持会管理	以平常香火及经杆佛事维生计。邀集施主庙董组织地母殿产维持会,并办小学	释迦佛、地母菩萨、观音、地藏、济公、星宿
猛将堂	24 保 2 区 17 图胡家宅 28 号	公民管理	民国九年	公民捐建	盛莲生、上海人,管理庙务,供奉香火	不详	不详	神像 3 尊
极乐寺	闸北永兴路小莱场西首五区	不详	不详	不详	善明,四川梁山人,光绪二十三年出家	不详	职员任期一年两季,可连任	供释迦、阿难、迦叶、玉佛、观音、地藏、文殊、普贤、四大菩萨、关帝、药王、岳武穆及二将、送子观音
猛将庙	二区九图下西浜	不详	约计百年左右	陈华忠建造	尼江苏海州人;徒弟一人,灌云县	地土 3 分,房屋 4 间	不详	破坏

（续表）

名称	地址	类别	建立年代	出资	管理人	资产及管理情况	沿革及经营	法物种类
刘公庙	浦东烂泥渡东北24图吴家厅	家庙	道光初	族中捐建	雇佣住持南汇人,另5任兼营事业,分别务农、务商	不详	不详	道教
猛将堂	高桥日号27图西闸圩第八号	庙	前清	里人募修	住持陆少峰;另有受理人顾姓夫妇	田田1亩1分,房屋5间	不详	有土神、谷神,为农民收获后纪念
观音寺	法租界维尔蒙路190号	不详	不详	不详	住持僧,江苏兴化;另有客师为江都盐城、阜宁,江都人	不详	不详	不详
报国寺	英租界劳勃生路东首963号	不详	辛酉开	不详	住持,43岁,江苏泰县人	房屋1间,系租赁	不详	不详
观音寺	英租界白台克路	不详	不详	不详	住持44岁,温州人;客师8位江苏籍(3位东台,2位兴化,泰县2人),1位四川,1位浙江	房屋3间,佛像5尊	不详	不详
观音庵	英租界新闸大通路斯文里	不详	民国己未	不详	住持41岁,镇江人;客师江苏泰县人	房屋租赁1间	不详	不详

（续表）

名称	地址	类别	建立年代	出资	管理人	资产及管理情况	沿革及经营	法物种类
卧佛寺陈家下院	公共租界陈家浜西首爱文义路	不详	不详	不详	住持僧根如,秦县籍	不详	不详	不详
昆卢寺	闸北共和新兴路惠康里第30号	不详	前清初	不详	住持隆祥,秦县籍,光绪二十六年出家	不详	前清初设于高邮,因水患迁于上海	不详
猛将庙	东陵家宅5号	公建	前清	不详	住持尼林根、林文,俗家均姓李·分别为扬州、川沙人	不详	不详	不详
莲花寺	先向法租界朱葆三路租赁,后为法界贝蒂生路	不详	不详	不详	住持心开	不详	不详	不详
观音堂	薛家浜路88号	不详	民国十六年	不详	住持慧修,山东泗水县人	不详	不详	不详
观音堂	虹江口赵家宅	尼庵	民国八年	捐资	住持1人,归捐资人赵连大负责	不详	不详	不详
观音堂	中山路陆家宅第15号	不详	光绪六年	陆家宅公民捐款	无僧尼道观住持。所有权归陆家宅全体公民	陆家宅公民之年长者管理,计平屋5间	不详	不详

（续表）

名称	地址	类别	建立年代	出资	管理人	资产及管理情况	沿革及经营	法物种类
观音堂	柳营路八字桥22号	僧寺	民国六年	四宅公建	僧妙永,四川资州人	寺基由颜姓施舍方单,契约仍有颜姓执管	不详	观音天王,三官大帝,八字菩萨,玄天上帝,忠
观音阁	引翔港马玉山山路赵家宅	佛寺	光绪八年	私家独建	住持尼仁定,宝山人;另有僧徒来自山西,扬州,青浦	由庙主建造文与女尼管理,文券由庙主周采人经管	不详	不详
猛将堂	漕泾区潼记路刘家宅18号	不详	道光十九年	独建	住持尼法圆,共3人,2扬州,1位南京人	管理所有权属庙主	不详	释迦,土地菩萨,地藏菩萨,观音大士,万寿王,三官大帝,接引佛,
猛将堂	美租界虹口吴淞路长安里	不详	道光十二年	由田主划地而建	住持尼顺福,浙江上虞县人,由施金氏管理	不详	不详	供刘猛将军,观音,关帝,弥勒
观音堂	高桥区沙港刘家宅31号	不详	不详	家庙,杜月笙独建	管理人顾黄氏,内无僧尼道观居住	庙基庙产均由私人购置	不详	不详
斗室下院	闸北香山路香兴里口	不详	民国十年	公建	不详	不详	不详	供观音
华村庙	蒲淞区梅家卫北	不详	明末	集资建造	僧达儒民国十七年接管,55岁,南京人	本庙地产原共有15亩8分,但均被前人押出	不详	雕刻佛菩萨像大小30余尊

（续表）

名称	地址	类别	建立年代	出资	管理人	资产及管理情况	沿革及经营	法物种类
观音阁	沪南区一图天字圩观音阁街25号	僧寺	不详	募建	僧德深,姓金,嘉定人;惠来,张姓,湖南人;法海,姓朱,南通人	庙基地2分3厘	代斋主礼忏并出租余地	塑像10余尊
隐修庵	斜桥丽园路	比丘尼	光绪21年	尼智海自行购地建筑	僧员籍贯主要有南汇2人,江都2人,上海2人,丹徒1人	1亩3分4厘	不详	佛像1尊,菩萨像6尊
都夫庙	杨家渡	不详	民国九年	不详	尼蔺芹·泰州籍	不详	不详	不详
观音庵	西门林荫路78号	尼庵	光绪三十年	募化自建	业主陈箐庆堂,由尼妙真管理,上海人,另有4位扬州尼	不详	不详	供佛菩萨
万寿寺	浦东烂泥渡洋泾庙后面	不详	民国九年	不详	住持缘福,宁波人	不详	不详	不详
妙莲庵	西门徽宁路宽安里	尼僧	光绪三十二年	私家独建	僧员7位广东,1位镇江,1位上海	不详	民国十一年遭回禄,十三年重建	不详
万寿寺	虹口太平桥第五号	不详	光绪年间	不详	除初创人为兴化籍,现任住持亦为兴化人	房主杨实夫	初创于兴化,荼该地屡遭水患,生计日蹙,不得已始兴	不详

（续表）

名称	地址	类别	建立年代	出资	管理人	资产及管理情况	沿革及经营	法物种类
护国禅寺	南市肇嘉路九号	僧	道光十二年	公建	僧员包括河南4位、湖南1位、湖北1位、山东2位	不详	住持管理出租。原属官庙……故革契既无，亦豁免	
长生庵	老北门内长生街80号	尼庵	万历间	私家独建	住持坤良，僧员2位吴县，1位上海	不详	不详	不详
观音阁	观音路25保6图（大东门内）	不详	不详	不详	住持两人均系嘉定籍，另有僧员湖南人	不详	护法为平安里救火会会董及某同京人。无经济补助，属义务。阁有出租取息地	不详
华严庵	陆家浜马路桥北	尼庵	宋	私家	僧员上海2人、杭州2人、松江、扬州各1人	土地业主未普德堂	不详	不详
太阳禅寺	闸北大统路627号	不详	光绪五年	募建	僧员中2位浙江黄岩，1位浙江温岭	地基约7亩，五进平房、40间市房，层楼屋3间，半市房平星4间	不详	阿弥陀佛、释迦佛、弥勒佛、观世音药师佛、四金刚、东岳帝、丰都帝、关圣帝、地藏王、城隍爷、十殿王、土地公婆、太阴佛、太阳佛、未子佛、雷祖佛、六十甲子、三官佛、斗十八罗汉、李纯阳、玄天帝、汁天娘娘、蛇王爷、周苍帝、孟婆娘娘、眼光娘娘、白无常、豆神王、童子佛

（续表）

名称	地址	类别	建立年代	出资	管理人	资产及管理情况	沿革及经营	法物种类
地母庵	引翔乡胡家木桥交通路	不详	民国十一年	租地私家独建	僧员中2位天长，1位宝应	平房共三间，土地面积六丈五尺	不详	不详
草庵庙	高桥厂念七图草庵头	乡庙	乾隆	公建	僧一高桥人	不详	不详	观音、关圣、天后、轩辕、财神、弥陀、三官、纯阳
万寿庵庙	浦东高行界路1号	尼姑庵	同治年间	募建	僧一宁波人、庙主胡声涛	不详	由庙主管理，暂由尼姑居住	不详
都天庙	闸北中兴路	道教	民国十一年	护法私人独建	道士有扬州籍2人、通州籍1人、盐城籍1人、南京籍1人、徐州籍1人、泰县籍5人	不详	不详	系供奉瘟都天大帝、灵佑沪北民众
万寿庵	彭浦区金号图23图	观音殿	乾隆24年	募建	僧员1人宝山县人	不详	不详	观音大士、释迦佛、三官帝、文武帝、中天王、地藏王、财神、施相公、弥陀
万年庵	闸北天助桥	尼庵	道光年间	私家独建	僧员6人，均为扬州人	不详	不详	不详
赵浦庙	真如生图服圩22号20	庙	清初	公建	住持芬岳吴县人	不详	不详	观音、关帝、猛将、玉皇、施相公、义信王、三官、忠宪王

（续表）

名称	地址	类别	建立年代	出资	管理人	资产及管理情况	沿革及经营	法物种类
报德庵	指江路	尼	光绪十三年	私建	近10位僧员，除1位东台籍贯无他籍贯记载	不详	不详	不详
万寿庵	引翔港张家卫	尼	清初	庙主范姓独建	尼1位，宝山人	不详	不详	不详
万寿庵	江湾沈家桥	尼庵	道光二十七年	公建	住持1位，宁波人	不详	不详	不详
观音寺	法华镇诏南	僧	宋淳熙	募建	僧员上海籍3人，四川1人，松江1人，通州1人	不详	不详	不详
观音庙	吴淞区三十九图陈家宅	不详	道光二十七年	由粤人捐资购地建筑	不详	由旅沪粤人公举委员管理用以纪念住哲	不详	
猛将堂	翔殷路洪家宅一号	家庙性质	咸丰三年	私家独建	女冠王苏氏，上海人	庙主杨仲英上海人	不详	不详
长生禅寺	马玉山路沈家行西	不详	不详	不详	僧2人，均为湖南人	不详	不详	不详

附表二：1929 年《申报》
所载 20 世纪 20 年代上海寺庙登记情况

名称	地　点	庙　产
邑庙	小东门内方浜路	庙基十二亩六分
陆家观音堂	公共租界长浜路八十二号	平房八间厢楼二幢、随屋基地七分
清净庵	吴家浜	平房一进七间计地八分五厘八毫
黄婆庵	市区先棉祠街	楼房三幢共九间、殿屋则田三分九厘三毫、又基地三分八厘
北草庵	吴淞镇	前后殿屋共十间、香火田共二十亩零八分九厘三毫
瞿真庵	吴淞镇木行街	殿屋三间、庙基九分零五零
迎春高昌庙	二十五堡十二图复善堂街	房屋共六间
江境庙	新西区二十七堡头图小木桥路	共一亩三分二厘一毫、准出共一亩八分九厘二毫、芦滩三亩四分八厘八毫
广福讲寺禅堂	方浜路五百五十七号	五殿又零屋六间、总地基十三亩载县志、又寺基八分四厘、详印谕
海崇侯庙	大东门肇嘉路	庙基二分二厘七毫
三宝堂	虹口虹镇	堂基一亩二分
正觉庵	闸北宋公园路	平屋十三间、基地一亩八分
法华庵	引翔港横浜第一号门牌	基地则田二亩三六厘三毫
瞿真人庙	五星桥、现移真人路	庙屋一所、基地四亩七分三厘四毫
乐善经堂	美租界海宁路一千七百三十五号	庵基七分四毫、殿屋共计平房八间

（续表）

名　称	地　点	庙　产
地母庵	虹口胡家木桥北首	租地建房三间
武圣禅院	公共租界孟德兰路一百五十一号	上下楼房二十二间、庙基地二亩四分八厘三毫
崇宁禅院	上海大东门内	庙屋楼上下共六楹、基地二分
关帝庙	肇嘉路西首	殿宇及庙屋共三十五楹、出租余屋六间半、庙基系衙署
真性庵	南市海潮寺	庙宇十三间、出租平房四间、基地二亩四分二厘六毫
莲坐庵	高昌路	老庵庙屋楼上下共十二间、又庙房二间、现住庵屋又十二间庙地六分
分水庙	二十三保十五图第四百号	庙基六分厘八毫、大殿及厢房共十间
国恩禅寺	法租界维尔蒙路二百三十九号	僧舍十八间、正殿在外、基地共四亩六分八厘二毫
宝莲禅院	闸北共和新路	五开间大殿一坐、基地二亩四分七厘三毫
莲花庵	岳州路东虹镇	庙屋十间、庵基一亩二分六厘六毫、又则田一亩三分
白云观	西门外方斜路	庙屋一百间、观内地基十四亩一分零七毫、塔院墓地十七亩九分三厘六毫
淡井庙	法租界二十七保图	庙基及田共二十四亩七分五毫
净土禅院	闸北宝山路虬江路	基地方单七分厘七毫、道契四分、共计一亩一分九厘七毫
刘王庙	华德路高郎桥后赵家石桥	庙屋五间、余屋二间、皆平房计地七分五厘
观音寺	闸北宝山路	庙房五间、基地一亩五分五厘六毫

（续表）

名称	地点	庙产
三官堂	虹口宁武路	基地九分六厘、房屋九间
猛将堂	西门内登云桥南首	庙基四厘
性善庵	西门斜土路二十五保十三图	庵基七分零、房屋十二间
莲坐庵	虹镇	大殿三间、庵基则田共三亩一分三厘四毫、东西厢楼四间
清凉禅寺	英租界新闸路十五号	庙屋三埭、连平屋共六十五间
玉佛寺上、中、下院	英租界戈登路槟榔路口及麦根路与成都路陈家浜	上院十二亩二分、中院四十余间、下院楼房十间、平房五间、田八百七十五亩一分三厘五毫六丝
三昧禅院	小南门外复善堂街	平房二十二间、楼房十六幢、基地四亩九分四厘七毫
广福院	南码头里马路沪军营北首	殿屋外、住房七间、基地八分四厘四毫
天后行宫	吴淞镇	殿屋三进、楼房上下各三间、基地二亩八分八厘二毫
泰兴庵	吴淞	庙屋前后两进、共六间、庙基连出租则田共十二亩零八厘二毫
广福讲寺南院	城内方浜路	庙屋前后二进、寺基十三亩
翠竹庵	法华区东镇	庵屋二十一间、庵基三亩二分六厘三毫、种田三亩九分八厘七毫
长寿庵庙	引翔区	屋共十八间、共土地连地堂共一亩零九毫
青龙庵	吴淞区	庙屋前后两进、共十间、基地四亩七分二厘九毫、粮田三亩七分零八毫
莲华庵	里虹桥元芳路	庵基一亩五分、房屋六间

（续表）

名称	地　点	庙　产
黄仙观	虹口虹江桥顺兴里 三十六号	房屋十间
三泾西庙	法华乡二十八保八九图	庙基二亩五分、又图地八分、庙　二十 一间
静修庵	引翔区唐家滩	庵屋共五间、基地一亩五分正
江申庙	吴淞殷行乡北隅	庙屋七间、基地四亩一分八厘一毫、则 田三亩九分零四毫
金司徒庙	二十七保十三图	庙屋二十间、基地连免科、总数实共三 亩三分四厘三毫
积善讲寺	新北门内穿心街	庙屋二十间、连出租房屋地皮共计八亩 六厘三毫
猛将堂	殷行区周三图 翔设路洪东宅	庙基二分四厘八毫、房屋三间
新三官堂	美租界虹口华记路	大殿三间、楼房四小幢、灶披二间、基 地三分七厘
镇海寺	大南门	庙基二亩三分、又出租庙产七分二厘、 庙房九间
社庄分庙	引翔高郎桥北西王家宅	房屋九间、基地六分一厘五毫
福慧庵	西门卢家湾	则田共七分四厘五毫、房屋七间
静修堂	闸北太阳庙路	房二十间、基地一亩二分二厘六毫
长生庵	引翔区六图园 沙浜沈家行西	平房十间、基地八分一厘七毫
兴善庵	闸北中兴路	庙屋计六间、基地四分四厘七毫、荒地 五分三厘三毫
财神殿	制造局路五圣堂	房屋四间、基地六分七厘四毫
包公庙	闸北会文路	不详

（续表）

名称	地　点	庙　产
送子庵	高昌乡望道桥	不详
黄大仙庙	虬江路	不详
青莲庵	二十五保四图	不详
虹镇修心庵	虹口虹镇	不详
善乐庵	闸北中兴路	不详
赐福庵	闸北永兴路	不详
国庆寺	闸北共和路	不详
莲隐庵	浦东洋泾镇庆宁市	正屋二进、计十间、西首宿舍两屋、佛殿在外、除本庵外、无其他庙产
横泾庙	漕河泾乡	庙屋二十三间、连庙基共四十一亩八分五厘三毫
秦公庙	宝山县真茹乡第四区第三所夜号十一图	房屋共十九间、庙基连不动共十三亩四分六厘七
佛安寺	浦东杨思桥北首	房屋十四间、庙基四亩三分二厘九毫
关帝庙	宝山县阙三图苏家巷	庙基七分一厘六毫
社庄庙	浦东洋泾市十八图	庙基金社堂户名则田五亩四分四厘、庙田社庄庙户名则田四亩一分八厘八毫
七塔寺下院	上海二十四方十堡二图土名陈家港	房屋十一间、庙基连坟地共二亩八分六厘五毫
观音庙	宝山县炮台湾	庙基连田共十二亩四分一厘六毫
白塔庙	真如杨家桥	庙基计一亩八分五厘八毫
经家庵	真如秦家角	庙屋三间、庙基共二亩五分五厘六毫
法华庵	引翔港横浜第一号门牌	基地则田二亩三六厘三毫
刘王分庙	吴淞蕴藻浜南口岸	庙基田一亩、庙屋六间

（续表）

名称	地　点	庙　产
老徐胡庙	吴淞蕴藻浜西泗港口南岸	庙基共一亩二分六厘九毫、庙屋六间
净土庵	蒲淞区二十八保 二十八保西七图	屋十二间、基地二亩一分四厘二毫
三官堂	曹家渡	庙屋七间、基地五分一厘则田六分正
白塔庵	宝山县真如镇北	庙基三亩七分一厘六毫
东岳庙	江湾东市梢	庙宇共二十七间、庙基地六亩五分八厘八毫
戚王庙	浦东二十四保二十六图	庙基一亩三分五厘、房屋共十间
观吾堂	江湾李家湾	基地二亩六分八厘五毫
袁家观音堂	浦东陆行区三十九图	庙屋八间、基地南北六十五英尺、东西五十五英尺
三官堂	浦东塘桥镇	地基六亩七分六厘六毫
道堂庙	浦东陆行区二十二保 四十三图、门牌十七号	庙基八分
三壮庙	浦东洋泾镇南首陈家行	庙屋三间、基地一亩九分二厘三毫
定水庵	浦东洋泾镇	庙屋二十四间、庙基一亩六分六厘七毫、又庙田一亩三分
■庵庙	真如区夜十图 天字圩二十八号	基地二亩九分三厘八毫
万寿寺	江湾沈家桥	正殿三间、草屋二间、基地共四亩零四厘
三官堂	江湾镇东栅外	庙屋十五间、基地连则田共五亩一分二厘九毫
长寿庵	引翔区	庙屋共十八间、共土地连地堂共一亩零九毫

（续表）

名称	地 点	庙 产
青龙庵	吴淞区	庙屋前后两进、共十间、基地四亩七分二厘九毫、粮田三亩七分零八毫
猛将堂	蒲淞区二十八保西七图五家楼	庙基一亩四分六厘
三泾西庙	法华乡二十八保八九图	庙基二亩五分、又图地八分、庙 二十一间
三林庙	浦东三林塘东列四图二十四保	房屋十八间、则田九亩、又河池竹图共计三十二亩四分
静修庵	引翔区唐家滩	庵屋共五间、基地一亩五分正
江申庙	吴淞殷行乡北隅	庙屋七间、基地四亩一分八厘一毫、则田三亩九分零四毫
九润庵	二十四保二区王十五图南码头	基地五亩六分六厘九毫、已收归市有
观音堂	二十四保二区副十五图徐家桥地方	则田二亩五分正、已收归市有
■场庙	蒲淞区二十八保十九图	供佛庙屋二十五间、又僧道住屋十间、庙基斋田共十三亩
猛将堂	殷行区周三图翔设路洪东宅	庙基二分四厘八毫、房屋三间
白灵庵	宝山县江湾郭家宅	庙基亩八分八厘四毫
社庄分庙	引翔高郎桥北西王家宅	房屋九间、基地六分一厘五毫
淨土庵	浦东烂泥渡	大殿三间、楼房四幢、厨房二间、基地七分
普照庵	江湾马厅	庙屋三大间、基地一亩二分正
长寿庵	浦东杨思桥二十四保二区五图草字圩	庙基二亩六分、又田七亩、又芦滩五亩七分七厘五毫

（续表）

名称	地 点	庙 产
长生庵	引翔区六图园 沙浜沈家行西	平房十间、基地八分一厘七毫
问心庵	浦东塘桥中市	房屋九间、基地共三亩九分八厘一毫
喜儿庙	二十六保十一 二十七图夏塔浜	庙屋十九间、基地三亩一分九厘六毫、 则田四亩五分二厘一毫、沙田四十三亩 五分零三毫
庆宁教寺	浦南庆宁市	房屋四十余间、基地十八亩七分正
观音堂	宝山江湾厂两号 二十五图　字圩十七号	基地一亩二分九厘七毫、又庙地三分一 厘五毫、共一百件
纯阳庙	浦东烂泥渡花园石桥	不详

附表三：上海特别市政府
检送《淫祠邪祀调查表》（1930 年）

名称	地址	建立年代	庙产	备注
太平庵	外马路	不详	租屋	专设坛打醮等业
观音庵	油车码头	不详	无	同上
百子观音堂	薛家坊	不详	无	同上
公侯大帝	石鞋	不详	无	借神符治病
安澜道院	安澜里	不详	无	同上
陈大仙庙	普育东路	民国十八年	无	无知妇女信仰为多
土地庙	钧玉弄	民国十六年	房屋一幢	同上
土地庙	草鞋湾	民国十七年	无	同上
观音庵	筷子弄	民国十七年	无	同上
安乐禅寺	斜徐路 26 号	民国十三年	无	愚民信仰颇众
纯阳大仙祠	张家弄九号	民国十七年	房屋自造	同上
药王祠	半淞园路高阳里	民国十七年	无	同上
徐大仙祠	制造局里 866 号	民国十八年	无	同上
观音堂	日晖东路 115 号	民国十五年	无	同上
吕纯阳大仙祠	车站路 295 号	民国十六年	无	无
张仙祠	沙家街 28 号	民国十七年	无	无
观音祠	半淞园路久安里	民国十一年	无	无
三大仙祠	半淞园路 548 号	民国十七年	无	无
送子庵	半淞园街 548 号	民国十七年	无	无
财神殿	西栅栏外	民国十三年	房屋自造	无
玉皇大帝祠	江边码头	民国十四年	无	无
太平娘娘祠	斜徐路 双庆里 4 号	民国十八年	无	无
永庆禅寺	唐家湾路 64 号	民国十四年	无	无

（续表）

名称	地址	建立年代	庙产	备注
养性汞庐	林荫路 188 号	光绪二十二年	房屋自造	无
王大公主神坛	大吉路 24 号	民国十六年	无	无
九姑神坛	学宫街 31 号	民国十四年	租房一间	无
张大仙	中华路 357 号	民国七年	租房一间	无
李大仙	少年路	民国十四年	租房一间	无
五圣堂	倪家宅九号	光绪年间	无	无
五圣堂	小金巷	光绪年间	无	无
五圣堂	黄家宅	嘉庆年间	无	无
胡仙神院	大统路永祥里	设立十一年	无	无
道德神院	共和路和兴里	设立九年	无	无
华佗神院	■镇路永盛里	设立十五年	无	无
神仙堂	宝昌路 115 号	设立十一年	平房一间	乡民信仰
金老爷	宝源路 104 号	设立四年	无	无
大仙堂	横浜路 175 弄	设立十五年	无	无
黄仙观	虬江路顺兴里	光绪三十三年	无	除少数广东妇女信仰外，其他无人
老黄大仙庙	虬江路	光绪元年	租屋三间	同上
观音堂	长春路	民国五年	租房一间	无
土地堂	邢家宅路	民国十年	同上	无人信仰
玉佛庵	邢家宅路	民国十四年	无	无
香林禅寺	邢家宅路 247 弄	民国十三年	无	无
三官堂	周家宅（仁德路）	民国十三年	无	无
三官爷	杨家宅（云雾山路）	民国十四年	无	无
南海大仙	江湾杨家宅	设立十五年	无	因藉符治病，乡民多信仰
中天老爷	江湾大马桥	设立六年	无	无
南海佛像	江湾寺	设立九年	无	无
开路先锋祠	北新泾	民国十年	无	无

附表四：20 世纪 40 年代上海市社会局寺庙调查情况

名称	地址	建立年代	管理人、僧员数量及籍贯	资产、登记时间、沿革及备注
文殊禅院下院	洛阳路 283 弄一号	民国四年	僧机详，四川绵阳人	租屋两间，登记时间为民国三十四年
水仙分院	方浜桥木渎街永华里 26 号	民国十八年	住持方华，浙江籍	登记时间为民国三十四年
水仙宫分院	泰山区寿宁路	民国二十二年	住持月池，浙江宁海籍，师父为浙江东阳籍	职员均为住持亲眷。奉祀西方三圣、纯阳祖师等
海音禅院	小南门外南仓街中石街 67 号	道光年间	住持新光，南通籍	民国三十五年
弥勒佛院	南市制造局惠祥弄树滋里十号	民国二十九年	住持界普，安徽桐城籍。另有职员三，一四川籍，两桐城籍	职员包括僧、香火及其住持之子，奉祀韦驮等
真一禅院	南市巡道街本院	不详	住持观通，浙江东阳籍	即水仙宫，弟子佛、三圣佛，石观音白衣大士，济祖韦驮
宋济公佛院	宁波路北安里 7 号	民国十年三月	住持无锡籍	住持即为理事长，下有六名理事
净土禅院	牯岭路 52 号	道光二十年	住持江西新建籍	民国二十四年租赁现处，奉祀三友
宁海禅院	南市小南门内永兴街一号	康熙间	住持上海籍	民国三十五年
报德律院	闸北严家阁路 571 号	光绪初年	住持南通籍	民国三十四年

（续表）

名称	地址	建立年代	管理人、僧员数量及籍贯	资产、登记时间、沿革及备注
罗太禅院	南市大南门内顾家弄 31 号	光绪二十八年	住持浙江黄岩籍	购地建庙。奉报思经、十王经、血湖经
护国禅院	肇嘉路 695 号	道光十二年	住持如皋籍	民国三十四年，即关帝庙
寿圣庵	贵州路 283	同治十二年	住持无锡籍	民国三十四年
青莲禅院	九亩地青莲街	隆庆六年	住持江苏武进县籍	民国三十四年
普陀山报本分院	长沙路	民国二年	住持崇明籍	民国三十六年
性静禅院	劳尔东路 44 弄 3 号	民国二十八年	住持扬州籍	民国三十五年（有碑记）
广福讲寺	南市方浜路 457 号	唐石晋天福年间	住持湖北黄梅籍	民国三十四年
广福寺南院	城内方浜路 459 号	石晋天福年间	住持江苏南通籍	民国三十四年
庆宁寺	浦东市度码头	宋代	住持福建籍	民国三十五年
龙华古寺	龙华镇	汉末东吴	住持二，一为昆明，一为南京	民国三十五年，受战争影响大
龙寿寺	林森中路 785 弄 9 号	民国二十八年	住持绍兴籍	民国三十五年
高明寺	七浦路松同里四号	光绪二十四年	住持浙江温岭人	租季姓房东房产，无不动产。奉韦驮像，朱天像一樽等
灵山寺	复善堂街 236 号	同治初	住持湖北籍	民国三十四年，附灵山寺纠纷卷宗

（续表）

名称	地址	建立年代	管理人、僧员数量及籍贯	资产、登记时间、沿革及备注
圣仙寺	洛阳路 96 号	同治元年	住持湖北随县籍	住持历任杭州昭庆寺住持，尊达摩像
天乐寺	江湾三民路	汉	住持江苏江宁籍	私建，水田被敌占据八年，不能耕种
玉佛寺	江宁路安远路 280 号	民国七年	住持二，一为无锡籍，一为南通籍	资金来源经营与募化
王家寺	虹桥路绥远路	清初	住持上海籍	设懂事二人。受战争影响大
弥勒寺	江阴街迎动路口 66 号	民国三十二年	住持浙江籍	不详
三昧净寺	南市复善堂街 107 号	同治六年	住持浙江金华籍	另有沪南区土地借予关帝庙建筑
弥勒寺	北成都路	民国九年	住持江宁籍	私建
弥勒寺	徐家汇路 466 号	民国二十三年	住持盐城籍	始创在南市斜土路因抗战毁于炮火
西竺寺	虹口西安路 78 号	清代	住持宁波籍	由老三官堂改建
白衣禅寺	云南路 163 号	民国二年	住持峨眉籍	不详
白云寺	北福建路 59 号	民国十五年	住持浙江黄岩	不详
保宁寺	江湾镇公安街 73 号	石晋天福三年	住持嘉定籍	募建
永庆禅寺	厦门路 248 号	民国十八年	住持盐城籍	创建人私建
福慧讲寺	汶林路 62 号	民国三十年	住持如皋籍	募化购私人宅而建

（续表）

名称	地址	建立年代	管理人、僧员数量及籍贯	资产、登记时间、沿革及备注
岳林寺	海宁路822号	民国八年	住持浙江黄岩籍	住持十三岁到奉化岳林寺出家，籍贯浙江黄岩。租陈姓房东屋，无不动产。奉地母娘娘、灵山佛等
僧观音寺	法华区察哈尔路即安和寺路	民国	不详	募建
复兴寺	大沽路104号	民国三十六年	住持湖南衡阳籍	租赁房屋，无不动产，奉祀普贤画像、药王菩萨、朱天菩萨等
积善寺	城内福佑路积善街	宋绍兴五年	住持湖北黄安籍	不详
福慧寺	西康路980号	民国二十九年	住持盐城籍	不详
安乐寺	局门路68号	民国二十九年	住持滁县籍	私建
清凉禅寺	麦特赫司脱路465号	民国十年	东台籍	原为光绪33年常州清凉禅寺，位于平桥路清凉寺下院，后分置
清凉禅寺	牛庄路764号	民国二十八年	住持湖北黄安籍	由僧侣救护队创办佛教医院，改为清凉禅寺
宝莲寺	南市张家浜112号	民国三十一年	住持宝应籍	租赁私宅改建
福业寺	中正中路1266号	民国二十六年	镇江籍	原为浙江海盐福业寺，因毁于战火，迁至此

（续表）

名称	地址	建立年代	管理人、僧员数量及籍贯	资产、登记时间、沿革及备注
法华寺	沪西法华镇	宋开宝三年	上海籍	不详
法藏讲寺	吉安路	民国十三年	黄岩籍	附有火葬场、慈光义务学校等机构（有碑文）
莲花寺	成都南路36号	民国二年	上海籍	由普陀山圆通庵至此，即普陀山下院
安国寺	虹桥路张虹路	始于宋代洪武年重建	河南籍	遭遇战火
洪恩寺	忆定盘路西诸安浜66号	民国三十四年	江都籍	不详
海会禅寺	长寿路九如里1340号	民国二十五年	盐城籍	不详
海会寺	丽园路567号	民国二十三年	无锡籍	法云里创造，后改名为此
观音寺	虬江路1495号	咸丰年间	湖北籍	为私家家堂，附产权纠纷案
观音禅寺	安和寺路787号	宋淳熙年间	上海籍	收取地租为收入
观音寺	斜土路1081号	民国十五年	扬州籍	原在日晖东路，毁于战火，迁于此
观音禅院	沪东引翔镇东首兴成里38号	同治二年	嘉定籍	募化
观音寺	龙华路640号	民国十三年	湖北安陆籍	私建。原名吕祖庙后改之
慈云禅寺	南市沉香阁路29号	万历二十八年	江苏东台籍	不详

（续表）

名称	地址	建立年代	管理人、僧员数量及籍贯	资产、登记时间、沿革及备注
大圣寺	虹口菜市街73号	民国二十九年	南通籍	施诊所一处
万佛寺	成都路116弄10号	民国六年	东台籍	不详
极乐寺	京江支路庆余南里24号	民国二十二年	盐城籍	不详
吉祥寺	七浦路204号	光绪二十五年	浙江籍	始名白云寺，民国十九年改名。住持为浙江人，历任宁波东岱禅院住持，无不动产。奉祀善才，十六樽者，诸天神像等
敬心寺	康定路53480号	民国十九年	衡阳籍	本寺系租用市房，产权归房东。收入靠布施。奉祀药师、阿难尊者、迦叶尊者、五方菩萨、朱天菩萨、翟公真人、福德财神
华严寺	小沙渡路药水弄内	民国十七年	江都籍	自建
庄严寺	蒲柏路140号	民国三十年	镇江籍	住持为常州天宁寺退院，籍贯镇江。租屋建庙，系常州天宁寺直系。奉祀西方三圣
护国寺	复兴东路695号	道光十二年	宿县籍	附私立护国义务小学校

（续表）

名称	地址	建立年代	管理人、僧员数量及籍贯	资产、登记时间、沿革及备注
护国寺	江阴路 101 号	光绪七年	住持二，一为泰县，一为如皋	不详
报恩寺	东中正路 1394 弄 20 号	民国九年	常州籍	不详
太阳寺	闸北大统路 627 号	光绪间	浙江黄岩籍	道契由庙董事会组织存于上海商业储蓄银行
中方广寺	永平路 303 至 309 号	民国三年	天台籍	代办商业。即天台山中方广下院
接引禅寺	中华路 913 号	同治元年	河南籍	住持曾任职南京云居寺，购地建庙。奉祀韦驮菩萨
静安寺	南京西路 1686 号	三国东吴	上海籍	收入以地租、经忏为主。附小学、助学金等
晏心禅寺	西门路 132 号	光绪初年	江都籍	不详
圆教寺	南成都路 67 号	民国元年	江苏籍	私人出资，租屋建庙，无不动产。奉祀十王轴画
国恩寺	普安路 239 号	光绪元年	浙江籍	原为福莲庵，私人筹款。租屋建庙，无不动产。奉祀奉水陆画像、十王轴、鬼王轴画
留云寺	南市小南门外留云街 78 号	光绪二年	江宁籍	私建，附留云学校
兴隆寺	南市路半淞园路 74 号	民国二十八年	扬州籍	购私人宅建成

名称	地址	建立年代	管理人、僧员数量及籍贯	资产、登记时间、沿革及备注
太平寺	北成都路683号	民国十一年	湖北籍	
普济寺	梵皇渡路1423号	民国十七年	宜兴籍	不详
普济寺	济南路273号	民国十三年	无锡籍	化私为公，原为山西普济寺下院
镇海寺	南市大佛厂街9号	明代	广东籍	不详
普渡寺	东法华路	民国二十九年	东台籍	不详
益寿寺	甘肃路	民国十七年	黄岩籍	住持曾任职奉化岳林寺住持，后由其孙任职，籍贯浙江黄岩。租屋自普姓房东，佛事为生。奉祀大天君、西圣帝、朱天像等
普贤寺	童家浜31号	民国十四年	四川籍	不详
高昌司庙	南市大南门外复善堂街	光绪六年	浦东籍	庙董捐助
高昌司庙	大南门复善堂街	光绪六年	上海籍	不详
高郎庙	引翔区高郎桥	康熙间	上海籍	地方庙
王启庙	蓬莱区63保13甲	光绪三十一年	镇海县籍	家庙、自己津贴
下海义王庙	昆明路73号	乾隆间	上海籍	祖遗田单

（续表）

名称	地址	建立年代	管理人、僧员数量及籍贯	资产、登记时间、沿革及备注
三庄庙	浦东洋泾以南王浜3号	不详	镇江籍	山主与住持同管理
社庄庙	华德路高郎桥北首	民国八年	浦东籍	无不动产，奉祀雷祖、华佗、三太太
江境庙	浦东杨思区周渡乡	不详	江北籍	不详
淡井庙	永嘉路十二弄十号	宋代	上海籍	收入地租
道堂庙	浦东庆宁镇前浜178号	康熙二十五年	本市籍	由公民组织之长随会推举一人管理
老高昌庙	制造局路749号	同治五年	江苏籍	不详
大圣庙	忆定盘路（江苏路）曹家堰	民国二十六年	南通籍	本庙自南通狼山来，募建，无不动产，佛事为生。奉祀供奉唐代僧伽国师法像。
姚江泾庙	吴淞蕴藻浜浜南大桥边	同治六年	上海籍	施氏募建
东山庙	南市西林横路53号	民国二十九年	宁海籍	附设东山义务小学一所、民众职业夜校一所。住持早年信佛道，变卖祖产在南市租空地。供奉东山娘娘
翟真人庙	南市局门路471号	光绪十九年	长沙籍	（即关帝庙）有敕封照应真人碑文一则。真人为湖南人，由旅沪湘人奉祀，庙由湖南会馆补贴

名称	地址	建立年代	管理人、僧员数量及籍贯	资产、登记时间、沿革及备注
关帝庙	青云路大统路口	民国二十五年	上海籍	由闸北苏家巷全村民发起公建
关帝庙	小南门外佛阁街65号	雍正间	湖北籍	不详
大圣关帝庙	中正西路徐家宅弄底61号	民国二十九年	四川籍	不详
关帝庙	南京西路1691弄1号	乾隆间	上海籍	香火为支撑
分水庙	临平路一号	光绪间	扬州籍	依赖佛事
小九华庙	南市小南门外小九华街一号	咸丰间	上海籍	靠经忏佛事
立雪庵	浦东六里桥	咸丰	浙江籍	收入田租。因英人初辟租界划去，迁至此
广修庵	丽园路459号	民国元年	宁波籍	念经折箔
广福庵	里马路1398号	光绪元年	长沙籍	不详
三圣庵	复兴中路303号	光绪十九年	江湾籍	住持保管庙地
西池庵	斜徐路336号	光绪二十八年	苏州籍	无经济来源
圣寿庵	杨行西街248号	乾隆二十八年	宝山籍	张氏募建
弥陀庵	斜土庵局门路	光绪间	江阴籍	临时诵经费
正觉庵	闸北宋公园路一号	不详	香山籍	诵经
云居庵	老北门内云居街5号	道光二十七年	泰州籍	诵经

（续表）

名称	地址	建立年代	管理人、僧员数量及籍贯	资产、登记时间、沿革及备注
翠竹庵	东法华镇	民国十八年	不详	经营佛事
平等庵	劳利育路	民国九年	扬州籍	经营佛事
仙水庵	浦东钦赐仰殿东首	道光十年	松江籍	庙地种植
保福庵	闸北京江路403号	光绪间	浙江籍	临时诵经费
崇宁庵	南市灵济街火腿弄	崇宁间	浙江籍	奉关帝塑像
紫竹庵	肇周路183号	民国五年	泉州籍	经忏。为普陀山慧济寺下院
众善庵	徽宁路469号	明末清初	上海籍	临时诵经费
莲座庵	南市高昌庙路161号	咸丰间	扬州籍	斋主布施、临时诵经费。供观音、弥勒、关帝、地母、八字菩萨。购地建庙
福慧庵	鲁班路南草塘街17号	民国五年	宁波籍	折箔、诵经
送子庵	北福建路20弄9号	同治九年	宁波籍	诵经
清净庵	小南门王家嘴角荷花池新仁里4号	万历二十八年	宜昌籍	诵经佛事。私建
净土庵	前门局门支路23号	民国八年	常熟籍	佛事。系在家人志愿修行共同组织
福寿庵	甘肃路135号	光绪三十年	黄岩籍	诵经

名称	地址	建立年代	管理人、僧员数量及籍贯	资产、登记时间、沿革及备注
永寿庵	松潘路松茂里77号	光绪二十二年	武进籍	不详
梵音庵	九亩地榛苓街	顺治重建	南京籍	诵经念佛
观音庵	南市林荫路133号	光绪间	上海籍	念佛。私建
大悲庵	沪南半淞园路	同治十二年	定海籍	由普陀山盘陀石补助
九润庵	浦东南码头东三里桥70号	民国三年	苏州籍	奉祀观音、如来、城隍等。由地方绅士组织保管会
妙莲庵	徽宁路28号	光绪三十二年	上海籍	诵经费
真如庵	陆家浜路1283号	光绪二十五年	广东籍	不详
黄菩庵	南市先棉祠街45号	乾隆六年	宁波籍	奉祀观音、释迦、地藏等。靠佛事为生
华严庵	南市陆家浜89号	道光	上海籍	私建。靠佛事为生
万年庵	闸北潭子湾天助桥	道光	杭州籍	佛事、募化
青龙庵	南市薛家浜218号	崇祯	如皋籍	经忏
静修庵	西门静修路95号	光绪八年	苏州籍	念经折箔
静修庵	沪东引翔区控江路	民国十二年	宁波籍	私建。奉祀观音、摩尼、地藏、三官、迦叶等。募化为生

（续表）

名称	地址	建立年代	管理人、僧员数量及籍贯	资产、登记时间、沿革及备注
泰山堂庵	朱家行镇东市	成化八年	上海籍	念佛、做手工织布
静室庵	老西门静修路117号	万历	上海籍	佛事
长生庵	法华镇162号	民国三十一年	泰县籍	经营佛事
阴修庵	斜桥丽园路	光绪	南汇籍	诵经
慈云庵	肇嘉路姚家弄	道光	扬州籍	就食各庵
慈修庵	九亩地榛苓街十五弄3号	乾隆	南京籍	诵经念佛
慈顺庵	闸北张家宅417号	光绪	泰县籍	诵经
钱家庵	方斜路556弄21号	顺治	上海籍	念经折箔
铎林庵	文庙路139号	康熙	上海籍	收入地租、佛事
竹林庵	北四川路虹江支路548号	光绪十八年	广东籍	诵经
光明庵	三官堂路五福里5号	光绪十六年	泰县籍	诵经。附田单契
性善庵	局门路斜土路294弄17号	民国十三年	宁波籍	袜业工自给。家庵
三圣堂	南市斜徐路860弄	民国二十四年	盐城籍	不详
三官堂	浦东塘桥路161号	咸丰五年	湖南籍	靠地租及香金为生。（附庙产保管会组织庙董事会来往文书）奉祀茅山菩萨、痘仙菩萨、华佗先师、关帝、观音、释迦

（续表）

名称	地址	建立年代	管理人、 僧员数量及籍贯	资产、登记时间、 沿革及备注
天真佛堂	闸北区南梅园路286弄1号	民国十九年	涟水县籍	原址在沪太路，因"八·一三"战事毁
天真念佛堂	江苏路500弄92号	民国二十三年	江苏宝应籍	不详
三星堂	南市丽园后路37号	咸丰	上海籍	纪念关帝、猛将、三官
上方山佛堂	江阴街兴安里	民国三十一年	镇江籍	不详
袁家观音堂	本市三十区十六号	明末清初	上海籍	袁氏合族筹捐。奉祀慈航、关帝、岳武穆、文昌三官、猛将、玄帝天师
静修庵	闸北太阳庙路	不详	海门籍	遭战事完全破坏
中教佛堂	南市新桥路71号	民国三十年	南京籍	不详
邑庙	南市屑皮弄102号	清代	太仓籍	不详
陆家观音堂	中正路244号	咸丰	上海籍	经忏
慈航法会念佛堂	光复路合德里52号	民国十八年	阜宁籍	香金
慈航法会念佛堂第一分会堂	北新泾一号桥镇北路1号	民国二十五年	阜宁籍	香金
慈航法会法会第六分会堂	大场镇西南三里路8号	民国三十六年	上海籍	不详
善修堂	闸北南山路	不详	广东顺德人	不详

（续表）

名称	地址	建立年代	管理人、僧员数量及籍贯	资产、登记时间、沿革及备注
武圣殿佛堂	虹口区高阳路	不详	盐城籍	不详
广化念佛精舍	翟真人路520号	民国二十五年	南京籍	诵经
广化堂精舍	本市南市新桥路翟真人路516号	民国二十五年	广东省潮州	由慈善家自主捐助。与广化念佛精舍同出一源、各立门户
一行精舍	斜徐路得运里13号	民国六年	上海县	收房、念经
长生精舍	老北门内长生街80号	万历元年	上海市	经忏、念经
普愿精舍	南市露香园路吉安里十五号	民国二十八年	广东潮州（男）	经营佛事。创始人为广东汕头籍
普愿精舍	露香园吉安里十五号	民国二十八年	广东潮州（女）	经忏、念佛
天后宫	河南北路3号	光绪六年	温州乐清，在宁波出家，民国三十一年抵沪	靠布施为生。天后圣母像、观音佛像、地母神像、顺风耳神像、千里眼神像。光绪元年春由道士奔走江浙闽粤四省船帮善士，经六载所得之资。香火极盛，可称全沪之冠。及至民国十六年间破除迷信之举大部房屋充作公产。八一三遭毁坏，后又发展天后宫小学

名称	地址	建立年代	管理人、僧员数量及籍贯	资产、登记时间、沿革及备注
三义宫	吴淞路猛将弄十八号	民国十八年	扬州籍，原经营红锅业	独资创办
皇母宫	虹口东余杭路	道光	宁波籍	不详
皇母宫	舟山路 350 弄 31 号	道光	浙江黄岩籍	不详
紫竹林宫	柳林路福庆里 93 号	民国十八年	现任住持江都人，创始人江都人	不详
凌云殿	浦东九图下西浜 9 号	民国二十五年	住持江苏灌云籍	不详
财神殿	建国东路 455 弄	咸丰年间	住持江苏武进县籍	不详
阁老殿	其美路西	民国前	不详	奉祀佛像、阁老、土地、观音、三官、关帝、华佗
龙鳞塔	大场镇西市十六号	光绪二十六年	住持湖北籍	"八·一三" 中遭毁
玄玄坛	成都路 847 号	民国二十三年	创始人仁昌毛织厂经理，住持浙江上虞，曾是木行职员	不详
登岸林	康定路 430 号	民国十五年	住持泰兴籍	佛事
一心蘭若	闸北共和新路底像仪巷 59 号	民国三十五年	住持温岭籍	不详
西林观音阁	江湾万安路 957 号	乾隆三十九年	住持浙江籍	不详
观音阁	观音阁路 24 号	民国四年	住持上海籍	不详

（续表）

名称	地址	建立年代	管理人、僧员数量及籍贯	资产、登记时间、沿革及备注
济善轩佛会	天津路 369 号	癸亥年	住持为浙江吴兴县籍	创始人于民国十二年由浙江海宁分设来沪
莲池法会	南市局门路安乐里新三号	民国三十四年	住持上海县	家人志愿修行，组建
乐善莲社	穿西义路天成里 34 号	民国二十五年	住持江苏南通籍	不详
佛光莲社	中正西路北汪家弄 8 号	民国二十八年	住持扬州籍	不详
正觉念佛会	上海曾家渡长宁路花园里 1 号	民国二十七年	住持上海籍	不详
纯善社正心念佛会	霞飞路 987 弄 17 号	民国十四年	住持南汇籍	不详
印光大师永久纪念会	赫德路 418 号	民国三十年	住持安徽籍	不详
新闸金龙四大王庙	北成都路 1073 号	嘉庆年间移建	住持上海籍	供神船一艘
三元宫	南市新肇周路张家宅 6 号	民国前十四年创始	住持上海籍，曾任上海兵工厂领班	动产归看庙人保管，不动产归庙主保管
玉皇宫	闸北童家浜	民国十三年	住持浙江宁波	家庙性质
北宫寺	云南路裕德里	不详	创始人上海兵工厂工人	不详
庙三官殿	沪西梵里渡路 124 号	咸丰年间	住持上海籍	不详

（续表）

名称	地址	建立年代	管理人、僧员数量及籍贯	资产、登记时间、沿革及备注
北斗寺	爱文义路 232 号	民国二十七年	住持江苏吴县籍	奉北斗经、高王经、太阳经太上老君经。无不动产
延真观	老北门内福佑路潘家街东口	道光二十三年	住持上海市籍	习称三茅阁
三茅宫	威海卫路 270 号	民国二十六年	住持江苏句容籍	附沿革
白云观	西门方斜路	民前同治五年	住持南通籍	三玄经、皇经、莲花经、东岳经、灶经。无不动产
保安司徒庙	南京路 496 号	明季	住持上海籍	道观性质。附庙条例
金司徒庙	康定路 44 号	明末	住持上海籍	道教性质
山东泰山北宫寺下院	云南路裕德里 8 弄 13 号	民国二十四年	住持山东高密籍	民国二十四年由山东迁至上海闸北虬江路，住持籍贯山东高密。百正经、北斗经、朝真斗科、老君经
紫阳宫	沪西开纳路 220 号	民国二十一年	住持浙江台州籍	初在浙江天台后来沪创，在浙江修建紫阳宫，奉炼度经
神霄院	长兴路 80 号	民国三十三年	住持川沙、南汇	不详
涤虑道堂	浙江南路宝兴里 36 号	民国二十一年	住持宜昌籍，民国十七年在宜昌入道	祖山在南充，分堂遍川东、鄂西。本堂由宜昌分堂分沪。奉三圣经、明圣经

（续表）

名称	地址	建立年代	管理人、僧员数量及籍贯	资产、登记时间、沿革及备注
清虚观	中正东路 850 号	康熙间	住持宝山籍	不详
萧王庙	引翔区高郎桥西北	万历中	住持上海籍	不详
都天庙	闸北大洋桥东首中兴路	民国三年	住持南通籍	原系供奉避瘟都天大帝，灵佑沪北民众
真武宫	南市乔家栅	民国三十四年	住持为定海籍	创始人为棉织厂经理、宝昌南北货号主
杭州玉皇善福星观道院	西康路 588 号	民国二十八年	住持为南通籍，向在杭州玉皇山住持	创始人向在杭州玉皇山住持数十年
大境关帝庙	大境路 259 号	万历	住持上海籍	不详
桐柏宫道院	威海卫路 284 号	民国十五年	住持江西籍	不详
老闸大王庙	厦门路 7 号	明季	住持上海籍	供奉金龙四大王为镇治吴淞江水源
地母圣殿	杨树浦许昌路 700 弄 1 号	民国二十九年	住持高邮籍	奉高王经，无不动产
葛尚书庙	殷行区	明季	住持上海籍	不详
指江庙	严家阁路 605 号	宋代	住持上海籍	道教性质
景德观（东岳庙）	江湾区万安路 119 弄 4 号	宋代	住持上海籍	不详

（续表）

名称	地址	建立年代	管理人、僧员数量及籍贯	资产、登记时间、沿革及备注
金母宫道院	肇嘉路五福里4号	民国三十一年	住持上海籍	由紫阳宫分至南市后由众护法护持成立
慈航仙观	宁波路顾家弄10号	民国十六年	住持广东籍	不详
钦赐仰殿	浦东洋泾镇西	唐代	住持上海籍	不详
火神庙	肇嘉路18号	雍正十三年	住持川沙籍	不详

注：① 资料来源：《申报》1929 年 5 月 19—20 日；上海市社会局祠庙调查，卷宗号：Q6-18-353、Q6-18-354、Q6-18-355、Q6-18-356、Q6-18-357、Q6-18-358、Q6-10；

② 此统计表中住持、僧员籍贯为调查活动开展时情况.

参考文献

一、档案及档案汇编

（一）档案资料

[1]《1927—1934 年上海市社会局寺庙庵堂登记》，上海市档案馆，卷宗号：Q6-18-353—Q6-18-358。

[2]《1945—1948 年社会局祠庙登记资料》，上海市档案馆，卷宗号：Q6-10。

[3]《日伪时期寺庙及人口统计表》，上海市档案馆，卷宗号：R1-4-135。

[4]《各警察局关于教堂、寺庙、迷信团体调查表》，上海市档案馆，卷宗号：Q134-4-90、Q148-7-6、Q151-3-14。

[5]《各地旅沪同乡会》，上海市档案馆，卷宗号：Q117-1-1（缩微胶卷）。

[6]《民政局户口调查表及迁入、迁出情况》，上海市档案馆，卷宗号：Q119-3-1。

[7]《社会局租地、平民住所统计》，上海市档案馆，卷宗号：Q1-11—Q1-23。

[8]《上海市公共租界工部局总办处关于庙宇地产出售和租用费用》，上海市档案馆，卷宗号：U1-3-2793。

[9]《关于土地章程的文件》，上海市档案馆，卷宗号：U1-1-1050-1062。

[10]《总办处关于费唐法官调查研究土地章程和附则以改进工部局行政管理事》，上海市档案馆，卷宗号：U1-3-3913。

[11] 法租界公董局档案：*Nature des dossiers et documents*，上海市档案馆，卷宗

号：U38-1-213。

［12］法租界公董局档案：《上海法租界公董局关于寺庙等申请补助金事宜的文件》，上海市档案馆，卷宗号：U38-1-214。

（二）档案汇编

［1］中国第二历史档案馆编：《中华民国史档案资料汇编·文化》（第三辑），江苏古籍出版社，1991年。

［2］中国第二历史档案馆编：《中华民国史档案资料汇编·文化》（第五辑第三编），江苏古籍出版社，1999年。

［3］《上海市棚户区概况调查报告》，收入《有关上海儿童福利的社会调查》，1948年。

［4］上海档案馆编：《清代上海房地契档案汇编》，自乾隆四十三年(1778)至民国三年(1914)，共85份地产交易契约，上海古籍出版社，1999年。

［5］蔡育天主编：《上海道契》(1—9卷)，自道光二十四年(1844)至光绪二十四年(1898)，计2628份道契，上海古籍出版社，2005年。

二、新旧地方志、地名志

［1］王大同、李林松纂：《上海县志》，嘉庆十九年刻本。

［2］应宝时修，俞樾纂：《上海县志》，中国方志丛书，同治十一年刊本。

［3］吴馨等纂，姚文枬等撰：《上海县续志》，民国七年本。

［4］姚文彤修：民国《上海县志》，民国二十四年刊本，成文出版社，1970年。

［5］丁世良、赵放主编：《中国地方志民俗资料汇编》（华东卷），书目文献出版社，1995年。

［6］曾国荃：(光绪)《湖南通志》卷242《方外志 五》，光绪十一年刻本。

三、报刊、年鉴资料

［1］上海市年鉴委员会编纂：《上海市年鉴》(1935年度)，上海市通志馆，

1935 年。

［2］上海市通志馆年鉴委员会编：《上海市年鉴》(1936 年度)，上海市通志馆，1936 年。

［3］周钰宏编：《上海年鉴》，华东通讯社，1947 年。

［4］《申报》《新闻报》《字林西报》《政府公报》《民众运动月刊》《点石斋画报大全》《上海画报》《中国丛报》《民众生活》《力报》《中华月报》《晶报》等。

四、文集、游记、小说、旅游指南等古人著述类

［1］葛元煦：《沪游杂记》，郑祖安 标点，上海书店出版社，2006 年。

［2］黄懋材：《沪游脞记》，上海书店出版社编，《丛书集成续编》第 63 册《史部》，上海书店出版社，1994 年。

［3］李维清：《上海乡土志》，上海书店出版社编，《中国地方志集成·乡土志专辑》，上海书店出版社，2019 年。

［4］刘永翔编：《淞南随笔》，《明清上海稀见文献五种》，人民文学出版社，2006 年。

［5］王韬：《瀛壖杂志》，董光和、齐希编，《中国稀见地方史料集成》(第二集第九册)，学苑出版社，2011 年。

［6］王韬：《漫游随录》，钟叔河编，《走向世界丛书》，湖南人民出版社，1982 年。

［7］徐润：《徐愚斋自叙年谱·上海杂记》，民国十六年铅印本，文海出版社。

［8］张春华：《沪城岁事衢歌》，《上海滩与上海人丛书》，上海古籍出版社，1989 年。

［9］诸华：《沪城备考》，《丛书集成续编》第 50 册《史部》，上海书店出版社。

［10］姚公鹤：《上海闲话》，上海古籍出版社，1989 年。

［11］余之、程新国主编：《旧上海风情录》(上、下)，文汇出版社，1998 年。

［12］李伯元：《官场现形记》，上海古籍出版社，2005 年。

［13］吴趼人：《二十年目睹之怪现状》,上海古籍出版社,2005 年。

［14］司香旧尉：《海上尘天影》,上海古籍出版社,1992 年。

［15］韩邦庆：《海上花列传》,上海古籍出版社,1994 年。

［16］漱六山房：《九尾龟》,上海古籍出版社,1994 年。

［17］王韬：《淞隐漫录》,人民文学出版社,1983 年。

［18］《民国史料丛刊》,大象出版社,2009 年。

［19］徐珂编撰：《清稗类钞》,中华书局,1984 年。

［20］李文海主编 ,夏明方、黄兴涛副主编：《民国时期社会调查丛编二编城市（劳工）生活卷》,福建教育出版社,2014 年。

［21］罗志如：《统计表中之上海》,（南京）中正书局,1932 年。

［22］胡林阁等编：《上海产业与上海职工》,远东出版社,1939 年。

五、丛书、史料汇编类

［1］顾炳权编著：《上海洋场竹枝词》,上海书店出版社,1996 年版。

［2］秦荣光：《上海县竹枝词》,《中国风土志丛刊》（第 44 册）,广陵书社,2003 年。

［3］白庚胜主编：《中国民间故事全书》,知识产权出版社,2011 年。

［4］王秋桂等主编：《中国民间信仰资料汇编》,台湾学生书局,1989 年。

［5］上海社会科学院历史研究所：《上海小刀会起义史料汇编》,上海人民出版社,1980 年。

［6］上海通志馆编：《上海掌故丛书》,上海书店出版社,2021 年。

［7］孙安邦主编：《民国笔记小说大观》（第二辑）,山西古籍出版社,1996 年。

六、地图类

［1］周振鹤主编：《上海历史地图集》,上海人民出版社, 1999 年。

［2］承载等选编：《老上海百业指南》,上海社会科学院出版社,2004 年。

［3］孙逊、钟翀主编：《上海城市地图集成》，上海书画出版社，2018 年。

七、今人著述

（一）外文原著

［1］Arthur P. Wolf , *Religion and Ritual in Chinese Society* , Stanford University Press , 1974.

［2］Emily Honing, *Sisters and Strangers*：*Women in the Shanghai Cotton Mills* , *1911—1949* , Stanford , Calif , 1986.

［3］Bickers, Robert, *The Formation and Identity of the British Settler Community in Shanghai* , *1843—1937* , Past& Present, No. 159 (May, 1998).

［4］Susan Naquin, *Peking*：*Temples and City Life* , *1400—1900* , University of California Press , 2000.

［5］John Lagerwey, *Paradigm Shifts in Early and Modern Chinese Religion* , Handbook of Oriental Studies, Brill, 2018.

（二）译著

［1］［美］露丝・本尼迪克特：《文化模式》，何锡章、黄欢译，华夏出版社，1987 年。

［2］［英］拉德克利夫・布朗：《社会人类学方法》，夏建中译，山东人民出版社，1988 年。

［3］［美］马文・哈里斯：《文化人类学》，李培茱、高地译，（北京）东方出版社，1988 年。

［4］［法］葛兰言：《中国古代的祭祀与歌谣》，张铭远译，上海文艺出版社，1989 年。

［5］［美］克莱德・伍兹：《文化变迁》，施惟达译，云南教育出版社，1989 年。

［6］［澳］颜清湟：《新马华人社会史》，粟明鲜、陆宇生等译，中国华侨出版公司，1991 年。

［7］［美］欧大年:《中国民间宗教教派研究》,刘心勇等译,上海古籍出版社,1993 年。

［8］［美］韩森:《变迁之神》,包伟民译,浙江人民出版社,1999 年。

［9］［法］爱弥儿·涂尔干:《宗教生活的基本形式》,渠东、汲喆译,上海人民出版社,1999 年。

［10］［美］裴宜理:《上海罢工》,刘平译,江苏人民出版社,2001 年。

［11］［美］凯文·林奇:《城市意象》,方益萍、何晓军译,华夏出版社,2001 年。

［12］［美］本尼迪克特·安德森:《想象的共同体》,吴叡人译,上海人民出版社,2003 年。

［13］［日］小浜正子:《近代上海的公共性和国家》,葛涛译,上海古籍出版社,2003 年。

［14］［法］安克强:《上海妓女》,袁燮铭译,上海古籍出版社,2004 年。

［15］［美］卢汉超:《霓虹灯外——20 世纪初日常生活中的上海》,子羽译,上海古籍出版社,2004 年。

［16］［美］韩起澜:《苏北人在上海,1850—1980》,卢明华译,上海古籍出版社,2004 年。

［17］［美］包尔丹:《宗教的七种理论》,陶飞亚译,上海古籍出版社,2005 年。

［18］［美］林达·约翰逊主编:《帝国晚期的江南城市》,成一农译,上海人民出版社,2005 年。

［19］［美］保罗·诺克斯、史蒂文·平奇:《城市社会地理学导论》(第四版),柴彦威、张景秋等译,商务印书馆,2005 年。

［20］［美］焦大卫、欧大年:《飞鸾:中国民间教派面面观》,周育民译,香港中文大学出版社,2005 年。

［21］［日］广田康生:《移民和城市》,马铭译,商务印书馆,2005 年。

［22］［美］杨庆堃:《中国社会中的宗教:宗教的现代社会功能与其历史因素

之研究》,范丽珠译,上海人民出版社,2007 年。

[23] [美]罗威廉:《汉口:一个中国城市的冲突和社区(1796—1895)》,鲁西奇译,中国人民大学出版社,2008 年。

[24] [法]禄是道:《中国民间崇拜》,李天纲等译,上海科学技术文献出版社,2009 年。

[25] [美]威廉·富特·怀特:《街角社会》,黄育馥译,商务印书馆,2010 年。

[26] [美]施坚雅等:《泰国华人社会:历史的分析》,许华等译,厦门大学出版社,2010 年。

[27] [美]大卫·哈维:《巴黎城记:现代性之都的诞生》,黄煜文译,广西师范大学出版社,2010 年。

[28] [美]顾德曼:《家乡、城市和国家——上海的地缘网络与认可(1853-1937)》,宋钻友译,上海古籍出版社,2004 年。

[29] [英]詹姆斯·乔治·弗雷泽:《金枝》,汪培基、徐育新、张泽石译,商务印书馆,2013 年。

[30] [德]迪特·哈森普鲁特:《中国城市密码》,童明、赵冠宁、朱静宜译,清华大学出版社,2018 年。

[31] [德]马克斯·韦伯:《中国的宗教:儒教与道教》,康乐、简惠美译,上海三联书店,2020 年。

[32] [美]张鹏:《城市里的陌生人:中国流动人口的空间、权力与社会网络的重构》,袁长庚译,江苏人民出版社,2019 年。

[33] [英]克里斯托弗·希伯特:《伦敦城记》,刘嫄译,上海人民出版社,2021 年。

(三)中文著作

[1] 邹依仁:《旧上海人口变迁的研究》,上海人民出版社,1980 年。

[2] 蒯世勋:《上海公共租界史稿》,《上海史资料丛刊》,上海人民出版社,

1980 年。

〔3〕 金泽:《英雄崇拜与文化形态》,商务印书馆(香港),1991 年。

〔4〕 乌丙安:《中国民间信仰》,上海人民出版社,1995 年。

〔5〕 王明珂:《华夏边缘:历史记忆与族群认同》,允晨文化公司(台北),1997 年。

〔6〕 葛壮:《宗教和近代上海社会的变迁》,上海书店出版社,1999 年。

〔7〕 杨念群主编:《空间·记忆·社会转型》,上海人民出版社,2001 年。

〔8〕 侯杰、范丽珠:《世俗与神圣:中国民众宗教意识》(修订版),天津人民出版社,2001 年。

〔9〕 赵世瑜:《狂欢与日常:明清以来的庙会与民间社会》,生活·读书·新知三联书店,2002 年。

〔10〕 柴彦威等著:《中国城市的时空间结构》,北京大学出版社,2002 年。

〔11〕 朱小田:《在神圣与凡俗之间:近代江南庙会论考》,人民出版社,2002 年。

〔12〕 包亚明主编:《现代性与空间的生产》,上海教育出版社,2003 年。

〔13〕 郭绪印:《老上海的同乡团体》,文汇出版社,2003 年。

〔14〕 陈进国:《信仰、仪式与乡土社会:风水的历史人类学探索》,中国社会科学出版社,2005 年。

〔15〕 郑振满、陈春声主编:《民间信仰与社会空间》,福建人民出版社,2005 年。

〔16〕 刘正刚:《广东会馆论稿》,上海古籍出版社,2006 年。

〔17〕 范荧:《上海民间信仰研究》,上海人民出版社,2006 年。

〔18〕 费孝通:《江村经济》,上海人民出版社,2007 年。

〔19〕 宋钻友:《广东人在上海》,上海人民出版社,2007 年。

〔20〕 熊月之:《异质文化交织下的上海都市生活》,上海辞书出版社,2008 年。

[21] 张乐天、徐连明、陶建杰等:《进程农民工文化人格的嬗变》,华东理工大学出版社,2011年。

[22] 牟振宇:《从苇荻渔歌到东方巴黎:近代上海法租界城市化空间过程研究》,上海书店出版社,2012年。

[23] 范丽珠、殴大年:《中国北方农村社会的民间信仰》,上海人民出版社,2013年。

[24] 劳格文、科大卫编:《中国乡村与墟镇神圣空间的建构》,社会科学文献出版社,2014年。

[25] 李天纲:《金泽:江南民间祭祀探源》,生活·读书·新知三联书店,2017年。

[26] 陈恒等:《西方城市史学》,商务印书馆,2017年。

[27] 戴鞍钢:《近代上海与江南:传统经济、文化的变迁》,上海书店出版社,2018年。

[28] 苏智良:《上海城区史》,学林出版社,2019年。

[29] 王健:《多元视野下民间信仰与国家权力的互动:以明清江南为中心》,上海辞书出版社,2019年。

[30] 蔡晓梅、苏晓波:《新文化地理学文献导读》,中国社会科学出版社,2020年。

[31] 冯贤亮:《近世江南的城乡社会》,复旦大学出版社,2021年。

[32] 周怡主编:《文化社会学经典与前沿》,北京大学出版社,2022年。

[33] 赵世瑜:《猛将还乡:洞庭东山的新江南史》,社会科学文献出版社,2022年。

后　记

　　本书是在我的博士论文和国家社科基金项目基础上完成，但若要究其源头还要从我的家乡——巢湖北岸的江淮低山丘陵地区说起。这里单姓村庄居多，宗族意识表现浓厚。我所生活的地方，几乎所有家庭在我年幼时都有人在上海务工，主要从事建筑、纺织等行业。

　　我的三叔出生于1965年，十七八岁时就来到上海，起初一直在浦西求职。至20世纪80年代末以后搬往浦东，承包建筑工程，再从家乡招揽工人，工程规模大时大概有四五十位工人。他们之间一方面知根知底，另一方面生活习惯等都一致。浦东开发开放后，大批外来务工人员进入上海，在浦东曹路、顾路、高桥、孙桥、金桥、北蔡等区域一直待到2010年前后。这些地名印在我的记忆中，还充实以丰满的、小说样的情节。三叔隔三岔五回乡探亲，每次都会跟我父亲聊他在上海的见闻——如何寻找工程项目、如何管理工人等。不同乡籍工人间的摩擦便是他们经常要面对的，甚至械斗，最后来解决问题的派出所同志常常也是某地同乡。那些年我一直好奇上海的另一面，直到我来上海读书时偶尔也会去三叔的工地转转，他一如往常跟我聊工地的事情，械斗当然没有，但按籍贯来划分的习惯始终存在。

　　除了建筑工地外，当时的纺织工厂虽然没有"帮"，但地域划分还是如此。我的发小大约有十来个，几乎除我之外全体在初一就辍学了。之后家中为他们规划的路线是在当地乡镇集市拜师学习制衣技术，有了一些缝纫基础技能后再经由熟人带至上海毛衫纺织厂务工。这不是个别的情况，而是整个学校几乎小半是辍学选择这一道路的。纺织产业是近代上海的"母亲产业"，20世纪80年代初，上海纺织业达到最辉煌的时期，年利税曾高达43亿元，稳居上海支柱产业之首。据1995年上海市外来人口调查，当时在上海纺织系统中就业的外来女性已超过万人，占全系统职工的1/10以上，占纺织系统生产一线职工的40%。与近代进入上海的移民相比，这一时期进入的人口可能更为均质化和主动化，尤其是劳动力走向市场集中期的20世纪90年代以后，上海制定外来人口在本市就业的相关管理法规，更加吸引了外来人口的进入。

但同时，随着20世纪90年代开发开放之后的产业结构调整，纺织虽然是近代上海的支柱产业，但当时实际上已经处于大规模萎缩和迁移阶段。2006年开始，浦东的纺织产业先于建筑行业淹没在历史大潮中，在此过程中许多纺织产业伴随机器及人员的迁移流动到江苏、安徽、浙江等中小城市，产业和人员的流动使上海与长江三角洲地区的互动更加频繁。叔辈和同伴们将近两代人上海务工的经历让我看到浦东开发开放对长江沿线的内地城市的深刻影响，除了经济外还有生活方式和社会观念上的变化。他们正值青少年时期，回乡时携着"时髦"的物品和穿着，风衣、牛仔服、卷发、流行歌曲唱片等极具"上海性""现代性"的事物，这些都让皖江大地悄然变化。我最先接触港台流行歌曲就是那时，初中老师会调侃某位同学发型"小开"，孩子间居然会骂"猪头三"，这些俚语都是上海近代以来所流行的。最喜欢的零食是叔叔带回的闲趣和光明巧克力冰袋，永久自行车是上学时的最高配置，可蒙洗发水面霜都是上海家化的热门产品……这些带有浓厚上海流行要素的物品成为当时沿江地区普通消费的前沿。甚至，叔叔们的沪语讲得都很好，二叔的上海本帮菜烧得最好，至今也是我们大家族中最受欢迎的菜式，原因在于认为是有别于家乡传统菜的味道。以微知著，上海对区域腹地内生活、文化、观念的影响远不止此。而这种影响的大小同时也似乎表现出与城市层级相对应的关系。近代上海首先与京、苏、浙、皖共同成立"五省市互通汽车委员会"，这促进了长江三角洲的民间流动，加速了区域间的互动和影响，但至 20 世纪八九十年代由巢湖至上海是必经南京的，由此而决定这种影响力的层级性。而乡缘又常常会让这种影响力跨越层级。大约 2000 年以后，上海卢湾区在我家乡投资建设一所希望小学，我的父亲调任校长。当时同批修建的还有中南部其他省份的学校，为什么会选址在我家乡也是源于当时捐资人出生于此。此后每年卢湾区教育局会定向支援大量教学器具、图书等物资，邀请父亲带领师生前往上海开展夏令营或师资培训。我也是在此时从父亲那里读到海派文化的书籍。

2010 年以后，由于浦东城市化的深入和产业结构调整，小规模经营的建筑行业几乎无法生存。许多外地工人告别居住、生活了 20 多年的浦东。2005—2012 年间，建筑、纺织行业的工人大部分回乡或转型，这一方面源自产业结构调整，另一方面也源于城市更新、建设进入到一个高质量、低密度的阶段。有趣的是，务工的经历影响到叔叔、姑姑们子女择校、择业、择居的观念，首选上海的高校。即使现在，在我的访谈中发现大型建筑公司和地产开发公司所管理的工人实际上还是分成若干主要以地域籍贯区别的工人群体。纵观几十

年的沪漂路,我们看到普通技术工人浦西—浦东—"五个新城"(或响
应乡村振兴政策号召回乡)空间上的转移,既影响了他们的家庭观
念,也影响到上海经济腹地区域的文化、生活。对于他们来说,浦东
曾经就是他们眼中的上海,甚至认为川沙就是上海的一个重要城市
中心,游玩首选的是川沙公园,其次才是外滩、大世界……浦东开发
开放后,外省务工人员与城市之间的关系吸引着我回望近代上海城
市化的历程。上海与其经济腹地、文化腹地之间相互滋养,也是现代
化过程中乡村与城市关系的发展历程,这一过程从近代以来就开始
并延续。基于此,我希望从源头去理清这一脉络,探索外来人口在城
市中的社会生活及与城市面貌间的关系,而正是这种关系成为形塑
近代上海城市性格的重要力量之一。

　　本书的研究是一个契机,像三叔一样来上海的人们千千万万,每
个小人物与上海的职业、情感纠葛都几乎是毕其一生的选择,也期待
未来会有将他们的青春书写出来的机会。正是这些构成了改革开放
和上海发展的荡气回肠,也是许多全球大城市发展所经历过的。基
于此,我也明白,横向来看,对上海的研究不能抛开区域来谈;纵向来
看,这些也是中国式现代化的背景和阶段内容,指引着我们将历史地
理、上海史研究的人文关怀落到每个人现实的人身上。希望通过这
本粗糙的小书能让学界看到学术研究下城市普通人的生活和基层微
观的面貌,至于本书可能挂一漏万,真诚期盼得到方家批评、指正,让
我更客观、全面地看待这一平凡、伟大的过程。本书的部分章节曾以
论文形式发表过,考虑到论证的完整性也一并纳入书中。

　　从本科阶段历史学到硕士开始历史地理学学习,到博士阶段聚
焦于历史城市地理研究,再到博士后阶段进入社会学和工作后来到

文学研究所从事城市文化研究,每个阶段都承蒙师友们的关心。尤其是我的博士导师张晓虹教授,在博士入学、论文写作、日常生活、思想状态诸方面都给予了我莫大的帮助,许多细节从不敢忘怀。对上海的关注是我在博士阶段新研究的开始,张老师手把手引导我选题、分析框架、修改论文,无私地与我分享她对民间信仰及城市研究的心得。老师的为人品格、治学精神、育人方法等,方方面面都让我如沐春风。

其次要感谢我的博士后导师张乐天教授和上海社会科学院文学所包亚明研究员。蒙张老师不弃收我入门下,老师对浙北乡村社会文化和进城农民工文化人格的研究对我影响很大。虽然在站几年与老师的交流无多,但张老师的宽容让我至今感念、惭愧。上海社会科学院是我博后出站的第一份工作,从传统的历史地理学研究转型至城市文化研究,既要发挥原有的学科优势更要拓展自己的学术和日常视野,包亚明老师引导天资愚钝的我接触了许多新的领域、视角。

在求学、研究生涯中,李令福研究员、王社教研究员、牛继清教授给了我莫大的鼓励和支持,是我走进历史地理学研究的原点、动力。李令福研究员是我的硕士导师,每每讲述师爷史念海先生的治学精神和路径时总要督促我们从撰写学术周记开始走进研究,受益匪浅。王社教研究员从硕士入学至今仍然给予我引导,从课程学习到论文写作,再到毕业后工作、生活琐事都能感受到王老师的支持。牛继清教授曾师从黄永年先生,是我历史地理学学习的引路人,老师奉朱熹"新知培养转深沉"治学的精神和理念令我感佩。同时也很感谢周振鹤、李孝聪、张伟然、苏智良、李天纲、陈进国等老师的慷慨指导和点拨,段伟、邹怡、牟振宇、丁雁南、梁志平、吴朋飞、王晗、许蔚、李甜、罗婧、刘雅媛、张金贞、王芳、邵绿诸位师友的帮助，以及上海社会科学院文学研究所前辈、同事们的包容和友爱，感谢责编陈娟老师严谨、专业的工作和辛劳。

最后，真诚感谢我的家人，感谢我的孩子，陪他成长的过程也是我各方面的成长。尤其感谢我的父母和叔叔们给予我无私的爱，并让我懂得从平凡的生活中寻找兴趣和希望。